객체 지향 설계와 분석을 위한

UML 기초와 응용

한정수, 김귀정 지음

지은이 **한정수** jshan@bu.ac.kr

경희대학교에서 전자계산공학과를 졸업하고 동 대학원에서 석사 학위와 박사 학위를 취득했습니다. 2001년부터 현재까지 백석대학교 ICT 학부(소프트웨어학) 교수로 재직 중이며 관심 연구 분야는 객체 지향 모델링, 웹 서비스, 웹/앱 프로그래밍 등입니다. 주로 시스템 분석 및 설계, 소프트웨어 공학, 자바/C 언어, 캡스톤 디자인 등을 강의합니다. 저서로는 『Yes C』, 『새내기 C 프로그래밍을 위한 순서도 작성』 등이 있습니다.

지은이 **김귀정** gjkim@bu.ac.kr

한남대학교에서 전자계산공학과를 졸업하고 동 대학원에서 석사 학위, 경희대학교 대학원에서 박사 학위를 취득했습니다. 2001년부터 2016년까지 건양대학교 의공학과 교수를 지냈고, 2017년부터 현재까지 백석대학교 ICT 학부(정보보호학) 교수로 재직 중입니다. 관심 연구 분야는 정보 보호, 블록체인, 컴포넌트 검색, 온톨로지 등이며, 주로 보안 응용 프로그래밍, 자바/C/파이썬 언어, 웹 프로그래밍 등을 강의합니다. 저서로는 『C 언어 프로그래밍』, 『바이오 전자공학』, 『HTML+Java Script』 등이 있습니다.

UML 기초와 응용

초판발행 2020년 1월 06일
5쇄발행 2024년 1월 29일

지은이 한정수, 김귀정 / **펴낸이** 전태호
펴낸곳 한빛아카데미(주) / **주소** 서울시 서대문구 연희로2길 62 한빛아카데미(주) 2층
전화 02-336-7112 / **팩스** 02-336-7199
등록 2013년 1월 14일 제2017-000063호 / **ISBN** 979-11-5664-478-1 93000

총괄 박현진 / **책임편집** 유경희 / **기획** 유경희 / **편집** 박정수 / **진행** 정지윤
디자인 표지 이아란, 내지 박정화 / **전산편집** 김미경 / **제작** 박성우, 김정우
영업 김태진, 김성삼, 이정훈, 임현기, 이성훈, 김주성 / **마케팅** 길진철, 김호철, 심지연

이 책에 대한 의견이나 오탈자 및 잘못된 내용에 대한 수정 정보는 아래 이메일로 알려주십시오.
잘못된 책은 구입하신 서점에서 교환해 드립니다. 책값은 뒤표지에 표시되어 있습니다.
홈페이지 www.hanbit.co.kr / 이메일 question@hanbit.co.kr

Published by HANBIT Academy, Inc. Printed in Korea

객체 지향 설계와 분석을 위한

UML 기초와 응용

한정수, 김귀정 지음

한빛아카데미
Hanbit Academy, Inc.

객체 지향 모델링 발전의 밑거름이 되기를 희망하며…

우리는 인공지능, 빅 데이터, 융합이라는 기술로 대표되는 4차 산업혁명의 시대를 살고 있습니다. 이 모든 기술에 프로그래밍 기법이 여전히 필요하지만 그보다 더 중요한 것은 개발자와 의뢰인 간의 원활한 의사소통입니다. 그리고 그 의사소통의 바탕에는 모델링이라는 개념이 중요하게 자리 잡고 있습니다.

모델 개념은 기본적으로 현실 세계의 어떤 대상을 다른 매체로 옮겨 표현하는 작업을 의미합니다. 모델링은 개발 목표를 성취하기 위해 다양한 방법으로 특히 시각적인 방법으로 시스템을 쉽고 빠르게 구축하려는 노력, 즉 소프트웨어를 공학적으로 개발하려는 노력의 결과입니다.

소프트웨어를 공학적으로 개발하기 위해 다양한 설계 방법론이 탄생하였고 꾸준히 발전해왔습니다. 그 결과 통합 모델링인 UML이 등장하였고 진화를 거듭해 UML 2.0 이상의 버전으로 발표되었습니다. 현재 국내외 여러 툴들이 UML 개념을 지원하고 있는데, 대표적인 툴로는 투게더Together와 래쇼날 로즈Rational Rose가 있습니다. 또 다른 툴로 StarUML이 있습니다.

특히 이 책에서 다루는 StarUML은 다양한 다이어그램을 쉽고 빠르게 생성할 수 있도록 간편한 사용자 인터페이스를 이용해 편리한 기능을 제공하는 UML 모델링 툴입니다. StarUML은 클래스 다이어그램, 유스케이스 다이어그램, 순차 다이어그램, 활동 다이어그램, 컴포넌트 다이어그램, 배치 다이어그램 등을 지원합니다. StarUML 공식 사이트(http://staruml.io)에 들어가면 최신 버전 평가판을 무료로 다운로드하여 사용할 수 있습니다. 이 책에서는 학습자들이 직접 실습해볼 수 있도록 StarUML을 이용한 예제를 12장에 기술하였습니다. StarUML 사용법을 익히면서 여러 가지 예제들을 처음부터 끝까지 따라 할 수 구성하였습니다.

국내에 소개된 UML 관련 서적을 조사한 결과 개념적인 내용은 충실히 잘 다루어졌다고 생각합니다. 그러나 저자가 교단에서 강의한 경험으로 볼 때, 학생들이 개념을 체화하여 실습으로 연결하기까지는 어려움이 많았습니다. 학생들은 무엇을 어떻게 분석하고, 어떻게 설계해야 할지 몰라 난감해하곤 했습니다. 그래서 개념과 실습이 유기적으로 연결된 UML 서적이 필요하겠다는 생각이 들었습니다.

이 책은 UML의 기본 개념과 다양한 실습을 바탕으로 UML을 학습할 수 있도록 구성하였으며, 각 장별로 핵심 개념과 함께 예제를 중심으로 기술하였습니다. 특히, 가장 기본적인 개념이라 할 수 있는 객체 지향을 이해하지 못하고는 모델링은 불가능하다고 생각해 객체 지향과 관련된 개념들을 실세계와 자바 코드상에서 쉽게 이해할 수 있도록 설명하는 데 노력을 기울였습니다.

여러분은 이 책을 통해 UML의 기본 내용과 소프트웨어 설계를 위한 UML 기법을 쉽게 학습할 수 있을 것입니다. 그리고 연습문제를 통해 앞에서 배운 내용을 응용하여 반복 학습할 수 있어 UML의 실제 사용 방법을 이해하는 데도 큰 도움이 될 것입니다.

UML 활용 전문가가 된다는 것은 유능한 소프트웨어 설계자Software Designer가 된다는 의미입니다. 어떤 규모의 프로젝트라도 설계할 수 있으며, 소프트웨어 아키텍트가 되는 지름길로 가는 길이라고 생각합니다.

이 책이 UML에 관심 있는 독자들에게 UML의 기본 개념과 사용 방법을 알기 쉽게 전달하는 도구가 되길 바랍니다. 그리고 소프트웨어 모델링 발전에 이바지할 수 있는 밑거름이 되기를 희망합니다.

끝으로 이 책을 집필하는 데 많은 도움을 주신 한빛아카데미㈜ 관계자에게 감사드리며, 특히 직접 원고를 챙기고 밤새 고생한 유경희 선생님에게 고마움을 전합니다. 아울러 집필 과정에서 자료 수집과 편집에 도움을 준 최용권, 이선애, 이연재, 이재윤, 신현지 제자들에게도 감사의 말을 전합니다.

저자 대표 **한정수**

• 강의 보조 자료 한빛아카데미 홈페이지에서 '교수회원'으로 가입하신 분은 인증 후 교수용 강의 보조 자료를 제공받을 수 있습니다. 한빛아카데미 홈페이지 상단의 〈교수전용공간〉 메뉴를 클릭하세요.
http://www.hanbit.co.kr/academy

• 연습문제 해답 안내 본 도서는 대학 강의용 교재로 개발되었으므로 연습문제 해답은 제공하지 않습니다.

• 구성

❶ UML의 이해와 구성 요소(1~2장)

UML의 탄생과 특징을 소개합니다. 그리고 객체 지향 모델링에 대한 기본 개념과 함께 UML을 사용하기 위해 꼭 알아야 할 객체 지향 개념, 모델링 개념, UML 구성 요소와 특성들을 소개합니다.

❷ UML 다이어그램 다루기(3~11장)

집을 설계할 때 집의 용도를 명확히 파악해야 하듯이 소프트웨어를 개발할 때도 명확한 요구 사항을 파악하는 데서 출발합니다. UML에서는 요구 사항을 도출하기 위한 유스케이스 다이어그램을 비롯해 소프트웨어 모델링에 필요한 다양한 다이어그램을 사용합니다. 이 다이어그램의 사용 방법을 예제 중심으로 이해하고, 모델링 과정을 학습한다면 보다 쉽고 효과적으로 소프트웨어를 설계할 수 있을 것입니다. 이 책에서는 유스케이스 · 클래스 · 순차 · 통신 · 활동 · 상태 · 컴포넌트 · 배치 · 패키지라는 UML 핵심 다이어그램을 다음과 같은 흐름으로 다룹니다.

다이어그램별 구성 요소, 표현, 용도 이해

⇣

해당 다이어그램을 이용한 단계별 모델링

⇣

다양한 예제를 이용한 모델링 연습

❸ UML 다이어그램 프로젝트(12장)

StarUML이라는 UML 툴을 이용해 자판기 프로그램, 상품 관리 프로그램, 항공기 예약 시스템의 프로젝트를 단계별로 진행합니다.

• 구성 요소

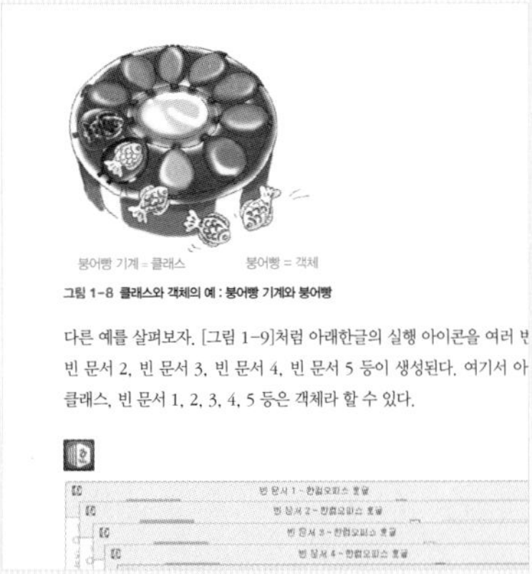

붕어빵 기계 = 클래스　　붕어빵 = 객체

그림 1-8 클래스와 객체의 예 : 붕어빵 기계와 붕어빵

다른 예를 살펴보자. [그림 1-9]처럼 아래한글의 실행 아이콘을 여러 번
빈 문서 2, 빈 문서 3, 빈 문서 4, 빈 문서 5 등이 생성된다. 여기서 아
클래스, 빈 문서 1, 2, 3, 4, 5 등은 객체라 할 수 있다.

| 본문 |

핵심 이론만 추려 최대한 쉽게 그림으로 설명합니다. 단계별 모델링을 다룬 절에서는 쉬운 예제를 단계별로 모델링하면서 자연스럽게 익히는 형태로 구성했습니다.

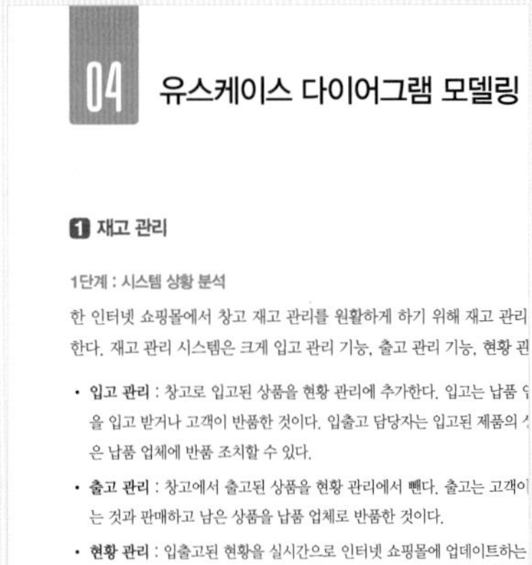

04 유스케이스 다이어그램 모델링

1 재고 관리

1단계 : 시스템 상황 분석

한 인터넷 쇼핑몰에서 창고 재고 관리를 원활하게 하기 위해 재고 관리
한다. 재고 관리 시스템은 크게 입고 관리 기능, 출고 관리 기능, 현황 관

- **입고 관리** : 창고로 입고된 상품을 현황 관리에 추가한다. 입고는 납품
을 입고 받거나 고객이 반품한 것이다. 입출고 담당자는 입고된 제품의
은 납품 업체에 반품 조치할 수 있다.
- **출고 관리** : 창고에서 출고된 상품을 현황 관리에서 뺀다. 출고는 고객이
는 것과 판매하고 남은 상품을 납품 업체로 반품한 것이다.
- **현황 관리** : 입출고된 현황을 실시간으로 인터넷 쇼핑몰에 업데이트하는

| 모델링 연습 |

다양한 예제를 통해 모델링하는 연습을 해봅니다. 일상생활에서 흔히 접하는 예제를 반복적으로 사용하여 모델링하였기 때문에 쉽고 빠르게 이해할 수 있습니다.

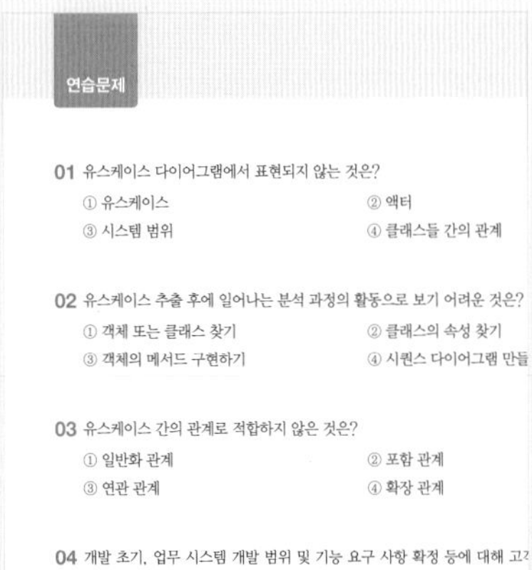

연습문제

01 유스케이스 다이어그램에서 표현되지 않는 것은?
① 유스케이스　② 액터
③ 시스템 범위　④ 클래스들 간의 관계

02 유스케이스 추출 후에 일어나는 분석 과정의 활동으로 보기 어려운 것은?
① 객체 또는 클래스 찾기　② 클래스의 속성 찾기
③ 객체의 메서드 구현하기　④ 시퀀스 다이어그램 만들

03 유스케이스 간의 관계로 적합하지 않은 것은?
① 일반화 관계　② 포함 관계
③ 연관 관계　④ 확장 관계

04 개발 초기, 업무 시스템 개발 범위 및 기능 요구 사항 확정 등에 대해 고

| 연습문제 |

각 장이 끝날 때마다 해당 장에서 익힌 핵심 내용을 이론 문제와 실습 문제로 풀어보고 정리합니다.

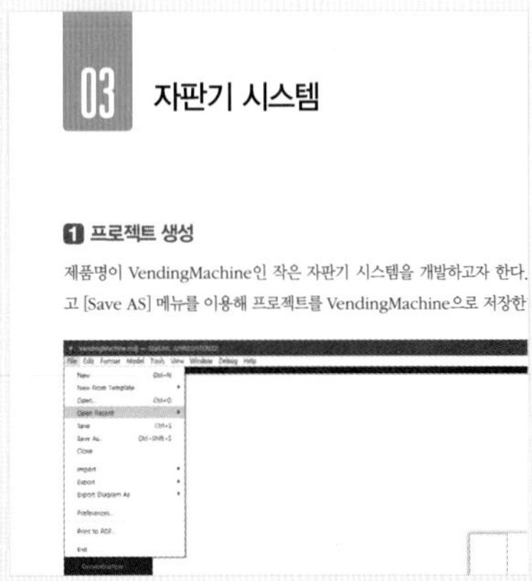

03 자판기 시스템

1 프로젝트 생성

제품명이 VendingMachine인 작은 자판기 시스템을 개발하고자 한다.
고 [Save AS] 메뉴를 이용해 프로젝트를 VendingMachine으로 저장한

| 프로젝트 |

12장에서는 StarUML이라는 UML 툴을 사용하여, 좀 더 규모가 있는 프로젝트의 전 제작 과정을 경험해봅니다.

차례

Chapter 03 유스케이스 다이어그램

Chapter 04 클래스 다이어그램

Chapter 06 통신 다이어그램

Chapter 08 상태 다이어그램

Chapter 09 컴포넌트 다이어그램

Chapter 10 배치 다이어그램

Chapter 12 StarUML을 이용한 프로젝트 설계

CHAPTER 01
UML의 이해

학습목표

- UML의 개념과 특징을 이해한다.
- 객체 지향 개념과 특징을 이해한다.
- 모델링 방법을 이해한다.

01 UML 용도와 특징

1 UML의 탄생과 특징

UMLUnified Modeling Language, 통합 모델링 언어은 시스템 개발을 위한 시각적인 설계 표기를 제공한다. UML은 객체 지향 시스템을 개발할 때 산출물을 명세화, 시각화, 문서화하는 데 사용되고 그 산출물은 다양한 참여자가 쉽게 이해할 수 있는 의사소통 도구로 활용된다. 즉 UML은 개발하는 시스템을 이해하기 쉬운 형태로 표현하여 분석가, 설계자, 의뢰인이 효율적으로 의사소통할 수 있게 해준다. 따라서 UML은 개발 방법론이나 개발 프로세스, 프로그래밍 언어가 아니라 표준화된 모델링 언어다.

1994년 소프트웨어 방법론의 선구자인 그래디 부치Grady Booch, 제임스 럼버James Rumbaugh, 이바 야콥슨Ivar Jacobson이 UML 초안을 연구하였고, 1997년 OMGObject Management Group, 객체 관리 그룹에서 여러 표기법을 통합하여 UML을 발표하였다.

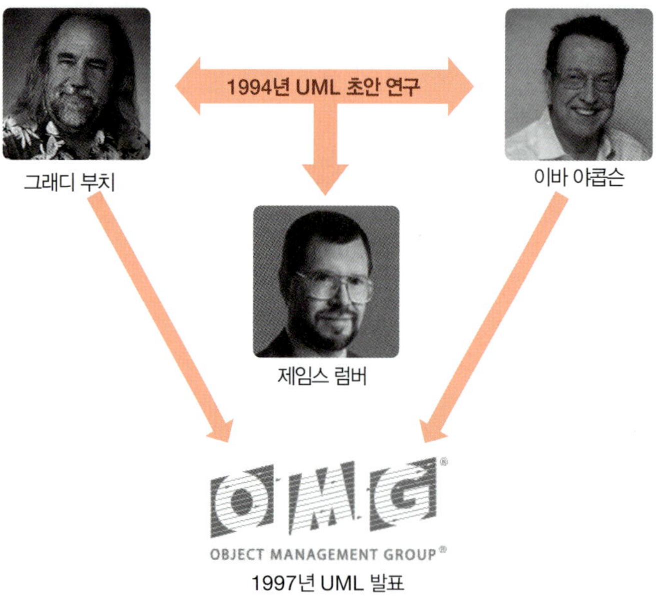

그림 1-1 UML을 개발한 사람들

1990년대에는 OOD/Booch, OMT, OOAD, RDD, GOOD, HOOD, OOSD, OOJSD 등의 다양한 객체 지향 방법론이 존재했다. 각 객체 지향 방법론은 독자적인 표기법과 개발 절차를 정의하고 있어 호환성에 문제가 있었다. 이런 문제점을 해결하기 위한 노력으로 탄생한 통합 모델링 언어가 UML이다.

[그림 1-2]는 UML의 발전 과정을 보여준다. 1997년 OMG가 객체 지향 시스템을 모델링하는 표준 언어로 UML을 채택하면서 UML은 지속적으로 발전해갔다. 2001년에 UML 1.4가 발표되었고, 리얼타임 모델링이 추가되어 2005년에 UML 2.0이 발표되었으며, 2017년에는 UML 2.5가 발표되었다.

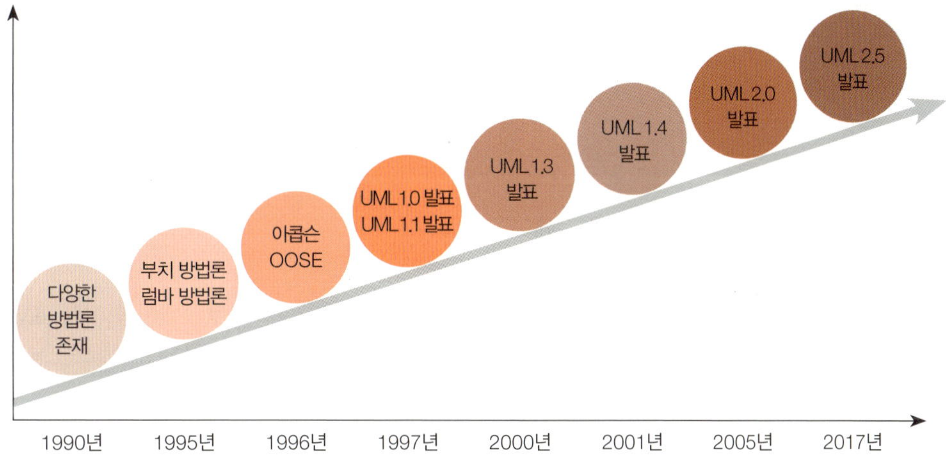

그림 1-2 UML의 발전 과정

UML은 정보 시스템을 다양한 시각화로 모델링할 수 있도록 다음과 같이 표준화된 다이어그램을 제공하는데, 이에 관해서는 2장에서 알아볼 것이다.

- 유스케이스 다이어그램Use-case Diagram
- 클래스 다이어그램Class Diagram
- 순차 다이어그램Sequence Diagram
- 통신 다이어그램Communication Diagram
- 활동 다이어그램Activity Diagram
- 상태 다이어그램State Diagram

- 컴포넌트 다이어그램Component Diagram
- 배치 다이어그램Deployment Diagram
- 패키지 다이어그램Package Diagram

UML은 다음과 같은 특징이 있다.

■ UML은 시각화Visualization 언어다

UML은 소프트웨어의 개념 모델을 시각적인 형태로 표현하며 명확히 정의된 표준화된 다이어그램을 제공한다. 이를 이용해 오류 없는 원활한 의사소통이 이루어질 수 있다.

■ UML은 명세화Specification 언어다

UML은 소프트웨어 개발 과정인 분석, 설계 단계의 각 과정에서 필요한 모델을 정확하고 완전하게 명세화하여 만들 수 있다. 명세화에서 각 다이어그램의 기호는 의미를 담고 있으며 추상적이지만 고유의 특성을 갖고 있다.

■ UML은 구축Construction 언어다

UML은 자바Java, C++, 비주얼 베이직Visual Basic, C# 같은 다양한 프로그래밍 언어로 표현할 수 있다. 즉, UML로 설계된 모델을 프로그램 코드로 자동 변환할 수 있다. 이미 구축된 소스 코드를 UML로 역변환하여 분석하는 역공학Reverse Engineering도 가능하다.

■ UML은 문서화Documentation 언어다

UML은 StarUML, 투게더Together 등 케이스 툴CASE Tool을 이용하여 설계한 내용을 자동으로 문서화할 수 있다.

2 UML과 모델링

앞서 UML을 이용해 모델 설계하기, 즉 모델링이 가능하다고 했다. 그렇다면 모델링은 왜 하는 것일까? 이 질문에 답하기 전에 다음을 생각해보자.

덧셈 연산 프로그램을 구현한다고 가정해보자. [그림 1-3]처럼 C, 자바, 파이썬 등 다양한 언어로 구현할 수 있을 것이다.

```
#include <stdio.h>
int main() {
      int a, b;
      scanf("%d %d", &a, &b);
      printf("a + b = %d", a + b);
 }
```

(a) C로 구현한 덧셈 프로그램

```
import java.util.Scanner;
public class AddDemo {
      public static void main(String[] args) {
              Scanner in = new Scanner(System.in );
              int a = in.nextInt();
              int b = in.nextInt();
              System.out .printf("%d + %d = %d", a, b, a+b);
    }
}
```

(b) 자바로 구현한 덧셈 프로그램

```
def add():
       num = int(input("num1:"))
       num2 = int(input("num2:"))
       result = num + num2
       print("두수의 합은 " result)
```

(c) 파이썬으로 구현한 덧셈 프로그램

그림 1-3 다양한 언어로 구현한 덧셈 프로그램

C, 자바, 파이썬 같은 프로그래밍 언어는 숫자나 문자를 입력해 원하는 결과가 나오지 않으면 수정해야 한다. 이를 유지보수라 한다. 의뢰자가 소프트웨어를 잘 모르면 개발이 전부 완료된 다음에야 제품을 사용하게 되므로 유지보수도 개발이 완료된 후에 진행되는데 유지보수 기간이 길수록 개발 생산성은 떨어진다.

그렇다면 덧셈 연산 프로그램을 개발하기 전에 [그림 1-4]의 (a)와 같은 형태로 의뢰자에게 먼저 설명하면 어떨까? 의뢰자는 두 수를 입력하여 덧셈 결과가 나오는 프로그램임을 쉽게 이해할 수 있을 것이다. 의뢰자가 원하는 것이 덧셈 프로그램이 아니라 사칙연산 프로그램이라면 (b)와 같이 바로 수정해서 보여줄 수 있다.

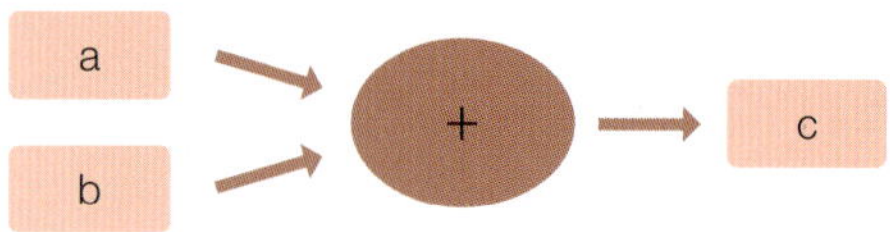

(a) 덧셈 연산 프로그램의 시각적 표현

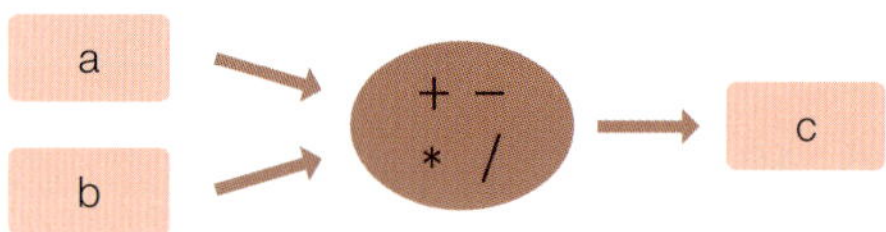

(b) 사칙연산 프로그램의 시각적 표현

그림 1-4 프로그램의 시각적 표현

이처럼 모델링은 개발하고자 하는 프로그램을 시각적으로 표현하는 것이며, 이때 의뢰자의 요구에 맞게 쉽게 수정해서 결과적으로 유지보수 기간을 줄여 생산성을 높일 수 있다.

그러면 어떤 경우에 모델링을 해야 할까? [그림 1-5]의 (a)와 같은 개집은 설계도가 없어도 그냥 뚝딱 지을 수 있다. 개집 짓기는 개인이 제어할 수 있는 간단한 작업이다. 그러나 (b)처럼 큰 건축물 짓기는 개인이 제어할 수 없는 작업이므로 다양한 관점의 설계도가 있어야 한다. 즉, 모델링이 필요하다.

소프트웨어를 개발하려면 모델링을 통해 다양한 관점의 설계도가 필요하다. 이때 UML을 이용해 설계도를 만들 수 있다.

(a) 개인이 제어할 수 있는 작업 : 개집 짓기

(b) 개인이 제어할 수 없는 작업 : 큰 건축물 짓기

그림 1-5 모델링이 필요한 이유

02 객체 지향 모델링

객체 지향 방법은 규모가 다양하고 복잡한 시스템을 개발하는 데 여러 장점을 제공한다. 객체 지향 방법에서는 시스템을 객체Object의 관점으로 바라본다. 이런 객체 지향 시스템을 가시화하고 명세화하고 문서화하는 것이 UML의 목적이다.

1 객체 지향의 개념

객체 지향 방법이 개발되기 전에는 모델링할 때 대개 절차 지향 방법(또는 구조적 방법)을 사용하였다. 절차 지향 방법을 구현하는 대표적인 언어가 바로 C 언어다. [그림 1-6]의 (a)처럼 프로그램의 내부 기능을 순서도처럼 순서와 흐름으로 정의하고 자료 구조와 함수를 설계하는 방식이다. 반면 객체 지향 방법은 C++, 자바 등의 언어를 사용해 자료 구조를 중심으로 객체를 설계한 다음 이들의 흐름을 설계하는 방식이다. 프로그래밍할 때 클래스Class라는 것이 있으면 객체 지향이고, 없으면 절차 지향이라고 생각하면 이해하기 쉽다.

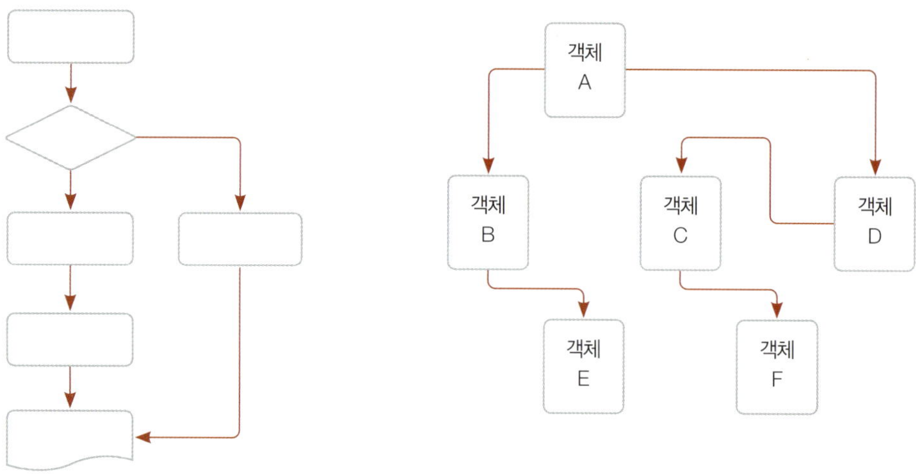

(a) 절차 지향 방법 (b) 객체 지향 방법

그림 1-6 절차 지향 방법과 객체 지향 방법

객체 지향은 절차 지향의 문제점을 극복하고, 인간이 사고하는 방식대로 프로그램을 개발하려는 노력의 소산물이다. 객체 지향은 현실 세계에 존재하는 실체 및 개념들을 객체라는 독립된 단위로 구성하고, 이 객체들이 메시지를 통하여 상호작용함으로써 전체 시스템이 운영되는 개념이다.

객체 지향은 객체Object, 클래스Class, 메시지Message라는 세 가지 요소를 기본으로 한다. 각각에 대해 구체적으로 알아보자.

1.1 객체와 클래스

객체는 현실 세계에 존재하는 모든 것을 의미한다. 예를 들어, 소나타, 이순신, KTX, 붕어빵 등 눈에 보이거나 만져지는 실제적인 것이 모두 객체다. 반면 클래스는 자동차, 사람, 기차, 붕어빵 기계처럼 개념적으로 존재하는 것이다. 다시 말해 클래스는 객체를 생성할 수 있는 구조와 정보를 가진 틀이라고 정의할 수 있다.

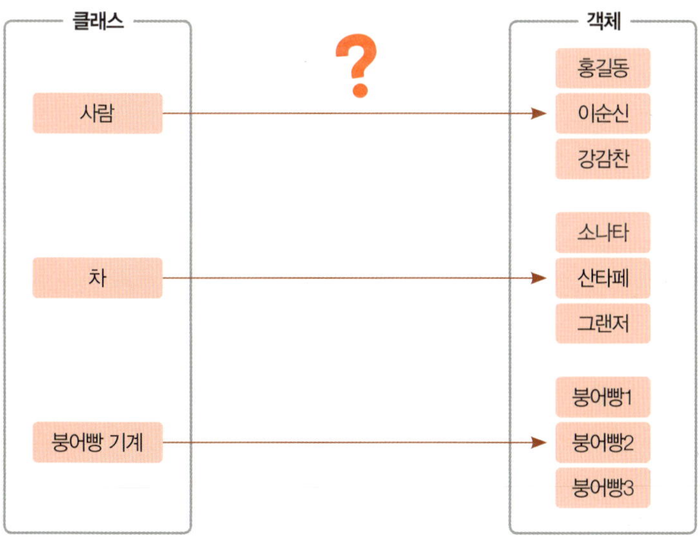

그림 1-7 클래스와 객체의 관계

클래스와 객체의 대표적인 예는 붕어빵 기계와 붕어빵이다. 붕어빵 기계를 클래스라고 하면 이 기계에서 나오는 붕어빵은 객체가 된다. 클래스는 붕어빵 기계처럼 하나이지만 각각의 객체는 붕어빵처럼 서로 다른 의미를 갖는다. 즉, 클래스는 개념적인 의미이고 객체는 구체적인 의미다. 하나의 클래스에서 생성된 객체들은 같은 속성과 같은 오퍼레이션에 대한 정의를 담고 있다.

그림 1-8 클래스와 객체의 예 : 붕어빵 기계와 붕어빵

다른 예를 살펴보자. [그림 1-9]처럼 아래한글의 실행 아이콘을 여러 번 클릭하면 빈 문서 1, 빈 문서 2, 빈 문서 3, 빈 문서 4, 빈 문서 5 등이 생성된다. 여기서 아래한글 실행 아이콘은 클래스, 빈 문서 1, 2, 3, 4, 5 등은 객체라 할 수 있다.

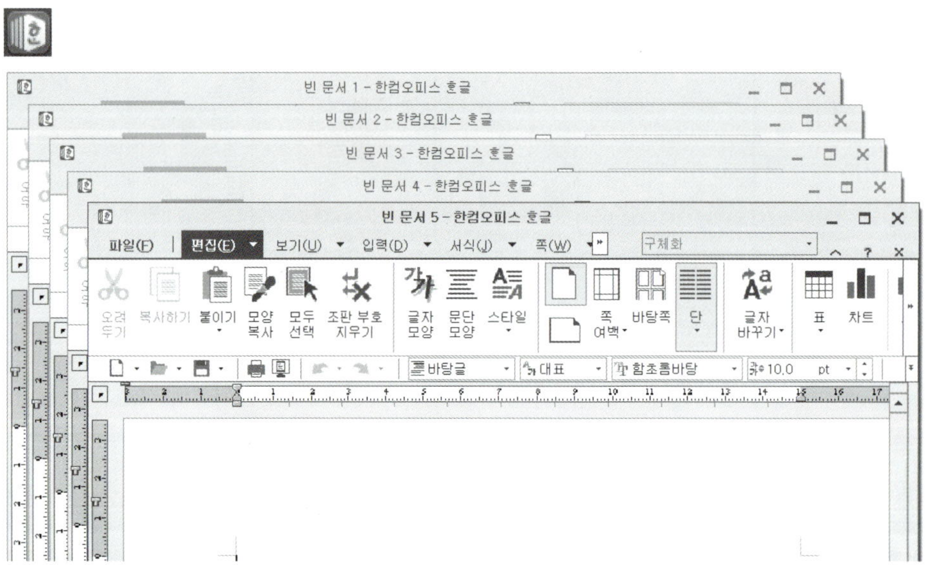

그림 1-9 클래스와 객체의 예 : 아래한글의 빈 문서 생성

두 예에서 알 수 있듯이 클래스는 그 자체로 사용할 수 없다. 붕어빵 기계는 먹을 수 없고 붕어빵만 먹을 수 있으며, 아래한글 실행 아이콘에서는 문서를 작성할 수 없고 빈 문서에서 문서를 작성할 수 있다. 이 특성을 알아두면 클래스와 객체 개념을 이해하기 쉽다.

[그림 1-10]은 Person 클래스를 통해서 생성된 Lee와 Park 객체를 보여준다. Lee와 Park은 같은 클래스에서 만들어졌기 때문에 같은 속성과 같은 오퍼레이션을 갖는다.

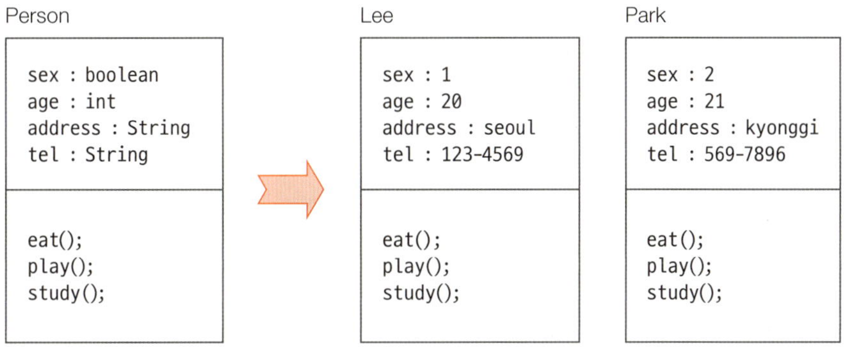

그림 1-10 프로그램에서 클래스와 객체의 예

클래스에서 객체를 생성하는 과정을 자바로 구현하면 [그림 1-11]과 같다. 이 예에서 A와 B 클래스는 그 자체로 사용할 수 없고 s1, s2, x1, x2처럼 객체를 생성해 사용해야 한다.

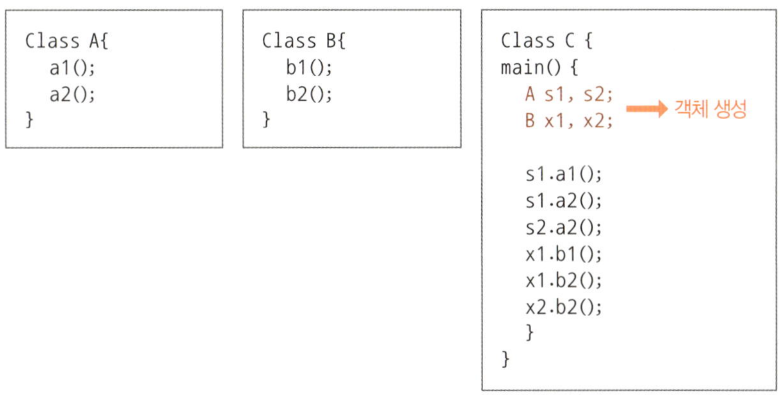

그림 1-11 자바 프로그램에서 객체 생성

1.2 메시지

객체는 각각 독립적으로 존재하고 다른 객체와 상호작용하며 소프트웨어를 운영한다. 메시지는 객체 간의 상호작용 수단이다. 메시지Message는 한 객체가 다른 객체에 특정 작업을 요청하는 신호다. 이때 메시지를 보내는 객체를 송신 객체Sender, 메시지를 받아서 동작을 수행하는 객체를 수신 객체Receiver라 한다.

[그림 1-12]는 메시지 전달의 개념을 보여주는 예다. 조종기를 사용해 위로 오르라는 동작 신호를 보내면 드론이 위로 올라가는데 이때 동작 신호가 메시지에 해당한다. 마찬가지로 비주얼 베이직에서 윈도우를 생성할 때 [종료] 버튼을 누르면 종료 실행 멤버 함수를 호출하는 메시지를 보내 종료한다. 모든 객체 지향 언어는 메시지 방식을 사용한다.

그림 1-12 메시지 전달

2 객체 지향의 특징

객체 지향에는 추상화Abstraction, 캡슐화Encapsulation, 상속Inheritance, 다형성Polymorphism의 네 가지 특징이 있다.

2.1 추상화

현실 세계에 존재하는 어떤 것을 있는 그대로 표현하면 너무 복잡해진다. 이때 특정 측면을 강조하여 나타내는 것을 추상화라고 한다. 그랜저, 소나타, BMW, 벤츠 등을 자동차라는 하나의 개념으로 표현할 수 있는데 이때 자동차를 추상화라 한다. 파랑, 노랑, 초록, 흰색 등도 색상으로 추상화할 수 있다.

그림 1-13 추상화의 개념

추상화를 통해 실세계 상황을 간결하고 명확하게 모델링해서 프로그램으로 구현한다. 이러한 구현 과정을 UML에서는 실체화라고 표현한다. 객체 지향에서는 클래스를 이용하여 실세계에 대응하는 추상 모델을 만든다. [그림 1-14]는 현실 세계를 추상화하고 실체화하는 과정을 보여준다.

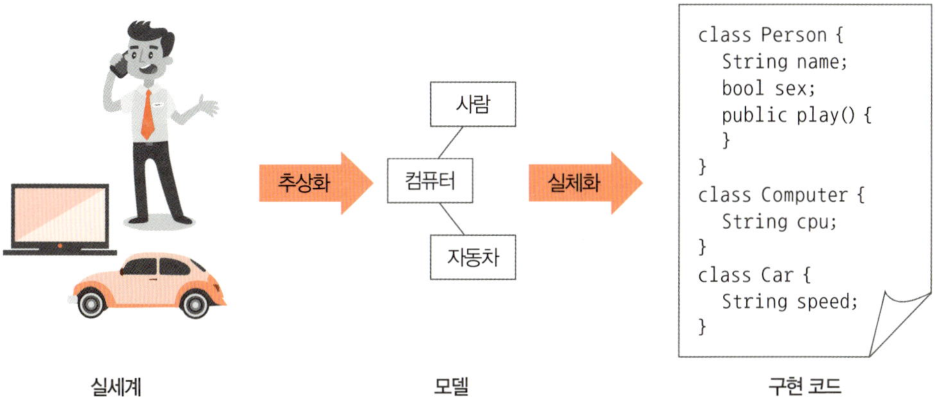

그림 1-14 추상화와 실체화의 예

2.2 캡슐화

휴대폰에 전화번호를 입력하고 전화가 연결되면 스피커와 마이크를 이용해 대화한다. 그리고 액정 화면을 통해 문자 메시지를 본다. 휴대폰 이용자는 이러한 기능이 휴대폰 내부에서 어떤 방식으로 작동되는지 알 필요가 없다. 외부에 노출된 기능만 사용해 원하는 기능을 수행하도록 지시하면 된다.

캡슐화란 데이터와 이 데이터를 처리하는 오퍼레이션이 한 틀 안에서 결합되어 객체라는 단위로 묶여 사용되는 것을 말한다. 객체 외부에서는 객체 내 정보에 직접 접근하거나 조작할 수 없고, 외부에서 접근할 수 있도록 정의된 오퍼레이션을 통해서만 관련 데이터에 접근할 수 있다. 두통약 성분을 몰라도 약을 먹으면 두통이 낫고 max 함수에 숫자만 입력하면 최댓값을 얻을 수 있듯이, 캡슐화하면 서로 관련 있는 데이터와 오퍼레이션을 객체 단위로 처리해주기 때문에 현실 세계를 단순하면서도 명확하게 표현할 수 있다. 캡슐화는 클래스로 구현하는데 [그림 1-15]는 캡슐화의 개념을 잘 보여준다.

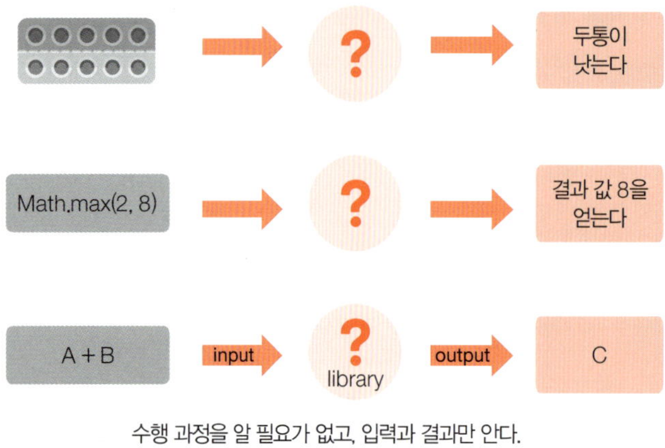

그림 1-15 캡슐화의 개념

캡슐화를 통해 정보 은닉Information Hiding이 가능하다. 정보 은닉은 객체의 상세한 내용을 외부에 철저히 숨기고 단순히 메시지만으로 객체와 상호작용하는 것을 말한다. 정보 은닉을 통해 외부에서 알아야 할 부분(휴대폰 액정 화면, 키패드 등)만 공개하고 숨김으로써 대상을 단순화할 수 있다. 정보 은닉은 보다 높은 독립성, 유지보수성, 향상된 이식성을 제공한다.

2.3 상속

상속은 객체 지향에서 가장 핵심이 되는 개념으로, 프로그램을 쉽게 확장할 수 있도록 도와주는 수단이다. 추상화와 캡슐화는 다른 개발 방법에서도 비슷하게 구현할 수 있지만, 상속은 객체 지향 패러다임에서만 구현할 수 있다. 상속은 일반화Generalization와 상세화Specialization라는 두 가지 개념으로 나뉘어 표현되기도 한다.

상속은 상위 클래스의 모든 특성을 하위 클래스가 이어받음으로써 이미 정의한 클래스를 재사용하고 확장할 수 있도록 지원하는 개념이다. 이때 상위 클래스의 속성을 상속받아 하위 클래스에서 실체화하는 관계를 상세화라 하고, 반대로 하위 클래스의 공통 특성을 추상화하여 상위 클래스로 정의하는 것을 일반화라 한다. [그림 1-16]은 일반화와 상세화로 표현된 상속을 나타낸다.

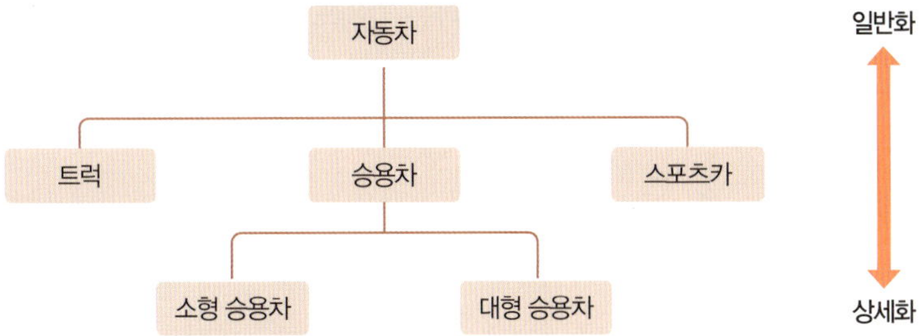

그림 1-16 일반화와 상세화로 표현된 상속

[그림 1-17]은 상속 관계를 표현한 UML의 클래스 다이어그램 예다. 학생 클래스와 회사원 클래스는 사람 클래스에 있는 이름, 나이, 주소, 전화번호 속성과 주소 오퍼레이션을 상속받아 그대로 사용한다. 그리고 학생 클래스와 회사원 클래스 각각의 고유한 속성과 오퍼레이션을 추가함으로써 일반적인 사람이라는 개념보다 더 구체적인 학생과 회사원을 표현한다. 정보를 감추고 필요한 인터페이스만 공개하는 캡슐화 · 정보 은닉과 달리 상속은 정보를 공개하고 재사용하는 개념이다.

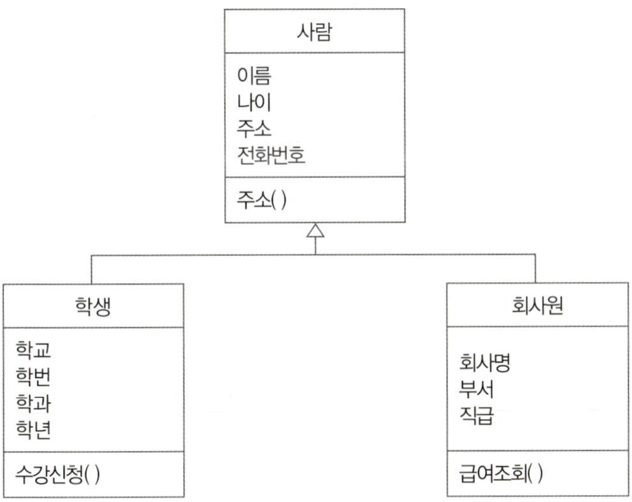

그림 1-17 상속을 표현한 클래스 다이어그램

자바로 상속을 표현할 때는 [그림 1-18]과 같이 extends라는 키워드를 사용한다.

```
class A {
    f1();
}
class B extends A {
    f2();
}

main() {
    B x;
    x.f2();
    x.f1();
}
```

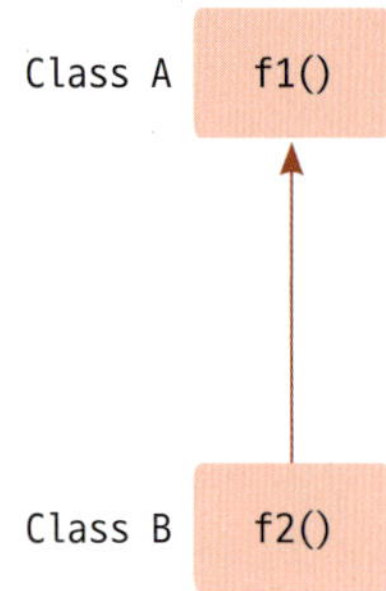

그림 1-18 자바로 구현한 상속 예

2.4 다형성

다형성은 여러 클래스에 같은 이름의 함수가 존재하지만 동작은 다르게 수행하는 것을 의미한다. 예를 들면 [그림 1-19]처럼 '그리다'라는 의미의 draw() 메서드가 원 객체, 삼각형 객체, 사각형 객체에서 각각 다르게 행동하는 것을 말한다. 이를 위해 상위 클래스에서 정의한 오퍼레이션을 하위 클래스에서 자신에게 맞도록 재정의해 사용할 수 있다. 각 도형을 그리는 방식이 달라 도형 클래스의 속성과 오퍼레이션을 그대로 상속받아 사용할 수 없다. 따라서 하위 클래스에서는 그들만의 고유한 속성과 오퍼레이션을 재정의해야 한다.

다형성은 객체 지향 언어에서 메서드 오버라이딩Method Overriding 방식으로 구현된다. 상위 클래스에 메서드(오퍼레이션)가 정의되고 그 메서드를 하위 클래스에서 상속받아 사용할 수 있다. 그러나 하위 클래스의 객체가 다른 방법으로 동작해야 하는 경우에는 상속받은 메서드를 같은 이름으로 재정의함으로써 생성된 객체가 상위 클래스의 정의와 다르게 동작할 수 있다.

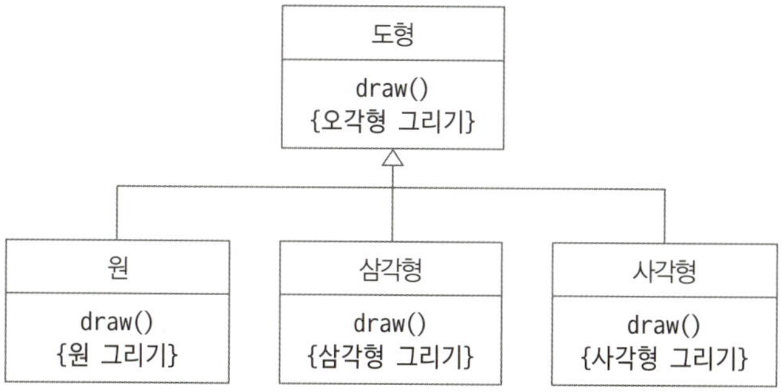

그림 1-19 다형성의 예

3 추상 클래스와 인터페이스

객체 지향의 네 가지 특성을 실제로 구현할 때 반드시 알아야 할 것이 추상 클래스Abstract Class와 인터페이스Interface다. 추상 클래스는 객체 지향 언어에서 중요한 개념이다. 추상 클래스에는 클래스의 명칭과 메서드는 있으나 메서드의 처리 내용은 없다. 그래서 상속을 통해서 메서드가 구현Implementation된다. 추상 클래스를 상속받은 하위 클래스는 추상적인 기능을 구현한다. 추상 클래스는 추상 메서드 외에 일반적인 속성과 메서드를 가질 수 있다. 또한 하나의 이름으로 여러 가지 동작을 수행하므로 추상 클래스는 메서드의 다형성을 지원한다. 즉, 오버라이딩을 통해 추상 클래스의 메서드는 하위 클래스에서 같은 이름으로 사용할 수 있다.

[그림 1-20]에서 Figure 클래스는 객체를 생성하지 않는 추상 클래스이고, Figure 클래스를 상속받은 Polygon 클래스와 Circle 클래스가 객체를 생성하는 클래스다. setCoo(point x, point y) 메서드는 Figure 클래스에서 구현에 대한 정의를 한 번만 하고, Polygon 클래스와 Circle 클래스는 그 정의를 그대로 사용한다. 반면 draw()와 delete() 오퍼레이션의 경우 다각형과 원이 다르므로 상위 클래스에서는 메서드의 이름만 정의하고 하위 클래스에서 실제로 구현하여 사용하도록 한다. 따라서 구현은 다르지만 외부에서 보기에는 공통 오퍼레이션을 갖는 효과를 줄 수 있다.

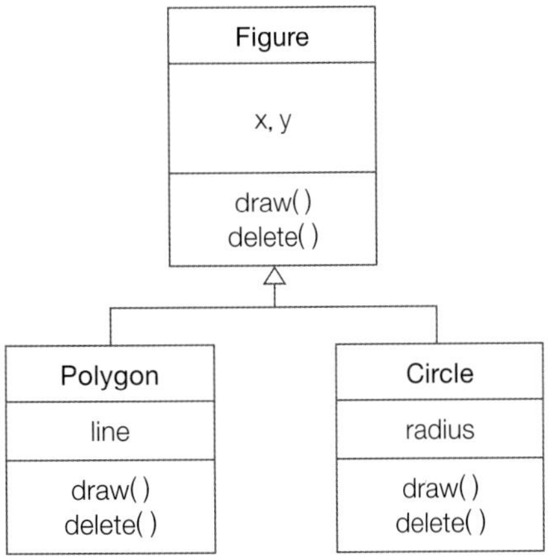


```
abstract class Flgure {
     public void setCoo(point x, point y) {
          my_X = x;
          my_Y = y;
     }
     public abstract void draw();
     public abstract void delete();
}

class Polygon extends Figure {
     int line;
     public void draw() {......}
     public void delete() {......}
}

class Circle extends Figure {
     int radius;
     public void draw() {......}
     public void delete() {......}
}
```

그림 1-20 추상 클래스의 예

추상 클래스의 특별한 형태로 인터페이스가 있다. 추상 클래스는 추상 메서드 외에 다른 멤버 변수나 일반 메서드를 가질 수 있지만, 인터페이스는 상수와 추상 메서드만 가진다. 클래스는 하나의 상위 클래스에서만 상속받을 수 있지만, 인터페이스는 여러 개의 인터페이스로부터 상속받을 수 있기 때문에 다중 상속의 기능을 제공한다. 클래스가 한 클래스로부터 상속받고 있는 상태에서 다른 요소들을 상속받을 필요가 있을 때 인터페이스를 사용한다. 즉, 인터페이스는 추상 클래스와 달리 속성을 가질 수 없으며, 메서드의 구현도 정의할 수 없다. 당연히 객체를 생성할 수도 없다.

이런 특성 때문에 서로 관계없는 클래스들이 인터페이스를 공통으로 사용할 수 있다. [그림 1-21]은 추상 클래스와 인터페이스의 사용법을 보여준다.

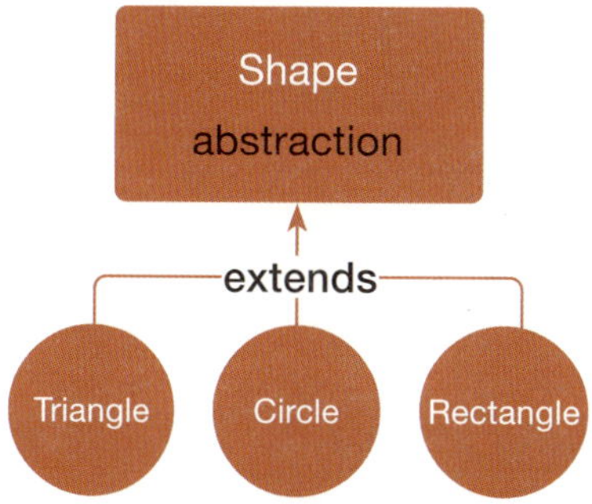


```
abstract class A {
  int k;
  abstract void draw();
}
class B extends A {
  draw {삼각형 그리기};
}
class C extends A {
  draw {원 그리기};
}
```

(a) 추상 클래스

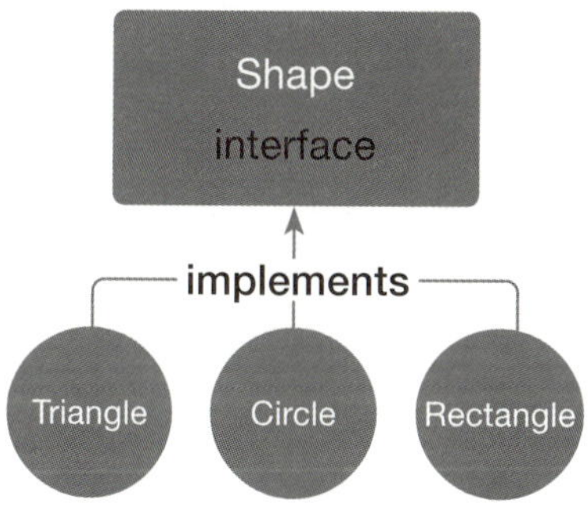


```
interface A {
  int k=3;
  void draw();
}
class B implements A {
  draw() {
    사각형 그리기;
  }
}
```

(b) 인터페이스

그림 1-21 추상 클래스와 인터페이스

4 모델링 개념

개발자는 시스템을 프로그래밍하기 전에 많은 요소를 고민하고 결정을 내린다. 예를 들어 시스템이 어떤 기능을 제공해야 하는지, 사용자 인터페이스는 어떻게 만들어야 하는지, 어떤 클래스들이 필요한지 등은 개발자가 소스 코드를 작성하기 전에 미리 결정해야 하는 사항이다. 시스템을 구축할 때 개발자가 고민하고 결정하는 모든 활동을 모델링Modeling이라 한다.

아파트를 지을 때 대부분 모델하우스를 만들어 일반 수요자에게 공개한다. 수요자들은 모델하우스를 살펴본 뒤 마음에 들면 분양 신청을 하고 건설업자는 수요자들의 주거 성향을 반영하여 아파트를 건설한다. 마찬가지로 시스템을 구축할 때 개발자는 시스템 요구자의 요구 사항 정의, 분석, 설계를 통하여 구현의 과정을 거친다. 이때 소스 코드 작성을 구현이라 하고, 구현 단계 이전의 요구 사항 정의, 분석, 설계에서 수행하는 활동들은 모두 모델링이라 한다.

모델링 활동의 결과를 모델Model이라 한다. 즉 소프트웨어 시스템에 대한 요구 사항 정의, 분석, 설계라는 모델링 활동을 수행하여 산출물로 나온 것을 모델이라 부른다. 구체적으로 말하면 요구 사항 정의 활동의 결과는 요구 사항 모델이며, 분석 활동의 결과는 분석 모델, 설계 활동의 결과는 설계 모델이라 한다.

소스 코드를 작성할 때 사용하는 C, 자바, C++, 베이직 등과 같은 언어를 프로그래밍 언어라 하듯이 모델링의 결과 즉, 모델을 표현할 때 사용하는 언어를 모델링 언어라고 부른다. UML은 바로 이러한 목적으로 사용할 수 있게 정의된 모델링 언어다. 기존에 사용해온, 데이터 흐름을 표현한 자료 흐름도DFD, Data Flow Diagram와 데이터를 표현한 개체 관계도ERD, Entity Relationship Diagram 역시 소프트웨어에 대한 모델링의 일종이다. 또한 J빌더Jbuilder, 비주얼 스튜디오Visual Studio, 닷넷.Net과 같이 소스 코드 작성, 컴파일, 디버깅을 지원하는 툴을 개발 툴이라 한다. UML과 같은 모델링 언어를 이용하여 모델링을 전문적으로 지원하는 툴은 CASEComputer Aided Software Engineering 툴이라 한다. CASE 툴에는 StarUML, 로즈Rose, 투게더Together 등이 있다. [표 1-1]은 모델링과 프로그래밍을 요약한 것이다.

표 1-1 모델링과 프로그래밍

구분	모델링	프로그래밍
목적	구축할 시스템의 모습 정의	시스템의 실제 구현
세부 수행 활동	요구 사항 정의, 분석, 설계	소스 코드 편집, 컴파일, 시험, 디버깅
결과물	모델	소스 코드를 포함한 구현된 시스템
표기법	모델링 언어(UML, ERD, DFD)	프로그래밍 언어(자바 , C++)
지원 툴	CASE 툴(StarUML, 로즈Rose, 투게더Together)	개발 툴(Jbuilder, Visual Studio, .Net)

5 모델링 방법

객체 지향 방법론은 1989~1994년에 10개 정도에서 50개 이상으로 증가하였다. 그에 따라 사용자들은 자신들의 요구를 충족하는 모델링 언어를 찾는 데 어려움을 겪어왔다. 점차 몇 개의 지명도 높은 방법론으로 경험을 쌓으면서 새로운 세대의 방법론이 출현하기 시작했다. 이 가운데 가장 괄목할 만한 방법론으로 부치 방법론Booch Method, 야콥슨의 OOSEObject-Oriented Software Engineering, 럼바의 OMTObject-Modeling Technique가 있다. 또 다른 방법론으로는 퓨전Fusion, 쉴리어 멜러Shlaer-Mellor, 코드 요든Coad-Yourdon 방법이 있다. 이들은 각각 완성된 방법론으로 강점과 약점을 지니고 있다. 부치 방법론은 프로젝트 설계와 구축 단계에서 특히 표현력이 좋다. OOSE는 요구 사항을 획득·분석하여 상위 수준으로 설계를 이끄는 방법으로서 유스케이스Use Case를 아주 잘 지원한다. OMT는 분석과 데이터 중심의 정보를 표현하는 데 가장 유용하다.

1990년대 중반에 이르러 방법론 통합에 대한 의견 수렴이 이루어지기 시작했다. 부치Booch, 래쇼날 소프트웨어, 야콥슨Jacobson, 오브젝토리, 럼바Rumbaugh, 제너럴 일렉트릭 세 사람이 다른 사람의 방법론에 있는 개념을 채택하기 시작했고, 이들의 방법론은 세계적으로 주요한 객체 지향 방법론으로 인식되었다. UML이 바로 그 결과물이다. UML은 각각의 객체 지향 분석과 설계 방법의 장점들을 결합한 통일된 방법으로서 산업 전반에 걸쳐 광범위하게 사용되고 있다.

■ 부치 방법론

부치 방법론은 설계 중심의 방법론으로서 시스템을 몇 개의 뷰View로 분석할 수 있다고 보았다. 그래서 뷰를 모델 다이어그램으로 나타냈다. 이 방법론은 거시적 개발 프로세스와 미시적 개발 프로세스를 모두 포함하고 단계적 접근과 자동화 툴을 지원한다. 또한 객체 지향 방법론에 대한 광범위한 이론적 배경을 제시하여 더 넓게 바라볼 수 있는 안목을 제공한다.

■ 야콥슨의 OOSE

OOSE는 유스케이스를 강조한 방법론이다. 유스케이스는 외부 행위자와 상호작용하는 시스템의 요구 사항을 정의하고, 이렇게 정의된 유스케이스는 개발, 테스트, 검증 단계에서 사용된다. OOSE는 방법론이 복잡하여 초보자에게는 어렵지만, 큰 규모의 시스템을 개발하는 데 효율적이다.

■ 럼바의 OMT

OMT 방법론에서는 하나의 시스템을 기술하기 위하여 세 가지 모델을 사용한다. 바로 객체 모델Object Model, 동적 모델Dynamic Model, 기능 모델Functional Model이다. OMT는 시스템 분석에서 이 세 가지 모델을 이용하여 시스템이 요구하는 객체를 완벽하게 기술한다. 먼저 객체 모델은 시스템에서 필요한 모델을 찾아내고 객체의 속성과 객체 간의 관계를 규명한다. 그리고 동적 모델은 객체 모델에서 나타난 객체들의 행위와 상태를 포함하는 생명주기를 나타낸다. 마지막으로, 기능 모델은 각 객체의 변화로 인해 다른 상태로 전이가 되었을 때 수행되는 동작들을 기술한다.

■ UML

부치 방법론과 OOSE, OMT를 하나로 합한 방법론이다. 분산 객체Distributed Objects의 표준이 되었고, OMG에서 CORBACommon Object Request Broker Architecture의 표준 분석 설계 방법론으로 채택되었다.

연습문제

01 UML의 특징이 아닌 것은?

① 가시화 언어다. ② 명세화 언어다.
③ 구축 언어다. ④ 기능 중심 언어다.

02 객체 지향 기법에서 캡슐화Encapsulation에 대한 설명으로 틀린 것은?

① 캡슐화를 하면 객체 간의 결합도가 높아진다.
② 캡슐화된 객체들은 재사용이 용이하다.
③ 프로그램 변경에 대한 오류의 파급 효과가 적다.
④ 인터페이스가 단순해진다.

03 객체 모델Object Model, 동적 모델Dynamic Model, 기능 모델Function Model의 3개 모델로 구성되는 객체 지향 분석 기법은?

① Rambaugh method
② Wirfs-Brock method
③ Jacobson method
④ Coad & Yourdon method

04 객체 지향 시스템에서 자료 부분과 연산(또는 함수) 부분 등 정보 처리에 필요한 기능을 한 테두리로 묶는 것을 의미하는 용어는?

① 정보 은닉Information hiding ② 클래스Class
③ 캡슐화Encapsulation ④ 통합Integration

05 객체 지향 기법에서 메시지message의 전달은 어떻게 이루어지는가?

① 속성attribute에서 속성으로
② 객체object에서 속성로
③ 객체object에서 객체로
④ 클래스class에서 데이터data로

06 객체 지향 기법에서 상속의 결과로 얻을 수 있는 가장 중요한 이점은?

① 모듈 라이브러리를 재이용한다.
② 객체 지향 데이터베이스를 사용할 수 있다.
③ 클래스와 오브젝트들을 재사용할 수 있다.
④ 프로젝트들을 보다 효과적으로 관리할 수 있다.

07 객체 지향 기법에서 하나 이상의 유사한 객체들을 묶어 하나의 공통된 특성을 표현한 것은?

① 클래스　② 함수
③ 메서드　④ 메시지

08 객체에게 어떠한 행위를 하도록 지시하는 명령은?

① Class　② Instance
③ Object　④ Message

09 객체 지향 개념에 관한 설명 중 잘못된 것은?

① 객체들 간의 상호 작용은 메시지를 통해 이루어진다.
② 클래스는 인스턴스Instance들이 갖는 변수와 인스턴스들이 사용할 메서드Method를 갖는다.
③ 다중 상속Multiple Inheritance은 2개 이상의 클래스가 한 클래스로부터 상속받는 것을 말한다.
④ 객체가 갖는 데이터를 처리하는 알고리즘을 연산Operation 또는 메서드Method라 한다.

10 객체 지향 설계에 대한 설명으로 옳지 않은 것은?

① 객체 지향 설계에서 가장 중요한 문제는 시스템을 구성하는 개체와 속성, 연산을 인식하는 것이다.
② 시스템 기술서의 동사는 객체를, 명사는 연산이나 객체 서비스를 나타낸다.
③ 객체 지향 설계를 문서화할 때 객체와 그들의 부객체sub-object의 계층적 구조를 보여주는 계층 차트를 그리면 유용하다.
④ 객체는 순차적으로Sequentially 또는 동시적으로Concurrently 구현될 수 있다.

11 UML에 대한 설명으로 옳지 않은 것은?

① 소프트웨어 시스템의 인공물들을 명세하고 가시화하며 구성하기 위한 언어다.

② 산업 표준이 될 것으로 기대되는 객체 지향 모델링 언어를 정의한 전문가들이 노력한 결과다.

③ 시스템 요구 사항을 명세하고 설계 의사 결정을 파악하는 데 도움이 된다.

④ UML 표기법은 객체 지향 분석과 설계 모델을 그래프로 표현할 수 없다는 단점이 있다.

12 객체 지향 기술에 대한 설명으로 옳지 않은 것은 ?

① 객체란 필요한 자료 구조와 이에 수행되는 함수들을 가진 하나의 소프트웨어 모듈이다.

② 클래스Class란 객체 타입Object Type을 말하며 객체들이 갖는 속성과 적용 연산을 정의하고 있는 틀Templet이다.

③ 상속Inheritance은 상위 클래스가 갖는 속성과 연산을 그대로 물려받는 것을 의미한다.

④ 분석과 설계, 구현 작업이 폭포수 모형과 같이 뚜렷하게 구별된다.

13 객체 지향 기법에서 메서드는 어느 시점에 시작되는가?

① 사용자 명령어가 입력될 때

② 운영체제에 의하여 인터럽트가 감지될 때

③ 특별한 데이터 값을 만날 때

④ 오브젝트로부터 메시지를 받을 때

14 객체에 대한 설명으로 가장 옳지 않은 것은?

① 객체는 실세계 또는 개념적으로 존재하는 세계의 사물들이다.

② 객체는 공통 특징을 갖는 클래스들을 모아둔 것이다.

③ 객체는 데이터를 가지며 이 데이터의 값을 변경하는 함수를 가지고 있는 경우도 있다.

④ 객체들 사이에 통신을 할 때는 메시지를 전송한다.

15 UML이란 무엇인지 설명하시오.

16 UML의 탄생 과정을 설명하시오.

17 다형성에 대하여 예를 들어 설명하시오.

18 객체 지향의 의미를 설명하시오.

19 구조적 프로그래밍과 객체 지향 프로그래밍을 설명하시오.

20 클래스와 객체의 차이점을 예를 들어 설명하시오.

21 메시지에 대해 예를 들어 설명하시오.

22 인터페이스와 추상화의 차이점을 예를 들어 설명하시오.

23 OMT 방법론의 객체 모델, 동적 모델, 기능 모델을 설명하시오.

24 다음을 객체와 클래스로 구별하시오.

서울대 매기 테니스 음료수
스마트폰 스포츠 사이다
갤럭시S 사이다 백석대 골프 환타
상어 물고기 야구
아이폰 한국대 붕어

CHAPTER 02
UML 구성 요소와 뷰

학습목표

- UML의 구성 요소와 관계를 이해한다.
- UML의 뷰의 개념과 종류를 이해한다.
- UML의 특성을 이해한다.

01 UML 구성 요소

UML은 [그림 2-1]과 같이 기본 요소를 구성하는 사물Things과 사물 간의 관계를 나타내는 관계Relationship, 사물과 관계를 도형으로 표현하는 다이어그램Diagram의 세 가지 구성 요소로 이루어진다.

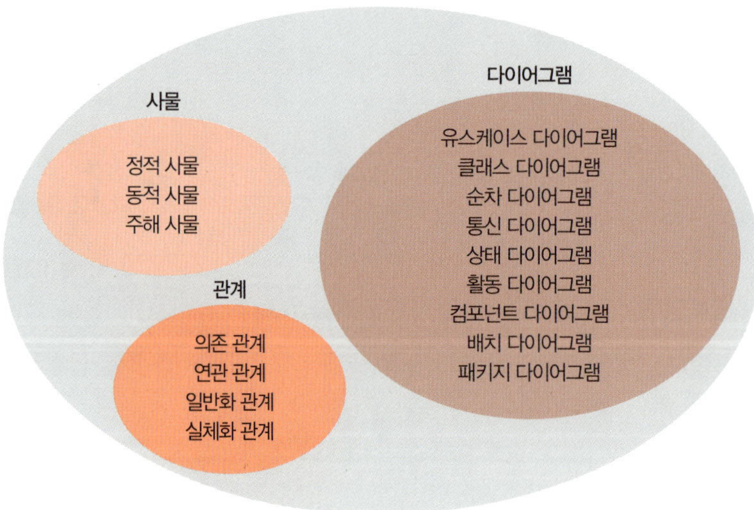

그림 2-1 UML 구성 요소

1 사물

사물은 모델에서 가장 중요한 추상적 개념으로, 구조를 표현하는 정적 사물, 동작을 표현하는 동적 사물, 부가적으로 설명하는 주해 사물이 있다. 각각을 하나씩 살펴보자.

1.1 정적 사물

정적 사물Structural Things은 모델의 구조, 즉 개념적 · 물리적 요소를 표현하는 명사다. 정적 사물에는 클래스, 인터페이스, 통신, 컴포넌트, 패키지, 노드 등이 있다.

■ 클래스

클래스Class는 동일한 속성, 오퍼레이션, 관계, 의미를 공유하는 객체를 기술한 것이다. 클래스는 [그림 2-2]의 예와 같이 직사각형으로 표현하며, 사각형 안에 이름, 속성, 오퍼레이션을 넣는다.

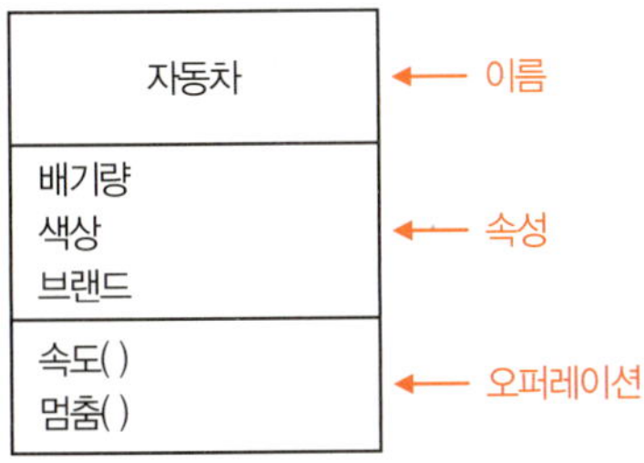

그림 2-2 클래스의 예

■ 인터페이스

인터페이스Interface는 클래스 또는 컴포넌트의 서비스를 명세화하는 오퍼레이션을 모아놓은 것으로, 외부적으로 가시화되는 동작을 표현한다. 인터페이스는 특정 클래스나 컴포넌트의 전체 또는 일부 동작을 나타낼 수 있다. 인터페이스는 [그림 2-3]의 왼쪽 그림처럼 원으로 표현하고 그 아래에 인터페이스명을 표시하거나 오른쪽 그림처럼 클래스 형식으로 표현하고 스테레오타입(《 》)을 이용해 《interface》로 표현할 수 있다. 인터페이스는 일반적으로 그 인터페이스를 구현하는 클래스나 컴포넌트와 함께 나타난다.

그림 2-3 인터페이스의 예

■ 통신

통신Communication에서는 서로 다른 요소와 역할이 모여 교류Interaction를 정의한다. 통신은 동작과 구조에서 중요하며 클래스 하나가 다수의 통신에 참여할 수 있다. 통신은 [그림 2-4]와 같은 실선 사각형으로 표현하고 보통 이름을 안에 넣는다.

그림 2-4 통신의 예

■ 컴포넌트

컴포넌트Component는 전체 시스템을 구성하는 단위로 독립적으로 개발되고 배포되며 조립, 교환이 가능한 응집도가 높은 소프트웨어 산출물이다. 컴포넌트는 [그림 2-5]와 같이 탭이 달린 직사각형으로 표시하며 직사각형 안에 컴포넌트명을 넣는다.

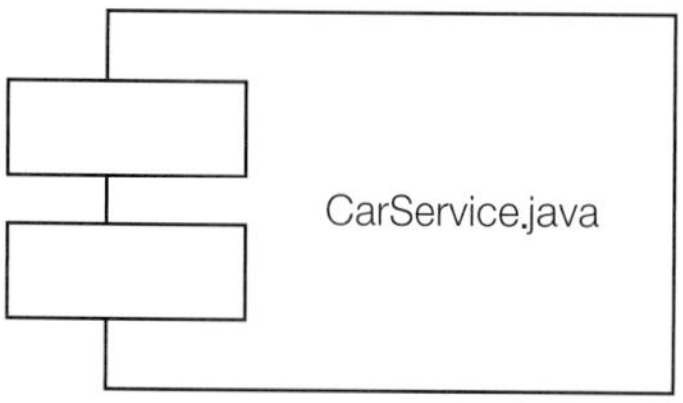

그림 2-5 컴포넌트의 예

컴포넌트에는 다음과 같은 특징이 있다.

- 시스템에서 물리적이고 대체 가능한 부분이다.
- 사용자 업무 단위를 중심으로 만드는 사용자 지향 설계 방식을 따른다.
- 플러그앤플레이Plug&Play 조립 방식을 활용해 인터페이스 지향 설계라고도 부른다.
- 기존 컴포넌트를 재사용해 생산성 향상을 기대할 수 있다.
- 인증된 컴포넌트를 조립하여 소프트웨어 품질을 향상시킬 수 있다.
- 아키텍처 지향의 개발에 사용된다.
- 모듈이 아닌 아키텍처를 기초로 컴포넌트를 조립한다.
- 우선순위가 높은 모듈을 개발하면서 점차 확장시키는 점진적 개발 방식에 이용한다.
- 대표적인 컴포넌트는 J2EE 플랫폼의 JAR 파일과 DLL 파일, HTML 파일이다.

■ 패키지

패키지Package는 요소를 그룹으로 묶는다. 정적 사물이나 동적 사물도 패키지 하나에 들어갈 수 있다. 컴포넌트가 물리적인 데 반해 패키지는 순전히 개념적이다. 패키지는 [그림 2-6]의 (a)와 같이 탭이 달린 폴더 형태에 보통 이름만 넣어 안에 있는 내용을 나타내기도 한다. 패키지에는 클래스뿐 아니라 유스케이스, 활동 다이어그램 등을 담을 수 있고, 다른 패키지도 담을 수 있다. 패키지 종류에는 《framework》, 《subsystem》, 《facade》 등이 있다. 실제로 자바에서 package는 지정한 폴더의 내용물을 사용한다는 의미를 담고 있다. (b)는 다양한 패키지 다이어그램을 보여준다.

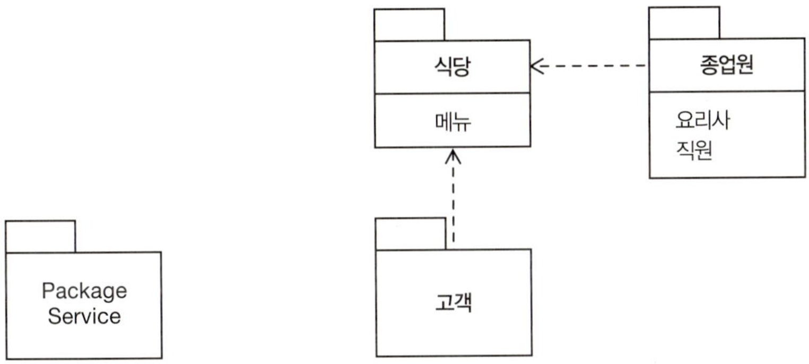

(a) 패키지의 예 (b) 패키지 다이어그램의 예

그림 2-6 패키지 형태와 예

■ 노드

노드Node는 실행할 때 존재하는 물리적 요소다. 전산 자원(기계)을 나타내고 약간의 메모리와 처리 능력을 갖는다. 컴포넌트가 노드에 존재하며, 노드에서 노드로 이동할 수 있다. 노드는 [그림 2-7]과 같이 육면체로 표시하고 이름을 그 안에 넣는다.

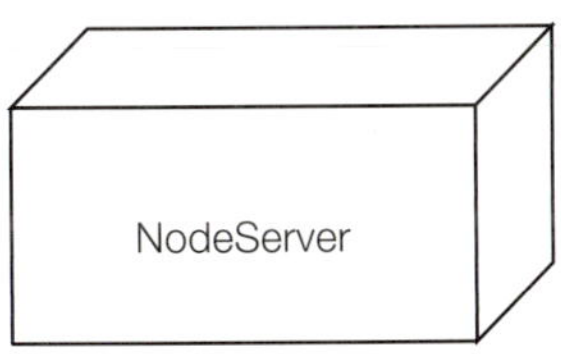

그림 2-7 노드의 예

1.2 동적 사물

동적 사물Behavioral Things은 주로 모델의 동적인 부분을 동사로 표현하며 시간과 공간에 따른 동작을 나타낸다. 동적 사물에는 교류, 유스케이스, 상태 머신 등이 있다.

■ 교류

교류Interaction는 동작이며, 목적을 달성하기 위해 특정 문맥에 속한 객체들 간에 주고받는 메시지로 구성된다. 객체 간 메시지, 활동 순서(메시지로 호출되는 동작), 객체 간의 연결 등을 표현하는 데 사용된다. 메시지는 [그림 2-8]과 같이 직선으로 나타내고 오퍼레이션 이름을 항상 포함한다.

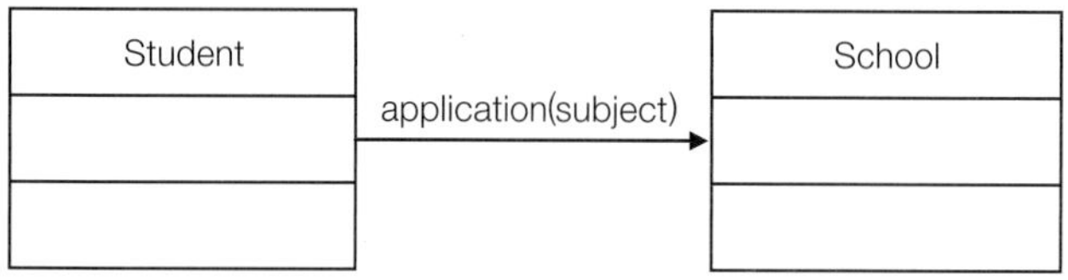

그림 2-8 메시지

■ 유스케이스

유스케이스(요구 사항)는 시스템이 수행하는 활동들을 순차적으로 기술하며, 액터Actor에게 의미 있는 결과 값을 제공해준다. 유스케이스는 모델에서 동적 사물을 통신으로 실현한다. 유스케이스는 [그림 2-9]와 같이 실선 타원으로 표현하고 그 안에 이름을 넣는다.

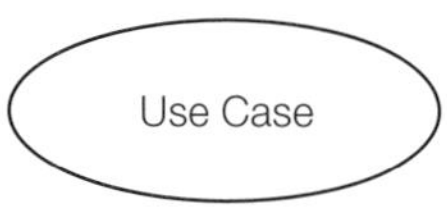

그림 2-9 유스케이스

■ 상태 머신

상태 머신state machine은 외부 이벤트에 대한 객체의 상태와 상태의 변화 순서를 기술한다. 상태 머신에는 서로 다른 요소가 많이 들어 있는데, 상태 전이(상태에서 다른 상태로의 흐름), 사건(전이를 유발하는 것), 활동(전이에 따른 응답)이 있다.

상태 머신은 모서리가 둥근 직사각형으로 표현하며 그 안에 이름을 넣고, 필요 시 하위 상태를 포함한다. [그림 2-10]은 휴대폰을 두 가지 상태로 간단히 표현한 상태 머신이다. 교류와 상태 머신은 보통 클래스, 통신, 객체들과 의미적으로 연결된다.

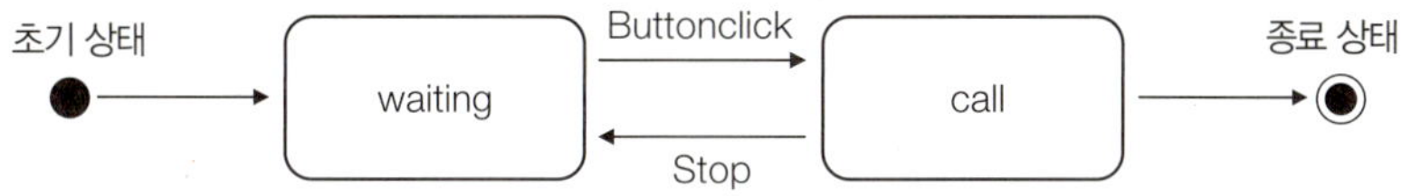

그림 2-10 상태 머신

1.3 주해 사물

주해 사물은 모델링에 참여하지는 않지만 모델링에 참여하는 다른 사물들뿐 아니라 모델링을 이해하는 데 필요한 정보 등 필요한 모든 설명을 표시하기 위해 사용한다.

주해 사물에는 노트Note가 있다. 노트는 첨부되는 주석 또는 제약을 기술한다. 노트는 [그림 2-11]과 같이 모서리가 접힌 직사각형으로 표현하고 직사각형 안에 문자나 그림을 넣는다. 일반적으로 노트를 사용해 정형 · 비정형 문장으로 가장 잘 표현되는 제약과 주석을 다이어그램에 달아준다. 그리고 노트의 변형으로 모델 외부 관점에서 모델에 바라는 동작을 기술하는 요구 사항이 있다.

그림 2-11 노트

2 관계

UML에는 의존, 연관, 일반화, 실체화라는 네 가지 관계Relationship가 있다. 각각을 하나씩 살펴보자.

2.1 의존 관계

의존Dependency 관계는 두 사물 간의 의미적 관계로, 한 사물의 명세가 바뀌면 다른 사물에 영향을 준다. 그러나 그 반대가 반드시 성립하는 것은 아니다. 의존은 의존하는 사물을 향하는 점선으로 표현한다. 의존은 한 클래스가 다른 클래스를 오퍼레이션의 매개변수로 사용하는 경우에 주로 나타난다.

의존 관계를 보여주는 전형적인 예로 텔레비전과 리모컨을 들 수 있다. 방송국별로 끊임없이 방송을 내보내지만 텔레비전에는 리모컨으로 지정한 방송만 나온다. 즉, 리모컨의 명세에 따라 텔레비전은 그 영향을 받아서 리모컨의 명세에 맞도록 동작한다. 따라서 '텔레비전은 리모컨에 의존한다.'라고 표현할 수 있다. 의존 관계는 그림과 같이 의존 대상이 되는 클래스를 향해 ---> 화살표를 붙여주면 된다.

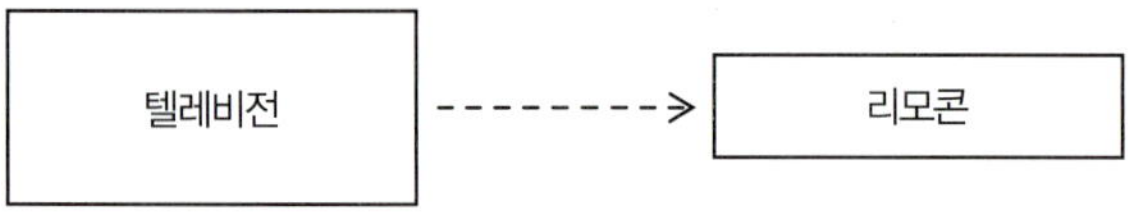

그림 2-12 의존 관계

2.2 연관 관계

연관Association 관계는 객체 사이의 연결 관계로, 지속적으로 유지되는 관계다. 두 클래스가 연관 관계가 되면 한쪽 객체에서 다른 객체로 옮겨갈 수 있으며 그 반대도 가능하다.

연관의 양쪽 끝이 같은 클래스를 향하는 순환도 가능하다. 이는 한 클래스의 객체가 같은 클래스의 다른 객체에 연결할 수 있다는 의미다. 두 클래스를 연결하는 연관 관계를 쌍방 연관 관계라 한다. 흔한 경우는 아니지만 둘 이상의 클래스를 연결하는 연관도 있는데, 이를 다수 연관이라 한다. 연관 관계는 클래스들을 연결하는 실선으로 표현하고 이름, 역할, 다중성, 집합 연관 등을 추가할 수 있다. A라는 객체가 B라는 객체와 연관 관계가 있다면 A 객체 안에서 B의 객체 생성이 이루어진다고 생각하면 이해하기 쉽다.

■ 이름

연관 관계는 의미를 설명하기 위해 이름을 사용한다. [그림 2-13]과 같이 의미가 모호하지 않도록 이름에 방향성을 추가할 수 있는데 이름이 읽히기 원하는 방향으로 방향 삼각형을 표기한다. 회사원Worker과 회사Company 사이의 연관 관계는 '한 회사원이 회사에서 일한다.'로 표현할 수 있다.

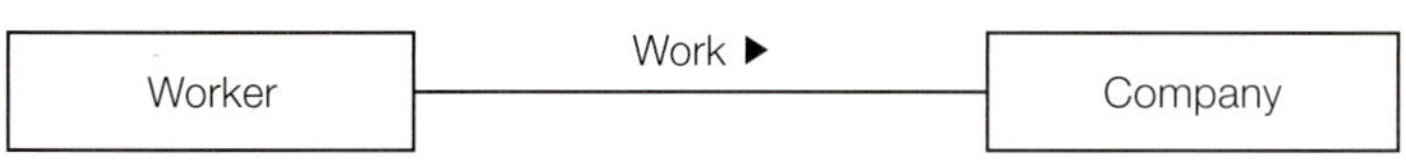

그림 2-13 이름

■ 역할

클래스가 연관에 참여하면 그 클래스가 수행해야 하는 특별한 역할이 생긴다. 클래스가 수행하는 역할에 명시적으로 이름을 지을 수 있다. 클래스 옆에 원하는 역할을 써서 연관 관계에서의 역할을 표시할 수 있다. 회사원Worker과 회사Company의 연관 관계는 고용자Employer와 피고용자Employee 관계로 볼 수 있을 것이다. [그림 2-14]는 [그림 2-13]에 역할을 추가한 것이다.

그림 2-14 역할

■ 다중성

모델링을 하다보면 한 연관에 참여하는 객체 하나에 객체가 몇 개 연결되어 있는지를 밝히는 것이 중요한 때가 있다. 이 '몇 개'를 일컬어 연관 역할에 대한 다중성이라 한다. [그림 2-15]처럼 범위 값으로 나타내는 표현식 (1..*)이나 명시적인 값으로 표현한다.

연관 한쪽 끝에 표시된 다중성은 클래스 객체 하나에 가까운 쪽 객체가 그 수만큼 존재해야 한다는 것을 말한다. 즉 하나의 Company 객체에 Worker가 하나 이상 존재(1..*)해야 하며, 하나의 Worker 객체에 대하여 다수의 Company가 존재(*)할 수 있음을 의미한다.

다중성은 정확히 하나(1), 제로(0) 혹은 하나(0..1), 다수(0..*), 하나 이상 (1..*) 등으로 표현할 수 있다. 심지어는 정확히 얼마(예를 들어 2)라고 표현할 수도 있다.

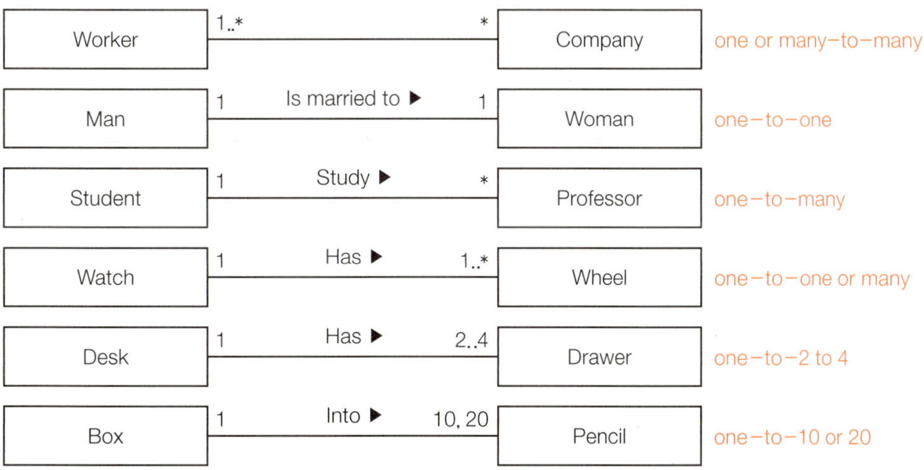

그림 2-15 다중성 관계

■ **집합 연관**

순수 연관은 두 클래스 사이의 구조적 관계를 표현하고, 두 클래스는 개념적으로 동일한 수준에 위치한다. 그러나 전체와 부분 관계를 모델링할 때는 한 클래스가 더 큰 것(전체)을 대표하고 그것은 더 작은 것들(부분)로 이루어진다. 이러한 관계를 집합 연관이라 하고 has-a 관계라고도 한다. 다시 말해 집합 관계는 전체 쪽 객체 하나가 부분 쪽 객체들을 소유하는 것이다. 집합 연관은 특별한 형태로, [그림 2-16]과 같이 연관에 속이 빈 다이아몬드를 전체 쪽에 추가하여 표현한다. 이 예의 경우 차Car는 타이어Tire와 엔진Engine, 차 문Door으로 구성된다는 의미다.

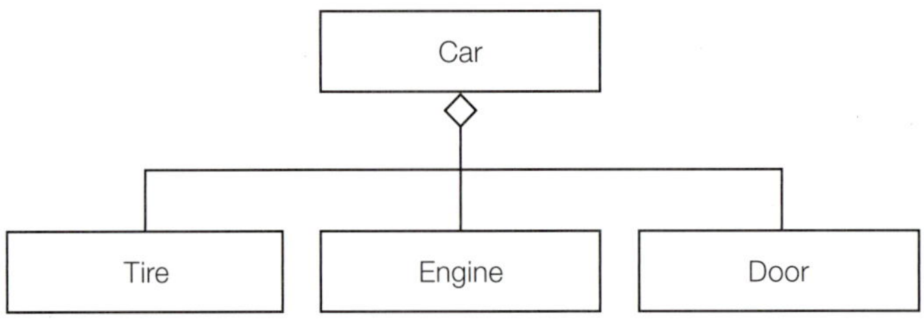

그림 2-16 집합 연관 관계

2.3 일반화 관계

일반화Generalization 관계는 일반화된 사물과 좀 더 특수화된 사물 사이의 관계로, 한 가지 종류를 의미하여 kind-of 관계라고도 한다. 예를 들어 {동물}과 {사자, 호랑이, 원숭이}는 일반화 관계다.

일반화 관계에서 일반화는 부모 객체가 사용되는 곳 어디서나 자식 개체가 사용될 수 있음을 의미한다. 즉, 자식 객체는 부모 객체를 대신할 수 있다. 그러나 그 반대는 성립하지 않는다.

자식은 부모의 속성과 오퍼레이션을 상속하고 부모에게 없는 속성이나 오퍼레이션을 가지기도 한다. 동일한 용법을 가진 자식 객체 오퍼레이션은 부모 오퍼레이션을 대체한다. 일반화 관계는 [그림 2-17]과 같이 속이 빈 화살표 실선을 부모를 향해 그려 표현한다.

클래스는 부모를 0개, 1개, 1개 이상 가질 수 있다. 부모가 없으며 자식을 1개 이상 가진 클래스를 기본 클래스라 하고, 자식이 없는 클래스를 리프Leaf 클래스라고 한다. 부모가 정확하게 1개인 클래스는 단일 상속을 받고, 부모가 1개 이상인 클래스는 다중 상속을 받는다.

일반화 관계는 주로 클래스와 인터페이스 사이의 상속 관계를 보여주기 위해 사용한다. UML에서는 사물들 사이에도 일반화 관계를 사용할 수 있다. [그림 2-17]은 자동차Car에 택시Taxi,

버스Bus, 트럭Truck 등의 종류가 있다는 의미다. [그림 2-16]과 비교해보면 같은 car이지만 하나는 집합 연관 관계이고 하나는 일반화 관계다.

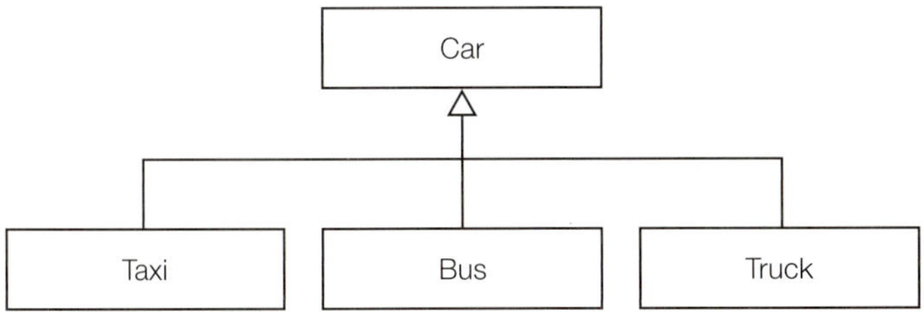

그림 2-17 일반화 관계

2.4 실체화 관계

실체화Realization 관계는 한 객체가 다른 객체에게 오퍼레이션을 수행하도록 지정하는 의미적 관계다. 대표적인 예가 인터페이스와 그것을 구현하는 클래스 사이의 관계다. 실체화 관계는 보다 엄밀히 정의하면 계약을 명세하는 클래스와 그 계약을 실현하는 클래스 사이의 관계라고 할 수 있다. 예를 들면 UML에서 자바의 인터페이스를 표현할 때 클래스명을 적는 사각형 안에 《interface》라는 스테레오타입을 붙이는 경우다. 실체화는 의존, 일반화, 연관 관계와 따로 취급할 만큼 많이 다르지만 의존 관계와 일반화 관계를 모두 사용할 수 있으며, 표현 방법도 의존과 일반화에서 따왔다.

실체화 관계는 대개 인터페이스와 인터페이스에 오퍼레이션이나 서비스를 제공하는 클래스나 컴포넌트 사이의 관계를 지정하기 위해 사용한다. 여기서 인터페이스는 오퍼레이션의 모음으로서 클래스나 컴포넌트의 서비스를 명세화하기 위해 사용한다.

예를 들어 우리는 텔레비전을 켜거나 끌 수 있다. 또 시간 설정이나 채널 조정도 가능하다. 그러나 이 동작을 하기 위해 텔레비전 회로를 직접 조작할 필요는 없고 리모컨 버튼을 누르기만 하면 된다. 리모컨 버튼만 눌러도 텔레비전을 켜고 끌 수 있으며, 시간 설정이나 채널 조정 등의 작업도 할 수 있다. 리모컨이 텔레비전의 인터페이스가 되는 것이다. 리모컨이 갖는 오퍼레이션은 텔레비전 전원을 연결하거나 끊기, 사용자가 원하는 채널 설정하기 정도다. UML에서는 이를 리모컨 동작으로 텔레비전 동작을 실체화한 것이라고 말한다. 그러나 텔레비전 동작 중 일부만 실체화 관계에 놓여 있다. 텔레비전의 모든 동작이 리모컨과 관련 있다고 볼 수는 없기 때문이다. 텔레비전과 연결된 콘센트를 연결하거나 빼는 오퍼레이션은 리모컨 조작으로 실행할 수 없다. 이처럼 실체화는 부분이나 전체가 될 수 있다.

인터페이스는 속성을 갖지 않는다. 예를 들어, 리모컨에도 두께, 길이, 모델명, 제조국가와 같은 속성이 존재하지만 우리가 이를 신경 쓸 필요는 없는 것과 같다. 인터페이스의 모델링 방법은 클래스와 비슷하다. 클래스에 사용되는 사각형 기호를 그대로 사용하면 된다. 차이가 있다면 인터페이스는 클래스와 달리 속성을 갖지 않는다는 것이다. 그런데 클래스를 나타낼 때도 속성을 생략할 수 있다. 속성을 생략한 클래스는 인터페이스와 모양이 같기 때문에 둘을 구분하기 위해 인터페이스 이름 위에는 《interface》라고 써준다. 혹은 인터페이스 이름 맨 앞에 I를 붙여도 된다.

클래스와 인터페이스 사이의 실체화 관계를 나타내는 기호는 상속에서 쓰는 기호와 매우 비슷하다. [그림 2-18]은 텔레비전과 리모컨의 실체화 관계를 보여준다.

그림 2-18 실체화 관계 예 : 텔레비전과 리모콘

클래스와 인터페이스 사이의 실체화 관계를 더 간단히 나타낼 수도 있다. [그림 2-19]와 같이 인터페이스를 작은 원으로 표시하고, 클래스와 인터페이스를 실선으로 연결해주면 된다.

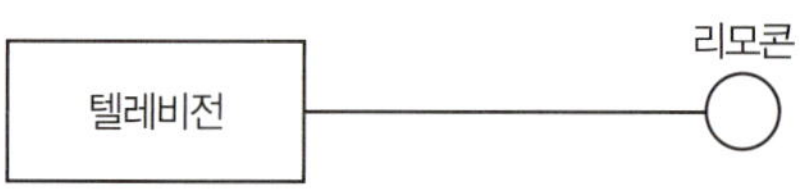

그림 2-19 실체화의 간단한 표현

클래스는 2개 이상의 인터페이스를 실체화할 수 있고, 인터페이스는 2개 이상의 클래스로부터 실체화될 수 있다. 참고로, 텔레비전을 동작시키기 위해 사용자는 인터페이스에 의존하고 있으므로 인터페이스와 사용자의 교류는 [그림 2-20]과 같이 의존 관계로 모델링하면 된다.

그림 2-20 실체화와 의존

3 다이어그램

다이어그램Diagram은 대개 요소들과 사물 간의 관계를 그래프로 나타낸 것이다. 서로 다른 관점에서 시스템을 가시화하기 위해 다이어그램으로 표현하기 때문에 각 다이어그램은 시스템을 여러 방면으로 투영하는 것과 같다. 동일한 요소가 모든 다이어그램에 나타나거나 몇 개에만 나타날 수도 있고 전혀 나타나지 않을 수도 있다.

이론적으로는 다이어그램 하나에 사물과 관계의 여러 조합이 있을 수 있으나 실제로는 소수의 공통 조합이 생긴다. 이 조합은 다음 절에서 알아볼 가장 유용한 뷰 5개와 일치하고, 이 뷰들은 소프트웨어 중심 시스템의 아키텍처를 구성한다.

시스템을 모델링할 때는 [그림 2-21]과 같은 9가지 다이어그램을 주로 사용한다. 이외에도 개발 툴에서 UML을 사용해 다른 다이어그램을 제공할 수도 있다.

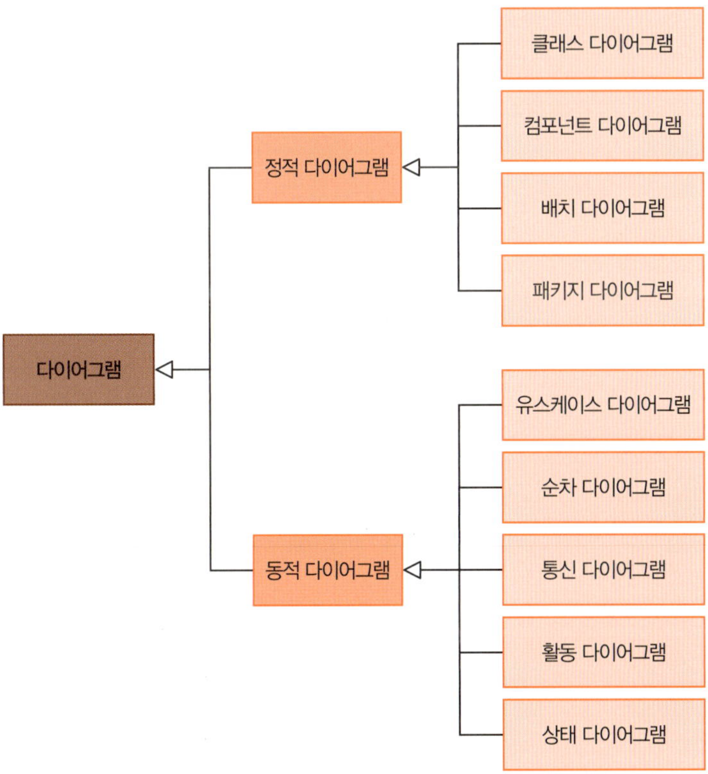

그림 2-21 정적 다이어그램과 동적 다이어그램

■ 클래스 다이어그램

클래스 다이어그램Class Diagram은 클래스, 인터페이스, 통신과 함께 이들의 관계를 나타내며, 객체 지향 시스템 모델링에서 가장 공통적으로 쓰인다. 클래스 다이어그램은 시스템의 정적 설계 뷰를 나타낸다.

■ 컴포넌트 다이어그램

컴포넌트 다이어그램Component Diagram은 컴포넌트 사이의 구성과 의존을 표현한 것으로, 시스템의 정적 구현 뷰를 나타낸다. 컴포넌트 다이어그램은 클래스 다이어그램과 관련이 있는데 일반적으로 컴포넌트는 하나 이상의 클래스, 인터페이스, 통신과 같은 논리 요소들을 물리적으로 구현한 것이다.

■ 배치 다이어그램

배치 다이어그램Deployment Diagram은 실행 시 처리하는 노드와 그 노드에 있는 컴포넌트들의 구성을 표현한 것으로, 시스템의 정적 배치 뷰를 나타낸다. 배치 다이어그램은 컴포넌트 다이어그램과 관련이 있는데 일반적으로 노드 하나가 컴포넌트 다이어그램에 있는 하나 이상의 컴포넌트를 수용하기 때문이다.

■ 패키지 다이어그램

패키지 다이어그램Package Diagram은 클래스와 같은 여러 모델 요소를 그룹화하여 패키지를 구성하고, 이들 패키지 사이를 관계로 연결한다. 이때 패키지 사이의 관계는 일반화 관계와 의존 관계로 표현할 수 있다.

■ 유스케이스 다이어그램

유스케이스 다이어그램Use Case Diagram은 유스케이스와 액터의 관계를 구조적으로 표현한 것으로 시스템의 정적(또는 동적) 유스케이스 뷰를 나타낸다. 유스케이스 다이어그램은 시스템 동작을 조직화하고 모델링하는 데 특히 중요하다.

■ 순차 다이어그램과 통신 다이어그램

순차 다이어그램Sequence Diagram과 통신 다이어그램Communication Diagram은 교류 다이어그램Interaction Diagram의 한 종류다. 교류 다이어그램은 객체, 관계, 메시지로 구성된다. 교류 다이어그램은 시스템의 동적 뷰를 나타낸다.

순차 다이어그램은 메시지의 시간 순서를 강조하고, 통신 다이어그램은 메시지를 주고받는 객체의 구조적 구성을 강조한다. 즉, 순차 다이어그램은 시스템 외부 이벤트를 처리하기 위해 시스템 내부 객체 간의 동적 메시지를 시간 흐름에 따라 표현한 것이고, 통신 다이어그램은 주로 객체 사이의 데이터 흐름을 표현한 것이다. 통신 다이어그램은 순차 다이어그램과 동일한 내용을 객체 상호 관계의 관점에서 표현한 것이므로 이 둘은 서로 변형이 가능하다.

■ 활동 다이어그램

활동 다이어그램Activity Diagram은 시스템 내부에 있는 활동의 흐름을 표현한 것으로 시스템의 동적 뷰를 나타낸다. 시스템 기능을 모델링할 때 특히 중요하고 객체 간의 제어 흐름에 중점을 둔다.

■ 상태 다이어그램

상태 다이어그램State Diagram은 상태 머신을 나타내며, 상태 머신은 상태State, 전이Transition, 이벤트Event, 활동Activity으로 구성된다. 상태 다이어그램은 시스템의 내부 전이를 표현한 것으로, 시스템의 동적 뷰를 나타낸다. 상태 다이어그램은 인터페이스, 클래스, 통신의 동작을 모델링할 때 중요하며, 이벤트에 따라 순차적으로 일어나는 객체 동작에 중점을 두기 때문에 빠른 반응이 필요한 시스템을 모델링할 때 특히 유용하다.

02 UML 뷰

1 UML 뷰의 개념과 종류

소프트웨어 중심 시스템을 가시화하고, 명세화하고, 구축하고, 문서화하려면 여러 관점에서 시스템을 볼 필요가 있다. 시스템 아키텍처는 서로 다른 관점들을 관리하고, 프로세스 생명주기에 걸쳐 반복적이고 점진적인 시스템 개발을 제어할 수 있게 한다.

큰 규모의 건축물을 만들 때는 설계라는 과정이 반드시 필요하다. 설계는 구축될 건축물이 당면한 각종 문제에 대한 결정 과정이며, 그 설계의 결과가 바로 설계도다. 그런데 한 종류의 설계도로는 건축물의 모든 것을 표현하기 어렵기 때문에 건축물에 필요한 몇 가지 관점에 대해서 각각의 설계도를 작성할 필요가 있다.

예를 들면 건축물을 정면 · 측면 · 상면에서 바라보았을 때의 설계도, 건축물의 배관과 관련된 설계도, 승강기와 관련된 설계도 등이 한 건축물에 필요한 설계도들이다. 이때 각각의 설계도는 건축물의 특정 관점에 초점을 맞추어 건축물을 모델링한 결과다. 따라서 특정 종류의 설계도만으로는 건축물의 전체적인 설계를 이해할 수 없다. 다양한 종류의 설계도를 모두 합쳐야 건축물 전체의 모습을 이해할 수 있는 것이다.

이러한 개념을 소프트웨어 공학에도 적용할 수 있다. 즉, 소프트웨어도 매우 복잡하기 때문에 몇 가지 관점에서 기술할 필요가 있다. 객체 지향 전문가들은 유스케이스 뷰, 설계 뷰, 프로세스 뷰, 구현 뷰, 배치 뷰View의 5가지를 정의하였다.

각 뷰는 개발되는 소프트웨어의 특정한 측면에 초점을 맞추고 있다. 그리고 이 5가지 뷰를 표현하기 위해 UML 다이어그램을 이용한다. 뷰에 따라 사용되는 UML 다이어그램의 종류가 다르며, 뷰별로 1개 이상의 UML 다이어그램이 사용될 수 있다.

1.1 유스케이스 뷰

유스케이스(요구 사항 View) 뷰는 외부 액터에 의해 인식되는 시스템의 기능 요구 사항을 보여주는 관점이다. 다른 4개의 뷰가 '어떻게' 하면 원하는 기능을 제공할 수 있는가에 관한 것이라면 유스케이스 뷰는 사용자가 시스템으로부터 원하는 기능이 '무엇'인지를 정의하는 것이다. 결국 유스케이스 뷰에서 파악된 유스케이스에 따라 다른 뷰의 내용이 달라진다. 따라서 유스케이스 뷰는 다른 뷰를 유도하는 중심 역할을 한다.

[그림 2-22]는 유스케이스 뷰를 중심으로 한 소프트웨어 아키텍처의 5개 뷰 구조를 보여준다.

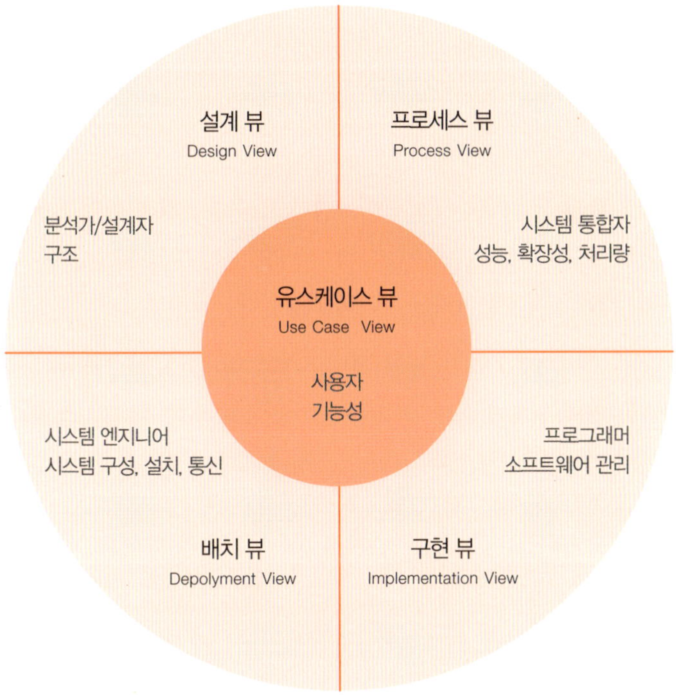

그림 2-22 소프트웨어 아키텍처의 5개 뷰

유스케이스Use Case View 뷰는 시스템이 제공해야 하는 기능이 무엇인가에 중점을 둔다. 따라서 유스케이스 뷰의 특징 중 하나는 시스템을 하나의 블랙박스Black Box로 바라본다는 점이다. 시스템이 제공하는 기능에만 관심이 있고 시스템 내부의 모습에는 관심이 없다. 다시 말해 시스템 내부에 어떤 클래스와 컴포넌트가 있는지, 컴퓨터에서 이들 컴포넌트가 어떻게 수행되는지 등에는 관심이 없다.

[표 2-1]은 유스케이스 뷰의 정적 측면과 동적 측면을 나타내는 데 사용하는 UML 다이어그램을 보여준다.

표 2-1 유스케이스 뷰에 이용되는 UML 다이어그램

구분	UML 다이어그램
정적 측면	유스케이스 다이어그램
동적 측면	상태 다이어그램, 순차 다이어그램 통신 다이어그램, 활동 다이어그램

1.2 설계 뷰

설계 뷰Design View는 유스케이스 뷰에서 정의된 기능을 시스템이 제공하기 위해 어떤 클래스와 컴포넌트가 필요하고, 이들 클래스와 컴포넌트들이 서로를 어떻게 이용하고 호출하는지에 중점을 둔다. 즉, 시스템 내부의 클래스와 컴포넌트를 파악해 기술한다.

시스템 내부를 정적 측면과 동적 측면으로 나누면 정적 측면은 시스템이 동작하면서 변하지 않는 것으로, 클래스와 클래스들 간의 관계가 이에 해당한다. 시스템의 동적 측면은 각 클래스의 동작 또는 클래스 간의 상호작용 등 시스템이 동작할 때 시간에 따라 변하는 동적 부분이다.

[표 2-2]는 설계 뷰의 정적 측면과 동적 측면을 나타내는 데 사용하는 UML 다이어그램을 보여준다.

표 2-2 설계 뷰에 이용되는 UML 다이어그램

구분	관심 사항	이용되는 UML 다이어그램
정적 측면	클래스 및 클래스 사이의 관계	클래스 다이어그램, 객체 다이어그램
동적 측면	클래스 내의 동작	상태 다이어그램
	클래스 간의 상호작용	순차 다이어그램, 통신 다이어그램
	클래스의 연산 동작	활동 다이어그램

1.3 프로세스 뷰

프로세스 뷰Process View는 설계 뷰와 마찬가지로 시스템 내부의 구조, 즉 클래스와 클래스 사이의 관계, 클래스의 동작 및 클래스 사이의 상호작용에 중점을 둔다. 그러나 모든 클래스가 아닌 독자적인 제어 스레드를 가질 수 있는 클래스를 중점으로 한다. 따라서 설계 뷰를 기술할 때 사용되는 다이어그램이 프로세스 뷰에서도 동일하게 사용된다.

UML에서 독자적인 제어 스레드를 가진 클래스를 활성 클래스라 부른다. 활성 클래스는 실제 시스템에서 프로세스와 스레드로 구현되고 《process》와 《thread》의 스테레오타입으로 표현된다.

[표 2-3]은 프로세스 뷰의 정적 측면과 동적 측면을 나타내는 데 사용하는 UML 다이어그램을 보여준다.

표 2-3 프로세스 뷰에 이용되는 UML 다이어그램

구분	UML 다이어그램
정적 측면	클래스 다이어그램, 활성 클래스 다이어그램
동적 측면	상태 다이어그램, 통신 다이어그램, 활동 다이어그램

1.4 구현 뷰

구현 뷰Implementation View는 시스템 구현 형태를 나타내기 위해 컴포넌트와 같은 구현 모듈과 그들 사이의 관계 또는 각종 파일과 파일 간의 의존 관계 등을 보여준다. 따라서 구현 뷰는 컴포넌트 다이어그램으로 표현된다.

[표 2-4]는 구현 뷰의 정적 측면과 동적 측면을 나타내는 데 사용하는 UML 다이어그램을 보여준다.

표 2-4 구현 뷰에 이용되는 UML 다이어그램

구분	UML 다이어그램
정적 측면	컴포넌트 다이어그램
동적 측면	상태 다이어그램, 순차 다이어그램, 통신 다이어그램, 활동 다이어그램

1.5 배치 뷰

배치 뷰Deployment View는 시스템을 구성하는 처리 장치, 즉 컴퓨터와 컴퓨터 간의 통신 방법에 중점을 두므로 배치 다이어그램으로 표현할 수 있다.

[표 2-5]는 배치 뷰의 정적 측면과 동적 측면을 나타내는 데 사용하는 UML 다이어그램을 보여준다.

표 2-5 배치 뷰에 이용되는 UML 다이어그램

구분	UML 다이어그램
정적 측면	배치 다이어그램
동적 측면	상태 다이어그램, 순차 다이어그램, 통신 다이어그램, 활동 다이어그램

2 개발 활동과 UML 뷰

시스템은 요구 사항 정의 · 분석 · 설계 · 구현 활동을 순차적으로 수행하면서 구축된다. 유스케이스 뷰, 설계 뷰 등 각 뷰에서 중점을 두는 부분은 특정 개발 절차와 관련이 있어 개발이 진행됨에 따라 중점을 두는 뷰가 달라진다. [그림 2-23]은 개발 활동과 UML 뷰의 관계를 보여준다.

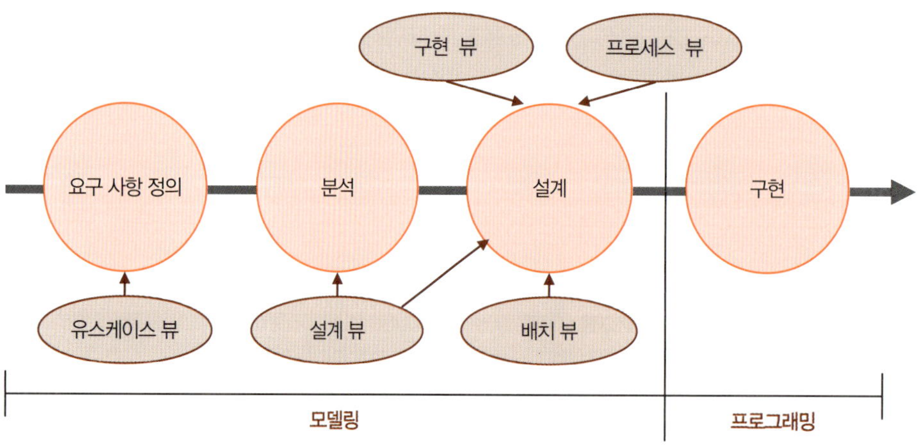

그림 2-23 개발 활동과 UML 뷰

[그림 2-23]과 같이 요구 사항 정의는 시스템에 대한 요구 사항을 도출하는 데 목적이 있기 때문에 유스케이스 뷰에 중점을 둔다. 분석과 설계는 정의된 요구 사항을 충족시킬 수 있는 시스템을 개발하기 위해 시스템을 구성하는 클래스 및 컴포넌트와 이들 간의 상호작용을 파악하는 과정이므로 설계 뷰에 중점을 둔다.

한편, 설계에서는 시스템을 구성하는 클라이언트 및 서버의 구조와 실제 소스 코드에 대응되는 구체적인 클래스 및 컴포넌트를 정의하므로 배치 뷰와 구현 뷰에도 중점을 둔다. 그리고 시스템을 구성하는 프로세스 및 스레드에 대한 정의도 설계에서 이루어지므로 프로세스 뷰에도 중점을 둔다.

지금까지 시스템에 대한 대표적인 뷰 5개와 각 뷰를 표현하기 위해 사용할 수 있는 UML 다이어그램을 알아보았다. 이들 뷰 5개와 UML 다이어그램 9개를 항상 사용하는 것은 아니다. 시스템 유형에 따라 어떤 뷰는 선택적으로 사용되며, 연동되는 다이어그램도 달라질 수 있다. [표 2-6]은 시스템 유형별로 중요한 뷰와 각 뷰에 주로 사용되는 UML 다이어그램을 보여준다.

표 2-6 시스템 유형별 뷰와 UML 다이어그램

뷰	UML 다이어그램	시스템 유형		
		간단한 시스템	반응적 시스템	분산 시스템
유스케이스 뷰	유스케이스 다이어그램	V	V	V
설계 뷰	클래스 다이어그램	V	V	V
	순차 다이어그램	V	V	V
	통신 다이어그램	V	V	V
	상태 다이어그램		V	V
프로세스 뷰	클래스 다이어그램			V
	순차 다이어그램			V
	통신 다이어그램			V
구현 뷰	컴포넌트 다이어그램			V
배치 뷰	배치 다이어그램			V

03 UML 특성

UML에는 일관되게 적용되는 명세서, 장식, 공통 분할, 확장이라는 네 가지 공통 특성이 있다. 이 공통 특성을 이용하면 분석과 설계의 내용을 좀 더 쉽게 작성할 수 있고 쉽게 알아볼 수도 있다.

1 명세서

모든 UML 구성 요소의 그래픽 표기에는 표준화된 명세서Specification가 있어 정확한 구문과 의미를 전달할 수 있다. 예를 들어 클래스의 명세 표기법은 클래스 이름, 속성, 오퍼레이션 등을 표현하는 방법을 제공한다.

2 장식

UML의 각 요소는 중요 특징을 표현하기 위해 고유한 그래픽 표기인 장식Adornment을 가지고 있다. 예를 들어, [그림 2-24]는 클래스에 클래스 이름, 속성, 오퍼레이션을 그래픽하게 표현한 장식의 예다. 이 클래스는 공용Public 오퍼레이션 2개(+로 표시), 보호Protected오퍼레이션 1개(#으로 표시)를 갖는 클래스임을 나타내고 있다.

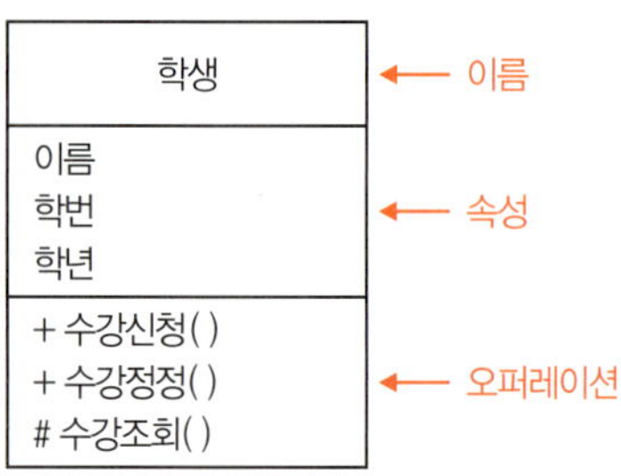

그림 2-24 장식

3 공통 분할

객체 지향 모델링에는 몇 가지 공통 분할Common Division의 개념이 있다.

첫째, 클래스와 객체의 분할이 있다. 클래스는 추상 개념이고 객체는 추상 개념을 구체적으로 명시한 것이다. [그림 2-25]는 클래스와 객체를 보여준다. 클래스가 1개 있고 이름은 학생이다. 객체는 2개인데 학생 객체로 명시된 홍길동과 익명의 객체가 있다. UML에서 대부분의 구성 요소는 이와 동일한 종류의 클래스와 객체 분할을 갖는다. 예를 들어, 유스케이스와 유스케이스 인스턴스, 컴포넌트와 컴포넌트 인스턴스, 노드와 노드 인스턴스 등이 있다.

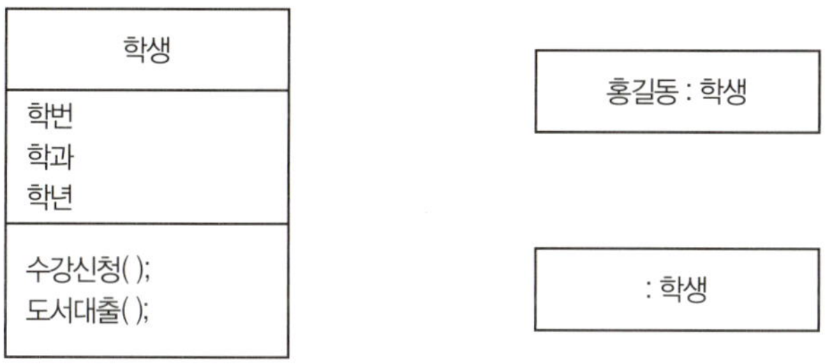

(a) 클래스 (b) 객체

그림 2-25 클래스와 객체의 공통 분할

둘째, 인터페이스와 구현의 분할이다. 인터페이스는 계약Contract을 나타내고, 구현은 그 계약의 구체적인 실현을 의미한다. [그림 2-26]은 인터페이스와 구현을 보여준다. Application.dll이라는 컴포넌트 1개가 있고, Input과 Output 인터페이스 2개를 구현하고 있다. UML에 있는 거의 대부분의 구성 요소는 인터페이스와 구현 분할을 갖는다. 예를 들어, 오퍼레이션과 이를 구현하는 메서드, 유스케이스와 이를 실현하는 통신 등이 있다.

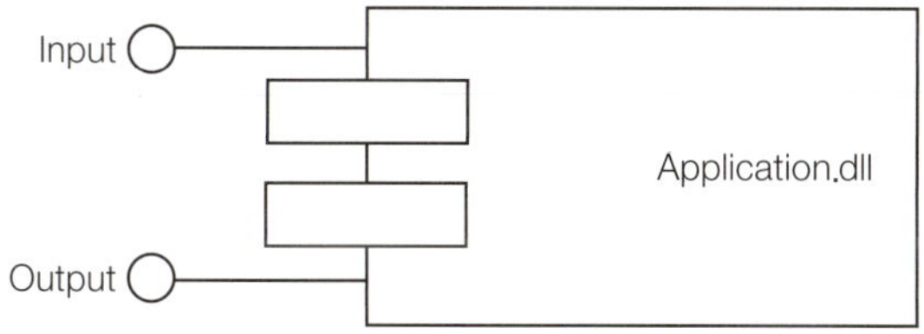

그림 2-26 인터페이스와 구현의 공통 분할

4 확장

UML은 표준화된 표현 방법을 제공하지만 모든 모델을 표현하기에는 부족하다. 그래서 다음 세 가지 확장 방법을 두었다.

■ 스테레오타입

스테레오타입Stereotypes은 UML의 기본 요소 외에 새로운 요소를 만들어내기 위한 확장이다. 기존 UML 구성 요소의 형태를 그대로 사용하지만 내부 의미를 다른 목적으로 사용할 수 있도록 확장한다. 스테레오타입 객체는 《 》로 표현한다.

■ 꼬리표 값

꼬리표 값Tagged Values은 UML 구성 요소의 속성을 확장하여 구성 요소의 명세서에 새로운 정보를 생성할 수 있도록 해준다. 꼬리표 값은 {tag=value}로 표현한다.

■ 제약

제약Constraints을 사용해 이전 규칙을 수정하거나 새롭게 생성할 수 있다. 제약은 { }로 표현한다.

[그림 2-27]은 확장의 예다. 패키지에 스테레오타입을 적용하여 시스템과 서브시스템을 나타내고 꼬리표 값에 버전을 표시하였다. 그리고 두 시스템의 관계에는 제약사항 {secure}를 두었다.

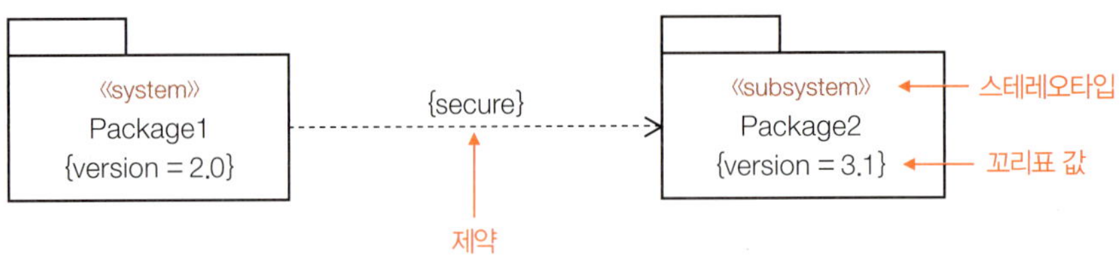

그림 2-27 확장의 예

연습문제

01 UML 다이어그램 중에서 동적 모델이 아닌 것은?

① 유스케이스 다이어그램

② 클래스 다이어그램

③ 활동 다이어그램

④ 순서 다이어그램

02 UML 스테레오타입에 관한 설명이 아닌 것은?

① UML 요소의 의미를 바꾸거나 명확하게 하기 위한 방법이다.

② 《parallel》과 같이 키워드를 《 》로 감싸 표현한다.

③ 스테레오타입 대신 특별한 아이콘을 사용하여 표현할 때도 있다.

④ 몇 개의 특별한 UML 요소들에만 적용할 수 있다.

03 UML 다이어그램은 다이어그램에서 표현하고자 하는 기본 개념의 유형에 따라 정적 다이어그램과 동적 다이어그램으로 분류할 수 있다. 이러한 관점에서 볼 때 다음 중 다른 유형의 다이어그램은?

① 컴포넌트 다이어그램

② 유스케이스 다이어그램

③ 활동 다이어그램

④ 순차 다이어그램

04 요구 사항 모델링에 사용되는 다이어그램은?

① 클래스 다이어그램

② 유스케이스 다이어그램

③ 컴포넌트 다이어그램

④ 통신 다이어그램

05 UML 구성 요소에서 {} 기호를 사용하여 이전 규칙을 수정하거나 새롭게 생성하기 위한 것은?

① 스테레오타입

② 꼬리표 값

③ 제약

④ 공통 분할

06 스테레오타입의 올바른 표기법은?

① {sub system}

② {subsystem = 2.0 }

③ 〈subsystem〉

④ 〈〈subsystem〉〉

07 {tag = value}의 기호를 사용해 UML 구성 요소가 갖는 속성을 확장하여 구성 요소의 명세서에 새로운 정보를 생성하는 것은?

① 꼬리표 값

② 제약

③ 스테레오타입

④ 장식

08 소프트웨어의 물리적 단위 구성과 의존 관계를 표현하는 다이어그램은?

① 유스케이스 다이어그램

② 배치 다이어그램

③ 컴포넌트 다이어그램

④ 클래스 다이어그램

09 정적 모델링에 사용되는 다이어그램이 아닌 것은?

① 클래스 다이어그램
② 컴포넌트 다이어그램
③ 패키지 다이어그램
④ 상태 다이어그램

10 그룹화와 관련 있는 것은?

① 컴포넌트
② 패키지
③ 통신
④ 노드

11 관계relationship의 종류에 속하지 않는 것은?

① 의존 관계
② 포함 관계
③ 연관 관계
④ 그룹 관계

12 동적 모델링에 사용되는 다이어그램이 아닌 것은?

① 순차 다이어그램
② 통신 다이어그램
③ 클래스 다이어그램
④ 상태 다이어그램

13 순차 다이어그램과 동일한 내용으로, 객체 사이의 데이터 흐름을 보여주는 다이어그램은?

① 클래스 다이어그램

② 활동 다이어그램

③ 상태 다이어그램

④ 통신 다이어그램

14 UML의 구성 요소를 설명하시오.

15 인터페이스에 대해 자바 코드를 예로 들어 설명하시오.

16 클래스 다이어그램과 객체 다이어그램을 예를 들어 설명하시오.

17 유스케이스의 구성 요소와 그 역할을 설명하시오.

18 클래스 다이어그램을 표현할 때 클래스 다이어그램에 표현되는 모든 특성을 설명하시오.

예 형식, 스테레오타입, public 등

19 명세서 작성에 대해 예를 들어 설명하시오.

20 스테레오타입에 대해 예를 들어 설명하시오.

CHAPTER 03

유스케이스 다이어그램

학습목표

- 유스케이스의 개념을 이해한다.
- 유스케이스의 관계를 학습한다.
- 유스케이스 다이어그램을 단계별로 모델링하며 그 방법을 익힌다.
- 다양한 예제를 통해 유스케이스 다이어그램을 모델링하는 연습을 해본다.

01 유스케이스 다이어그램의 구성 요소와 표현

시스템 개발에 참여하는 사람은 크게 의뢰인과 개발팀으로 나눌 수 있다. 하지만 중요하게 고려해야 할 사람이 또 하나 있다. 바로 사용자User다. 사용자 요구를 빨리 이해해야 쓸모 있고 유용한 시스템을 만들 수 있기 때문이다. 개발자 입장에서는 가능한 한 요구 사항을 모두 파악해야 나중에 요구 사항 변경에 대한 위험 부담을 줄일 수 있다. 그래서 요구 사항 정의는 개발과 설계에서 매우 큰 비중을 차지한다.

유스케이스 다이어그램은 다음 내용을 직관적으로 확인할 수 있게 도와주어 사용자의 요구 사항이 제대로 반영되는지를 알 수 있게 해준다.

- 누가who 시스템을 사용할 것인가?
- 시스템은 사용자를 위해 무엇what을 해야 하는가?
- 사용자와 상호작용하기 위해 시스템이 제공해야 할 인터페이스interface는 무엇인가?

예를 들어 [그림 3-1]에서 사각 창은 시스템 경계system boundary이고, 경계 내부에 위치한 UserCase1, 2, 3은 구축할 시스템의 기능이다. 반면, 시스템 경계의 외부에 위치한 Actor1, 2는 외부 존재로 개발 대상에 포함되지 않는다.

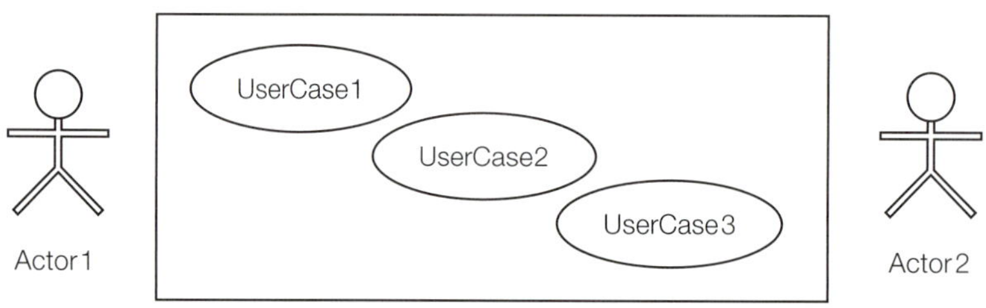

그림 3-1 시스템 경계와 개발 대상

유스케이스 모델링에서는 개발할 시스템 외부의 존재를 액터Actor라는 개념으로 정의하고, 시스템 내부에 해당되는 단위 기능을 유스케이스UseCase라는 개념으로 정의한다.

사용자 관점에서 시스템을 모델링하는 것, 이것이 바로 유스케이스의 역할이다. 유스케이스는 시스템에 대한 시나리오의 집합으로 볼 수 있다. 각 시나리오에는 발생되는 이벤트의 흐름이 나타나 있다. 각 이벤트의 흐름은 사람, 시스템, 하드웨어 혹은 시간의 흐름에 의해 시작된다. 이때 이벤트 흐름을 시작하게 하는 객체가 액터다. 이 흐름은 해당 액터 혹은 다른 액터에게 어떤 의미가 생기는 결과를 제공한다. 액터와 유스케이스는 [그림 3-2]와 같은 UML 표기법을 갖는다.

그림 3-2 액터와 유스케이스

유스케이스 다이어그램에서는 일반적인 연관 관계 외에 다양한 관계가 존재할 수 있다. [그림 3-3]의 (a)는 유스케이스 사이의 포함Include 관계로 다른 유스케이스에서 기존 유스케이스를 재사용할 수 있음을 나타낸다. (b)는 유스케이스 사이의 확장Extend 관계로 기존 유스케이스에 진행 단계를 추가하여 새로운 유스케이스를 만들어내는 관계다. 이외에 (c)와 같이 액터 사이에는 일반화 관계가 있을 수 있다. 각 관계에 대해서는 다음 절에서 하나씩 자세히 살펴볼 것이다.

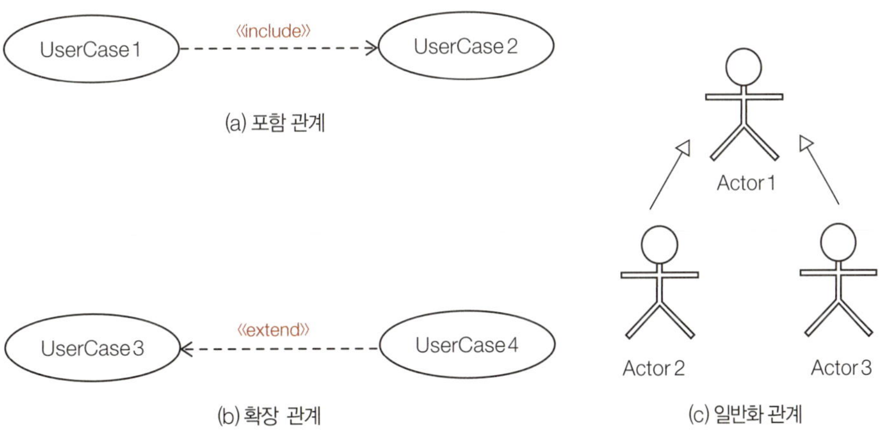

그림 3-3 유스케이스 다이어그램에서 사용되는 관계들

02 유스케이스 다이어그램의 관계

1 액터와 유스케이스 사이의 관계

액터와 유스케이스 사이에는 연관Association 관계(—로 표시)가 존재한다. 일반적으로 액터는 사용자 또는 외부 시스템이 될 수 있다. [그림 3-4]는 신용카드 결제(유스케이스)가 외부 시스템(카드 승인 시스템)과 연결된 연관 관계의 예다. 이때 외부 시스템은 액터가 된다.

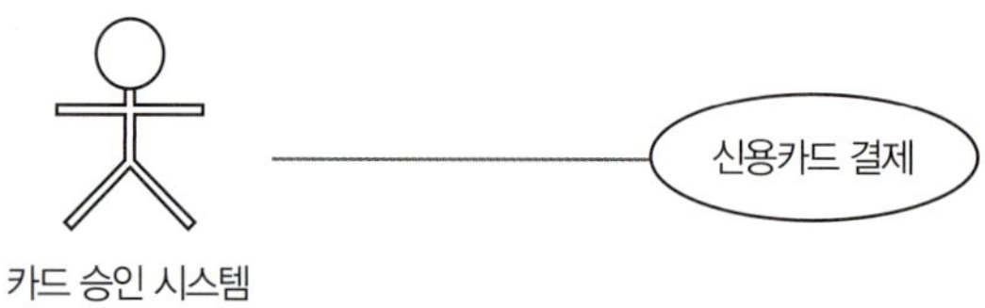

그림 3-4 액터가 외부 시스템인 경우

또 다른 예로 액터는 사용자와 관리자이고, 유스케이스는 상품 선택, 상품 주문, 물품 관리인 경우를 생각해보자. 사용자는 상품 선택, 상품 주문과 관계가 있고, 관리자는 물품 관리와 관계가 있다면 [그림 3-5]와 같이 표현할 수 있다.

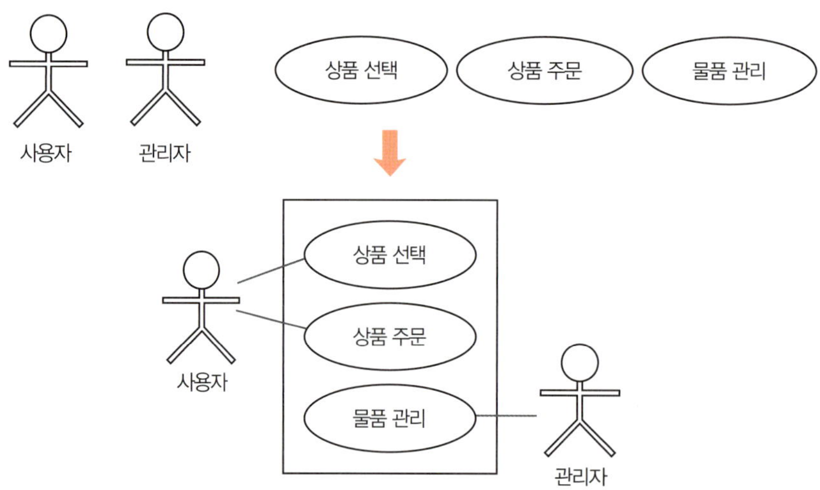

그림 3-5 액터와 유스케이스의 연관 관계

이처럼 액터와 유스케이스의 연관 관계는 해당 액터와 정보를 주고받는 유스케이스를 찾아 설정하면 된다. 그러면 설정된 액터와 유스케이스 간에 교류가 이루어지고 있음을 알 수 있다.

2 유스케이스 사이의 관계

유스케이스 다이어그램에서 유스케이스 간의 관계는 의존Dependency 관계(--->로 표시), 이며, 스테레오타입으로 그 관계가 명확히 표현된다. 스테레오타입에는 포함을 의미하는 《include》와 확장을 의미하는 《extend》가 있다. 포함 유스케이스나 확장 유스케이스는 어떤 액터와도 연관 관계를 가질 수 없다.

2.1 포함 관계

포함 관계는 하나의 유스케이스를 수행할 때, 같은 기능이 있는 다른 유스케이스가 반드시 수행되는 관계다. [그림 3-6]의 (a)에서 고객이 자판기에 동전을 투입하면 금액이 자동으로 표시된다. (b)에서는 사서가 이용자 확인과 도서 번호 입력을 거쳐 대출하고, 반납 시 도서 번호 입력만 한다. (c)에서는 입출고 담당자가 신제품 입고나 상품 출고를 하면 자동으로 현황 등록이 이루어진다. 이처럼 자동 또는 반드시 해야 하는 유스케이스와는 포함 관계로 설정하면 된다.

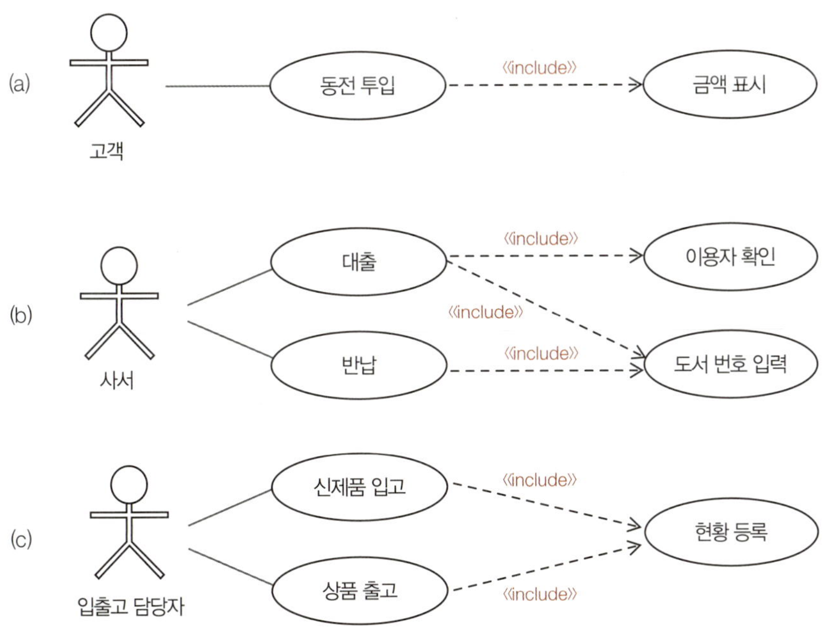

그림 3-6 유스케이스 간 포함 관계 예

[표 3-1]은 [그림 3-6]에서 (b)의 대출과 반납이 이용자 확인과 도서 번호 입력 유스케이스를 이용할 때의 이벤트 흐름을 보여준다. 이와 같이 여러 유스케이스에 나타난 공통적인 이벤트 흐름을 별도의 유스케이스로 표현함으로써 이벤트 흐름의 중복을 방지할 뿐 아니라 시스템의 공통 기능을 추출하여 효율적으로 개발할 수 있다.

표 3-1 대출과 반납 유스케이스의 이벤트 흐름

대출 유스케이스 이벤트 흐름	반납 유스케이스 이벤트 흐름
1. 사서가 대출을 선택한다. 2. 이용자 확인 유스케이스를 포함한다. 3. 이용자가 대출이 가능한지 확인한다. 4. 이용자에게 대출 가능 여부를 표시한다. 5. 도서 번호 입력 유스케이스를 포함한다. 6. 도서 관리 시스템이 도서 대출을 처리한다.	1. 사서가 반납을 선택한다. 2. 도서 번호 입력 유스케이스를 포함한다. 3. 도서 번호 입력을 처리한다. 4. 도서 반납을 처리한다.

2.2 확장 관계

확장 관계의 유스케이스는 포함 관계처럼 여러 유스케이스에 걸쳐 중복 사용되지 않고, 특정 조건에서 한 유스케이스로만 확장되는 것을 의미한다. 따라서 확장extend하는 유스케이스는 상위 유스케이스로부터 어떠한 특정 조건에 의해 수행됨을 의미한다.

포함 관계가 여러 유스케이스에서 공통으로 발견되는 시스템의 기능을 표현하려고 사용되는 반면, 확장 관계는 한 유스케이스에서 추가되거나 확장된 기능을 표현하기 위하여 사용된다. 즉, 기본 유스케이스를 수정하지 않고 새로운 요구 사항을 추가로 표현하고자 할 때 사용된다. 확장 유스케이스는 기본 유스케이스의 속성을 변경하여 수행할 수 있지만 기본 유스케이스는 확장 유스케이스의 속성을 변경할 수 없다.

예를 들어 [그림 3-7]의 (a)는 KTX를 예약한 후 결과를 확인하거나 확인하지 않을 수 있는 예다. (b)는 메일이 도착했으나 확인은 역시 선택이다. (c)는 결제할 때 신용카드 또는 포인트로 결제하는 경우이며, (d)는 영화를 현장에서 예매하거나 모바일로 예매하는 예다. 이처럼 확장 유스케이스는 특정 조건이 만족되는 상황에서만 이벤트 흐름이 수행된다.

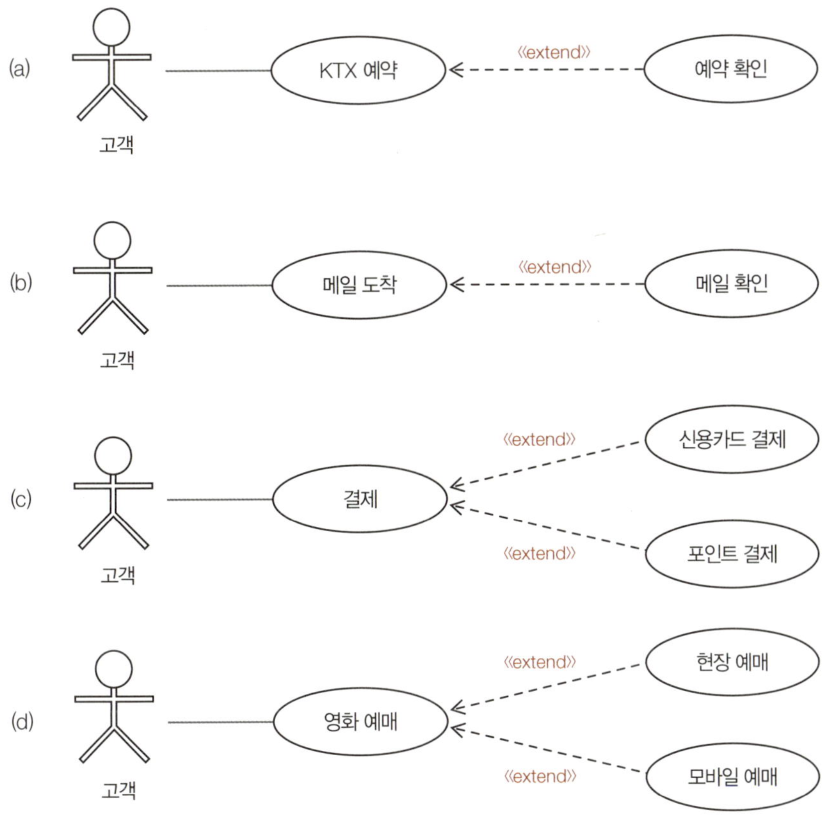

그림 3-7 확장 유스케이스

[그림 3-8]은 확장 관계의 또 다른 예다. 도서 예약 시스템에서 예약할 때 예약이 가능한지 먼저 확인한 뒤 예약 기능을 수행할 수도 있고 바로 예약을 수행할 수도 있는 경우다. 즉, 도서 예약 기능을 기본적으로 수행하는 도중에 예약 가능 여부 확인 기능을 추가로 수행한다.

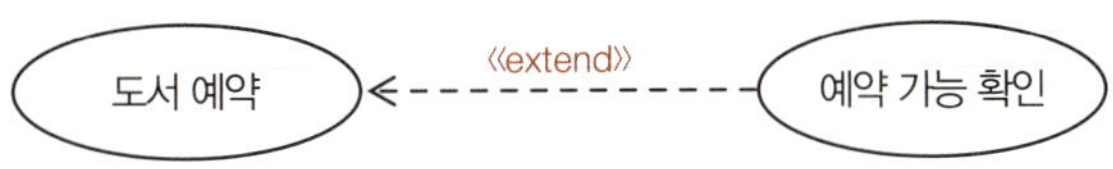

그림 3-8 도서 예약 유스케이스의 확장

표 3-2 도서 예약 유스케이스에 대한 이벤트 흐름

도서 예약 유스케이스 이벤트 흐름(확장)	도서 예약 유스케이스 이벤트 흐름
1. 사용자가 도서 예약을 선택한다. 2. 예약 가능 확인을 확장한다. 3. 도서가 예약 가능한지 알려준다. 4. 도서 예약을 시행한다.	1. 사용자가 도서 예약을 선택한다. 2. 시스템은 도서 예약을 시행한다.

2.3 확장 관계와 포함 관계의 차이

확장 관계에 있는 유스케이스 사이의 이벤트 흐름은 포함 관계에 있는 유스케이스 사이의 이벤트 흐름과 유사하다. 즉, 기준 유스케이스의 이벤트 흐름이 수행되다가 확장 포인트를 만나면 지정된 유스케이스의 이벤트 흐름으로 분기된다.

[그림 3-9]는 기준 유스케이스와 확장 유스케이스 사이의 이벤트 흐름 수행 관계를 보여준다. 기준 유스케이스인 결제에 기술된 이벤트 흐름이 차례로 수행되다가 확장 부분에서 확장 유스케이스인 신용카드 결제나 포인트 결제로 분기된다. 확장 유스케이스에 기술된 이벤트 흐름의 수행이 완료되면 다시 기준 유스케이스로 되돌아와서 이후의 이벤트 흐름을 수행한다.

[그림 3-10]은 포함 관계에 있는 두 유스케이스 사이의 이벤트 흐름을 보여준다. 기준 유스케이스인 동전 투입에 기술된 이벤트 흐름이 차례로 수행되다가 특정 지점에서 포함된 유스케이스(금액 표시)로 바로 분기된다. 금액 표시 유스케이스의 이벤트 흐름이 모두 수행되면 다시 동전 투입 유스케이스의 이벤트 흐름으로 돌아와 이후의 이벤트를 수행한다.

확장 유스케이스와 포함 유스케이스의 이벤트 흐름이 수행된 후에 기준 유스케이스로 돌아와서 이후의 이벤트 흐름이 수행되는 것은 확장 관계와 포함 관계 모두 동일하다. 그러나 포함 관계의 유스케이스에서는 이벤트 흐름이 포함 유스케이스로 항상 분기되는 반면, 확장 관계의 유스케이스에서는 기준 유스케이스에 기술된 조건이 만족되는 경우에만 확장 유스케이스의 이벤트 흐름으로 분기가 발생한다.

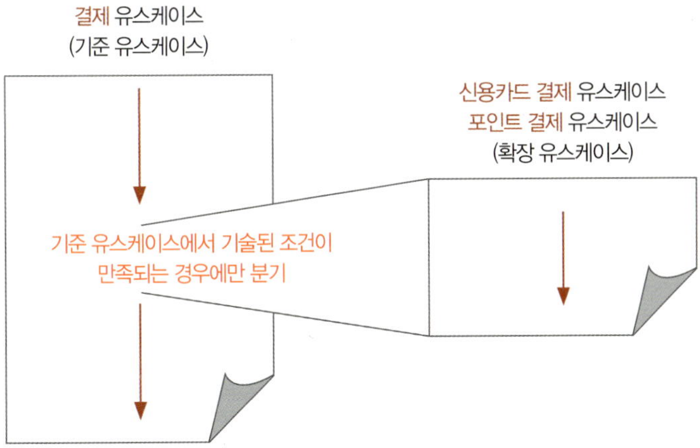

그림 3-9 확장 관계의 이벤트 흐름

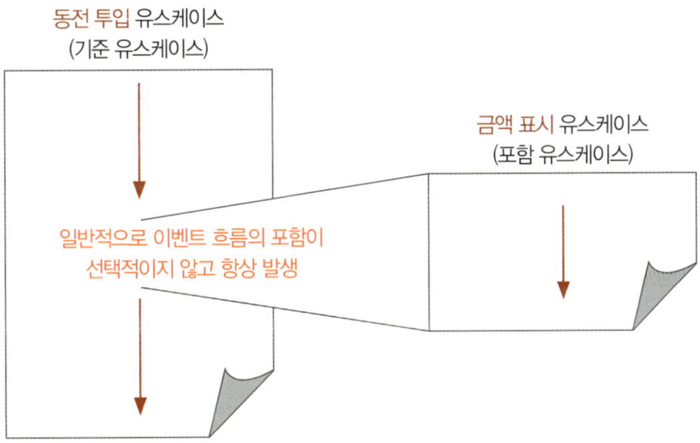

그림 3-10 포함 관계의 이벤트 흐름

포함 관계에서는 대부분 포함 유스케이스의 수행 결과에 따라서 기준 유스케이스의 이벤트 흐름이 영향을 받는다. 반면, 확장 관계에서 확장 유스케이스는 선택적으로 이벤트 흐름이 수행된다. 따라서 기준 유스케이스 이후의 이벤트 흐름은 확장 유스케이스의 수행 결과에 의존하지 않는다.

[표 3-3]은 포함 관계와 확장 관계를 주요 목적과 이벤트 흐름 측면에서 비교한 것이다.

표 3-3 포함 관계와 확장 관계의 비교

	포함 관계	확장 관계
목적	• 여러 유스케이스에 공통적인 기능을 표현하기 위해 사용된다.	• 기준 유스케이스에 부가적으로 추가된 기능을 표현하기 위해 사용된다.
이벤트 흐름	• 포함 유스케이스로 분기되는 이벤트 흐름이 필수적이다. • 기준 유스케이스 이후의 이벤트 흐름이 포함 유스케이스의 수행 결과에 의존한다.	• 기준 유스케이스에 기술된 조건에 따라 분기가 선택적으로 수행된다. • 기준 유스케이스 이후의 이벤트 흐름이 확장 유스케이스의 결과에 의존하지 않는다.

3 액터 사이의 관계

액터 사이에는 일반화Generalization 관계와 중복 관계가 있다. 각각에 대해 구체적으로 살펴보자.

3.1 일반화 관계

액터들이 유스케이스와 중복하여 관계가 나타나면 액터들을 통합하여 일반화 관계로 표현할 수 있다. 액터 사이의 일반화 개념은 클래스의 일반화 개념과 비슷하다. 추상적인 액터와 좀 더 구체적인 액터 사이에 관계를 맺어준다. [그림 3-11]에서 '고객은 회원 또는 비회원의 일종이다' 또는 '고객은 회원이나 비회원에 해당된다'라는 의미를 만족하는 두 액터를 연결하는 것이다.

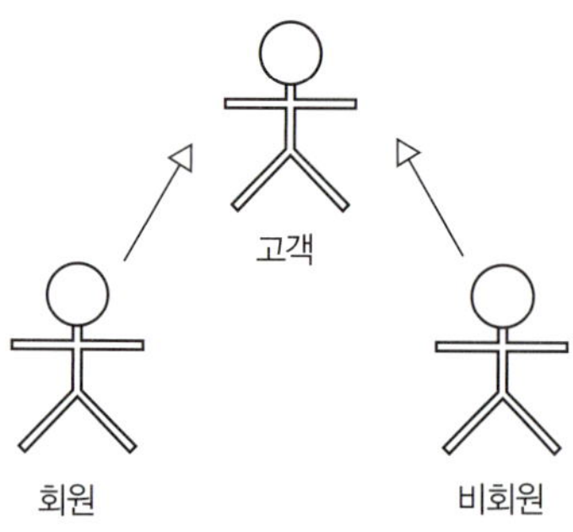

그림 3-11 액터 간 일반화의 개념 예

예를 들어, 쇼핑몰 시스템에는 고객 액터와 쇼핑몰 관리자 액터가 있다. 고객 액터는 회원 또는 비회원이 될 수 있다. 그리고 고객 액터와 쇼핑몰 관리자 액터는 모두 쇼핑몰 시스템의 사용자라고 볼 수 있다. 따라서 이들 액터 사이를 [그림 3-12]와 같이 일반화 관계로 나타낼 수 있다.

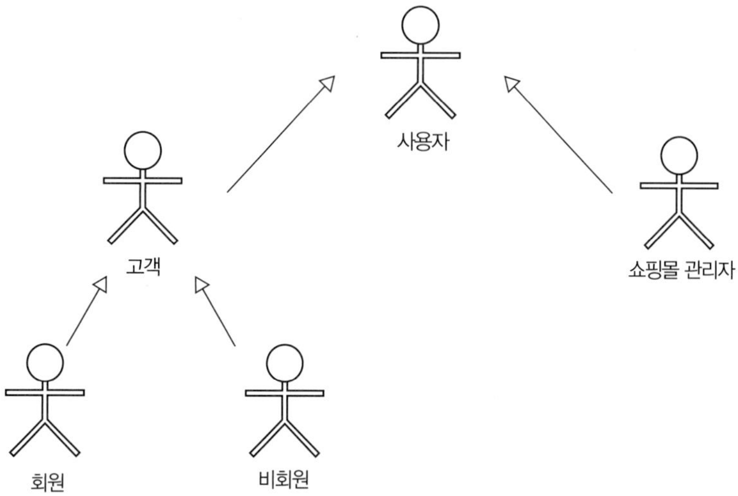

그림 3-12 일반화 관계 예

액터에 일반화 관계를 적용하면 유스케이스 다이어그램에서 사용되는 여러 액터들의 의미를 좀 더 명확하게 하고 다이어그램도 보다 간결하게 작성할 수 있다.

[그림 3-13]은 일반화 관계 적용 전과 후를 비교한 예다.

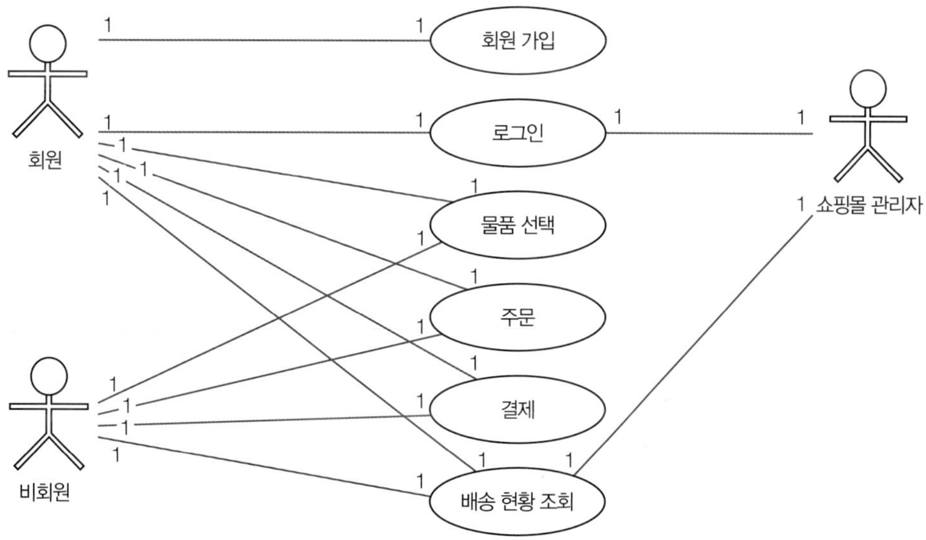

(a) 일반화 관계 적용 전

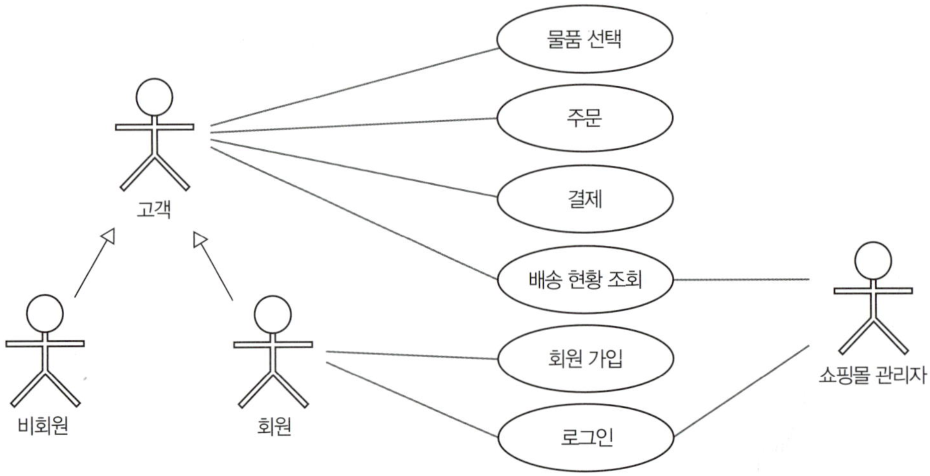

(b) 일반화 관계 적용 후

그림 3-13 일반화 관계 적용 전과 후 비교

[그림 3-13]의 (a)는 회원, 비회원, 쇼핑몰 관리자 액터를 이용하여 나타낸 것이다. 회원, 쇼핑몰 관리자 액터는 쇼핑몰 시스템의 기능 중 로그인 기능을 이용할 수 있으므로 각각 로그인 유스케이스와 연관 관계를 설정해야 한다. 또한 회원과 비회원은 중복하여 유스케이스들과 연관이 이루어진다. 이렇게 작성하면 복잡해져서 개발자들이 쉽고 정확하게 이해하기 어렵다. 이를 해결하기 위해 (b)와 같이 일반화 관계를 이용해 간결하게 표현할 수 있다.

[그림 3-13]의 (b)는 (a)와 동일한 정보를 표현하면서도 연관 관계 수가 적어 간결하고 명확하다. (b)에서는 고객 액터에서 여러 유스케이스로 연관 관계를 단순하게 표현하였다. 물론 (a)의 정확한 관계 정보를 (b)에서는 노트를 이용하여 설명해주면 된다.

3.2 중복 관계

유스케이스 모델링을 할 때 유스케이스 이벤트 흐름에서 중복된 부분이 발생할 수 있다. 이런 경우에는 유스케이스 사이에 포함 관계를 설정하여 해결한다. 예를 들어 [그림 3-14]와 같이 간략한 도서 관리 시스템을 생각해보자.

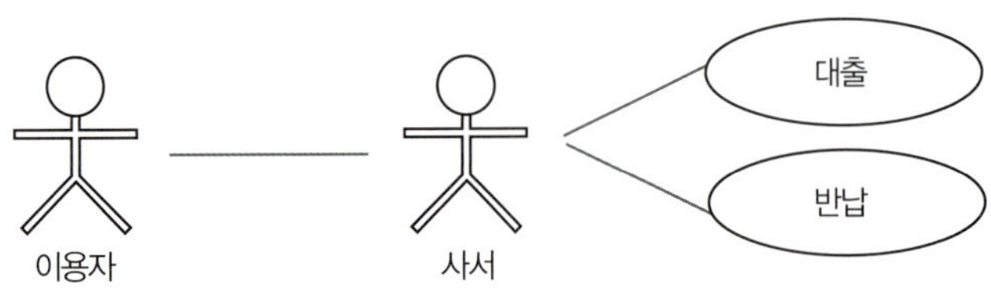

그림 3-14 도서 관리 시스템의 유스케이스 다이어그램

도서 관리 시스템의 대출 유스케이스와 반납 유스케이스의 이벤트 흐름은 [표 3-4]와 같다.

표 3-4 대출 및 반납 유스케이스의 이벤트 흐름

대출 유스케이스 이벤트 흐름	반납 유스케이스 이벤트 흐름
1. 사서가 이용자의 아이디와 비밀번호를 도서 관리 시스템에 입력한다.	1. 사서가 이용자의 아이디와 비밀번호를 도서 관리 시스템에 입력한다.
2. 도서 관리 시스템이 아이디와 비밀번호로 고객 정보를 확인하고 원하는 작업을 선택할 수 있는 화면을 보여준다.	2. 도서 관리 시스템이 아이디와 비밀번호로 고객 정보를 확인하고 원하는 작업을 선택할 수 있는 화면을 보여준다.
3. 사서가 대출을 선택한다.	3. 사서가 반납을 선택한다.
4. 도서 관리 시스템이 사서에게 도서 번호를 입력하기 위한 화면을 보여준다.	4. 도서 관리 시스템이 사서에게 도서 번호를 입력하기 위한 화면을 보여준다
5. 사서가 도서 번호를 입력한다.	5. 사서가 도서 번호를 입력한다.
6. 도서 관리 시스템은 도서 목록에서 도서 번호가 유효한지 확인한다.	6. 도서 관리 시스템은 도서 목록에서 도서 번호가 유효한지 확인한다.
7. 도서 관리 시스템은 이용자에게 대출이 가능한지 확인한다.	7. 도서 관리 시스템이 도서 반납을 처리한다.
8. 이용자에게 대출 가능 여부를 표시한다.	
9. 도서 관리 시스템이 도서 대출을 처리한다.	

대출과 반납 유스케이스에서 상당 부분이 중복된다. 즉 1, 2, 4, 5, 6번 이벤트 부분이 동일하다. 이처럼 기능이 유사한 이벤트가 여러 유스케이스에서 동일하게 발생하면 중복 개발되어 비효율적이다. 그러므로 공통 이벤트를 추출해 별도의 유스케이스로 한꺼번에 표현하는 것이 바람직하다.

위 표의 이벤트 흐름에서 비슷한 흐름인 1번과 2번 이벤트, 4~6번 이벤트의 유스케이스를 따로 만들어 [표 3-5]와 같은 유스케이스 2개를 새로 생성하여 각각 포함 관계로 연결하면 된다.

표 3-5 고객 확인 유스케이스와 도서 번호 확인 유스케이스

고객 확인	1. 사서가 이용자의 아이디와 비밀번호를 도서 관리 시스템에 입력한다. 2. 도서 관리 시스템이 아이디와 비밀번호로 이용자 정보를 확인하고 원하는 작업을 선택할 수 있는 화면을 보여준다.
도서 번호 확인	4. 도서 관리 시스템이 사서에게 도서 번호를 입력하기 위한 화면을 보여준다. 5. 사서가 도서 번호를 입력한다. 6. 도서 관리 시스템이 도서 목록에서 도서 번호가 유효한지 확인한다.

[그림 3-15]는 [표 3-4]와 [표 3-5]를 통합하여 모델링한 것이다. 반납에서 고객 확인의 《include》는 이벤트 흐름에 그 기능이 있다고 가정한 경우다. 따라서 이 예에서는 대출과 반납 모두 고객 확인, 도서 번호 확인에 포함 관계로 연결된다. 반납 시 고객 확인이 필요 없다고 가정한 예는 4장에서 설명한다.

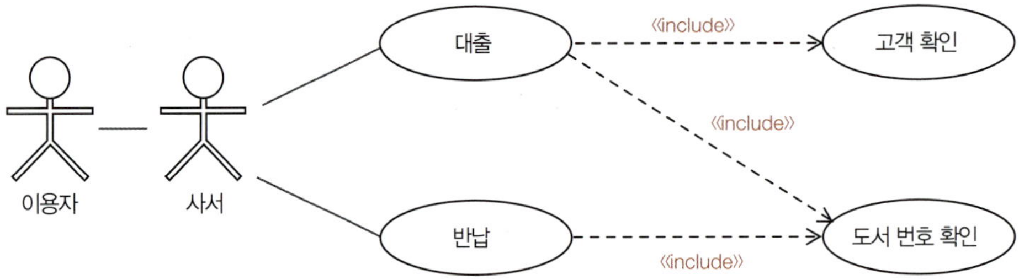

그림 3-15 중복이 제거된 도서 관리 시스템의 유스케이스 다이어그램

03 유스케이스 다이어그램의 단계별 모델링 : 깨비책방 관리 시스템

1 유스케이스 모델링 단계

유스케이스 다이어그램을 만드는 유스케이스 모델링은 일반적으로 다음 6단계를 거쳐 이루어진다.

1단계 : 시스템 상황 분석

시스템 상황을 분석하여 문제 기술서를 작성한다.

2단계 : 액터 식별

- 행위자와 그들의 책임을 확인한다.
- 액터는 다음과 같은 질문으로 찾을 수 있다.
  ① 시스템의 주요 기능을 사용하는 사람이 누구인가?
  ② 시스템을 지원하기 위해 필요한 사람은 누구인가?
  ③ 시스템을 유지하고 관리하는 사람은 누구인가?
  ④ 시스템에 필요한 하드웨어 장치는 무엇인가?
  ⑤ 시스템과 상호작용하는 다른 시스템은 무엇인가?
  ⑥ 시스템의 처리 결과에 연결되는 사람 또는 사물은 무엇인가?

3단계 : 유스케이스 식별

액터 관점에서 시스템의 기능을 확인한다.

4단계 : 유스케이스 다이어그램 작성

- 액터와 유스케이스 관계를 설정한다.
- 유스케이스에서 《include》 의존성이 있는지 평가한다.

- 유스케이스에서 《extend》 의존성이 있는지 평가한다.
- 액터의 일반화 관계를 찾는다.

5단계 : 유스케이스 명세서 작성

- 유스케이스명, 액터명 및 개요를 기술한다.
- 사전 및 사후 조건과 제약사항들을 식별한다.
- 작업(정상, 대치, 예외) 흐름과 시나리오를 도출한다.
- 유스케이스 흐름에서 포함이나 확장 유스케이스로 구조화한다.

6단계 : 유스케이스 실체화

구현 시스템의 논리적 구성 요소인 클래스를 식별하고 통신 관계를 파악하는 데 중점을 둔다.

2 깨비책방 관리 시스템의 유스케이스 모델링

깨비책방 관리 시스템을 예로 들어 단계별로 모델링해보자.

1단계 : 시스템 상황 분석

깨비책방 관리 시스템에서 고객은 반드시 회원으로 가입해야 도서를 대여할 수 있다. 관리자는 이름과 전화번호로 회원을 확인한다. 깨비책방 관리 시스템에는 대표적으로 대여, 반납, 연체 관리 기능이 있다.

대여할 때는 고객이 도서를 선택하면 도서 코드를 확인하여 시스템에 입력한다. 해당 고객이 현재 대여 중인 도서가 있으면 표시하고, 대여 기간이 지났으면 연체료를 계산하여 보여준다. 연체 고객은 연체료를 납부하면 도서를 대여할 수 있다. 대여료와 연체료는 현금이나 신용카드 결제를 통해 이루어진다. 대여된 도서는 대여 목록에 도서 코드와 고객명으로 등록된다.

관리자는 연체 관리 기능을 통해 현재 연체 중인 회원과 연체된 도서를 확인하고, 연체금 표시 기능을 사용해 오늘 날짜에 해당하는 연체금을 표시한다. 또한 반납 기능을 통해 반납한 도서 코드를 입력하여 대여 목록에서 삭제한다. 그리고 새로운 도서의 등록 및 삭제를 관리할 수 있다.

2단계 : 액터 식별

액터는 외부에서 시스템에 접근할 수 있는 사람이나 시스템과 관련된 외부 시스템을 의미한다. 그래서 액터의 명칭으로 특정 사람의 이름보다는 역할을 의미하는 이름을 사용한다. 예를 들어 john, sandy 같은 고유어가 아닌 고객, 관리자, 시스템 같은 추상어를 명칭으로 사용해야 한다.

액터는 요구 명세서에서 시스템에 접근하거나 시스템으로부터 정보를 받는 외부 시스템에 해당하는 사람 또는 사물로 접근할 수 있다. 도서 관리 시스템에서는 고객, 관리자, 카드 승인 시스템 등의 액터를 추출할 수 있다. 특히 카드 승인 시스템은 신용카드사에서 개발되므로 외부 시스템으로 정의할 수 있다. [그림 3-16]은 식별된 액터를 UML로 표현한 것이다.

그림 3-16 액터 식별

3단계 : 유스케이스 식별

유스케이스는 개발을 위한 시스템의 기능을 의미한다. 즉, 시스템을 수행하는 일련의 행위다. 이는 시스템에서 제공해야 하는 독립적인 기능을 말하는데 이 기능은 외부 시스템과 상호작용하는 행위를 하는 기능만 가리킨다. 따라서 유스케이스는 행위 자체만 표현할 뿐이며, 이때 행위 과정은 기술할 필요가 없다. 행동에 대한 구체적인 수행 방법은 규정하지 않는다.

유스케이스를 식별하려면 먼저 개발할 시스템의 기능 요구 명세서를 살펴봐야 한다. 그리고 액터를 중심으로 시스템에 원하는 기능들이 무엇인지를 찾아 이를 유스케이스로 추출해야 한다.

여기서는 도서 관리 시스템에서 제공해야 할 주요 기능인 회원 가입, 회원 확인, 대여, 반납, 연체 관리, 결제, 신용카드 지불, 등록, 삭제, 도서 번호 입력, 대여 가능 확인 등이 유스케이스로 추출될 수 있다. 특히 신용카드 지불은 카드 승인 시스템에서 처리하는 일련의 기능을 제공하기 위해 별도의 유스케이스로 도출하였다. 따라서 [그림 3-17]과 같은 총 11개의 유스케이스를 추출할 수 있다.

그림 3-17 유스케이스 식별

4단계 : 유스케이스 다이어그램 작성

유스케이스 다이어그램은 액터와 유스케이스, 유스케이스와 유스케이스의 관계를 설정해 표현할 수 있다. 액터와 정보를 주고받는 유스케이스를 찾아 연관 관계를 설정한다. 고객은 대여, 반납, 결제 유스케이스를 수행하며, 관리자는 연체 관리, 등록, 삭제 유스케이스를 수행하므로 [그림 3-18]과 같이 표시할 수 있다.

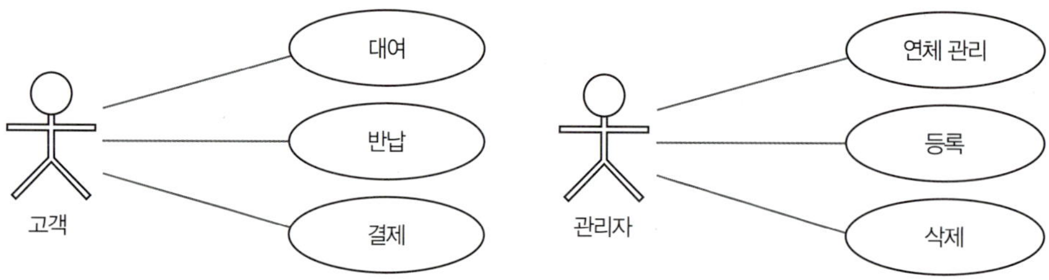

그림 3-18 액터와 유스케이스 사이의 관계 설정

유스케이스는 의존 관계로 표현되며, 포함과 확장을 의미하는 《include》와 《extend》 스테레오타입으로 그 관계가 명확하게 표현된다. 《include》는 하나의 유스케이스를 수행할 때 같은 기능을 가진 또 하나의 유스케이스를 반복적으로 반드시 수행해야 할 경우를 말한다. 《extend》는 여러 유스케이스에 걸쳐 중복 사용되지 않고, 특정 조건에서 한 유스케이스로만 확장되는 것을 의미한다. 따라서 확장하는 유스케이스는 상위 유스케이스로부터 어떠한 특정 조건에 의해 수행됨을 의미한다.

대여와 반납 유스케이스가 수행될 때는 반드시 도서 번호 입력 유스케이스가 선행(포함)되어야 한다. 대여할 때는 회원 확인 유스케이스도 포함되어야 한다. 따라서 [그림 3-19]와 같이 《include》 관계를 나타낸다.

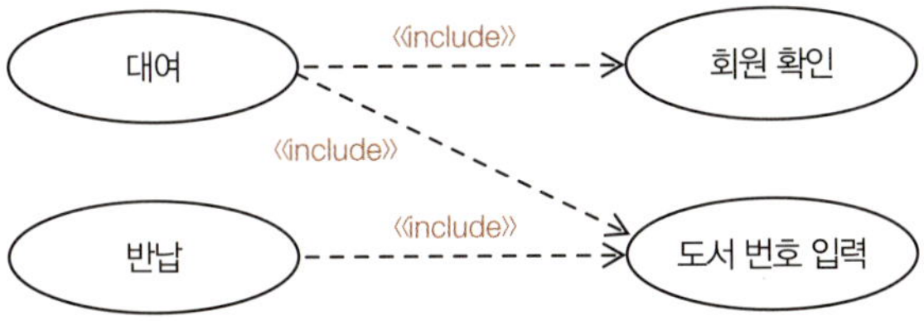

그림 3-19 include 관계

대여 유스케이스로부터 대여 가능 확인을 확장할 수 있다. 결제를 수행할 때는 신용카드로 결제하는 경우 신용카드 지불 유스케이스가 수행되기 때문에 결제 유스케이스로부터 신용카드 지불 유스케이스가 확장되는 형태로 이루어져야 한다. 또한 신용카드 지불 시 카드 승인사에 카드 승인을 요청해야 하므로, 카드 승인 시스템 액터와도 관계를 설정해야 한다. 따라서 [그림 3-20]과 같이 ⟨⟨extend⟩⟩ 관계를 나타낸다.

그림 3-20 extend 관계

다음은 액터와 유스케이스의 관계 및 유스케이스 사이의 관계를 정리한 내용이다. 이 내용을 바탕으로 전체 유스케이스 다이어그램을 [그림 3-21]과 같이 작성할 수 있다.

- 고객은 회원 가입을 통해 시스템에 접근할 수 있다.
- 대여와 반납을 수행할 때는 반드시 도서 번호를 입력해야 한다.
- 결제 시 신용카드를 사용하면 신용카드 지불 유스케이스로 확장할 수 있으며, 신용카드 지불이 요청되면 카드 승인 시스템을 통해 카드 승인을 수행한다.
- 고객은 회원 가입, 대여, 반납, 결제 업무를 수행할 수 있다.
- 관리자는 등록, 삭제, 연체 관리 업무를 수행할 수 있다.

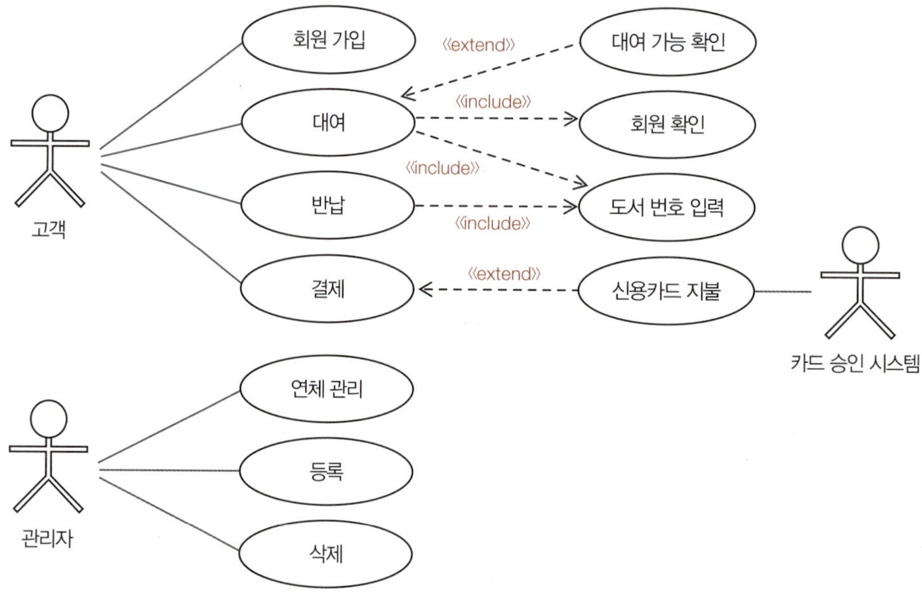

그림 3-21 깨비책방 관리 시스템의 유스케이스 다이어그램

5단계 : 유스케이스 명세서 작성

유스케이스 다이어그램에서 유스케이스는 시스템이 수행해야 할 기능이 무엇인지만 표현하고, 유스케이스 내부에 대한 기술은 유스케이스 명세서로 기술한다. 즉, 유스케이스는 시스템의 기능을 표현하고 유스케이스 명세서는 각 유스케이스가 수행되는 방법을 표현한다.

UML에서 유스케이스 명세서를 기술하는 양식은 제공하지 않지만, 일반적으로 다음과 같은 항목이 기술된다. 특히 시나리오는 유스케이스의 특정 예를 구체적인 값을 통해 예시하는 것이므로 가능한 한 다양한 업무 유형을 알고 있는 업무 전문가가 작성해야 한다. 시스템을 개발할 때는 테스트 케이스로 유형을 충분히 파악하여 신중히 작성하는 것이 좋다.

- 유스케이스명
- 액터명
- 유스케이스 개요
- 이벤트 흐름
  - 정상 흐름normal flow : 유스케이스가 이벤트 주 흐름을 표현하는 절차다.
  - 선택 흐름alternative flow : 유스케이스 내의 이벤트 주 흐름 외에 수행되는 절차를 표현한다.

다음은 이 항목으로 작성한 회원 가입 유스케이스의 명세서 예다.

- 유스케이스명 : 회원 가입
- 액터명 : 고객(비회원)
- 유스케이스 개요 : 고객이 깨비책방 관리 시스템을 사용하기 위해 회원 가입을 하는 유스케이스다.
- 사전 조건 : 회원으로 가입되어 있지 않은 상태여야 한다.
- 이벤트 흐름

  – 정상 흐름

    ① 기존 가입 회원인지 이름과 전화번호를 검색하여 확인한다(시스템).

    ② 회원 가입을 요청한다(액터).

    ③ 회원 약관을 보여준다(시스템).

    ④ 회원 약관에 동의한다(액터).

    ⑤ 회원 정보 입력 항목을 보여준다(시스템).

    ⑥ 회원 정보, 항목(이름, 전화번호)을 입력하고 등록을 요청한다(액터).

    ⑦ 입력된 정보를 확인한다(시스템).

    ⑧ 회원 정보를 저장, 등록한다(시스템).

  – 선택 흐름

    ▶ 이미 가입된 회원인 경우 “이미 가입된 회원입니다” 메시지를 보여준다.

    ▶ 회원 약관에 동의하지 않을 경우 약관 동의하에 회원 가입 가능 오류 메시지를 보여주고 동의를 요청한다.

    ▶ 회원 정보 입력 항목 중 입력하지 않은 항목이 있을 경우, 오류 메시지를 띄우고 재입력을 요청한다.

    ▶ 등록 번호의 형식이 틀린 경우 메시지를 보여주고 재입력을 요청한다.

6단계 : 유스케이스 실체화

유스케이스 실체화는 도출된 유스케이스를 구현 시스템의 구성 요소로 구체화하는 작업이다. 즉, 명세서 중심의 유스케이스를 구현 시스템의 논리적 구성 요소인 클래스로 식별하고 그 통신 관계를 파악한다. 이를 위해 UML의 순차 다이어그램과 활동 다이어그램이 사용된다.

순차 다이어그램은 이벤트 흐름을 나타내고, 활동 다이어그램은 화면 흐름을 표현한다. 즉 유스케이스 다이어그램은 시스템 외부의 뷰를 표현하는 반면, 실체화를 위해 작성하는 다이어그램은 유스케이스들이 어떻게 실현되는지를 객체들 간 메시지 흐름의 상호작용으로 설명함으로써 실체화된다고 볼 수 있다.

요구 사항 정의 활동의 산출물에는 유스케이스 모델, 유스케이스 명세서, 이벤트 흐름 모델, 화면 흐름 모델이 있으며, 이들을 통칭해서 요구 사항 모델이라 정의한다. [표 3-6]은 요구 사항 정의 활동의 각 산출물을 작성할 때 이용되는 UML 다이어그램과 산출물 작성에 대한 필수 여부를 보여준다.

표 3-6 요구 사항 정의 활동의 산출물

산출물		UML 다이어그램	필수 여부
요구 사항 모델	유스케이스 모델	유스케이스 다이어그램	필수
	유스케이스 명세서	이용 안 함	필수
	이벤트 흐름 모델	순차 다이어그램	선택
	화면 흐름 모델	활동 다이어그램	선택

이 장에서는 유스케이스 모델과 유스케이스 명세서를 작성해보았다. 유스케이스 실체화에 사용되는 이벤트 흐름 모델과 화면 흐름 모델은 각각 5장과 7장에서 자세히 알아본다.

04 유스케이스 다이어그램 모델링 연습

1 재고 관리

1단계 : 시스템 상황 분석

한 인터넷 쇼핑몰에서 창고 재고 관리를 원활하게 하기 위해 재고 관리 시스템을 구축하고자 한다. 재고 관리 시스템은 크게 입고 관리 기능, 출고 관리 기능, 현황 관리 기능을 제공한다.

- **입고 관리** : 창고로 입고된 상품을 현황 관리에 추가한다. 입고는 납품 업체로부터 새로운 상품을 입고 받거나 고객이 반품한 것이다. 입출고 담당자는 입고된 제품의 상태를 파악하여 불량품은 납품 업체에 반품 조치할 수 있다.
- **출고 관리** : 창고에서 출고된 상품을 현황 관리에서 뺀다. 출고는 고객이 구매한 상품을 발주하는 것과 판매하고 남은 상품을 납품 업체로 반품한 것이다.
- **현황 관리** : 입출고된 현황을 실시간으로 인터넷 쇼핑몰에 업데이트하는 기능이다. 입출고 담당자는 현황을 조회할 수 있고 현황 관리 담당자는 재고 현황을 관리하여 납품 업체에 주문 혹은 반품을 요청하고 쇼핑몰에 업데이트한다.

2단계 : 액터 식별

재고 관리 시스템의 사용자로는 입출고 담당자, 현황 관리 담당자를 생각할 수 있다. 또한 개발될 재고 관리 시스템과 연동되는 다른 시스템에 해당하는 시스템 액터로는 쇼핑몰 시스템을 생각할 수 있다. 따라서 액터는 입출고 담당자, 현황 관리 담당자, 쇼핑몰 시스템이 된다.

그림 3-22 재고 관리 시스템의 액터

3단계 : 유스케이스 식별

유스케이스는 시스템이 제공하는 하나의 단위 기능이다. 따라서 모든 유스케이스를 찾으면 시스템의 모든 기능을 찾는 것이고, 이는 결국 시스템의 모든 요구 사항을 찾는 것이라고 볼 수 있다. 재고 관리 시스템에서는 [표 3-7]과 같은 시스템 기능, 즉 유스케이스를 생각할 수 있다. [그림 3-23]은 재고 관리 시스템의 유스케이스를 나타낸 것이다.

표 3-7 재고 관리 시스템의 사용자별 기능

기능 범주	사용자	기능(유스케이스)
입고 관리	입출고 담당자	납품 업체 재품 입고 기능 고객 반품 입고 기능
출고 관리	입출고 담당자	납품 업체 반품 출고 기능 상품 출고 기능
현황 관리	입출고 담당자	현황 조회
	현황 관리 담당자	현황 등록 기능(업데이트) 납품 업체 주문 기능
	쇼핑몰 시스템	실시간 현황 반영 기능

그림 3-23 재고 관리 시스템의 유스케이스

4단계 : 유스케이스 다이어그램 작성

액터와 유스케이스는 연관 관계로 표현하고 유스케이스 사이는 의존 관계로 표현한다. 또한 재고 관리 시스템에서 신제품 입고, 상품 출고 등 대부분의 유스케이스가 수행될 때는 반드시 현황 등록 유스케이스가 수행되어야 한다. 그러므로 현황 등록 유스케이스는 해당 유스케이스들과 포함 관계로 표시하면 된다. 재고 관리 시스템의 전체 유스케이스 다이어그램은 [그림 3-24]와 같다.

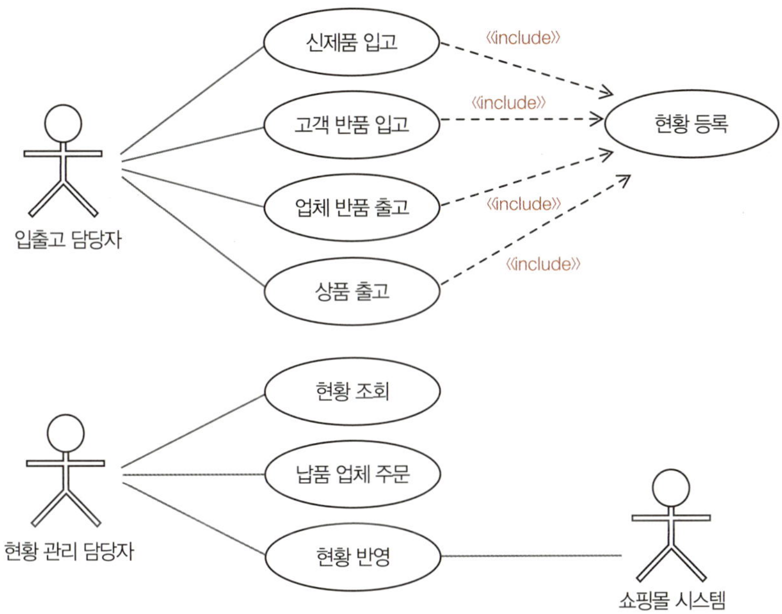

그림 3-24 재고 관리 시스템의 유스케이스 다이어그램

5단계 : 유스케이스 명세서 작성

유스케이스 명세서는 유스케이스별로 작성한다. 예를 들어 재고 관리 시스템의 신제품 입고 유스케이스 명세서는 다음과 같이 작성할 수 있다.

- 유스케이스명 : 신제품 입고
- 액터명 : 입출고 담당자
- 유스케이스 개요 : 입출고 담당자는 신제품이 입고되면 제품 상태를 확인하여 입고 또는 반품시킨다.
- 사전 조건 : 현황 관리 담당자가 납품 업체에 주문한 제품이다.
- 이벤트 흐름
  - 정상 흐름
    ① 납품 업체에 제품 입고를 요구한다.
    ② 입출고 담당자는 주문한 제품이 맞는지 확인한다.
    ③ 제품 상태를 파악한다.
    ④ 제품을 입고하고 제품 목록을 현황 관리 담당자에게 알린다.
  - 선택 흐름
    ① 제품에 하자가 발생하면 현황 관리 담당자에게 하자를 알리고 반품한다.

2 홈쇼핑

1단계 : 시스템 상황 분석

홈쇼핑 전화 주문 시스템에서 고객은 상품 상태를 확인하고 상품을 주문할 수 있다. 또한 상품을 주문한 고객은 포인트를 적립할 수 있다. 판매원은 상품 상태를 확인한 후 판매하고 고객이 주문한 상품을 접수한다. 배송 직원은 주문을 확인하고 상품을 배송한다. 관리자는 고객의 적립 포인트를 관리한다.

2단계 : 액터 식별

홈쇼핑 시스템에서는 고객, 판매원, 배송 직원, 관리자를 액터로 추출할 수 있다.

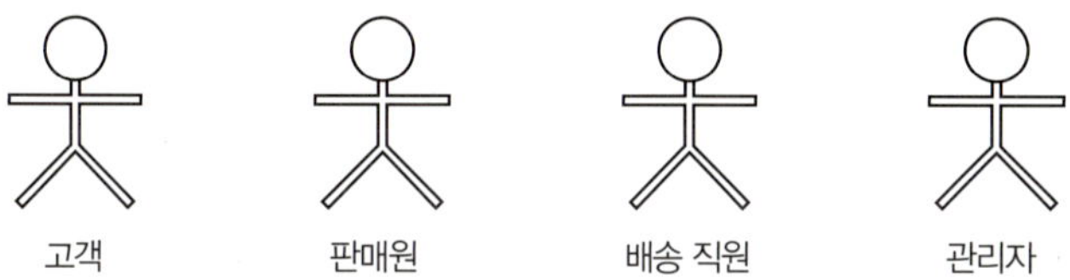

그림 3-25 홈쇼핑 시스템의 액터

3단계 : 유스케이스 식별

홈쇼핑 시스템의 주요 기능인 재고 확인, 주문, 주문 확인, 포인트 관리 등을 유스케이스로 추출할 수 있다.

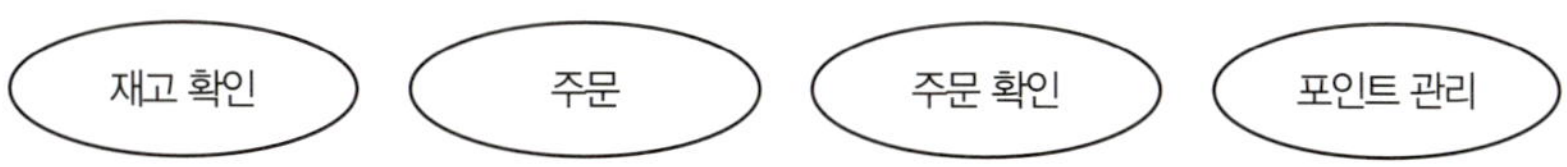

그림 3-26 홈쇼핑 시스템의 유스케이스

4단계 : 유스케이스 다이어그램 작성

- 고객과 판매원은 재고 확인을 할 수 있다.
- 고객은 주문을 할 수 있다.
- 고객은 상품 구매 후 포인트를 적립할 수 있다.
- 판매원은 주문을 접수한다.

• 배송 직원은 주문을 확인하고 배송한다.

• 관리자와 고객은 포인트 관리 및 적립을 수행한다.

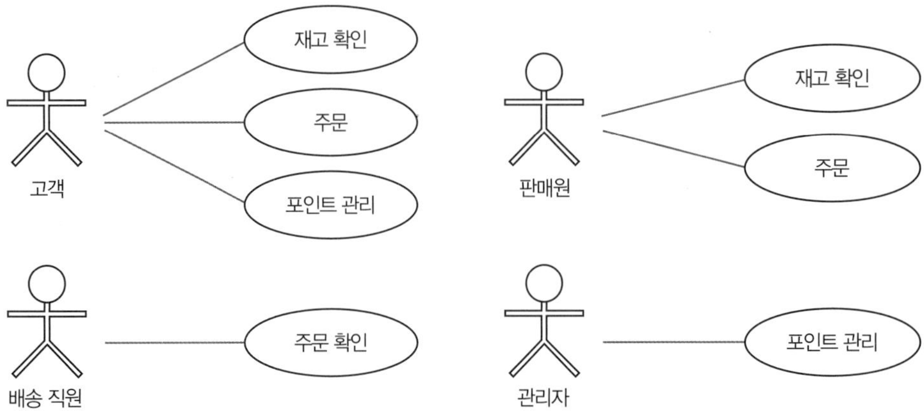

그림 3-27 홈쇼핑 시스템의 액터와 유스케이스 관계

홈쇼핑 시스템의 전체 유스케이스 다이어그램은 [그림 3-28]과 같다.

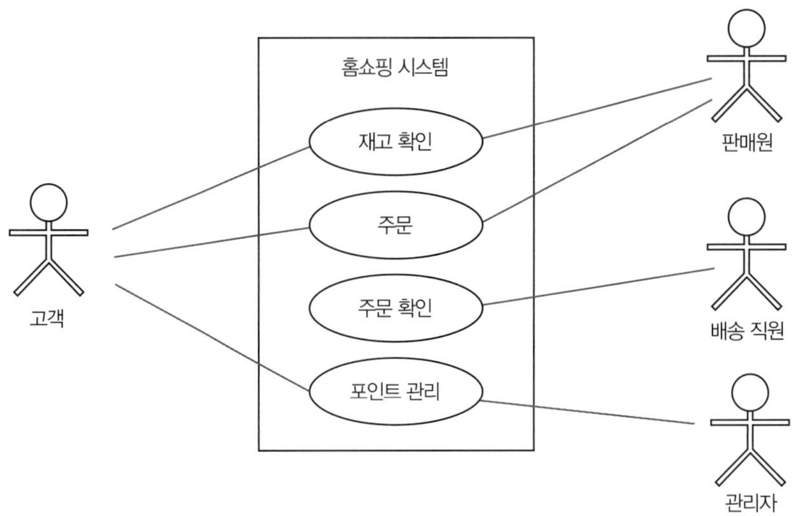

그림 3-28 홈쇼핑 시스템의 유스케이스 다이어그램

3 ATM

1단계 : 시스템 상황 분석

ATM 시스템에서 은행 고객은 현금 인출, 잔액 확인, 현금 입금, 수표 입금, 신용카드 서비스를 이용한다. ATM 관리자는 부족한 현금을 보충하고 도난 신고 등의 이유로 인해 기기 내부로 카드 또는 수표를 회수한다.

2단계 : 액터 식별

ATM 서비스를 이용하는 은행 고객 , ATM을 관리하는 관리자를 액터로 추출할 수 있다.

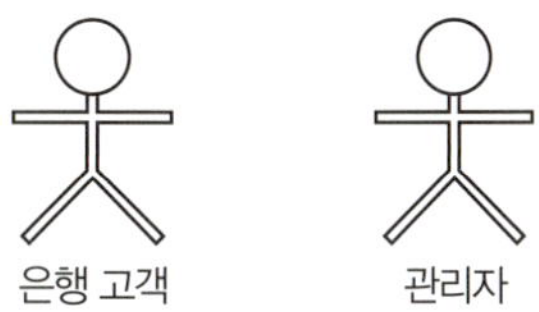

그림 3-29 ATM 시스템의 액터

3단계 : 유스케이스 식별

ATM 시스템의 주요 기능인 현금 인출, 잔액 확인, 현금 입금, 수표 입금, 신용카드, 현금 보충, 카드 회수, 수표 회수 등을 유스케이스로 추출할 수 있다.

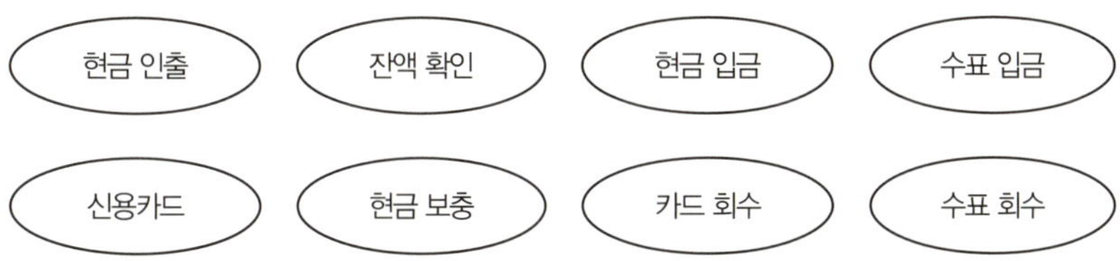

그림 3-30 ATM 시스템의 유스케이스

4단계 : 유스케이스 다이어그램 작성

- 은행 고객은 현금 인출을 이용할 수 있다.
- 은행 고객은 잔액 확인, 현금 입금, 수표 입금, 신용카드를 이용할 수 있다.
- 관리자는 현금 보충, 카드 회수, 수표 회수를 하면서 ATM을 관리한다.

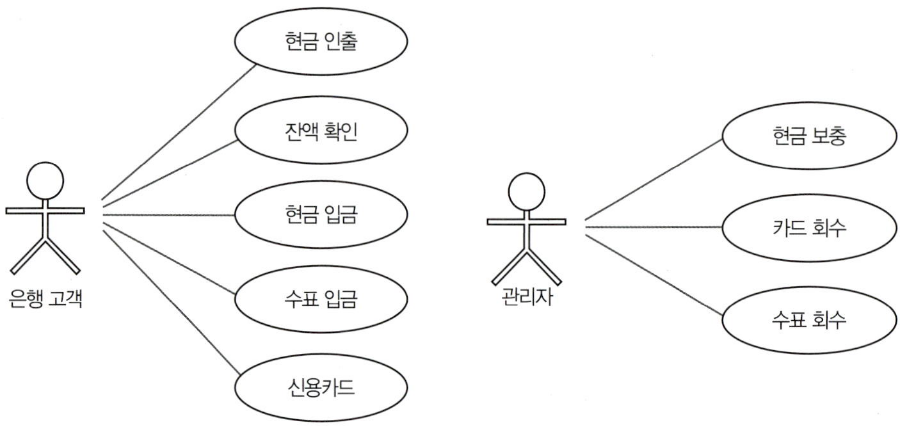

그림 3-31 ATM 시스템의 액터와 유스케이스 관계

ATM 시스템의 전체 유스케이스 다이어그램은 [그림 3-32]와 같다.

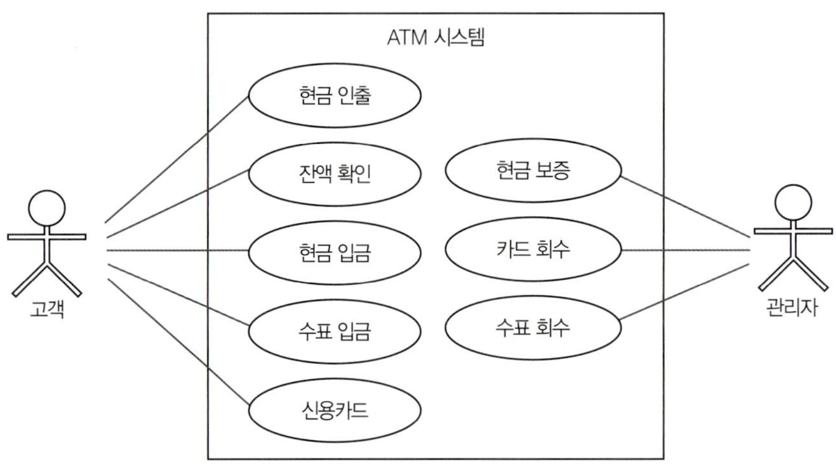

그림 3-32 ATM 시스템의 유스케이스 다이어그램

4 영화 티켓 구매

1단계 : 시스템 상황 분석

일반적으로 영화 티켓 구매 시스템에서 티켓을 구매하려면 세 가지 방법이 있다. 인터넷 예매하기, 현장에서 무인 매표 시스템인 키오스크KIOSK 이용하기, 프런트에서 현장 직원에게 직접 구입하기 중 하나를 이용할 텐데 여기서는 현장에서 구입하는 경우를 다룬다.

티켓 종류에는 일반 티켓과 정기권이 있다. 정기권은 보통 미국 등지에서 사용되는데 이 정기권 중에 무비패스MoviePass라는 것이 있다. 일정 금액으로 무비패스를 구입하면 일정 기간 동안 어떤 영화관에서든 하루에 한 편 원하는 영화를 볼 수 있다. 이 정기권을 직원에게서만 구입할 수 있다고 가정하자. 티켓이나 정기권을 구입하면 신용카드 서비스를 통해 결제 요금이 청구된다. 관리자는 총 매출량을 조회한다.

2단계 : 액터 식별

키오스크, 직원, 신용카드 서비스, 관리자 등을 액터로 추출할 수 있다. 고객은 키오스크 프로그램을 통해 구매하기 때문에 액터가 될 수 없다.

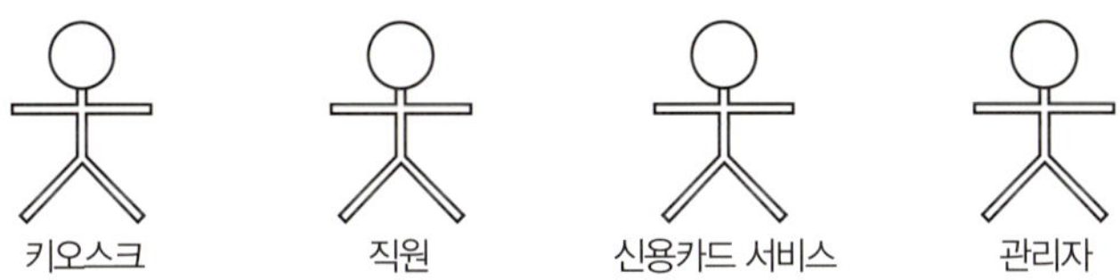

그림 3-33 영화 티켓 구매 시스템의 액터

3단계 : 유스케이스 식별

티켓 구매 시스템의 주요 기능인 티켓 구입, 정기권 구입, 결제, 매출 조회 등을 유스케이스로 추출할 수 있다.

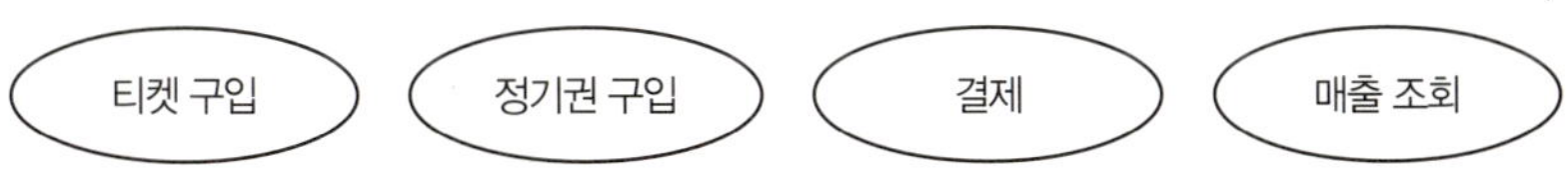

그림 3-34 영화 티켓 구매 시스템의 유스케이스

4단계 : 유스케이스 다이어그램 작성

- 키오스크를 통해 티켓을 구입할 수 있다.
- 직원을 통해 티켓을 구입할 수 있다.
- 직원을 통해 정기권을 구입할 수 있다.
- 신용카드 서비스를 통해 결제를 한다.
- 관리자는 매출을 조회할 수 있다.

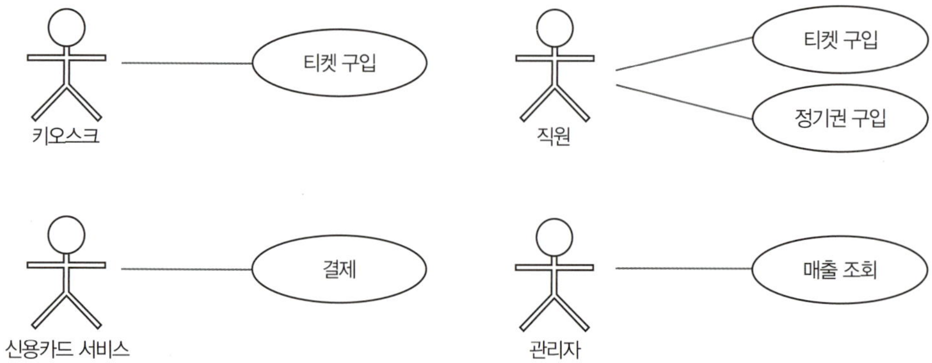

그림 3-35 영화 티켓 구매 시스템의 액터와 유스케이스 관계

티켓 구입과 정기권 구입은 결제와 포함 관계에 있다. 따라서 유스케이스 간 관계는 [그림 3-36]과 같이 나타낸다.

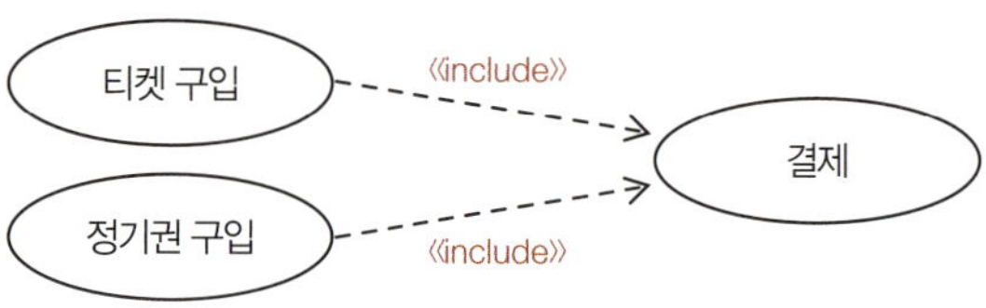

그림 3-36 영화 티켓 구매 시스템의 유스케이스와 유스케이스 관계

영화 티켓 구매 시스템의 전체 유스케이스 다이어그램은 [그림 3-37]과 같다.

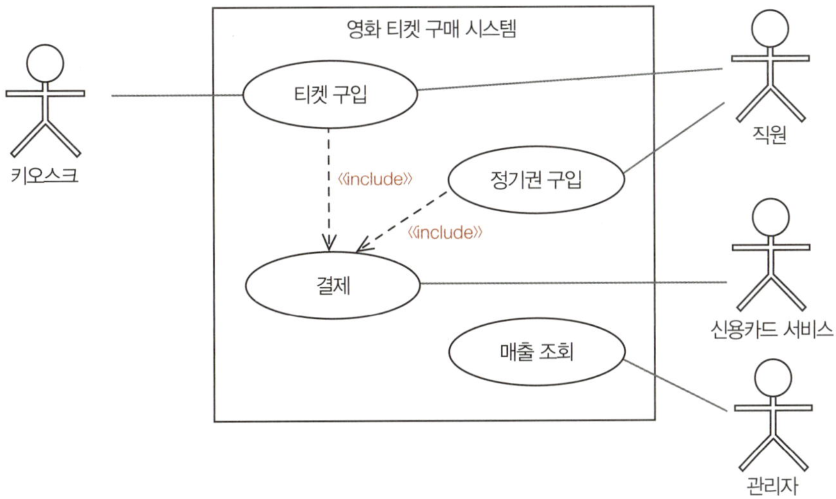

그림 3-37 영화 티켓 구매 시스템의 유스케이스 다이어그램

5 구인구직 앱

1단계 : 시스템 상황 분석

구인구직 앱에는 정보 조회, 이력서와 모집 공고 관리 기능이 있다.

- **정보 조회** : 사용자는 회사 모집 공고와 회사에 합격한 사람들의 자기소개서를 조회할 수 있으며, 자신이 지금까지 지원한 내역을 확인할 수 있다. 기업은 지원자를 조회할 수 있다.
- **이력서와 모집 공고 관리** : 이력서 관리는 사용자가 원하는 회사에 지원하기 위한 이력서를 생성, 수정, 삭제한다. 모집 공고 관리는 회사 인원을 모집 위해 모집 공고를 생성, 수정, 삭제한다.
- **서버** : 맞춤 추천 서비스를 통해 사용자가 원하는 모집 공고를 추천한다. 또한 공고, 합격자의 자기 소개서 등의 게시물을 관리하며, 구인구직 앱을 사용하는 사용자와 기업을 관리한다.

2단계 : 액터 식별

구인구직 앱의 사용자로는 취직을 원하는 일반 사용자와 기업을 생각할 수 있다. 구인구직 앱을 관리하기 위한 서버도 있다. 따라서 사용자, 기업, 서버를 액터로 추출할 수 있다.

그림 3-38 구인구직 앱의 액터

3단계 : 유스케이스 식별

구인구직 앱에서는 회사 모집 공고 조회, 합격 자소서 조회, 이력서 관리, 입사 지원 현황 조회, 모집 공고 관리, 지원자 조회, 맞춤 추천 서비스, 사용자 관리, 기업 관리, 게시물 관리 등을 유스케이스로 추출할 수 있다.

그림 3-39 구인구직 앱의 유스케이스

4단계 : 유스케이스 다이어그램 작성

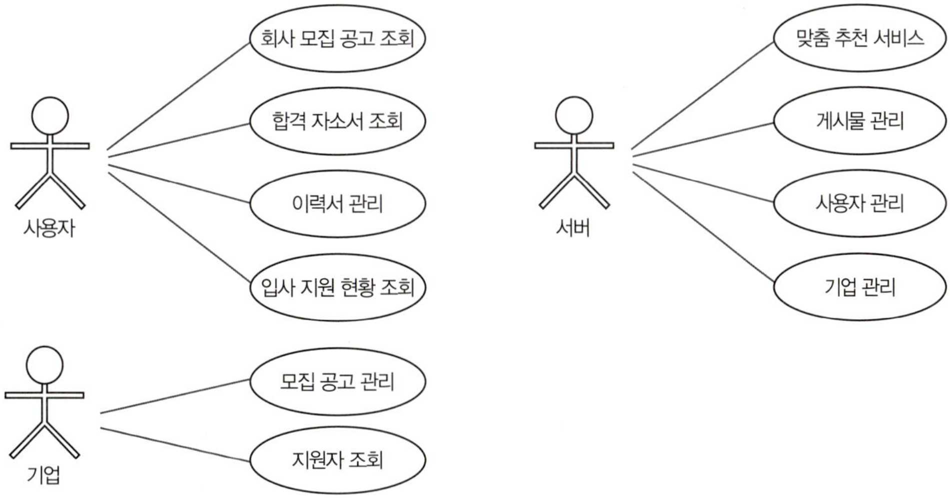

그림 3-40 구인구직 앱의 액터와 유스케이스 관계

구인구직 앱 시스템의 전체 유스케이스 다이어그램은 [그림 3-41]과 같다.

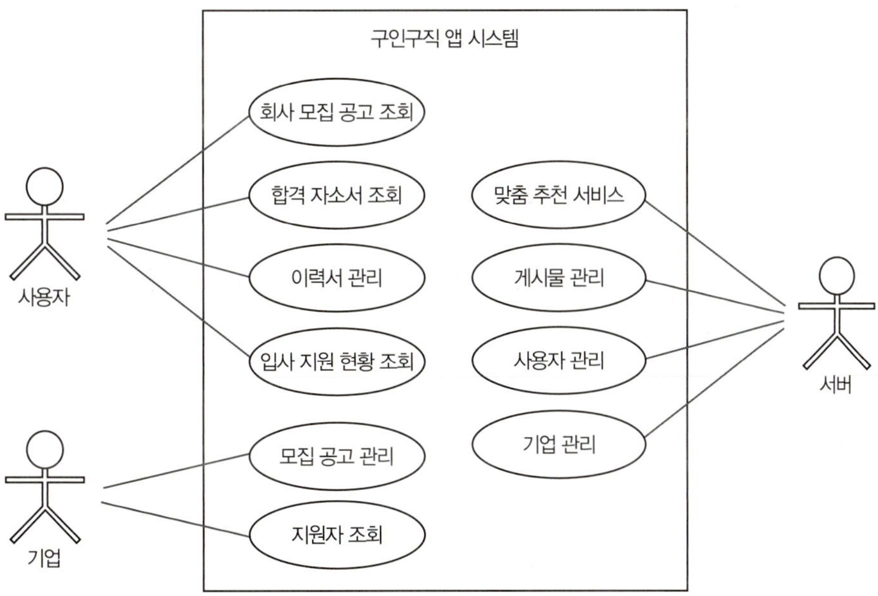

그림 3-41 구인구직 앱 시스템의 유스케이스 다이어그램

6 온라인 서점

1단계 : 시스템 상황 분석

온라인 서점에는 주문, 상품 결제, 상품 관리 기능이 있다

- **주문 기능** : 고객이 주문을 시작하여 항목을 추가 및 제거할 수 있고, 책 번호와 항목 수량을 변경할 수 있으며, 주문을 취소할 수도 있다. 설정된 일정 시간이 지난 후에도 상품 결제가 이루어지지 않으면 주문이 자동으로 취소된다.
- **상품 결제 기능** : 신용카드 회사가 거래를 승인하거나 거부하는 것이다. 고객의 신용카드가 승인되면 창고 직원이 요청된 품목을 포장하여 고객에게 배송하고, 품절된 상품들을 재입고한다.

2단계 : 액터 식별

온라인 서점에서 고객, 신용카드 회사, 서버(타이머), 배달원, 창고 직원 등을 액터로 추출할 수 있다.

그림 3-42 온라인 서점의 액터

3단계 : 유스케이스 식별

온라인 서점의 책 주문, 주문 취소, 거래 승인, 거래 거부, 상품 배송, 상품 포장 및 운송, 상품 재입고 등의 기능을 유스케이스로 추출할 수 있다.

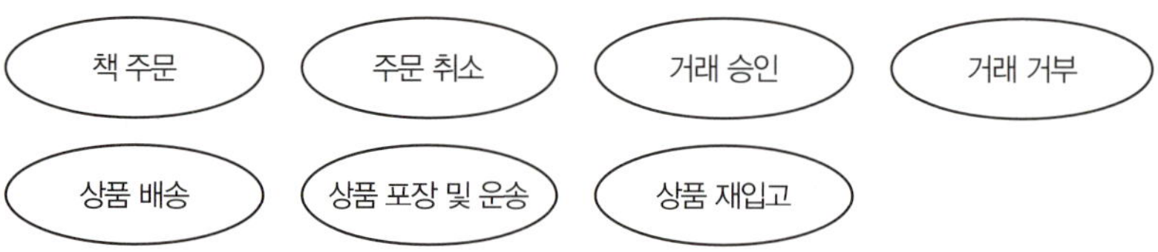

그림 3-43 온라인 서점의 유스케이스

4단계 : 유스케이스 다이어그램 작성

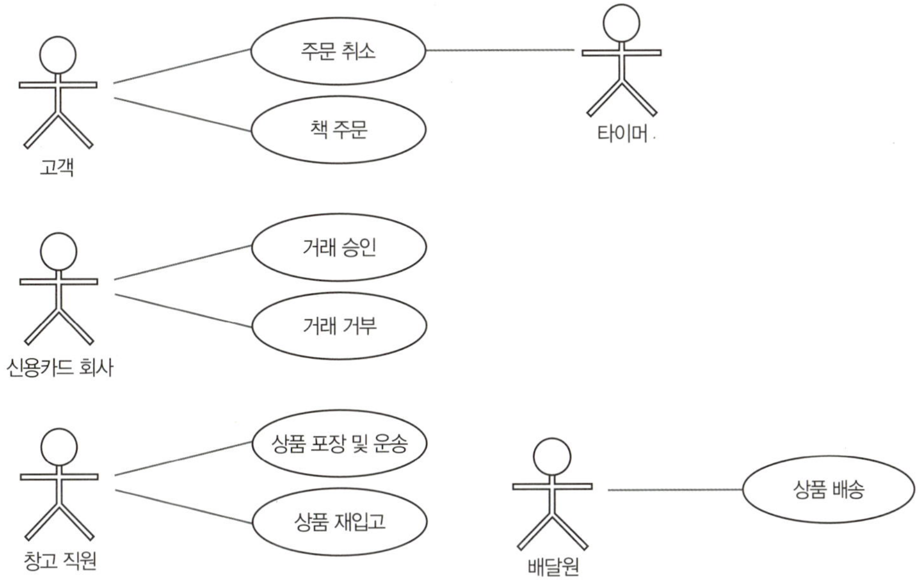

그림 3-44 온라인 서점의 액터와 유스케이스 관계

온라인 서점 시스템의 전체 유스케이스 다이어그램은 [그림 3-45]와 같다.

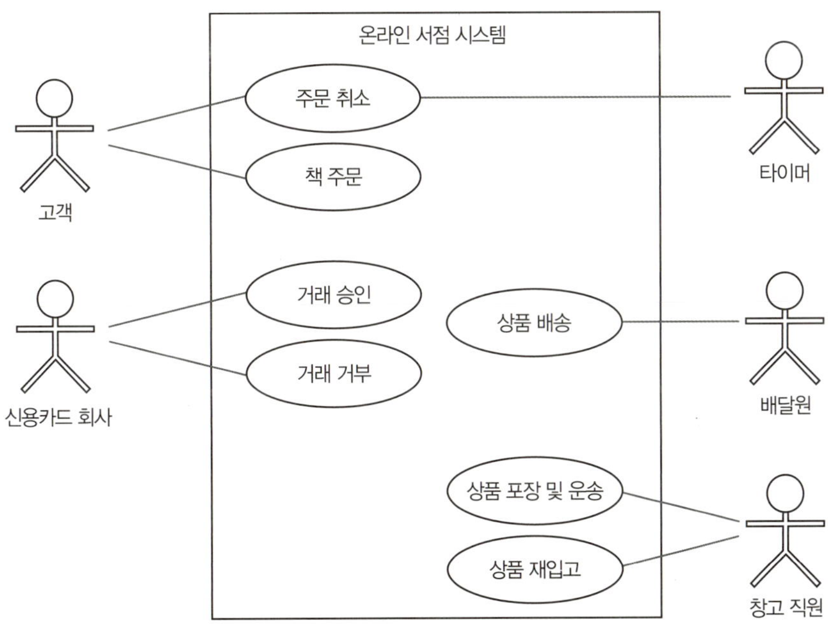

그림 3-45 온라인 서점 시스템의 유스케이스 다이어그램

7 카카오택시

1단계 : 시스템 상황 분석

카카오택시에는 크게 택시 호출 기능과 이용 기록 조회 기능이 있다.

- **택시 호출** : 승객이 출발지와 도착지를 설정해서 택시를 호출한다. 택시 기사는 출발지와 도착지를 확인한 후 택시 콜을 받는다. 승객은 택시 호출을 취소할 수 있고 택시 기사도 배차를 취소할 수 있다. 택시 결제는 현금이나 신용카드를 통해 이루어진다.
- **이용 기록 조회** : 승객은 이용 기록을 조회할 수 있다. 승객은 이용 기록을 통해 택시 기사명과 택시 정보에 대해 확인할 수 있다.

2단계 : 액터 식별

카카오택시에서는 승객, 택시 기사를 액터로 추출할 수 있다.

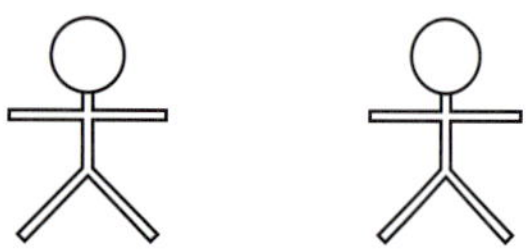

그림 3-46 카카오택시의 액터

3단계 : 유스케이스 식별

카카오택시에서는 택시 호출, 호출 취소, 이용 기록 조회, 택시 정보 확인, 결제, 현금 결제, 신용카드 결제, 콜 받기, 배차 취소를 유스케이스로 추출할 수 있다.

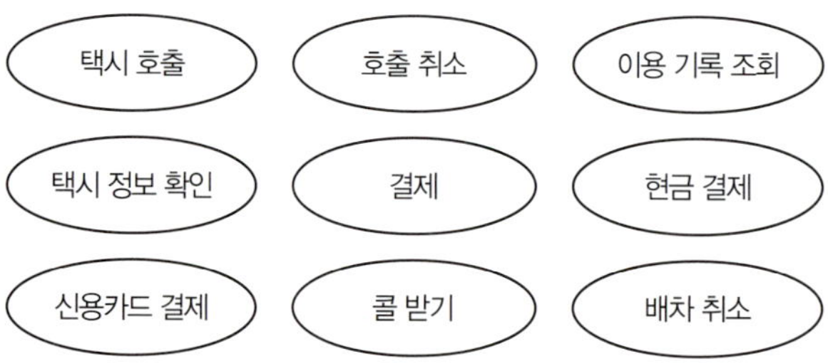

그림 3-47 카카오택시의 유스케이스

4단계 : 유스케이스 다이어그램 작성

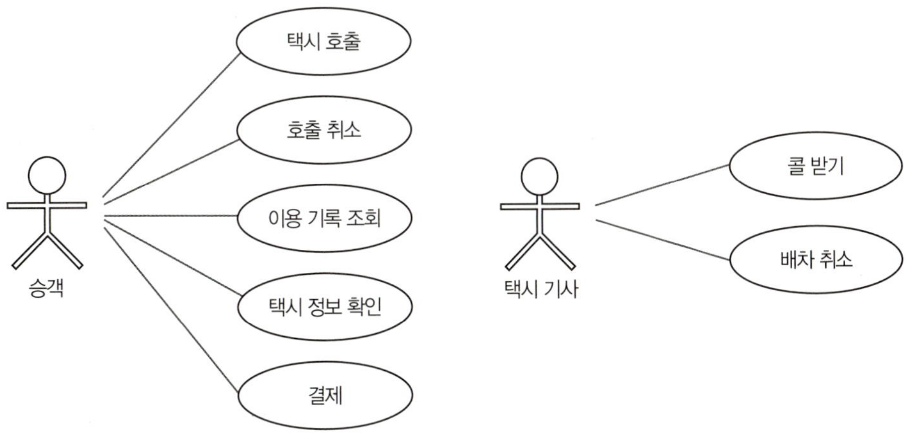

그림 3-48 카카오택시의 액터와 유스케이스 관계

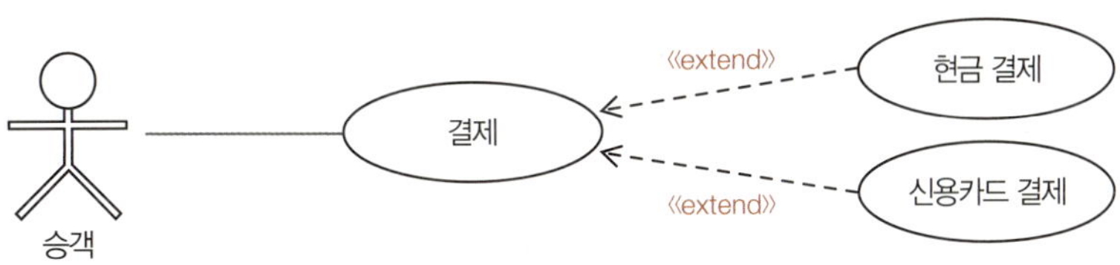

그림 3-49 카카오택시의 유스케이스와 유스케이스 관계

카카오택시 시스템의 전체 유스케이스 다이어그램은 [그림 3-50]과 같다.

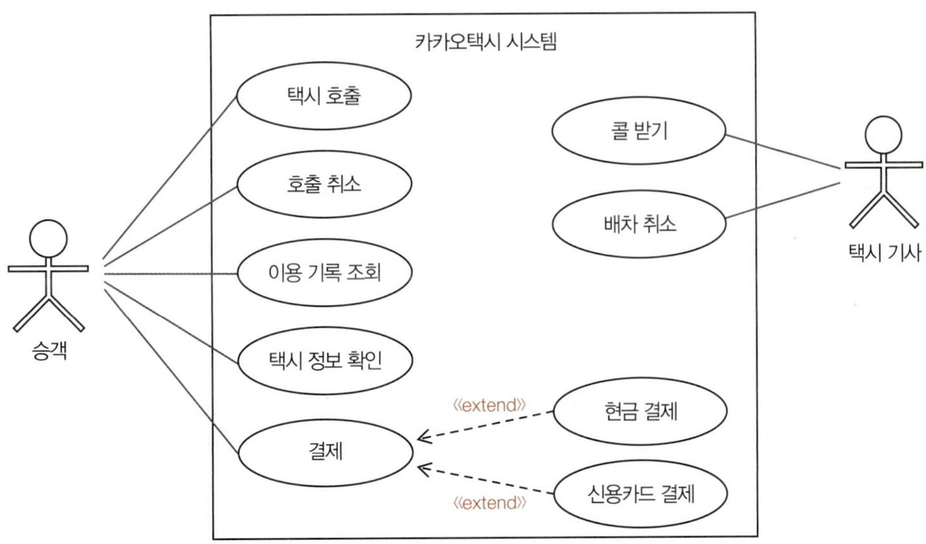

그림 3-50 카카오택시 시스템의 유스케이스 다이어그램

8 교육 신청 관리

1단계 : 시스템 상황 분석

교육 신청 관리 시스템의 기능은 다음과 같이 구분할 수 있다.

- **교육 신청** : 직원은 교육과정 자동 지원을 통해 교육과정을 확인한 후 원하는 교육을 신청할 수 있다. 직원이 선택하기 어려운 경우, 교육 매니저가 교육과정을 참고하여 직원에게 가장 적합한 과정을 추천한다.
- **교육과정 주문** : 직원이 교육을 신청하고 이것이 승인되면 교육 매니저는 직원이 신청한 교육과정 신청서를 외부 교육 훈련 기관에 보낸다. 외부 교육 훈련 기관은 교육과정 신청서를 통해 교육과정 주문을 받는다.
- **신청 취소** : 직원은 신청한 교육을 취소할 수 있다.
- **교육 목록 유지관리** : 교육 매니저는 교육 목록 자동 지원을 통해 목록을 확인한 후 교육 목록에 새로운 교육을 입력하거나 기존 교육과정을 수정 및 삭제할 수 있다.

2단계 : 액터 식별

교육 신청 관리 시스템에서는 직원, 교육 매니저, 외부 교육 훈련 기관을 액터로 추출할 수 있다.

그림 3-51 교육 신청 관리 시스템의 액터

3단계 : 유스케이스 식별

교육 신청 관리 시스템의 주요 기능인 교육 신청, 신청 취소, 교육 목록 자동 지원, 교육과정 주문, 교육 목록 유지관리를 유스케이스로 추출할 수 있다.

그림 3-52 교육 신청 관리 시스템의 유스케이스

4단계 : 유스케이스 다이어그램 작성

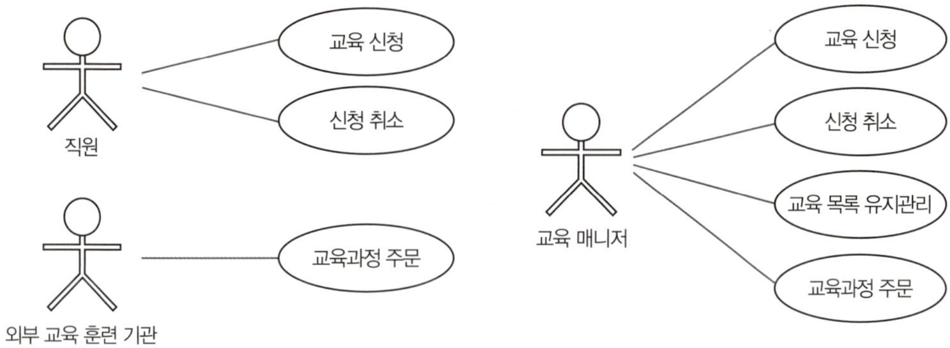

그림 3-53 교육 신청 관리 시스템의 액터와 유스케이스 관계

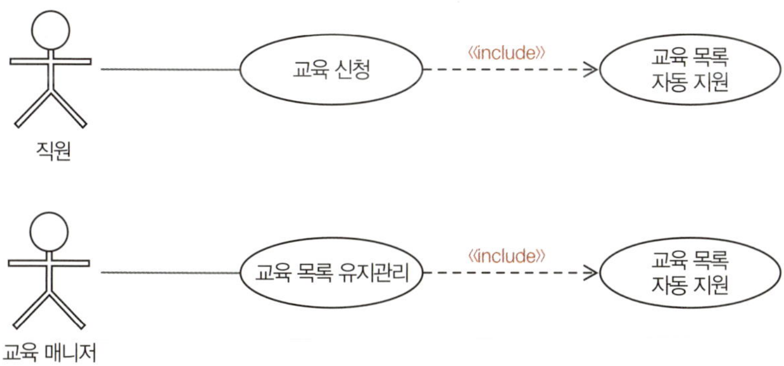

그림 3-54 교육 신청 관리 시스템의 유스케이스와 유스케이스 관계

교육 신청 관리 시스템의 전체 유스케이스 다이어그램은 [그림 3-55]와 같다.

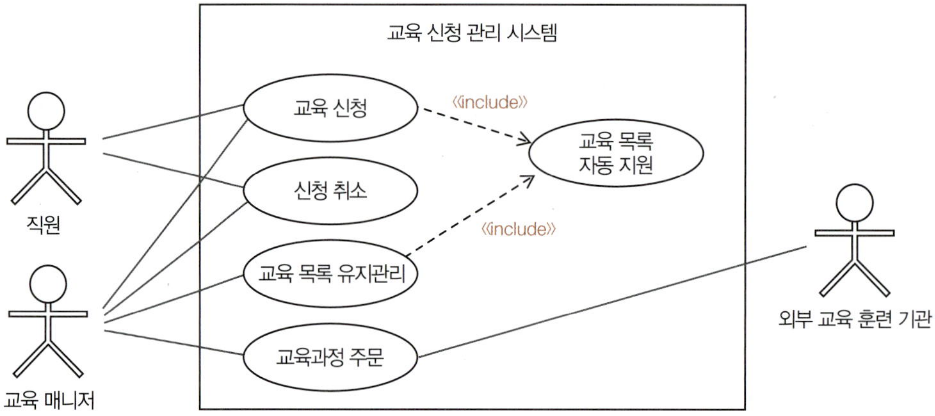

그림 3-55 교육 신청 관리 시스템의 유스케이스 다이어그램

9 투자 거래

1단계 : 시스템 상황 분석

투자 거래 시스템에서 거래 관리자는 투자 금액의 한도를 설정하고 회계 시스템에서 계좌를 갱신한다. 거래자는 투자할 기업의 가치를 위험 분석하고 거래자가 결정한 가격과 기업이 결정한 가격에 따라서 평가를 내린다. 거래자가 투자할 가치가 있다고 생각되면 기업과 거래를 성사한다.

2단계 : 액터 식별

투자 거래 시스템에서는 거래 관리자, 거래자, 회계 시스템, 기업 등을 액터로 추출할 수 있다.

그림 3-56 투자 거래 시스템의 액터

3단계 : 유스케이스 식별

투자 거래 시스템의 주요 기능인 한도 설정, 위험 분석, 가격 결정, 거래 성사, 계좌 갱신, 가치 평가 등을 유스케이스로 추출할 수 있다.

그림 3-57 투자 거래 시스템의 유스케이스

4단계 : 유스케이스 다이어그램 작성

- 거래 관리자는 거래자의 투자 금액 한도를 설정할 수 있다.
- 거래자는 위험 분석과 가격 결정을 하고 거래를 성사할 수 있다.
- 회계 시스템은 계좌를 갱신한다.
- 기업은 가격을 결정하고 거래를 성사할 수 있다.

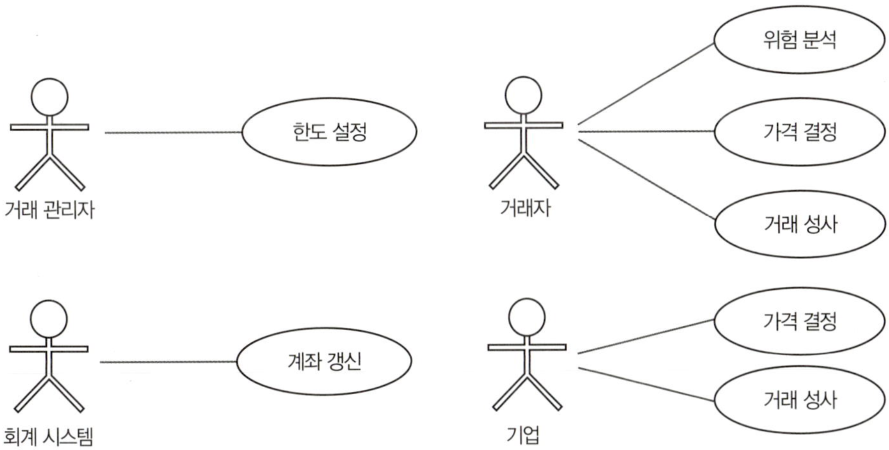

그림 3-58 투자 거래 시스템의 액터와 유스케이스 관계

위험 분석과 가격 결정은 가치 평가를 포함하는 관계다. [그림 3-59]는 유스케이스 간 관계를 나타낸다.

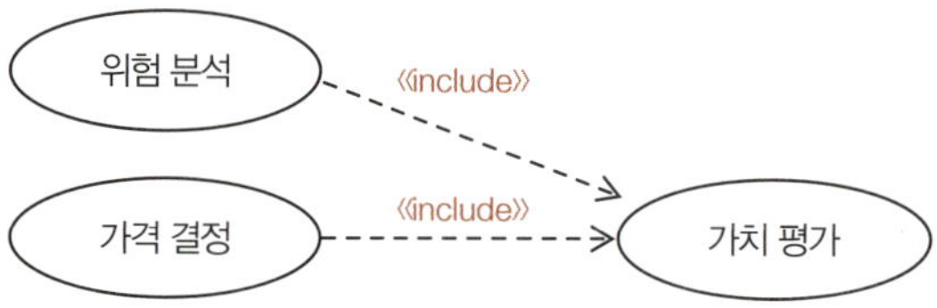

그림 3-59 투자 거래 시스템의 유스케이스와 유스케이스 관계

투자 거래 시스템의 전체 유스케이스 다이어그램은 [그림 3-60]과 같다.

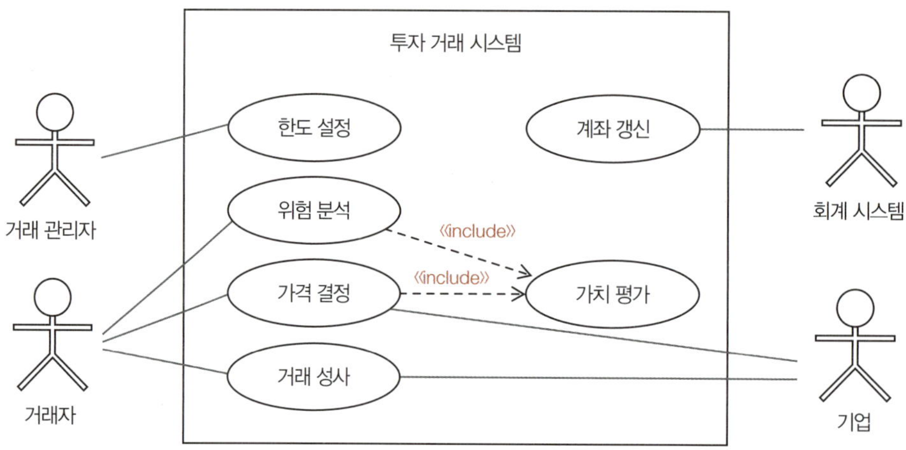

그림 3-60 투자 거래 시스템의 유스케이스 다이어그램

연습문제

01 유스케이스 다이어그램에서 표현되지 않는 것은?

① 유스케이스 ② 액터
③ 시스템 범위 ④ 클래스들 간의 관계

02 유스케이스 추출 후에 일어나는 분석 과정의 활동으로 보기 어려운 것은?

① 객체 또는 클래스 찾기 ② 클래스의 속성 찾기
③ 객체의 메서드 구현하기 ④ 시퀀스 다이어그램 만들기

03 유스케이스 간의 관계로 적합하지 않은 것은?

① 일반화 관계 ② 포함 관계
③ 연관 관계 ④ 확장 관계

04 개발 초기, 업무 시스템 개발 범위 및 기능 요구 사항 확정 등에 대해 고객과 의사소통을 할 때 가장 적절한 UML 다이어그램은?

① 유스케이스 다이어그램과 유스케이스 명세서
② 클래스 다이어그램
③ 활동 다이어그램
④ 패키지 다이어그램

05 다음 인터넷 쇼핑몰 시스템 문제 기술서를 보고 유스케이스 다이어그램을 작성하시오.

- 인터넷을 통해 물품을 판매하는 시스템을 구축하고자 한다.
- 고객은 회원 등록을 통해 본인 정보를 등록하고, 아이디, 비밀번호를 입력함으로써 시스템에 접속할 수 있으며, 물품을 구입할 수 있다.
- 고객이 로그인할 때 및 물품을 구입할 때에는 별도로 암호화된 모듈을 통해 본인 확인 절차를 거쳐야 한다.
- 물품을 구매하여 결제할 때에는 일반 포인트로 결제할 수 있으며, 신용카드를 통해 결제할 수도 있다.
- 신용카드를 통해 결제하고자 하는 경우에는 협약을 맺은 카드 승인사에 카드 승인을 요청해야 한다.
- 고객은 구매한 물품의 배송 상황을 조회할 수 있으며, 직원도 고객 물품에 대해 배송 추적을 할 수 있다.

06 다음 주문 관리 시스템 문제 기술서를 보고 유스케이스 다이어그램을 작성하시오.

- 주문 관리 시스템에서는 고객 확인을 통해 시스템에 접속할 수 있다. 고객 확인은 회원 가입을 할 때 입력한 아이디와 비밀번호를 입력하여 확인한다.
- 접수 관리 직원은 확보된 상품을 등록한다. 상품 확보는 재고 관리 직원이 한다. 고객은 등록된 상품을 선택하고 장바구니에 등록한다. 장바구니에 등록된 상품을 카드나 계좌 이체를 통해 결제하면 운송 직원이 상품을 고객에게 배달한다.

07 다음 비디오숍 시스템 문제 기술서를 보고 유스케이스 다이어그램을 작성하시오.

- 반드시 회원 가입을 통해 등록된 회원만이 비디오를 대여할 수 있다. 회원은 가입된 이름과 전화번호를 통해 확인한다.
- 비디오숍 시스템은 대여, 반납, 연체 확인 기능이 있다.
- 대여 시 고객이 비디오를 선택하면 비디오 코드를 확인하여 시스템에 입력한다. 현재 고객이 대여 중인 비디오가 있으면 표시하고 대여 기간이 지났으면 연체료를 계산하여 보여준다. 연체 중인 고객은 비디오를 대여할 수 없다. 그러나 연체료를 납부하면 대여할 수 있다. 비디오가 대여되면 대여 목록에 비디오 코드와 고객명이 등록된다.
- 관리자는 연체 관리 기능을 통해 현재 연체 중인 회원과 연체된 비디오를 확인한다. 연체금 표시 기능을 통해 오늘 날짜에 해당하는 연체금을 표시한다.
- 반납 시 반납한 비디오의 코드를 입력하여 대여 목록에서 삭제한다.

08 다음 항공기 예약 시스템 문제 기술서를 보고 유스케이스 다이어그램을 작성하시오.

- 고객은 예약 시스템을 통해 항공기 예약을 한다. 티켓 구입을 위해 고객은 항공기 운항 노선을 선택한다.
- 선택한 노선 중 원하는 항공사를 선택한다.
- 선택한 항공사의 이용 가능 인원을 확인하고 예약할 인원을 입력한다.
- 인원 확인 결과 가능하다면 예약을 한다. 예약 후 운임 납부를 위해 카드 또는 계좌 이체를 통해 결제한다. 결제가 완료되면 예약 확인서를 다운로드한다.

09 다음 도서 관리 시스템 문제 기술서를 보고 유스케이스 다이어그램을 작성하시오.

- 도서 관리 시스템은 시스템에 등록된 사람들에게 책과 잡지를 빌려준다.
- 사서는 새로운 책이 있으면 구입하고 오래된 책과 잡지는 조건을 적용하여 폐기한다. 구입하거나 폐기한 책은 도서 목록에 추가하거나 도서 목록에서 삭제한다.
- 고객은 원하는 책을 현재 도서관에서 빌릴 수 없을 때 예약할 수 있고, 도서관으로 책이 반납되거나 새로 구매한 경우에 연락을 받아 이용할 수 있다. 고객이 책을 빌려갔거나 직접 취소를 원하면 예약을 취소한다.

CHAPTER 04

클래스 다이어그램

학습목표

- 클래스의 개념과 구성 요소를 이해한다.
- 클래스 추출과 관계를 학습한다.
- 다양한 예제를 통해 클래스 다이어그램을 모델링하는 연습을 해본다.

01 클래스 다이어그램의 구성 요소와 표현

1 클래스의 구성 요소

클래스의 구성 요소는 클래스 이름, 속성, 메서드다. 클래스의 기본 구조와 이 구조를 구현한 코드는 [그림 4-1]과 같다. 여기서 클래스의 이름은 Box이고, 속성은 width, depth, height이며, 메서드는 value( )다.

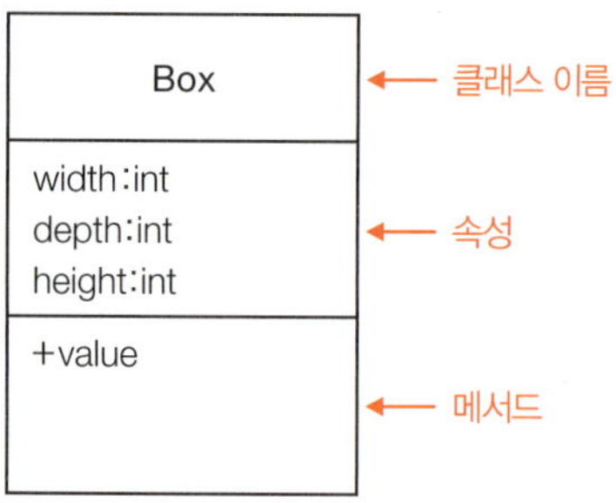


```
// 클래스
Box {
    // 속성
    private int width;
    private int depth;
    private int height;

    // 메서드
    void value() {
    }
}
```

그림 4-1 클래스 구성 요소

- **클래스**class : 공통의 속성, 메서드(오퍼레이션), 관계, 의미를 공유하는 객체 집합에 대한 기술이다.
- **속성**attribute : 클래스의 구조적 특성에 이름을 붙인 것으로 구조적 특성에 해당하는 인스턴스가 보유할 수 있는 값의 범위를 기술한다. 영문 소문자로 시작한다.
- **메서드**method : 오퍼레이션이라고도 한다. 이름, 타입, 매개변수들과 연관된 행위를 호출할 때 제약사항이 요구되는데, 이 제약사항을 명세하는 클래스의 행위적 특징이다.

[그림 4-1]의 메서드는 public을 의미하는 + 부호로 표현되어 있는데, 메서드는 [표 4-1]과 같은 세 가지 형태로 표현할 수 있다.

표 4-1 메서드의 종류와 기호

종류	부호	설명
public	+	자신의 속성이나 동작을 외부에 공개하는 접근 제어
private	−	상속된 파생 클래스만 액세스할 수 있는 접근 제어
protected	#	구조체의 멤버 함수만 접근할 수 있으며 외부에서 엑세스할 수 없는 접근 제어

2 객체와 클래스 사이의 관계와 표현

클래스는 객체를 생성할 수 있는 구조와 정보를 갖는 틀이다. 예를 들어 [그림 4-2]에서 붕어빵 기계가 클래스라면 붕어빵들이 객체다. 객체는 클래스의 인스턴스Instance다.

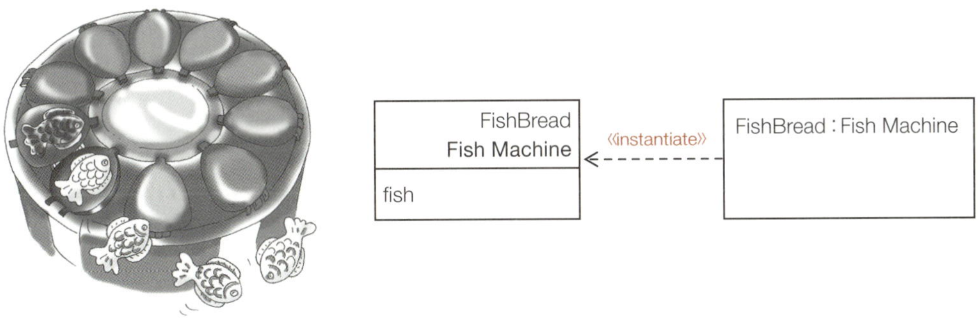

그림 4-2 클래스와 객체의 관계 예와 UML 표현

[그림 4-3]은 하나의 계좌에 입금되는 Account 클래스와 객체를 생성하여 실행하는 메인 메서드를 포함한 Application 클래스로 구성된 객체 생성 다이어그램이다. 그리고 이를 코드로 구현하면 [코드 4-1]과 같다. Application 클래스의 main에서 account1의 객체를 생성하므로 Account와 Application은 연관 관계에 있다.

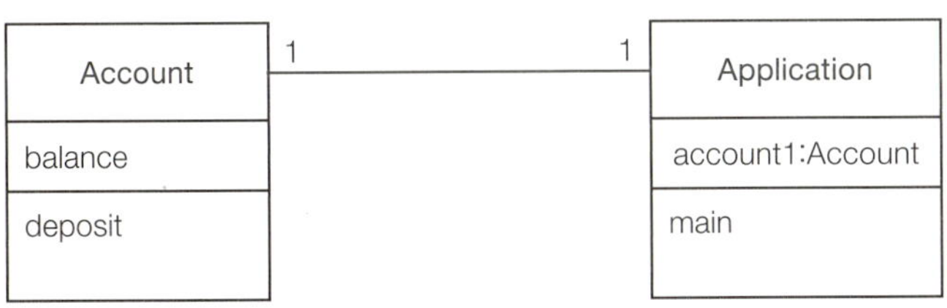

그림 4-3 객체 생성 다이어그램

코드 4-1 객체 생성

```
class Account {
    int balance;
    int deposit(int amount) {
        balance = balance + amount;
        return balance;
    }
}

class Application {
    Account account1;
    public static void main(String args[]) {

        // 객체 생성
        account1 = new Account();
        account1.balance = 5000;
        account1.deposit(5000);
        System.out.println("Balance = " +account1.balance);
    }
}
```

여기서 나타난 연관 관계는 의존 관계와 마찬가지로 객체를 생성하는 관계다. 다만 연관 관계는 멤버 변수로 참조하고, 의존 관계는 메서드로 참조한다는 것이 다르다. [그림 4-4]는 의존 관계, 연관 관계, 집합 관계, 복합 관계를 구분하는 방법을 보여준다.

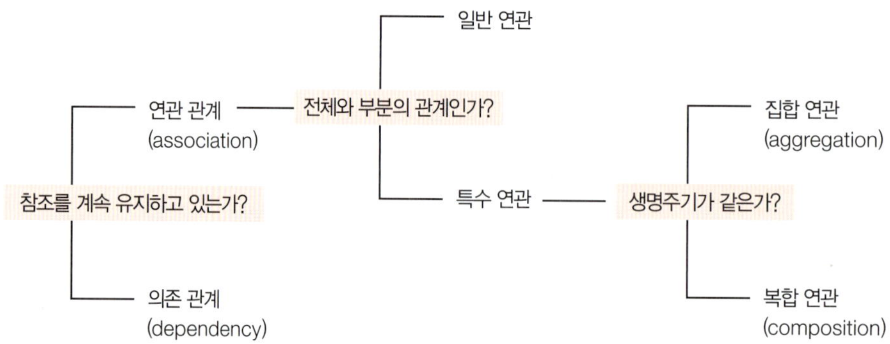

그림 4-4 관계의 구분

3 클래스 추출

배구 선수는 리베로 1명, 센터 1명, 공격수 4명으로 구성되어 있다. 각 선수가 리시브, 토스, 스파이크를 사용해서 상대편이 공을 받아내지 못하게 하여 코트에 공이 닿도록 하는 게임이다. 리베로가 받으면 센터가 토스를 올리고 공격수가 스파이크를 친다. 경기는 한 세트당 25점이며, 3세트를 먼저 획득한 팀이 승리한다.

- 명세서를 통한 클래스 추출 : 배구 선수, 점수, 세트, 경기, 리베로, 센터, 공격수
- 명세서를 통한 메서드 추출 : 토스, 스파이크, 리시브, 이긴다, 진다, 올라간다

명세서, 즉 시나리오에서 일반적으로 명사는 클래스나 속성이 되고 동사는 메서드가 된다. 어떤 것이 클래스가 되고, 어떤 것이 속성이 되느냐는 데이터베이스 설계 시 엔티티와 필드의 관계처럼 설계자의 판단에 따라 달라진다. 이렇게 추출한 후 클래스 다이어그램으로 나타내면 [그림 4–5]와 같다.

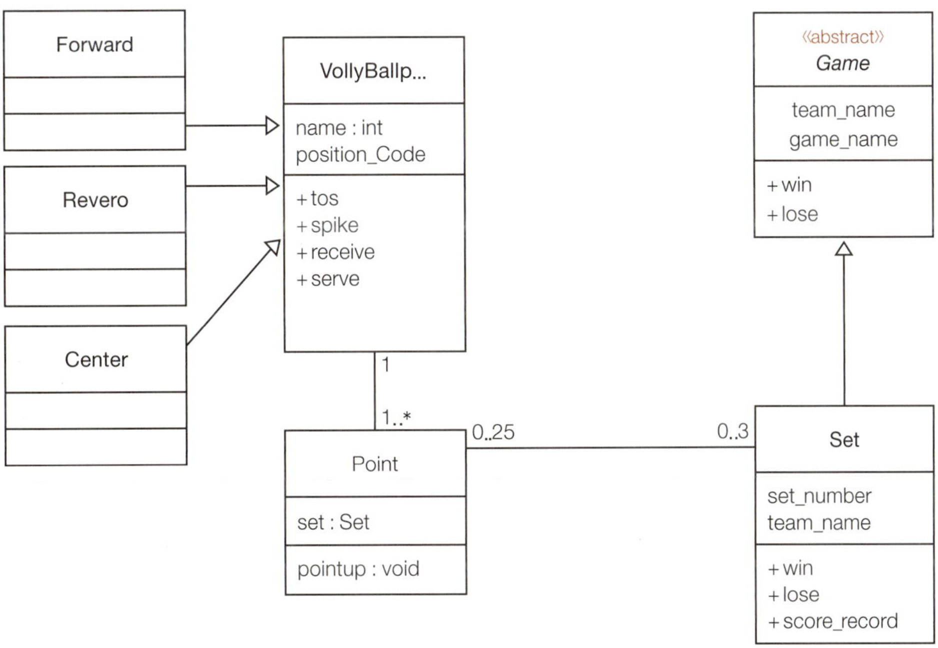

그림 4–5 배구에 관한 클래스 다이어그램

02 클래스 사이의 관계

1 연관 관계

연관 관계는 클래스 간에 서로 개념적으로 연결된 선으로 표현한다. 사실 클래스 다이어그램에서 서로 개념적으로 연관 없는 클래스는 없으므로 의존, 상속, 집합, 복합 등의 관계로 표시하는 것은 별로 중요하지 않다. 다만 UML이 기존 ERD 모델링 방법 등을 보완하면서, 연관 관계의 다양한 심벌을 이용해 ER 다이어그램 데이터 모델링의 영역까지도 충분히 모델링할 수 있다. 그래서 연관 관계에 대한 내용은 데이터베이스 설계의 ERD와 연관 지어 생각하면 쉽다. 예를 들어 축구팀과 선수의 관계를 살펴보자.

어떤 선수가 팀에서 플레이한다면 이 선수는 팀과 연관이 있다고 볼 수 있다. 따라서 팀과 선수의 관계는 [그림 4-6]과 같다.

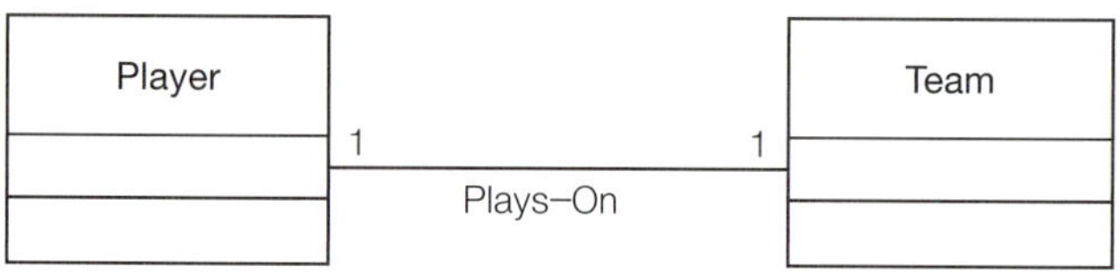

그림 4-6 팀과 선수의 연관 관계

각 클래스에는 각각의 역할role이 존재한다. 선수와 팀의 역할은 각각 피고용인Employee과 고용인Employer이다. 이 관계까지 표시하면 [그림 4-7]과 같다. 이 다이어그램은 팀은 선수를 고용하기 위해 움직이고, 선수는 팀을 위해 움직인다는 의미다.

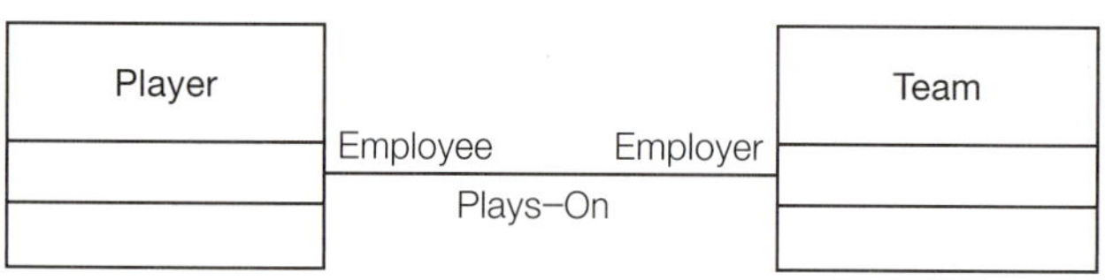

그림 4-7 [그림 4-6]에 역할에 따른 관계 추가

[그림 4-8]과 같이 클래스 하나가 여러 개의 클래스와 연관 관계를 가질 수도 있다.

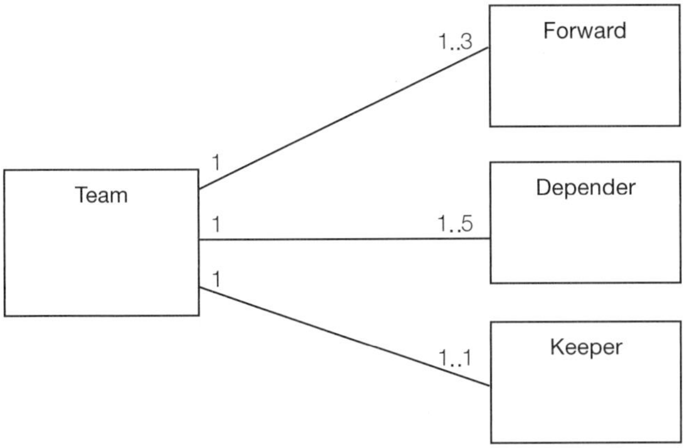

그림 4-8 하나의 클래스와 여러 클래스의 연관 관계

[그림 4-9]의 (a)는 사원과 회사가 서로 연관 관계로 연결될 수 있음을 나타낸다. 즉 '사원은 회사를 위해 일한다'라는 의미로 연관 관계를 갖는다. (b)는 학생, 교사, 학교가 각각 다른 두 개체와 연관 관계에 놓여 있다. 교사와 학생은 학교 소속이다. 교사는 학생을 가르치고 학생은 교사에게 배운다. 따라서 3개의 개체는 서로 연관되어 있음을 알 수 있다. 이처럼 연관 관계는 서로 개념적으로 연관되어 있는 경우를 말한다.

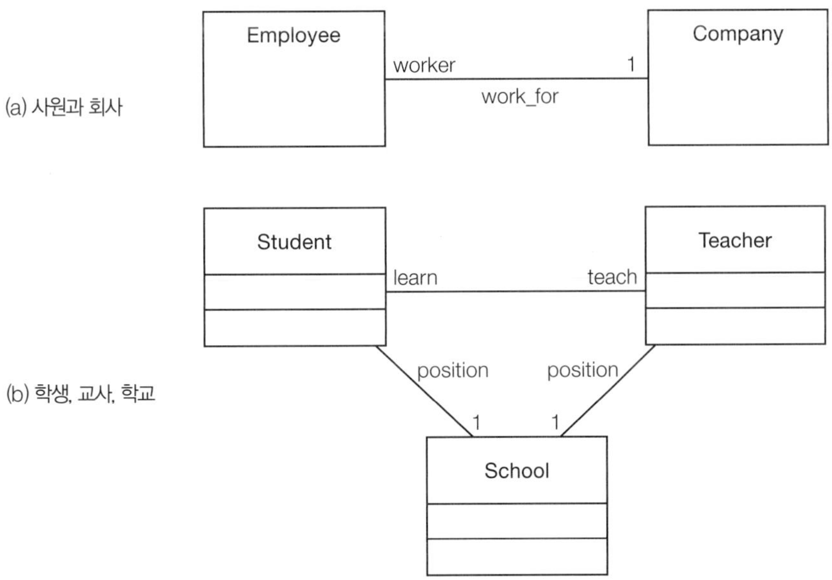

그림 4-9 연관 관계의 예

2 연관 관계의 다중성

다중성multiplicity은 두 클래스 사이에 연관 관계를 맺는 객체의 수가 1개 이상인 경우다. [그림 4-10]은 선수Player와 팀Team 사이의 연관 관계에 다중성을 부여한 예로, 한 명 이상의 선수(객체)가 팀(객체) 1개에만 연관되어 있음을 나타낸다. 여기서 팀 쪽에 붙은 1은 기본값이므로 표현하지 않아도 괜찮다.

그림 4-10 선수와 팀의 연관 관계 다중성

[그림 4-11]은 사원과 회사의 연관 관계에 다중성을 부여한 것이다.

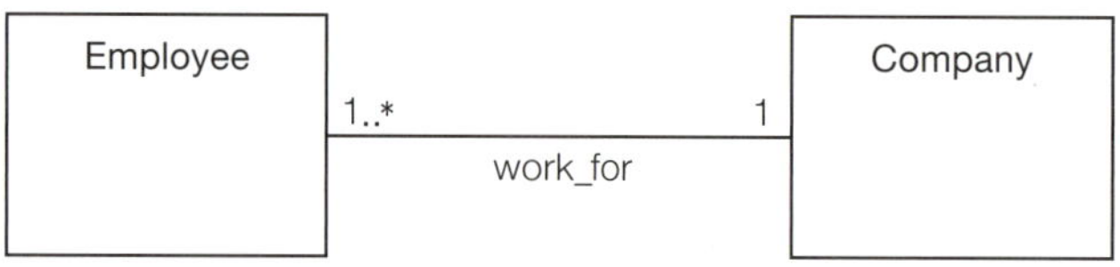

그림 4-11 회사와 사원의 연관 관계 다중성

다중성을 표현하는 방법은 [표 4-2]와 같다.

표 4-2 다중성 표현

표현	설명
1	한 객체와 연관된다. 표시하지 않아도 되는 기본값이다.
0..1	0개 또는 1개의 객체와 연관된다.
0..*	0개 또는 많은 수의 객체와 연관된다.
*	0..*와 동일하다.
1..*	1개 이상의 객체와 연관된다.
1..12	1개에서 12개까지의 객체와 연관된다.
1..2, 4, 8	1개에서 2개까지, 또는 4개 또는 8개의 객체와 연관된다.

3 집합 관계와 복합 관계

집합aggregation 관계와 복합composition 관계는 [그림 4-12]와 같이 연관 관계에 포함되는 개념이다. 연관 관계는 객체 간에 개념적으로 연관된 관계를 말하는데, 그중 집합 관계는 part-of의 관계, 즉 부분 관계를 의미한다. 복합 관계는 집합 관계 중에서 더 강한 관계로 구성되는 경우에 나타난다.

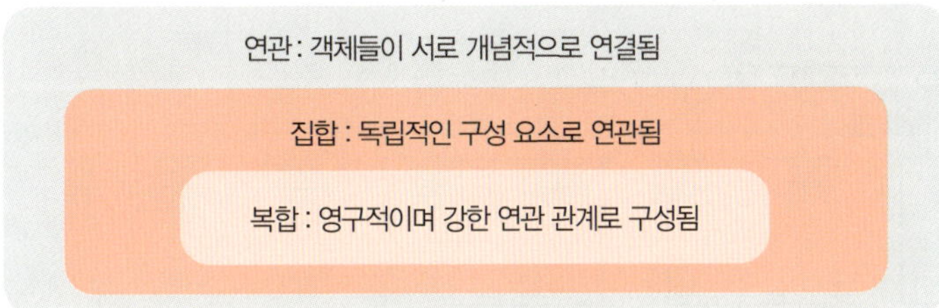

그림 4-12 연관 · 집합 · 복합 관계의 개념과 포함 관계

집합 관계는 하나의 객체가 독립적인 객체 여러 개로 구성되는 경우에 발생한다. 예를 들면 [그림 4-13]에서 차가 엔진, 바퀴, 차체로 구성된다고 가정하면 차는 독립적인 엔진, 바퀴, 차체로 구성되는 객체라 할 수 있다. 따라서 차와 구성 부품들 간의 관계는 집합 관계다. 복합 관계는 이보다 더 강한 관계로 구성된다. 예를 들어 엔진은 카뷰레터, 피스톤, 플러그로 구성되는데 차의 구성 요소보다 엔진의 구성 요소가 더 강한 관계임을 알 수 있다.

정리하면 집합 관계는 전체와 부분의 관계이며, 전체 객체의 생명주기와 부분 객체의 생명주기는 독립적이어서 전체 객체가 사라져도 부분 객체는 남는다. 또 클래스에 대한 멤버 변수를 가지고 있지만 new를 직접 하지 않는다. 반면 복합 관계는 전체와 부분의 관계이며, 전체 객체의 생명주기와 부분 객체의 생명주기가 의존적이어서 전체 객체가 사라지면 부분 객체도 사라진다. 또 클래스에 대한 멤버 객체를 가지고 있으며 new를 직접 하는 관계다.

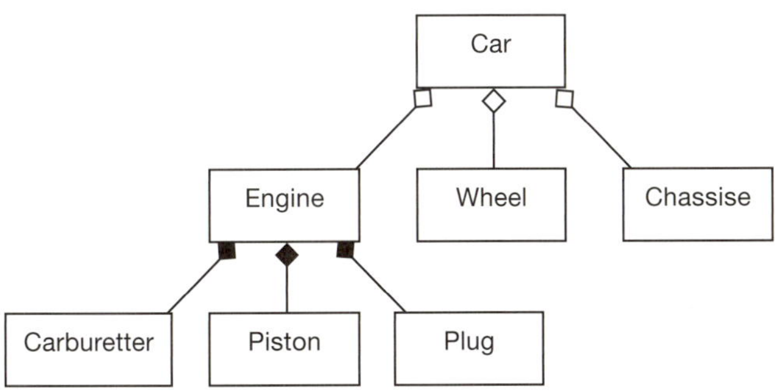

그림 4-13 집합 관계(차와 엔진, 바퀴, 차체)와 복합 관계(엔진과 카뷰레터, 피스톤, 플러그)의 예 1

[그림 4-14]의 (a)는 식사와 그 구성 요소인 밥, 김치, 찌개, 나물을 나타낸다. 따라서 이들은 집합 관계다. (b)는 컴퓨터와 그 구성 요소 간의 집합 관계를 보여준다. 그런데 컴퓨터 본체에는 구성 요소가 여러 개 존재한다. 이 구성 요소들은 영구적인 요소이기 때문에 복합 관계가 된다.

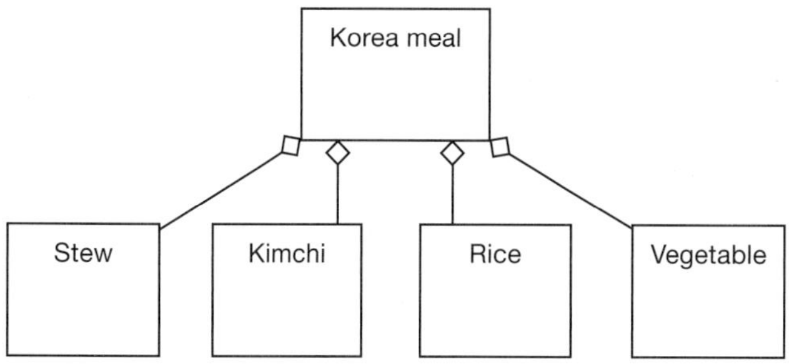

(a) 식사-밥, 찌개, 김치, 나물 : 집합 관계

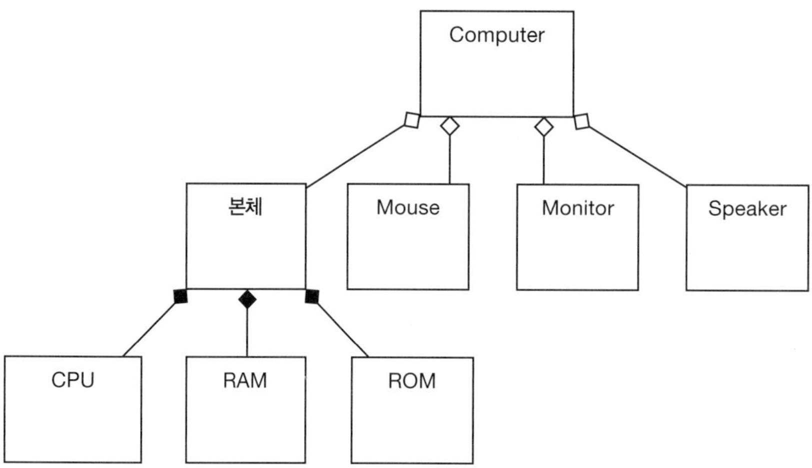

(b) 컴퓨터-모니터, 마우스, 키보드, 스피커 : 집합 관계 / 본체-CPU, ROM, RAM : 복합 관계

그림 4-14 집합 관계와 복합 관계의 예 2

연관 · 집합 · 복합 관계 모두 하나의 클래스에서 속성으로 또 다른 클래스의 객체를 가질 때 이루어지는 관계로 소스 코드에서는 별 차이가 없다. 단, 복합 관계는 한 번 더 생각할 필요가 있다.

복합 관계는 단독 사용이 불가능하며 반드시 슈퍼 클래스와 함께 사용한다. 예를 들어 테이블은 테이블 판과 다리로 구성되어 있는데 이들은 복합 관계다. 테이블 판과 다리가 둘 다 있어야 테이블이 만들어진다. 또 다른 예를 들어보자. ActionListener와 인터페이스를 상속받은 ButtonListener 클래스를 만들어서 MyButtonListener와 MyButtonClass의 이벤트를 처리하는 내부 클래스를 사용하면 ButtonListener와 MyButtonClass 클래스는 복합 관계를 가진다. 다시 말해 ButtonListener는 MyButtonClass를 떠나서는 사용할 수가 없다.

4 일반화 관계

일반화 관계는 한 종류로 묶을 수 있는 관계 즉, a_kind_of의 관계를 의미한다. [그림 4-15]의 (a)에서 차는 버스나 트럭, 택시가 될 수 있는데, 이 경우 차와 각 클래스의 관계를 일반화 관계라 한다. 일반화 관계는 다른 의미로 상속 관계라 부르기도 한다. (b)와 (c)는 일반화 관계의 또 다른 예다.

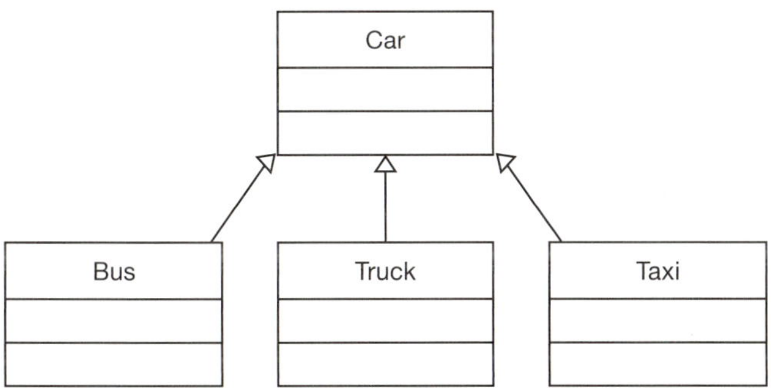

(a) 차와 버스, 트럭, 택시

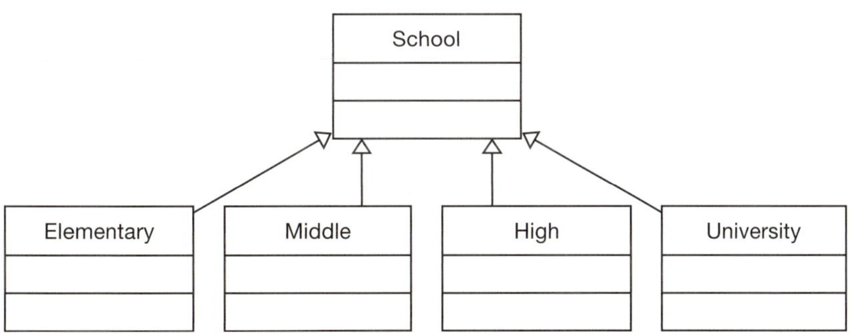

(b) 학교와 초등학교, 중학교, 고등학교, 대학교

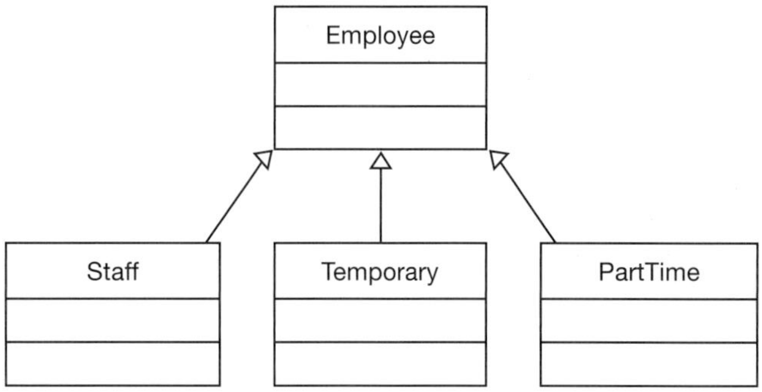

(c) 사원과 정사원, 계약사원, 아르바이트생

그림 4-15 일반화 관계의 예

[그림 4-16]의 사람과 교수, 학생 간의 일반화 관계와 연관 관계를 코드로 구현하면 [코드 4-2]와 같다.

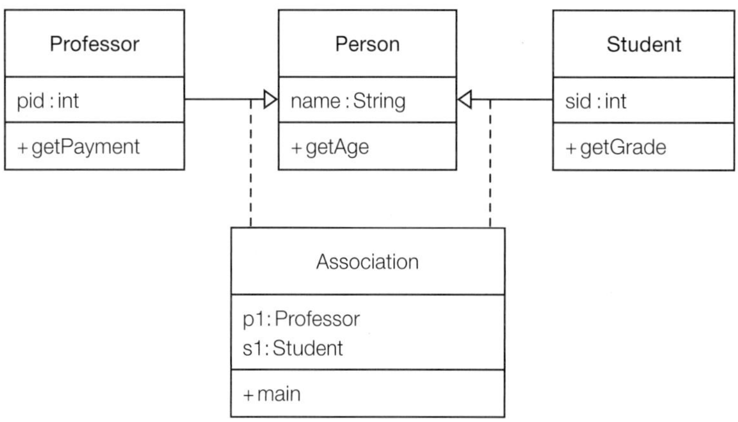

그림 4-16 사람과 교수, 학생 간의 일반화 관계와 연관 관계의 예

코드 4-2 일반화 관계 자바 코드

```
class Person {
  String name;
  int getAge(int a) {
    if (a > 10000) {
      return 20+2020-(a/100);
    }
    else
      return 2020-a;
  }
 }

class Student extends Person {
  int sid;
  int getGrade() {
    return sid-202000;
  }
 }

// Person으로 상속받기 때문에 name, getAge(), pid, getPayment()로 구성
class Professor extends Person {
  int pid;
  int getPayment() {
    return pid*10000;
  }
}

class Association {
  public static void main(String[] args) {
    Student s1 = new Student();
    Professor p1 = new Professor();
    s1.name = "홍길동";
    s1.sid = 202001;
    System.out.println("Student name : " + s1.name + "Student ID : " + s1.sid);
    System.out.println("Student Age : " + s1.getAge(s1.sid) + " Student Grade :"
                      + s1.getGrade());
    p1.name = "한교수";
    p1.pid = 1970;
    System.out.println("Professor name : " + p1.name+"Professor ID : " + p1.pid);
    System.out.println("Professor Age : " + p1.getAge(p1.pid) + " Professor Payment :"
                      + p1.getPayment());
  }
}
```

[그림 4-17]의 자동차와 자동차 제품 간의 연관 관계를 코드로 구현하면 [코드 4-3]과 같다.

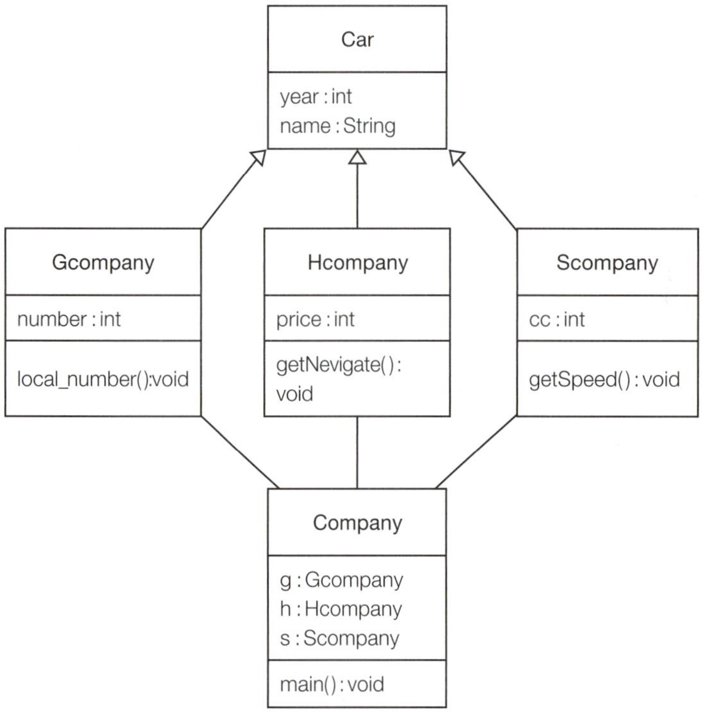

그림 4-17 자동차와 자동차 제품 간 일반화 관계

코드 4-3 일반화(상속) 관계 자바 코드

```
class Car {
  String name;
  int year;
  int getYear() {
    return year;
  }
}

class Gcompany extends Car {
  int number;
  String state;
  String getLocal_number() {
    if (number > 1000)
      state = "true";
```

```
      else
         state = "false";
      return state;
   }
}

class Hcompany extends Car {
   int price;
   int getNevigate() {
      return price-10000000;
   }
}

class Scompany extends Car {
   int cc;
   int getSpeed() {
      return cc-1300;
   }
}

public class Company {
   public static void main(String args[]) {
      Gcompany g = new Gcompany();
      Hcompany h = new Hcompany();
      Scompany s = new Scompany();
      g.name = "쏘렌토";
      g.year = 2020;
      g.number = 1234;
      System.out.println("Car name: " + g.name + "Car number:" + g.number);
      System.out.println("Car year: " + g.getYear() + "Car sold: " + g.getLocal_number());
      h.name = "소나타";
      h.price = 10000000;
      System.out.println("Car name: " + h.name + "Car price: " + h.price);
      System.out.println("Car year: " + h.getYear() + "Car number: " + h.getNevigate());
      s.name = "르노";
      s.cc = 2500;
      System.out.println("Car name: " + s.name + "Car cc: " + s.cc);
      System.out.println("Car year: " + s.getYear() + "Car speed: " + s.getSpeed());
   }
}
```

5 의존 관계

의존 관계는 하나의 클래스가 또 다른 클래스를 사용해 영향을 미치는 관계다. 즉, 다른 클래스의 멤버 함수를 사용하는 경우 하나의 클래스에 있는 멤버 함수의 인자가 변함에 따라 다른 클래스에 영향을 미칠 때 일어나는 관계다.

B 클래스가 변경되었을 때 A 클래스를 수정해야 한다면 다음과 같이 표시한다. 영향을 일으키는 쪽에 화살표를 해준다.

Class A -----------▶ Class B

의존 관계는 다음 세 가지 경우에 표현할 수 있다.

- 한 클래스의 메서드가 다른 클래스의 객체를 인자로 받아 메서드를 사용하는 경우
- 한 클래스의 메서드 내부에서 다른 클래스의 객체를 생성하여 그 메서드를 사용하는 경우
- 다른 클래스의 메서드가 또 다른 클래스의 객체를 반환하는 경우

[그림 4-18]은 의존 관계를 나타내는 다양한 예다. ①을 보면, 텔레비전은 KBS, MBC, SBS 등 여러 채널이 있고, 리모컨으로 채널을 선택한다. 따라서 텔레비전과 리모컨이 의존 관계인 것이다.

① 텔레비전 → 리모컨

② 수업 → 교수

③ 전화기 → 버튼

④ 세탁기 → 손잡이

⑤ 자동차 → 기어

그림 4-18 의존 관계 예

의존 관계에서 클래스 A가 클래스 B의 객체를 생성하는 경우를 보기 위해 B.getText( ) 식의 함수 호출을 클래스 A의 특정 메서드가 포함하고 있을 때 의존 관계를 표시한다. 또한 [코드 4-5]처럼 MyApplet의 paint( ) 메서드에서 text를 출력하기 위한 g.drawString( ) 메서드를 호출할 경우 [그림 4-19]와 같이 표현된다.

[코드 4-5]는 애플릿을 띄워 “Hello Applet World”를 출력하는 의존 관계를 보여주는 코드다. Applet과 Graphics는 라이브러리에 있는 클래스이기 때문에 코드에는 이름만 사용해도 되지만 다이어그램에서는 클래스로 표현해주었다.

그림 4-19 메서드 호출의 의존 관계

코드 4-5 애플릿 프로그램

```
public class MyApplet extends Applet {
    init();
    public void start();
    public void paint(Graphics g) {
        g.drawString("Hello Applet World", 10, 20);
    }
}
```

[그림 4-20]과 같이 Seq를 생성하여 계좌를 만들고 그 계좌에 값을 넣어 저장한 후 Seq를 읽는 프로그램을 실행하여 계좌에 들어간 값과 이름을 출력하려면 [코드 4-6]과 같이 작성한다.

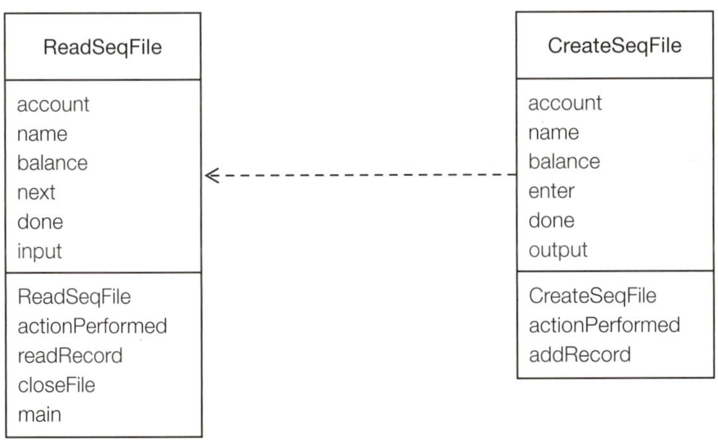

그림 4-20 계좌를 저장하고 읽는 프로그램

[코드 4-7]을 먼저 보면 CreateSeqFile 클래스는 client.doc 파일을 생성한다. 계좌 번호account, 이름name, 잔고balance 입력 필드에 입력된 데이터가 버튼 객체인 enter와 연결되면 actionPerformed 메서드가 실행되어 addRecord( ) 메서드가 호출된다. 이때 각 입력 필드로부터 받은 데이터를 파일에 저장한다. 메인 함수에서는 생성자만 호출하면 된다.

[코드 4-6]에서 ReadSeqFile 클래스는 CreateSeqFile 클래스에서 생성한 client.doc 파일을 읽는다. 입력 객체 input은 DataInputStream을 이용해 client.doc 파일을 읽어 텍스트 필드에 저장한다. 이 작업을 ReadRecord( ) 메서드에서 수행하며, 이 메서드는 버튼의 객체인 next에 의해 actionPerformed( ) 메서드에서 호출된다.

코드 4-6 의존 관계의 자바 코드 ①

```
import java.io.*;
import java.awt.*;
import java.awt.event.*;

public class ReadSeqFile extends Frame implements ActionListener {
   private TextField account, name, balance;
   private Button next, done;
   private DataInputStream input;    // 필터 입력 스트림 객체
   public ReadSeqFile() {
      super("고객 파일을 읽음");
      try {
         input = new DataInputStream(new FileInputStream("client.doc"));
      }
      catch (IOException e) {
         System.err.println(e.toString());
         System.exit(1);
      }
      setSize(250,130);
      setLayout(new GridLayout(4, 2));
      add(new Label("계좌 번호"));
      account = new TextField();       // 계좌 번호 읽기
      account.setEditable(false);      // 데이터 입력 금지시키기
      add(account);
      add(new Label("이름"));
      name = new TextField(20);        // 이름 읽기
```

```
        name.setEditable(false);          // 데이터 입력 금지시키기
        add(name);
        add(new Label("잔고"));
        balance = new TextField(20);      // 잔고 읽기
        balance.setEditable(false);       // 데이터 입력 금지시키기
        add(balance);

        next = new Button("출력");         // 파일로부터 데이터를 읽는 버튼
        next.addActionListener(this);
        add(next);
        done = new Button("완료");         // 프로그램을 종료하는 버튼

        done.addActionListener(this);
        add(done);
        setVisible(true);
    }
    public void actionPerformed(ActionEvent e) {
        if (e.getSource() == next)
        readRecord();                         // 데이터를 한 레코드씩 읽는 메서드
        else
        closeFile();
    }
    public void readRecord() {
        int accountNo;
        double d;
        String namedata;
        try {
            accountNo = input.readInt();   // 정수형인 계좌 번호 읽기
            namedata = input.readUTF();    // 문자열인 이름 읽기
            d = input.readDouble();        // 실수형인 잔고 읽기
            /* 읽어들인 데이터를 관련된 텍스트 필드에 출력하기 */
            account.setText(String.valueOf(accountNo));
            name.setText(namedata);
            balance.setText(String.valueOf(d));
        }
        catch(EOFException eof){closeFile();
        }
        catch (IOException io) {
            System.err.println(io.toString());
            System.exit(1);
```

```
            }
        }
        private void closeFile() {
            try {
                input.close();
                System.exit(0);
            }
            catch (IOException io) {
                System.err.println(io.toString());
                System.exit(1);
            }
        }
        public static void main(String args[]) {
            new ReadSeqFile();
        }
}
```

그리고 [코드 4-6]에 의해서 [코드 4-7]이 영향을 받는다.

코드 4-7 의존 관계의 자바 코드 ②

```
import java.io.*;
import java.awt.*;
import java.awt.event.*;

public class CreateSeqFile extends Frame implements ActionListener {
    private TextField account, name, balance;
    private Button enter, done;
    private DataOutputStream output; // 필터 스트림 객체
    public CreateSeqFile() {
        super("고객 파일 생성");
        try {
            output = new DataOutputStream(new FileOutputStream("client.doc"));
        }
        catch (IOException e) {
            System.err.println(e.toString());
            System.exit(1);
        }
        setSize(250, 130);
        setLayout(new GridLayout(4,2));
        add(new Label("계좌 번호"));
        account = new TextField();        // 계좌 번호 입력 필드
```

```
      add(account);
      add(new Label("이름"));
      name = new TextField(20);        // 이름 입력 필드
      add(name);
      add(new Label("잔고"));
      balance = new TextField(20);     // 잔고 입력 필드
      add(balance);
      enter = new Button("입력");        // 입력된 데이터를 저장하는 버튼
      enter.addActionListener(this); // 이벤트와 연결
      add(enter);
      done = new Button("종료");         // 입력을 종료하는 버튼
      done.addActionListener(this);  // 이벤트와 연결
      add(done);
      setVisible(true);
   }
   public void addRecord() {
      int accountNo = 0;
      Double d;
   if(!account.getText().equals("")) {               // 계좌 번호의 입력 체크
         try {
            accountNo = Integer.parseInt(account.getText());
            if(accountNo > 0) {
               output.writeInt(accountNo);           // 필터 스트림을 통해 정수 저장
               output.writeUTF(name.getText());      // 문자열 저장
               d = new Double(balance.getText());    // 실수 객체 생성
               output.writeDouble(d.doubleValue()); // 실수 저장
            }

            account.setText("");                     // 텍스트 필드 삭제
            name.setText("");
            balance.setText("");
         }
         catch (NumberFormatException nfe) {
            System.err.println("정수를 입력해야 합니다.");
         }
         catch(IOException io) {
            System.err.println(io.toString());
            System.exit(1);
         }
```

```
        }
    }
    public void actionPerformed(ActionEvent e) {
        addRecord();                                    // 입력된 데이터를 파일에 저장
        if(e.getSource()==done) {
        try {
            output.close();                             // 파일 닫기
        }

        catch (IOException io) {
            System.err.println(io.toString());
        }
        System.exit(0);                                 // 프로그램 종료
        }
    }
}
```

6 실체화 관계

실체화 관계는 추상 클래스나 인터페이스를 상속받아 자식 클래스가 추상 메서드를 구현할 때 사용한다.

추상 클래스는 클래스 이름을 이탤릭체로 표시하며 〈〈abstract〉〉로 표기한다. 인터페이스도 〈〈interface〉〉로 표기하고, 인터페이스 이름을 이탤릭체로 표시한다.

그림 4-21 추상 클래스와 인터페이스

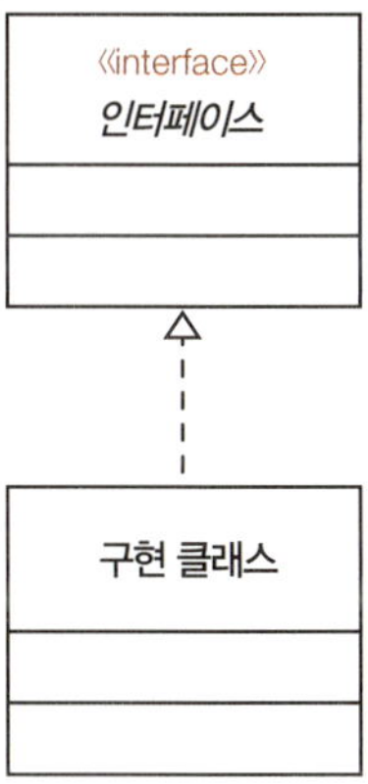

그림 4-22 실체화 관계

03 클래스 다이어그램의 단계별 모델링 : 다양한 관계 구현

클래스 사이의 다양한 관계를 구현하며 클래스 다이어그램을 단계별로 모델링해보자.

1 단방향 연관 관계

[그림 4-23]에서 Laboratory연구실 클래스는 층수와 방 번호를 속성으로 하고, 층수와 방 번호를 출력하는 멤버변수와 매개변수를 갖는 생성자를 갖는다. Professor교수 클래스는 이름과 학과를 속성으로 하고, 매개변수를 갖는 생성자를 갖는다.

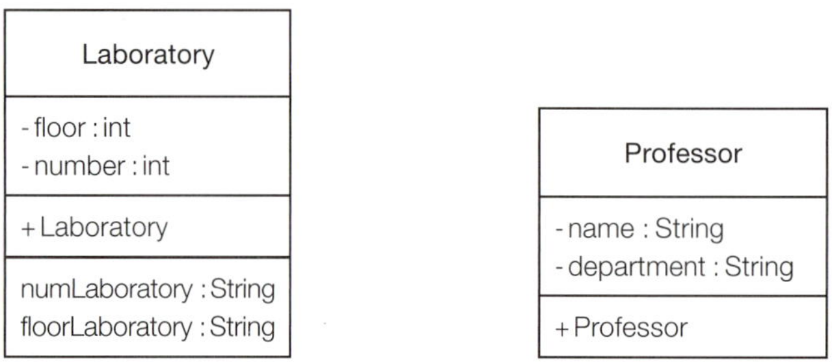

그림 4-23 연구실 클래스와 교수 클래스

교수는 연구실을 객체로 생성하여 메서드를 사용할 수 있다. 여기서 Laboratory 클래스의 floorLaboratory : String은 자바에서 프로퍼티를 의미한다.

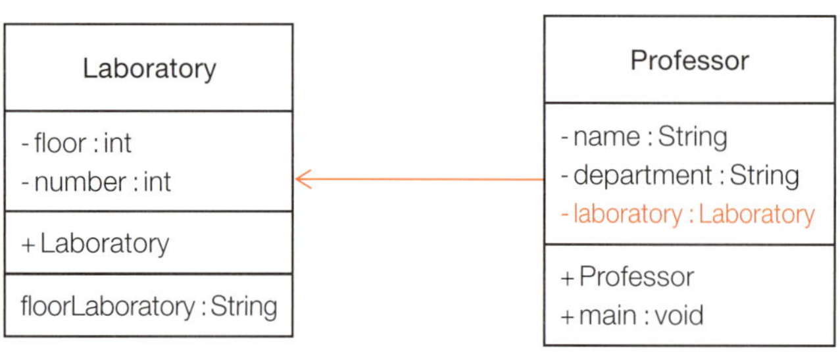

그림 4-24 연구실 클래스와 교수 클래스의 단방향 연관 관계

2 양방향 연관 관계

[그림 4-25]에서 Professor교수 클래스는 이름과 학과를 속성으로 하고, 교수명을 반환하는 메서드를 갖고 있다. Student학생 클래스는 이름, 학번, 주소를 속성으로 하고, 학생 이름을 반환하는 메서드와 지도교수명을 출력하는 메서드를 갖고 있다.

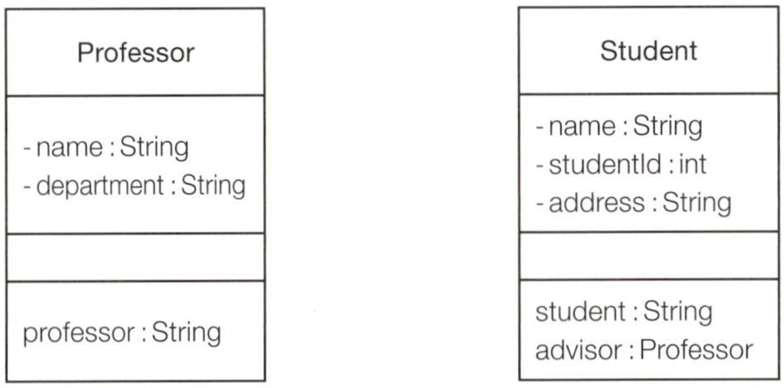

그림 4-25 교수 클래스와 학생 클래스

교수는 학생 객체를 생성하여 학생 클래스의 학생을 반환하는 메서드를 사용할 수 있다. 학생은 교수 객체를 생성하여 담당 지도교수를 출력하는 메서드를 사용할 수 있다. 클래스에서 get( ), set( ) 메서드를 사용하고자 하는 기능을 프로퍼티property라 하고 클래스의 4번째 칸으로 구분하여 사용할 수 있다.

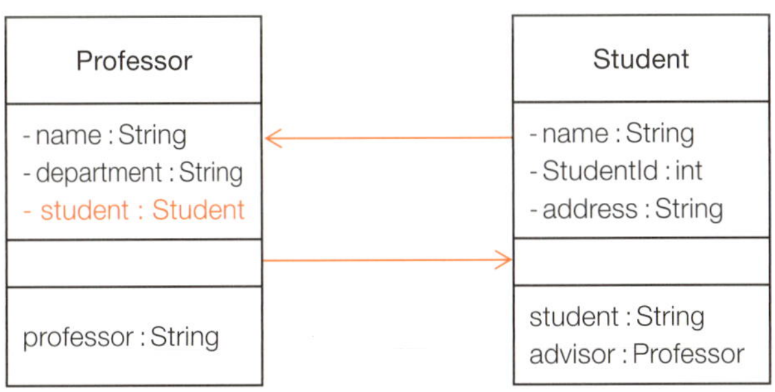

그림 4-26 교수 클래스와 학생 클래스의 양방향 연관 관계

3 집합 관계와 복합 관계

[그림 4-27]에서 스마트폰은 메인보드, 충전기, 스피커로 구성되고 이들은 집합 관계다. 이 부품들은 다음 부품을 포함하기 위해 객체를 생성하여 구성된다. 집합 관계는 전체와 부분이 독립적이라 전체 스마트폰이 사라져도 그 안에 포함된 부품들은 사라지지 않는다.

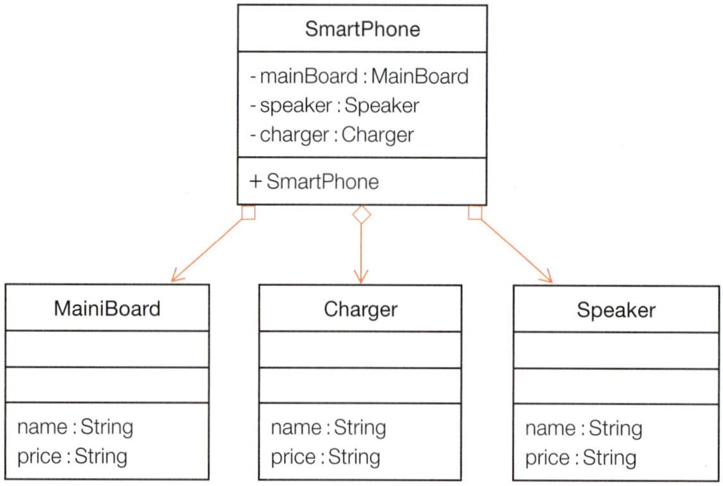

그림 4-27 스마트폰 클래스의 복합 관계

스마트폰과 메인보드, 충전기, 스피커는 집합 관계다. 메인보드, 충전기, 스피커는 구성 요소로 이들을 이루고 있는 부품들은 영구적이며 강한 연관 관계로 이루어진다. [그림 4-28]은 이 관계를 나타낸다. 복합 관계는 전체가 사라지면 부분도 소멸된다.

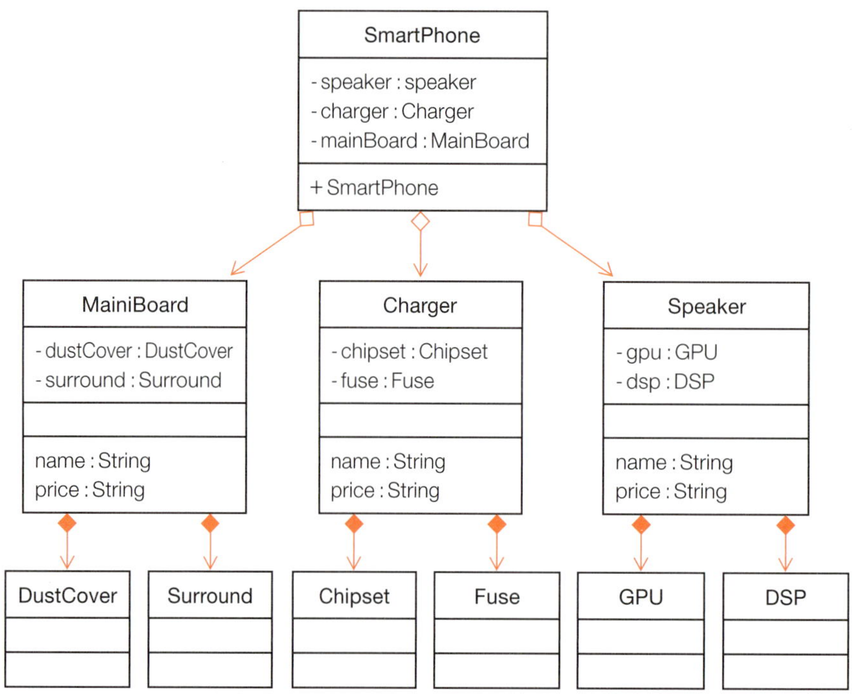

그림 4-28 스마트폰 클래스의 복합 관계와 집합 관계

4 일반화 관계

[그림 4-29]에서 아이폰, V시리즈폰, 갤럭시폰은 모두 스마트폰의 한 종류다. 따라서 스마트폰과 각 클래스의 관계는 일반화 관계다. 일반화된 스마트폰 클래스의 추상 메서드를 상속받은 클래스들은 추상 메서드의 상세를 구현하여 추상 메서드를 이용할 수 있다. 즉, 스마트폰의 스마트폰 정보를 출력하는 메서드를 상속받는 클래스에서 해당 추상 메서드를 구체화하여 이용할 수 있다.

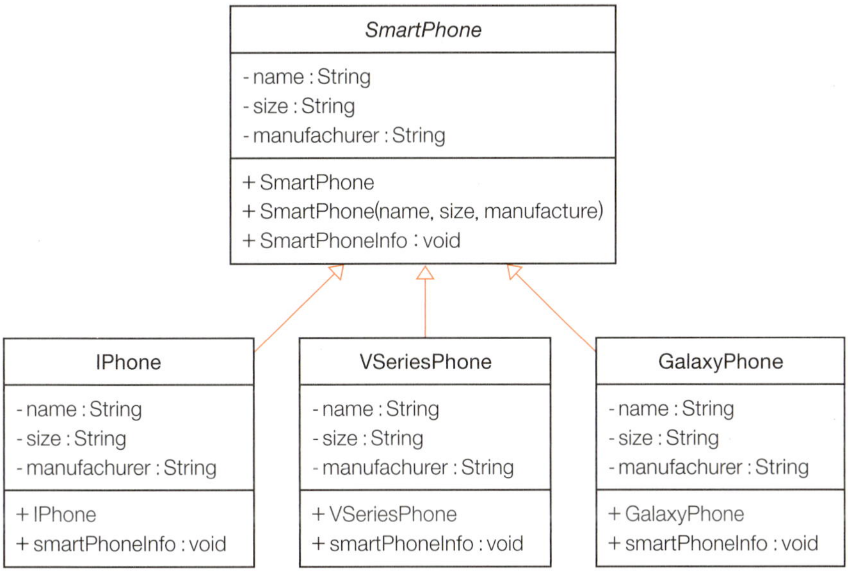

그림 4-29 스마트폰 클래스의 일반화 관계

[그림 4-30]도 각각의 스마트폰 전원을 켰을 때 나는 소리를 일반화하여 하나의 메서드로 통일하고 그 메서드를 각각 구현하여 이용할 수 있다.

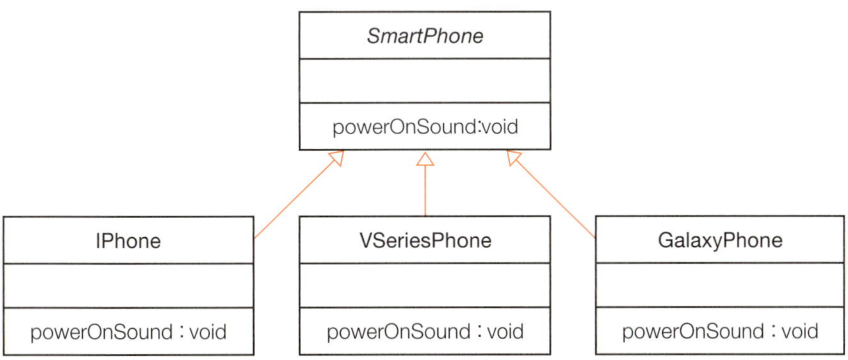

그림 4-30 스마트폰 클래스의 일반화 관계의 예

5 의존 관계

[그림 4-31]에서 연구실은 연구실 관리자라는 메서드를 가지며 교수 객체를 이용하여 멤버 함수를 이용한다. 교수는 교수명을 할당 받기 위해 객체를 생성하여 get 메서드를 이용해 교수를 등록하며, 연구실의 정보를 받기 위해 연구실 객체를 생성하여 해당 값을 할당한다. 결론적으로 main 함수에서 연구실의 위치와 지도 교수를 출력하기 위해 객체를 통해 멤버 변수에 접근한다. 그림에는 나타나지 않지만 원시 코드에서 labSuperviseName(Professor professor, String name) 메서드의 매개변수에서 객체 생성을 하기 때문에 의존 관계가 성립한다.

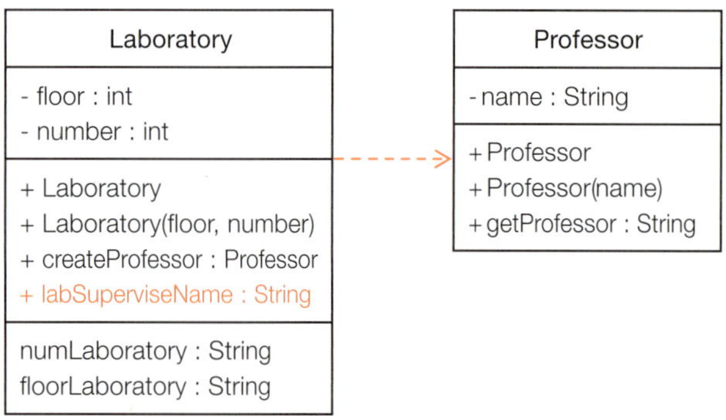

그림 4-31 연구실 클래스와 교수 클래스의 의존 관계

[그림 4-32]를 보면, 스마트폰 클래스는 사용자 정보를 반환하는 메서드에서 학생 객체를 이용하여 학생 클래스의 이름을 반환하는 메서드를 이용하고 있다. 학생 클래스에서는 스마트폰 객체를 생성하여 스마트폰의 사용자 정보를 반환하는 멤버 변수를 이용하고 있으며 매개변수 값으로 학생 객체를 생성하여 할당하고 있다. 여기서도 usingPeopleInfo(Student student)가 멤버 변수로 객체를 생성하고 있다. 이 때문에 두 클래스는 의존 관계가 성립한다.

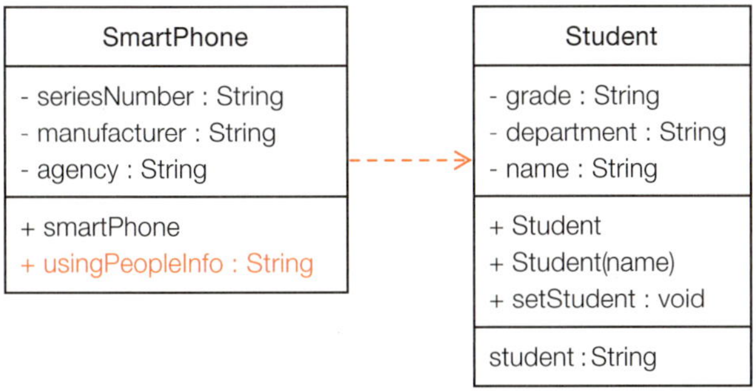

그림 4-32 스마트폰 클래스와 학생 클래스의 의존 관계

6 실체화 관계

실체화 관계는 인터페이스의 정의만 있는 메서드를 오버라이딩하여 실제 기능을 구현하는 관계를 의미한다. [그림 4-33]은 충전기 인터페이스의 실체화 관계를 보여주는 것으로, 충전기의 충전 상태를 체크한다.

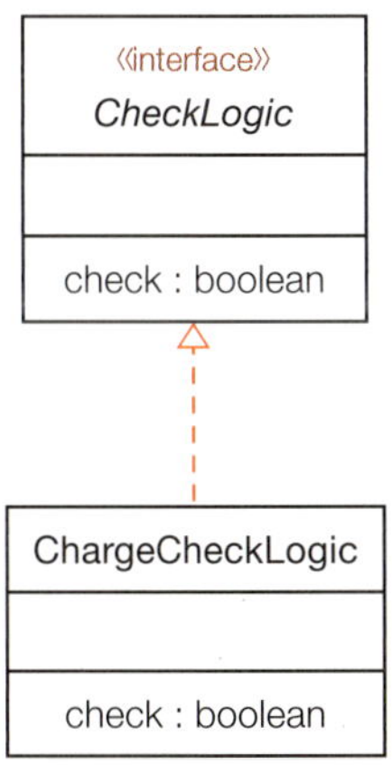

그림 4-33 충전기 인터페이스의 실체화 관계

04 클래스 다이어그램 모델링 연습

1 날씨 관련 시스템

사용자가 온도, 습도, 강수량을 입력할 수 있고 프로그램은 이 입력 값에 의해 다음 기계들을 작동시킬 수 있다. 다음 표와 같이 클래스를 추출하였다고 가정하자.

- 에어컨은 온도가 30도 이상일 경우 작동하고 20도 이하일 경우 정지한다.
- 제습기는 습도가 70% 이상이면 작동하고 30% 이하이면 정지한다.
- 강수량이 200mm 이상일 경우 알림 경보가 울린다.

클래스 추출	메서드 추출
MySensorBroker(main) Alarm Dehumid Aircon Warning Broker Rsensor Hsensor Tsensor Frame Graphics	날씨 정보 입력(get, put) 경보 알림(Warning paint setColor fillOval) 기계 작동(cast)

추상화	객체 추출	인터페이스 추출
Actor	Broker	Sensor

Sensor 인터페이스에 센서의 정보를 가져오는 get( ) 메서드가 공통적으로 존재하므로 Rsensor, Hsensor, Tsensor가 재정의하여 사용한다. Sensor 인터페이스의 객체를 생성하여 MySensorBroker 메인 클래스에서 프로그램을 실행한다. 여기서 Scanner는 자바 라이브러리에서 지원하는 클래스다.

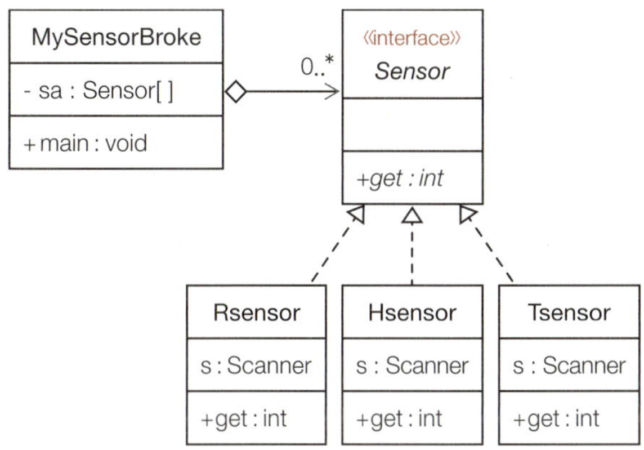

추상 클래스 Actor의 날씨 정보를 입력하는 put( ) 메서드를 Alarm, Dehumid, Aircon 클래스에서 추상 메서드로 갖고 있다. 추상 클래스의 메인 클래스는 Broker로 Actor를 객체 생성하여 프로그램을 실행한다.

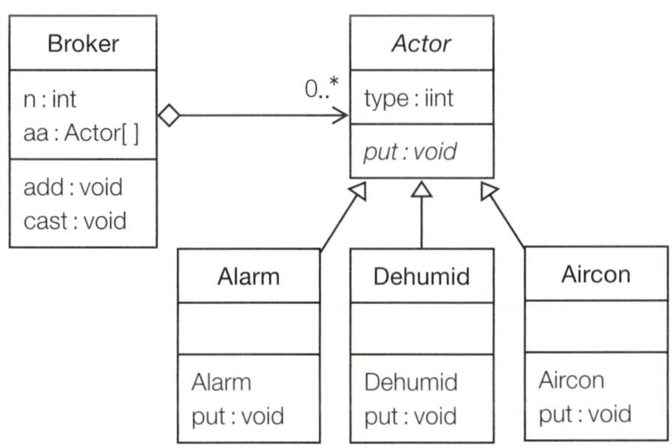

GUI 프로그래밍 환경을 구성하는 Frame 클래스와 Graphics 클래스를 상속받아 Warning에서 paint( ) 메서드를 통하여 프로그램을 실행한다.

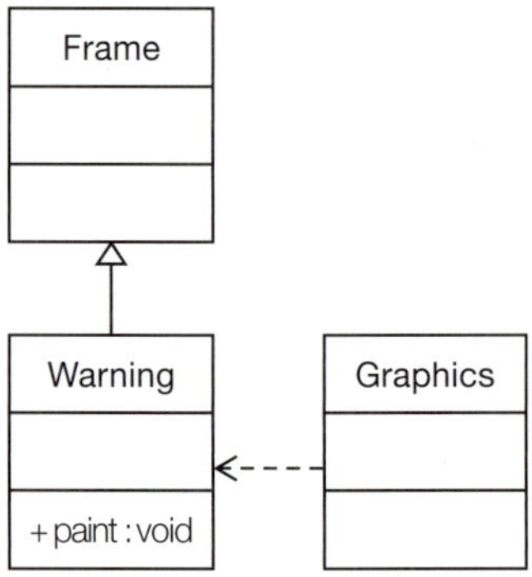

이러한 다이어그램을 하나로 합치면 GUI 환경에서 센서를 통한 날씨 정보를 가져올 수 있으며 날씨 정보에 따른 대처를 입력받아 경고를 하는 날씨와 관련된 클래스 다이어그램이 완성된다.

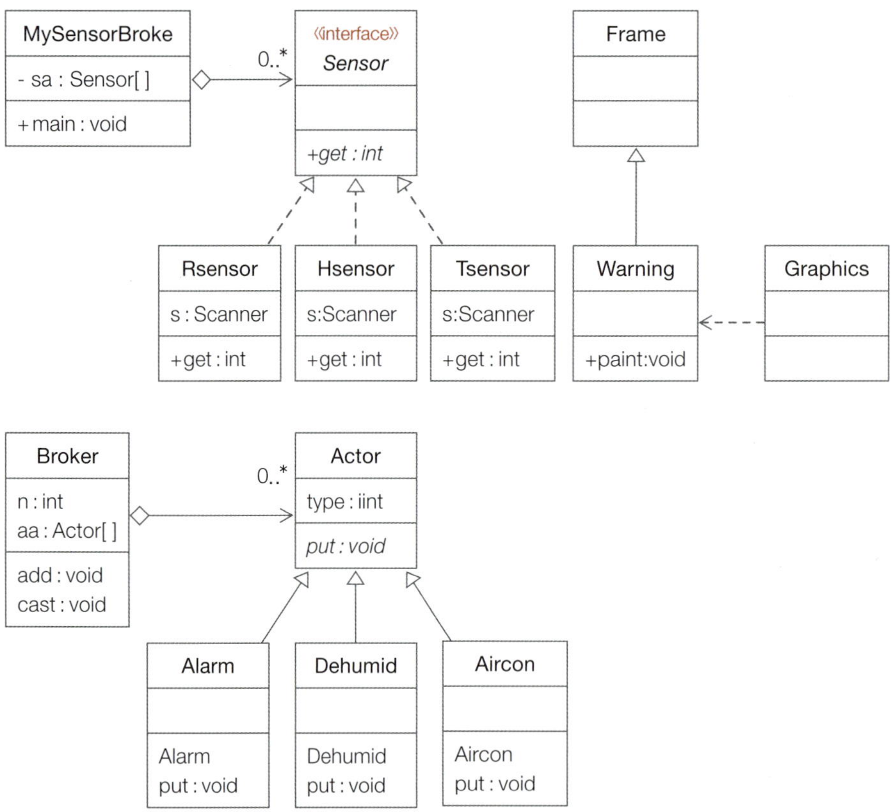

그림 4-34 날씨에 관한 클래스 다이어그램

2 가전제품

에어컨과 냉장고를 제어하는 임베디드 시스템을 가정해보자. 에어컨은 스탠드형과 벽걸이형이 있으며, 냉장고는 일반 냉장고와 김치 냉장고가 있다고 가정한다.

에어컨과 냉장고의 공통 내용을 포함하는 가전제품Appliance이라는 상위 추상 클래스를 만들 수 있다. 또한 에어컨AirConditioner과 냉장고Refrigerator를 하위 클래스를 두 개씩 갖는 추상 클래스로 생각하면 다음과 같은 대략적인 클래스 다이어그램을 그릴 수 있다.

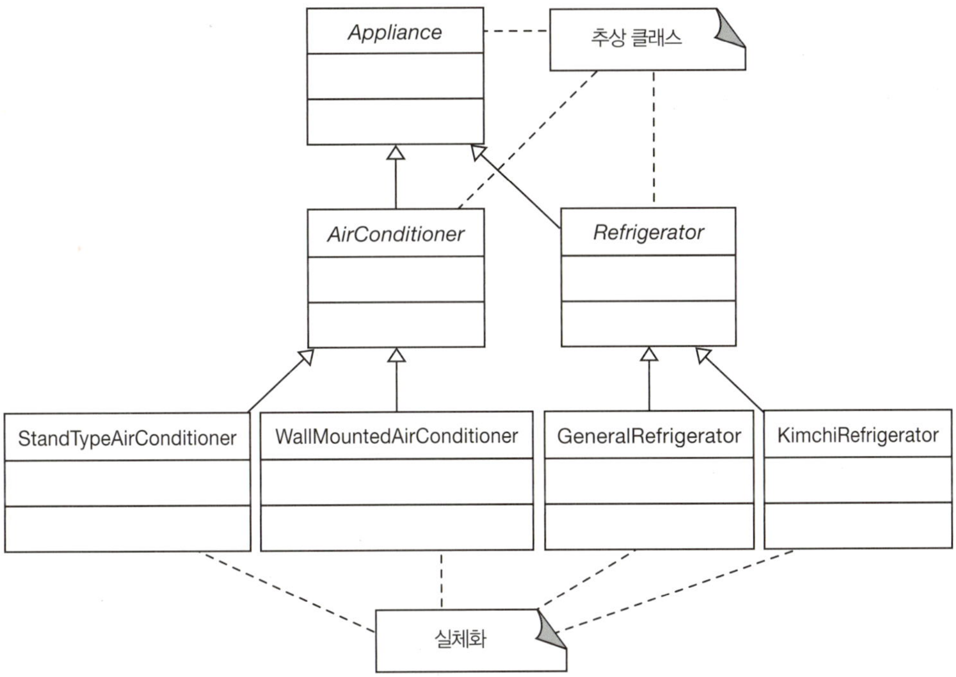

이제 에어컨 부분을 구체적으로 작성해 보자. 벽걸이형과 스탠드형 클래스에 같은 동작을 하는 torn_on과 turn_off 기능이 있으므로 RemoteControl이라는 인터페이스를 만들고 이를 실체화하면 된다. 이외에 에어컨과 관련 있는 DrainagePump배수 펌프와 filter필터가 있을 수 있다.

이런 식으로 세부적으로 정리하면 Appliance라는 최상위 클래스가 있고 Appliance 클래스를 상속받는 AirConditioner 클래스가 존재한다. AirConditioner 클래스는 airconType 에어컨 종류, name에어컨 이름, price가격, manufacturer제조사를 속성으로 가지며 에어컨에 대한 생성자 메서드를 가진다. AirConditione에어컨은 집합 관계로 DrainagePump 배수 펌프와 filter필터를 갖고 있다. 그리고 WallMountedAirConditioner벽걸이형과 StandTypeAirConditioner스탠드형 두 종류의 클래스가 존재한다. 에어컨은 에어컨 리모컨 인터페이스에 조작이 가능한 turnon/turnoff 메서드를 갖고 있으며 두 종류의 에어컨 클래스를 구현하여 메서드를 사용하고 있다. 이러한 정리를 클래스 다이어그램으로 완성하면 다음과 같다.

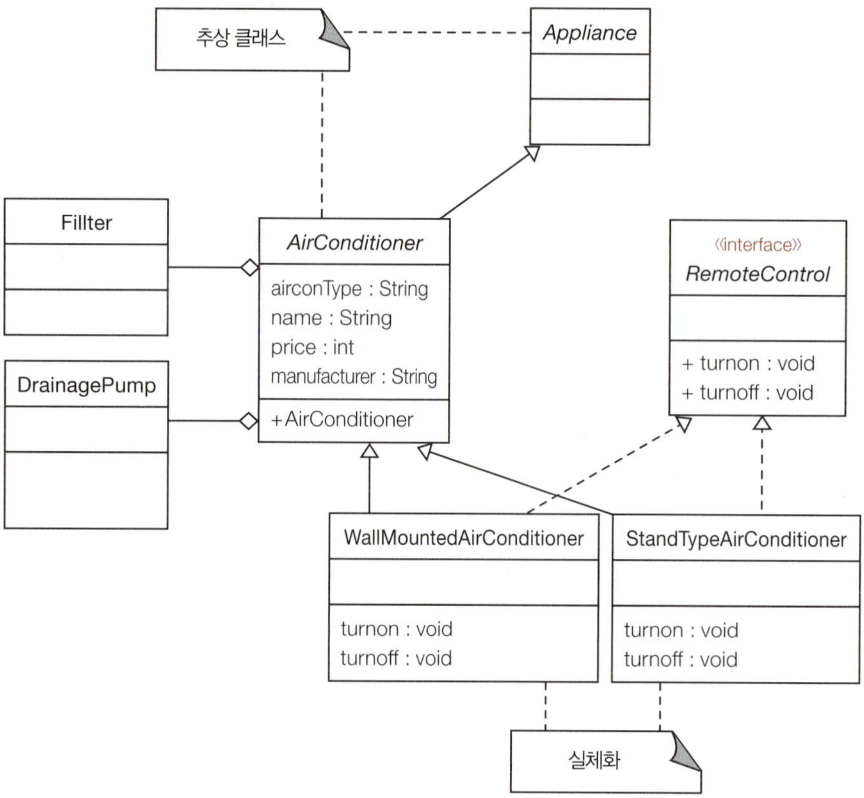

그림 4-35 가전제품에 관한 클래스 다이어그램

01 클래스 다이어그램에서 가장 표현하기 어려운 개념은?

① 일반화generalization ② 전체-부분while-part

③ 분할fork과 결합join ④ 연관 관계association

02 다음 클래스 다이어그램에 대한 설명으로 적절하지 않은 것은?

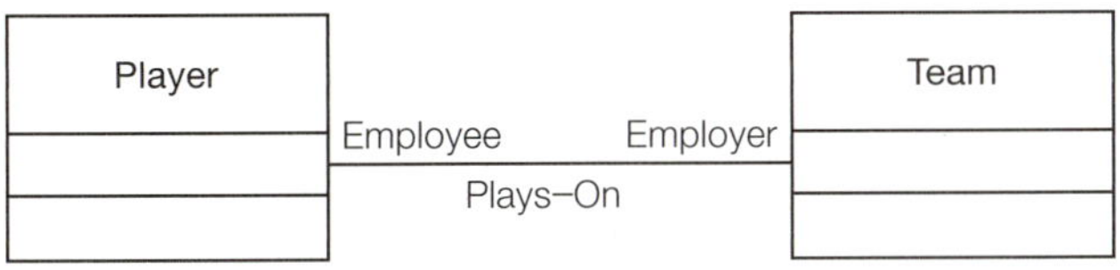

① Player 클래스와 Team 클래스는 개념적으로 서로 연결되어 있다.

② Player 클래스와 Team 클래스는 쌍방 관계로 연결될 수 있다.

③ Employee와 Employer는 수행에 참여하는 역할의 의미를 갖는다.

④ Player 클래스에 있는 메서드는 Team의 객체를 생성하는 멤버 변수를 갖는다.

03 다음 클래스 다이어그램에 대한 설명으로 적절하지 않은 것은?

① Graphics는 MyApplet에 의존한다.

② Graphics에 있는 메서드는 MyApplet의 객체를 생성하는 멤버 변수를 갖는다.

③ MyApplet은 Applet의 속성을 상속받아 사용할 수 있다.

④ MyApplet은 Applet의 메서드를 상속받아 사용할 수 있다.

04 집합 관계와 복합 관계에 대한 설명으로 옳지 않은 것은?

① 복합 관계는 전체의 클래스가 소멸될 때 부분에 해당하는 클래스도 소멸된다.

② 복합 관계는 부분을 나타내는 객체를 다른 객체와 공유할 수 있다.

③ 집합 관계는 전체 객체와 부분객체의 생명주기가 서로 독립적이다.

④ 집합 관계에서는 전체 객체에서 부분 객체의 객체를 생성하여 사용할 수 있다.

05 클래스 다이어그램에서 〈가〉 has-a와 〈나〉 is-a-kind-of가 올바르게 짝지어진 것은?

① 〈가〉  〈나〉 

② 〈가〉  〈나〉 

③ 〈가〉  〈나〉 

④ 〈가〉 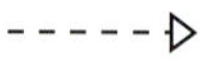 〈나〉 

06 다음 클래스 다이어그램은 Invoice 클래스와 Employee 클래스가 Payable 인터페이스를 상속받는 것을 나타낸다. 자바 인터페이스에 대한 설명으로 가장 적절하지 않은 것은?

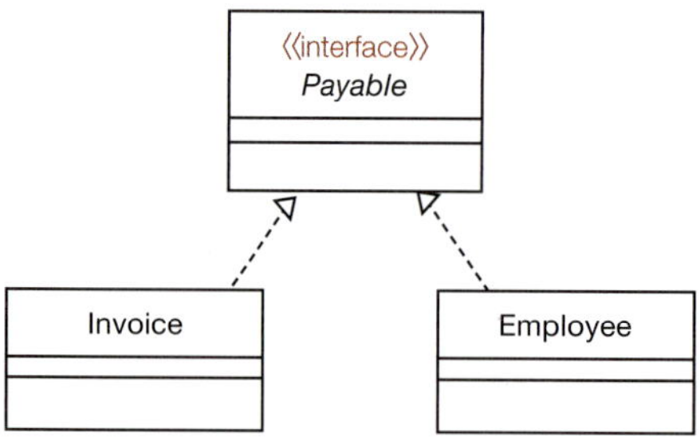

① 자바 인터페이스는 구현 부분이 없는 추상 메서드로 구성되어 있다.

② 인터페이스를 상속받는 일반 클래스는 인터페이스의 추상 메서드를 재정의해야 한다.

③ 자바 언어에서 인터페이스는 다중 상속을 허용하지 않고 단일 상속만 가능하다.

④ 자바 인터페이스에는 메서드가 없고 비어 있는 태깅$_{\text{tagging}}$ 인터페이스가 존재한다.

07 다음 클래스 다이어그램은 4개 클래스 간의 관계를 보여준다. 각 관계에 대한 설명으로 가장 적절하지 않은 것은?

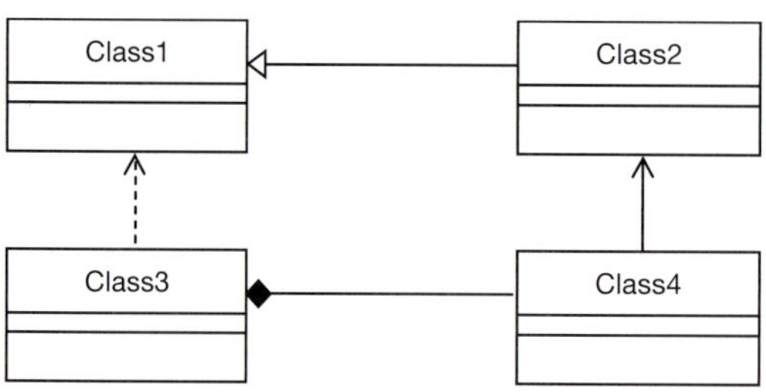

① Class1과 Class2는 일반화 관계다.

② Class1과 Class3은 의존 관계다.

③ Class3과 Class4는 전체 부분(또는 포함) 관계다.

④ Class2와 Class4는 사용 관계다.

08 다음 자바 코드에 상응하는 클래스 다이어그램을 가장 잘 표현한 것은?

```
class Car {
    private engine;
    ...
}
class HdCar extends Car {
    private weight;
    ...
}
class SsCar extends Car {
    private cost;
    ...
}
```

①
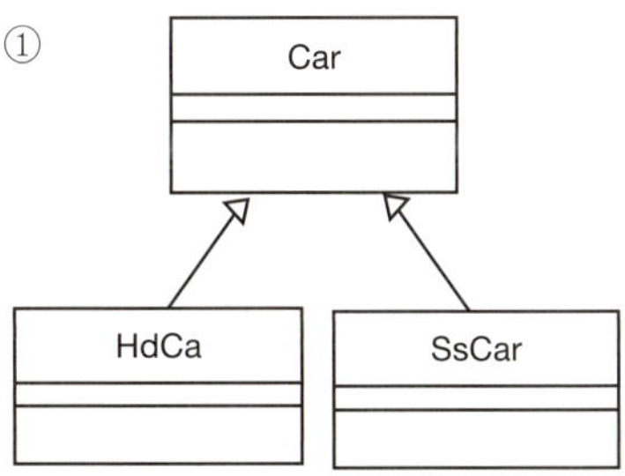

②
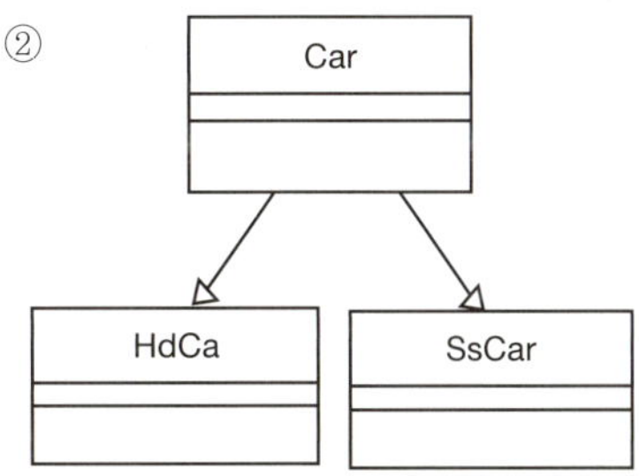

③
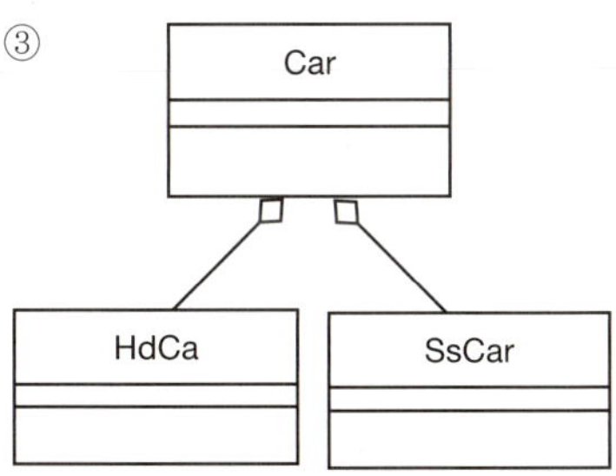

④
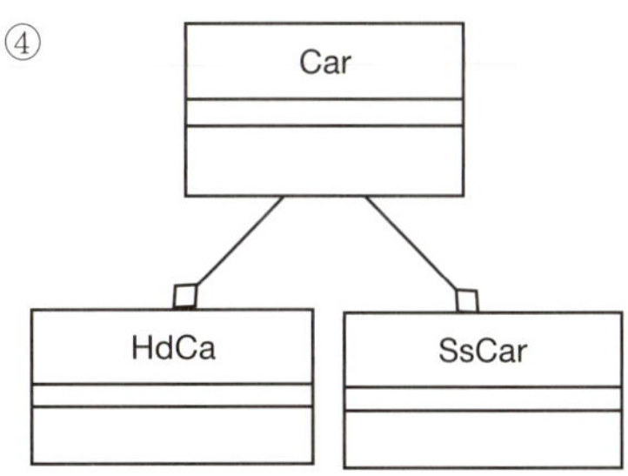

09 다음 유스케이스 명세서에 대한 클래스 다이어그램을 작성하시오.

- 유스케이스명 : 결제
- 액터명 : 고객, 카드 결제 시스템
- 유스케이스 개요 : 고객은 쇼핑몰에서 구매를 위해 결제한다.
- 사전 조건 : 고객은 물품을 선택한 상태다.
- 이벤트 흐름
  - 정상 흐름
    ① 고객은 결제를 선택한다.
    ② 시스템은 고객을 확인하기 위해 정보(이름, 주민등록번호)를 보여준다.
    ③ 고객은 자신의 정보가 맞는지 확인(E1)한다.
    ④ 시스템은 고객의 기본 주소를 보여주고 다른 주소를 원할 경우 수정할 수 있도록 새로운 주소 입력창도 함께 보여준다.
    ⑤ 고객은 기존 주소지가 아닌 새로운 주소지를 입력한다.
    ⑥ 시스템은 구매한 상품 목록과 결제 금액을 보여준다.
    ⑦ 고객은 장바구니의 상품 목록과 결제 금액을 확인(E2)한다.
    ⑧ 시스템은 포인트 결제와 신용카드 결제 중 하나를 선택할 수 있는 선택 화면을 보여준다.
    ⑨ 고객은 신용카드 결제를 선택한다.
    ⑩ 시스템은 고객의 카드 번호와 비밀번호를 입력받는 화면을 보여준다.
    ⑪ 고객은 카드 번호와 비밀번호를 입력한다.
    ⑫ 시스템은 카드 번호와 비밀번호를 가지고 카드 결제 시스템에 사용 가능 여부를 확인한다.
    ⑬ 카드 결제 시스템은 결제 시스템에게 가능하다(E3)는 메시지를 보낸다.
    ⑭ 시스템은 결제가 정상적으로 성공하였음을 고객에게 알린다.
    ⑮ 결제가 종료된다.
  - 선택 흐름
    (E1) 고객 정보가 틀린 경우
      a. 고객은 자신의 정보가 틀렸음을 시스템에 알린다.
      b. 시스템은 고객 정보를 재입력하는 화면을 보여준다.
      c. 고객은 자신의 정보를 다시 입력한다.
    (E2) 고객이 취소할 경우
      a. 시스템은 장바구니에 있는 상품을 관심 물품에 등록하고 결제를 종료한다.
    (E3) 카드 결제가 불가능한 경우
      a. 시스템은 카드 번호나 비밀번호가 틀렸다는 메시지를 출력하고 재입력을 요구한다.
      b. 고객은 카드 번호나 비밀번호를 재입력한다.
  - 예외 흐름 : 해당 사항 없음

10 다음 유스케이스 명세서에 대한 클래스 다이어그램을 작성하시오.

- 유스케이스명 : 상품 선택
- 액터명 : 고객
- 유스케이스 개요 : 고객은 쇼핑몰에서 상품을 선택한다.
- 사전 조건 : 고객은 고객 확인을 받은 상태다.
- 이벤트 흐름
  - 정상 흐름
    ① 고객은 쇼핑몰에서 컴퓨터를 구입하기 위해 컴퓨터 상품을 선택한다.
    ② 시스템은 컴퓨터와 관련된 목록을 보여준다.
    ③ 고객은 목록 중에서 키보드 상품을 선택한다.
    ④ 시스템은 키보드 상품들을 보여준다.
    ⑤ 고객은 마음에 드는 상품을 하나 선택한다.
    ⑥ 시스템은 사용자의 장바구니에 상품을 등록하고 다른 키보드 상품을 보여준다.
    ⑦ 고객은 구매하기 위해 구매 버튼을 누른다.
  - 선택 흐름 : 해당 사항 없음
  - 예외 흐름 : 해당 사항 없음

11 다음 유스케이스 명세서에 대한 클래스 다이어그램을 작성하시오.

- 유스케이스명 : 비디오 대여
- 액터명 : 관리자
- 유스케이스 개요 : 관리자는 고객이 대여한 비디오를 등록한다.
- 사전 조건 : 고객은 비디오 시스템에 등록된 사람이다.
- 이벤트 흐름
  - 정상 흐름
    ① 관리자는 대여할 비디오를 등록하기 위해 시스템에 접속한다.
    ② 시스템은 비디오를 대여할 고객의 정보를 입력하는 화면을 보여준다.
    ③ 관리자는 고객 이름을 입력한다.
    ④ 시스템은 현재 고객이 연체한 비디오와 연체금을 보여준다.(E1)
    ⑤ 관리자는 연체를 확인하고 연체금을 받는다.(E2)
    ⑥ 시스템은 대여할 비디오 코드를 입력하는 화면을 보여준다.
    ⑦ 관리자는 비디오 코드를 입력한다.
    ⑧ 시스템은 대여가 완료되었음을 알린다.
  - 선택 흐름
    (E1) 연체한 비디오가 없을 경우
      a. ⑥으로 간다.
    (E2) 연체금을 받지 못할 경우
      a. 대여가 불가능하다고 알린다.
      b. 시스템이 대기 상태로 돌아간다.
  - 예외 흐름 : 해당 사항 없음

CHAPTER 05

순차 다이어그램

학습목표

- 순차 다이어그램의 개념을 이해한다.
- 순차에 대한 UML을 이해한다.
- 디지털 도어록을 단계별로 모델링해본다.
- 다양한 예제를 통해 순차 다이어그램을 모델링하는 연습을 해본다.

01 순차 다이어그램의 구성 요소와 표현

1 순차 다이어그램의 구성 요소

순차 다이어그램Sequence Diagram 모델링은 객체 간의 동적 상호작용을 시간 개념을 중심으로 모델링하는 것이다. 객체 하나가 할 수 있는 일은 제한되어 있기 때문에 객체 지향은 작고 독립적인 기능을 하는 객체가 서로 긴밀하게 일을 분담하여 처리함으로써 주어진 문제를 해결하는 방식이 전제되어 있는 체계다. 주어진 문제에 관련된 객체는 무엇인지, 그 문제를 해결하기 위해 객체는 어떤 일을 하고 어떤 일을 다른 객체에게 의뢰해야 하는지를 정의해야 한다. 순차 다이어그램은 다이어그램의 수직 방향이 시간의 흐름을 나타낸다.

유스케이스 다이어그램에서는 시스템이 제공해야 하는 기능을 정의만 하기 때문에 프로그램으로 구현하려면 먼저 순차 다이어그램으로 설계되어야 한다. 순차 다이어그램은 유스케이스별로 작성되며 유스케이스에 필요한 객체가 주인공으로 등장하고, 객체 간의 메시지를 통해 유스케이스의 기능이 실현된다. 순차 다이어그램은 객체 사이의 기능operation, 순서sequence, 시간time을 명확하게 표현해준다.

순차 다이어그램과 통신 다이어그램Communication Diagram은 상호작용 다이어그램Interaction Diagram으로 불리며 시스템의 동적 측면을 모델링하기 위해 함께 사용한다. 상호작용 다이어그램은 객체와 그들 간의 관계로 구성된 교류를 보여주고 그들 간에 전달되는 메시지도 보여준다. 순차 다이어그램은 메시지를 시간 순서에 따라 보여주며, 통신 다이어그램은 교류를 보여준다.

순자 다이어그램은 [표 5-1]과 같이 객체object, 메시지message, 회귀 메시지self-message, 제어블록statement block, 답신 메시지로 구성된다.

순차 다이어그램의 기본 구조는 [그림 5-1]과 같다. 객체1이 객체2와 메시지를 주고받는다. 각 메시지는 시간 흐름에 따라 순서를 정해 전달된다. 또한 객체가 아닌 클래스와 메시지를 교환할 때 클래스는 class_name으로 표시한다.

표 5-1 순차 다이어그램의 구성 요소

구성 요소	설명
객체	메시지를 송수신하는 객체다.
메시지	객체 간 연결 기능을 담당한다.
회귀 메시지	같은 객체에 대한 함수(메서드)를 호출한다.
제어 블록	제어문을 위한 루프다.
답신 메시지	이전 호출의 반환을 기다리는 객체에 다시 반환되는 메시지다.

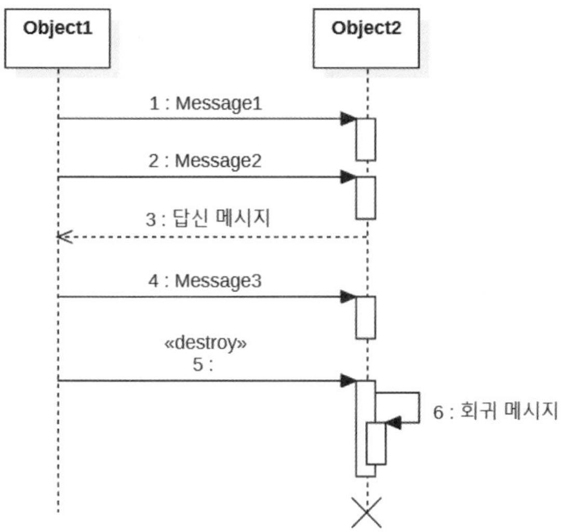

그림 5-1 순차 다이어그램의 예

[그림 5-2]는 상호작용하는 순차 다이어그램과 통신 다이어그램의 예다.

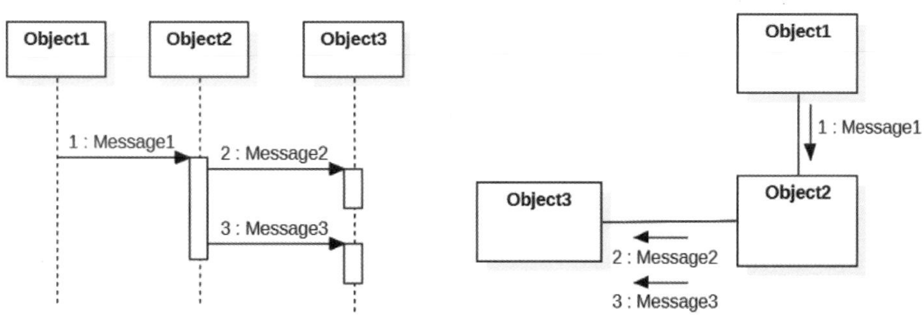

(a) 순차 다이어그램

(b) 통신 다이어그램

그림 5-2 상호작용 다이어그램

순차 다이어그램과 통신 다이어그램은 의미가 같아 서로 변환하더라도 의미가 손상되지 않지만 각각 강점과 약점이 있다. 메시지(데이터)의 흐름을 보려면 통신 다이어그램이 적절하고, 객체들 사이의 이동 경로를 시간 흐름으로 보려면 순차 다이어그램이 적절하다. 이 장에서는 순차 다이어그램을 알아보고, 다음 장에서 통신 다이어그램을 살펴보자.

2 순차 다이어그램의 표현

순차 다이어그램은 객체, 메시지, 시간으로 표기한다.

2.1 객체

객체는 순차 다이어그램의 맨 위에 위치하며 왼쪽에서 오른쪽으로 배열된다. 각 객체에서 아래로 뻗어나가는 점선을 객체의 생명선lifeline이라 한다. 생명선을 따라 드문드문 나타나는 작은 사각형은 활성화activation 부분으로 객체가 수행하는 오퍼레이션이 실행되고 있음을 나타낸다. 활성화의 길이는 오퍼레이션의 실행 소요 시간을 나타낸다. 단, 순서만 고려해 어림잡아 그리므로 사각형의 길이가 특정 시간 단위를 의미하지는 않는다. [그림 5-3]은 객체, 생명선, 활성화를 보여준다.

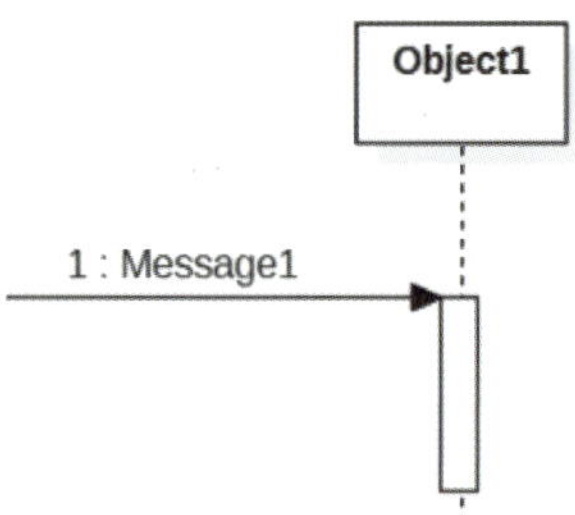

그림 5-3 순차 다이어그램의 객체, 생명선, 활성화

2.2 메시지

한 객체에서 다른 객체로 전송되는 메시지는 한 객체의 생명선에서 다른 객체의 생명선으로 이동하는 것을 의미한다. 메시지는 화살표로 표현하는데 화살표의 머리 모양이 메시지의 형태를 좌우한다.

[그림 5-4]와 같이 화살표 머리 모양이 채워진 형태로 (a)와 같이 실선인 경우에는 호출call 메시지다. 호출 메시지는 송신 객체가 수신 객체로 보내는 메시지로, 수신 객체의 오퍼레이션

을 실행시킨다. 대개 수신 객체가 오퍼레이션을 수행할 때까지 송신 객체는 기다리기 때문에 이 메시지를 동기synchronous 메시지라고도 부른다. 수신 객체의 답신 메시지는 (b)와 같이 호출 메시지와 화살표 머리 모양이 같고 점선 형태다. 또 다른 메시지로 비동기asynchronous 메시지가 있다. 비동기 메시지도 송신 객체가 보내며 수신 객체의 오퍼레이션을 실행시키지만 오퍼레이션이 완료될 때까지 송신 객체가 기다리지는 않는다. 비동기 메시지는 화살표 머리 모양이 (c)와 같고 실선이다.

(a) 호출(동기) 메시지　　(b) 답신 메시지　　(c) 비동기 메시지

그림 5-4 동기 메시지 (a), (b)와 비동기 메시지 (c)

2.3 시간

순차 다이어그램은 시간을 수직 방향으로 나타낸다. 시간은 맨 위에서 아래로 흐른다. 객체를 나타내는 사각형과 간격이 가까운 메시지일수록 먼저 전송된 것이라고 이해하면 된다. 따라서 순차 다이어그램은 2차원으로 생각해야 한다. 왼쪽에서 오른쪽 방향은 객체의 배열을 나타내고, 위에서 아래 방향은 시간의 흐름을 나타낸다.

[그림 5-5]의 순차 다이어그램과 같이 객체는 맨 위에 위치하여 왼쪽에서 오른쪽으로 배열된다. 각 객체의 생명선은 위에서 아래로 뻗어나가는 점선이다. 화살표 머리가 달린 실선은 객체의 생명선 사이를 연결하여 한 객체에서 다른 객체로 메시지가 전송됨을 나타낸다. 객체는 자기 자신에게도 메시지를 보낼 수 있다. 다시 말해 자신의 생명선에서 자신의 생명선으로 되돌아오도록 할 수 있다.

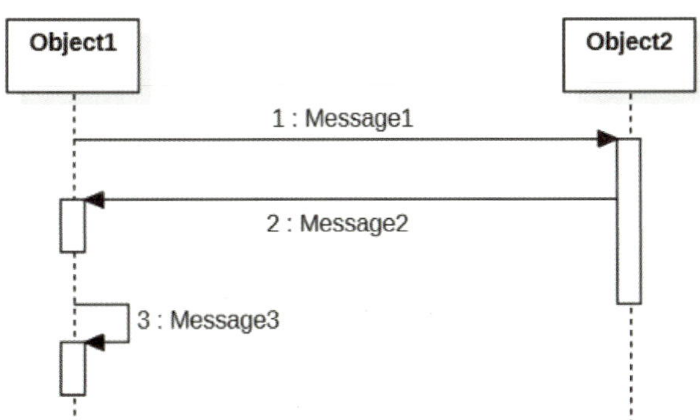

그림 5-5 순차 다이어그램의 시간 예

02 개발 단계별 순차 다이어그램의 사용

1 요구 사항 정의 단계

다음 대여 유스케이스의 이벤트 흐름을 순차 다이어그램으로 표현하면 [그림 5-6]과 같다. 순차 다이어그램을 이용하면 텍스트로 기술된 이벤트 흐름에 추가 정보를 기술하지 않아도 이벤트 흐름을 더 쉽게 이해할 수 있다. 유스케이스별로 순차 다이어그램으로 모두 표현할 수 있다.

- 유스케이스명 : 대여
- 액터명 : 사용자(고객, 관리자)
- 유스케이스 개요 및 설명 : 고객이 비디오를 선택하면 선택된 비디오 코드를 등록하고 대여한다.
- 사전 조건 : 고객은 회원 가입이 되어 있어야 한다.
- 이벤트 흐름
  - 요구 사항(기능적)
    ① 사용자는 시스템에 접속한다.
    ② 비디오숍 관리 시스템 화면을 보여준다.
    ③ 시스템 화면에서 비디오 대여 버튼을 누른다.
    ④ 시스템은 비디오 코드 입력 화면을 보여준다.
    ⑤ 사용자는 비디오 레이블에 붙어 있는 코드를 입력한다.
    ⑥ 시스템은 회원 정보가 유효한지에 대한 유효성 메시지를 사용자에게 보여준다. 유효성이 확인되면 대여 목록에 고객 정보와 비디오 코드를 등록한다.
  - 요구 사항 (비기능적)
    - 유효하지 않은 비디오 코드인 경우
      a. 시스템은 입력된 비디오 코드가 잘못된 값임을 알려준다.
      b. 사용자는 비디오 코드를 다시 입력한다.
    - 고객이 연체 상태인 경우
      a. 시스템은 고객의 연체 날짜와 연체된 비디오의 코드를 알려준다.
      b. 사용자는 연체금과 비디오 반납을 등록하고 유효성 확인을 다시 시도한다.
  - 예외 흐름 : 해당 사항 없음

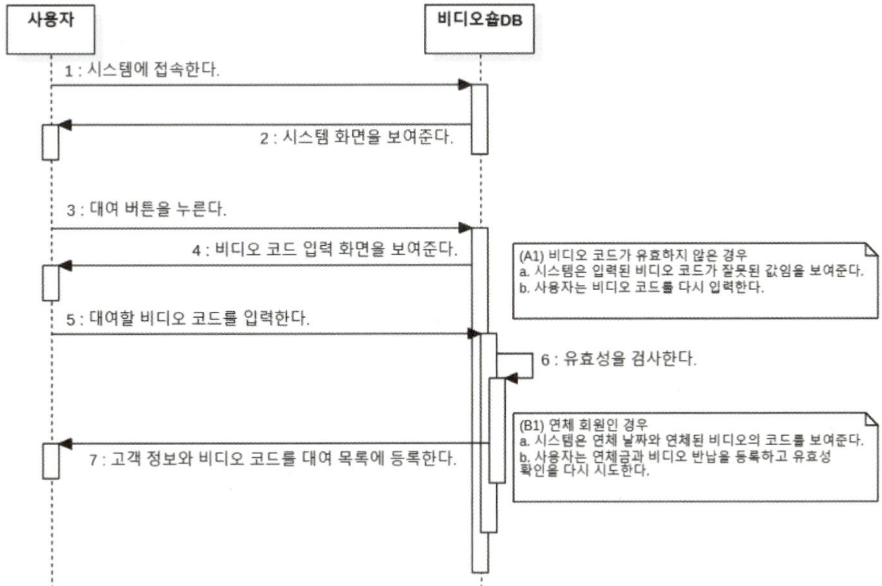

그림 5-6 대여 유스케이스의 이벤트 흐름 모델

2 분석과 설계 단계

분석과 설계 단계에 대한 동적 모델은 그 자체로 의미 있는 모델을 만든다기보다는 구조적모델에 크게 의존한다. 순차 다이어그램을 이용한 순차 모델도 이미 정의된 클래스를 바탕으로 객체를 나열하고 상호작용 모델을 만든다. 따라서 클래스 모델이 기준이 될 수밖에 없다. [그림 5-7]은 클래스 다이어그램을 순차 다이어그램으로 표현한 간단한 예다. 분석과 설계 단계에서는 이와 같이 클래스 다이어그램 또는 클래스를 기반으로 한 순차 다이어그램이 작성된다.

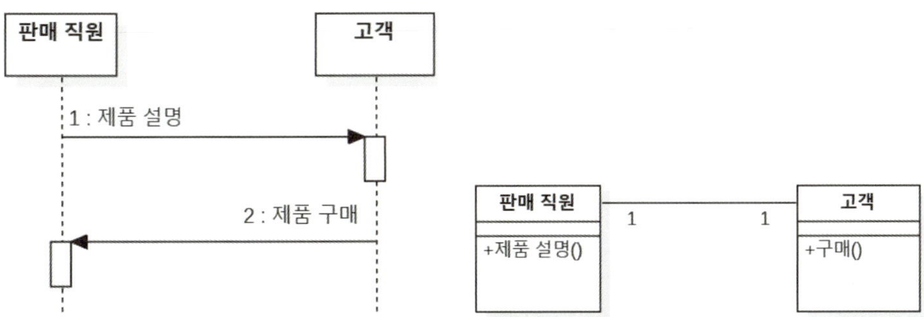

(a) 순차 다이어그램 (b) 클래스 다이어그램

그림 5-7 순차 다이어그램과 클래스 다이어그램

03 순차 다이어그램의 단계별 모델링 : 디지털 도어록

사실 순차 다이어그램을 제작하려면 명세서와 같은 사용자 요구 사항이 필요하지만, 앞에서 배운 클래스 다이어그램이 있으면 순차 다이어그램을 그리는 데 큰 도움이 된다. 또한 클래스 다이어그램과 순차 다이어그램이 밀접한 관련이 있어 실무에서는 클래스 다이어그램과 순차 다이어그램의 관계를 잘 표현하는 것이 중요하다.

디지털 도어록door lock 시스템을 순차 다이어그램으로 간단하게 나타내보자. 디지털 도어록은 부착된 감지 시스템에 스마트 카드를 접속하거나 비밀번호를 입력하면 자동으로 도어록이 해제되면서 문이 열리고, 문이 닫히면 자동으로 잠긴다. 도어록이 해제되거나 잠기면 삐리릭 소리를 낸다.

먼저 클래스 다이어그램으로 표현해보자. [그림 5-8]은 사용자User, 스마트카드SmartCard 도어록DoorLock 클래스 사이의 관계와 개념들을 보여준다. User는 cardPress()를 통해 SmartCard를 사용한다. SmartCard가 sendLicense()를 사용하여 DoorLock에 암호화한 메시지로 License 값을 전달하고 DoorLock은 도어록을 해제UnLock한다. 또한 User가 secretPress()를 이용해 DoorLock에 비밀번호를 입력하면 도어록이 해제된다. DoorLock의 unLock()에서 도어록이 해제되면 openDoor()를 통해 문이 열렸다 문이 닫히고 Lock()에 의해 도어록이 잠긴다. unLock()이나 lock()이 실행되면 sound()가 실행되어 삐리릭 소리를 낸다.

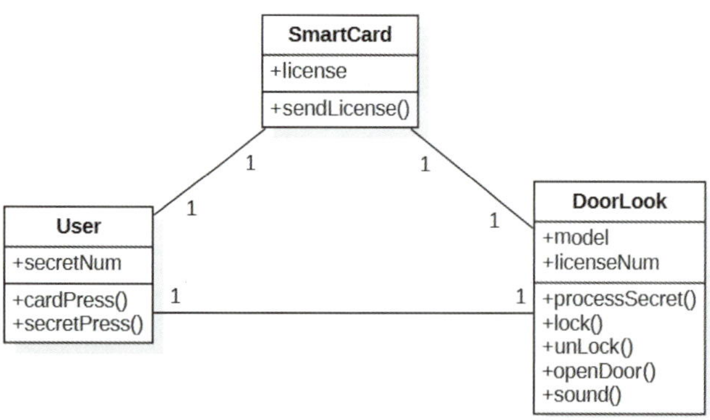

그림 5-8 디지털 도어록의 클래스 다이어그램

[그림 5-8]의 클래스 다이어그램을 순차 다이어그램으로 표현해보자. 먼저 3개의 객체를 그린다. 즉, 다이어그램의 맨 위에 User 클래스의 인스턴스, SmartCard 클래스의 인스턴스, DoorLock 클래스의 인스턴스를 그린다. 그리고 각 객체 아래로 생명선을 그려 [그림 5-9]의 (a)와 같이 표현한다.

[그림 5-9]의 (b)와 같이 생명선에서 생명선으로 메시지를 의미하는 화살표를 추가한다.

❶은 스마트 카드를 접속해 문을 여는 과정이다. User에서 cardPress()를 이용하여 SmartCard로 메시지를 보내면 SmartCard 객체의 sendLicense() 오퍼레이션이 실행된다. 그 후 DoorLock 객체에서 licenseNumber를 확인하여 맞으면 도어록이 해제되어 문이 열리고 음성 메시지sound가 나와 User 객체로 보내진다.

❷는 비밀번호를 입력해 문을 여는 과정이다. secretPress()를 이용해 DoorLock 객체로 가서 번호가 맞으면 도어록이 해제되며 문이 열리고 음성 메시지sound가 나와 User 객체로 보내진다.

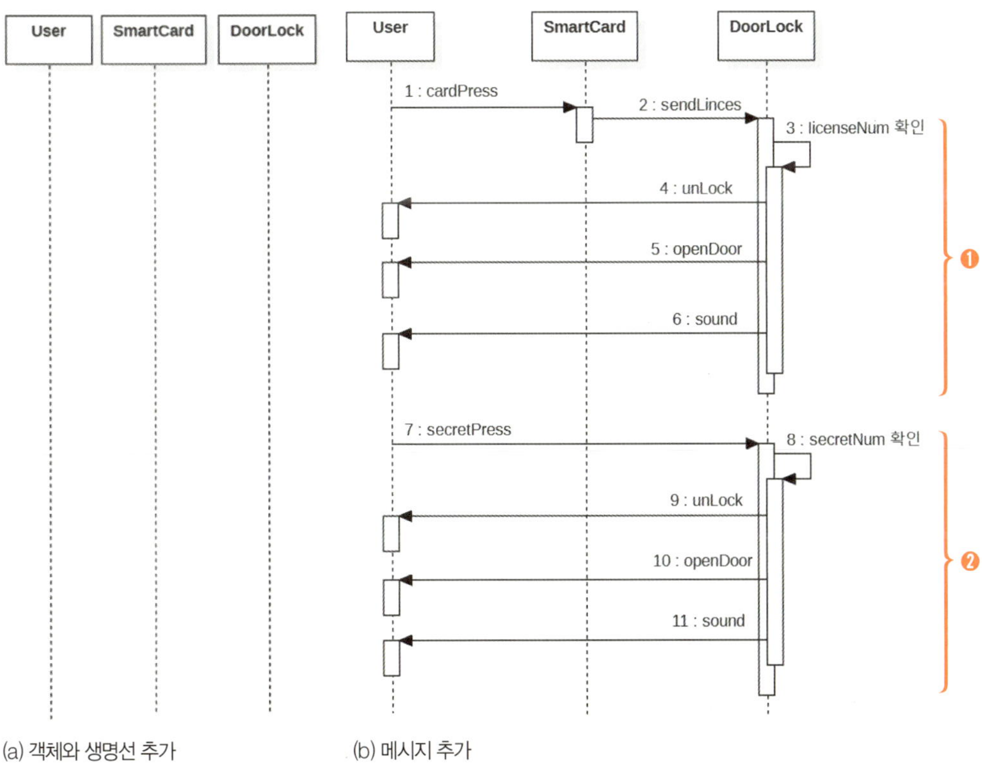

그림 5-9 디지털 도어록의 순차 다이어그램

04 순차 다이어그램 모델링 연습

1 식당 음식 주문

객체 : 고객(Customer), 종업원(Server), 요리사(Chef)

❶ 고객이 종업원에게 음식을 주문한다. (orderFood)

❷ 종업원은 요리사에게 주문받은 음식의 조리를 요청한다. (demandFood).

❸ 요리사는 짜장면을 조리한다. (makeFood, getFood)

❹ 요리사가 만든 요리를 종업원에게 전달한다. (deliveryFood)

❺ 종업원이 음식을 고객에게 전달한다. (Serve)

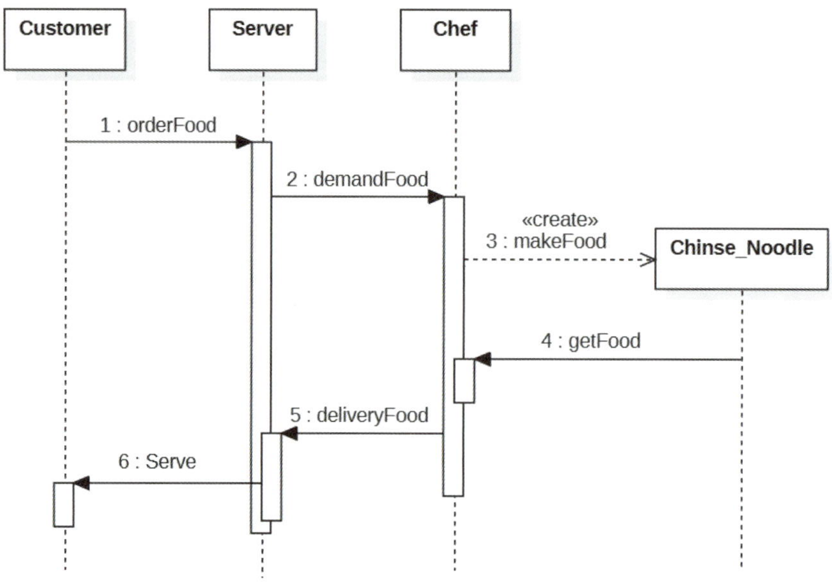

그림 5-10 식당 음식 주문의 순차 다이어그램

❷ 엘리베이터 사용

객체 : 사용자(User), 조작 시스템(Cotroller), 엘리베이터(Elevator)

❶ 사용자가 엘리베이터 버튼을 누른다. (Button)

❷ 엘리베이터가 위로 올라가거나 아래로 내려간다. (Move Up or Down)

❸ 엘리베이터가 도착하면 엘리베이터 문이 열리고(Open door) 일정 시간(Time Count)이 지나면 엘리베이터 문이 닫힌다(Close door).

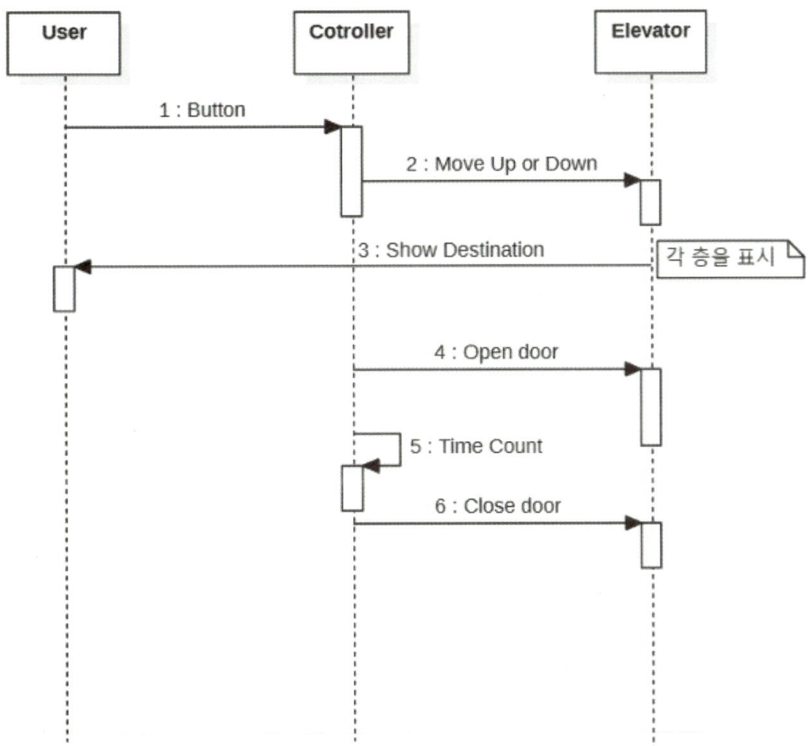

그림 5-11 엘리베이터 사용의 순차 다이어그램

❸ 데이터 전송

사용자가 클라이언트를 통해 데이터를 입력하면, 클라이언트는 입력된 데이터를 서버에 전달한다. 서버는 입력된 데이터에 대한 결과 값을 클라이언트에 반환하고, 클라이언트는 이를 사용자에게 메시지로 전달한다. 이를 순차 다이어그램으로 나타내면 [그림 5-12]와 같다.

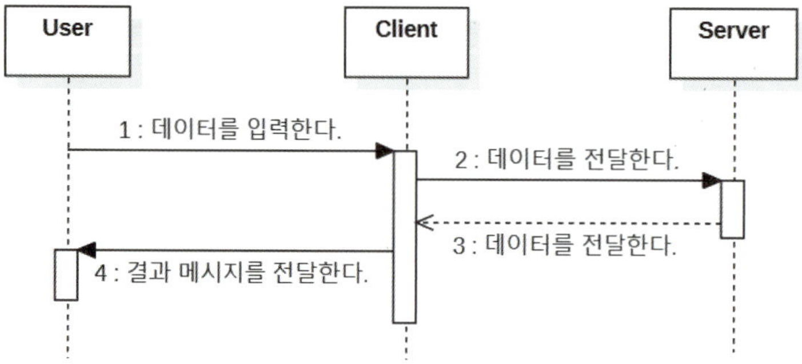

그림 5-12 데이터 전송의 순차 다이어그램

❹ ATM

객체 : 사용자(User), ATM, 신용카드 회사(Credit Card Service)

❶ 사용자가 ATM에 카드를 삽입한다. (insert Visa card)

❷ ATM은 삽입된 카드를 검증한다. (verify card)

❸ ATM은 사용자에게 비밀번호를 요구한다. (request pin number)

❹ 사용자는 ATM에 비밀번호를 입력한다. (pin number(value))

❺ ATM은 사용자가 입력한 비밀번호를 검증한다. (verify pin)

❻ ATM은 신용카드 회사에 거래 승인을 요청한다. (request authorisation)

❼ 신용카드 회사는 ATM에 거래 승인 결과를 전송한다. (authorisation(limit))

❽ ATM은 사용자에게 인출할 금액을 요청한다. (request desired withdrawal amount)

❾ 사용자는 ATM에 인출할 금액을 입력한다. (withdrawal amount(value))

❿ ATM은 요청한 금액의 한도를 검증한다. (check amount requested)

⓫ ATM은 사용자에게 명세서 출력 여부를 요청한다. (request receipt)

⓬ 사용자는 ATM에 명세서 요청을 확인한다. (OK)

⑬ ATM은 사용자가 삽입한 카드를 반환한다. (eject card)

⑭ 사용자는 ATM이 반환한 카드를 확인한다. (take card)

⑮ ATM은 사용자에게 현금과 명세서를 반환한다. (eject notes_receipt)

⑯ 사용자는 ATM이 반환한 현금과 명세서를 확인한다. (take notes_receipt)

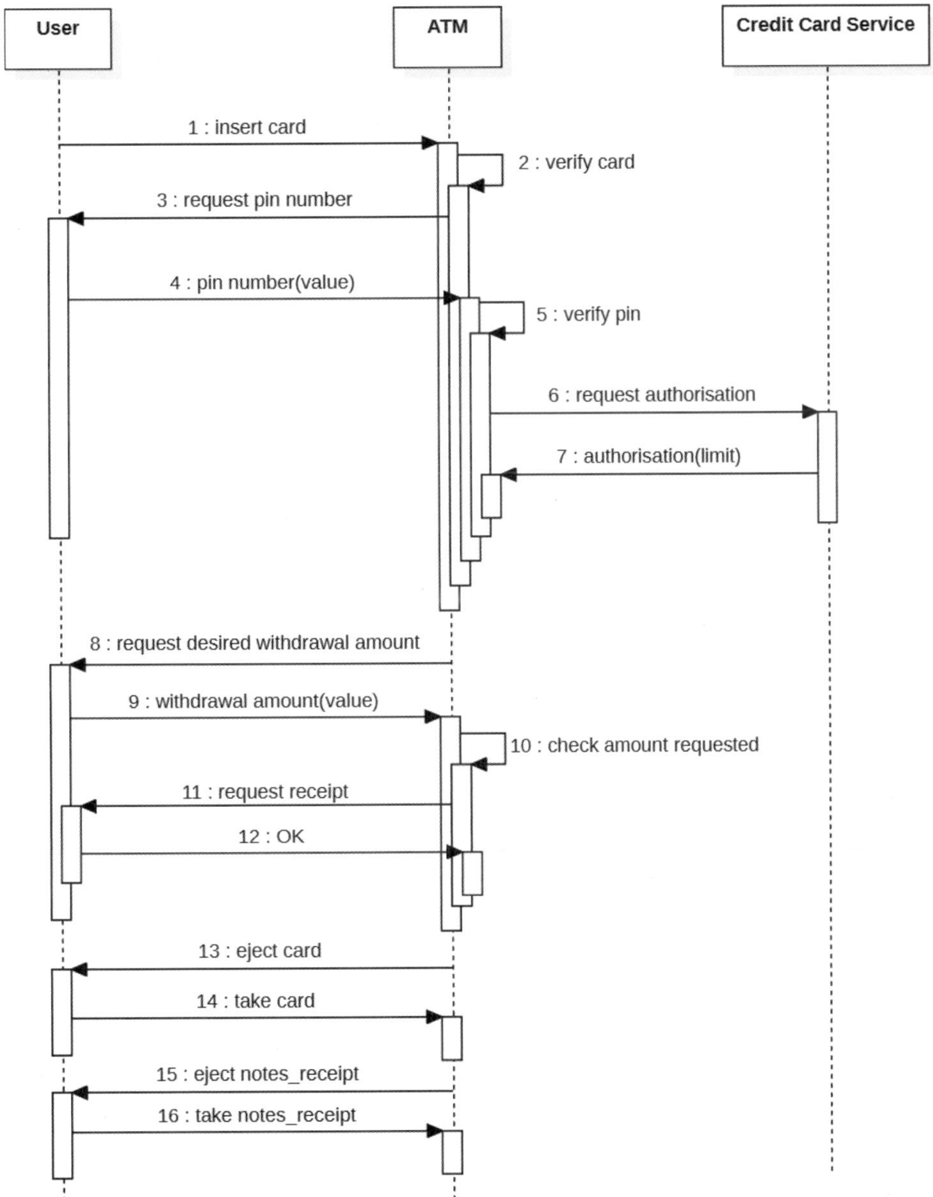

그림 5-13 ATM 사용의 순차 다이어그램

5 전화 통화

객체 : 발신자(Caller), 교환기(Exchange), 수신자(Receiver)

❶ 발신자가 수신자와 통화하기 위해 수화기를 든다. (liftReceiver)

❷ 발신자에게 전화기의 신호음이 전달된다. (dialTone)

❸ 발신자가 번호를 입력한다. (dialDigit)

❹ 교환기에 신호를 전달한다. (signaling)

❺ 교환기가 발신자에게 신호음이 울리도록 한다. (ringTone)

❻ 교환기가 수신자에게 벨소리를 울리도록 한다. (ringingBell)

❼ 수신자가 발신자의 전화를 받는다. (liftReceiver)

❽ 수신자가 응답한다. (answerPhone)

❾ 교환기가 발신자에게 응답을 전달하여 수신자의 응답을 듣는다. (listenAnswer)

❿ 발신자가 수신자에게 말을 한다. (talk)

⓫ 수신자가 교환기를 통해 발신자의 말을 듣는다. (listenTalk)

⓬ 이야기가 끝나면 발신자와 수신자는 수화기를 내려놓아 전화를 끊는다. (stopPhone)

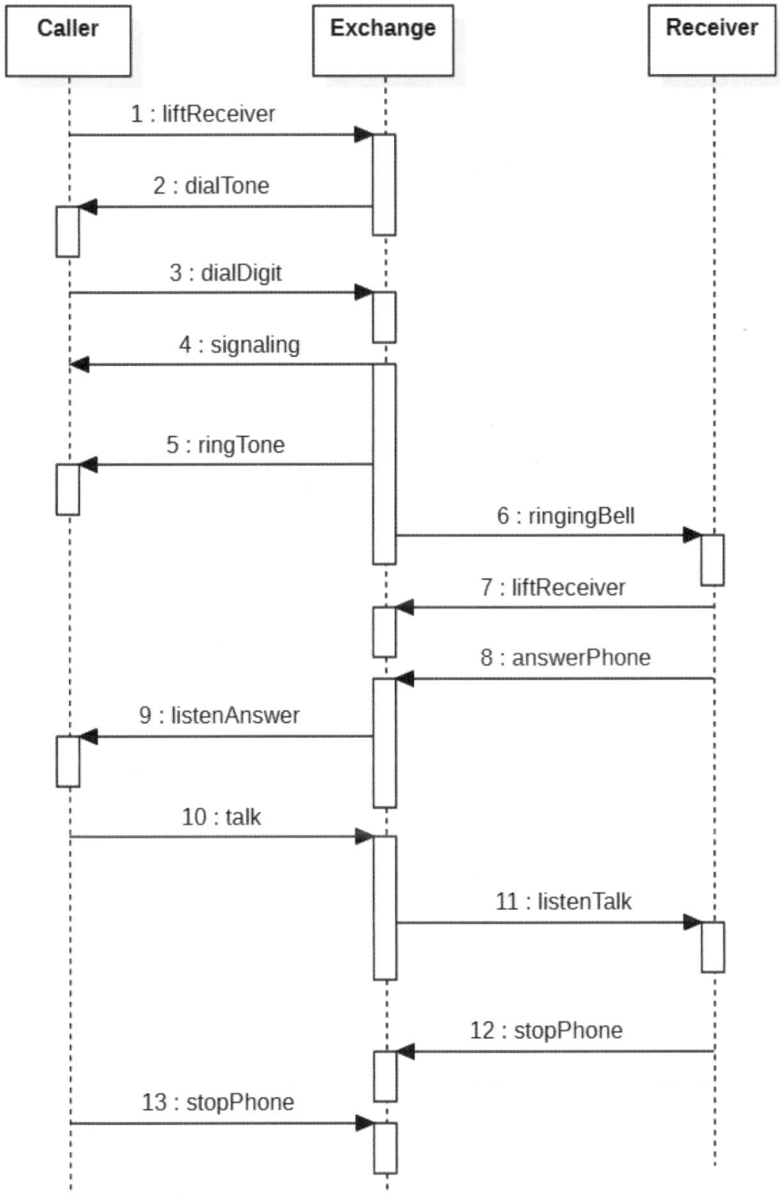

그림 5-14 전화 통화의 순차 다이어그램

6 교육 신청

객체 : 직원(Employee), 교육 요청(Training Request), 교육 훈련 기관(Training Body)

❶ 직원이 교육을 신청한다. (sessionChoice)

❷ 교육 요청이 교육 훈련 기관에 교육과정을 주문한다. (order)

❸ 교육 훈련 기관은 교육을 등록한다.(enrollment)

❹ 교육 요청은 직원에게 교육 등록을 확인한다. (confirmation)

❺ 직원은 교육 신청을 완료한다. (endSession)

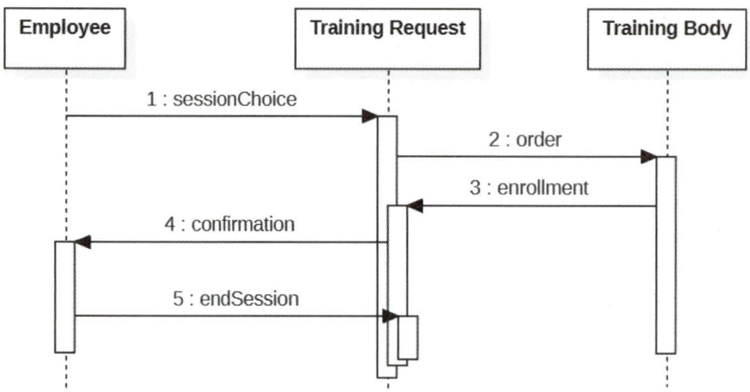

그림 5-15 교육 신청 시스템의 순차 다이어그램

7 항공 예약

객체 : 고객(Customer), 예약 시스템(Reservation System), 예약 관리자(Reservation Manager), 목적지(Destination)

❶ 고객이 예약 시스템에 예약하기를 누른다. (Make reservation)

❷ 고객은 비밀번호를 입력한다. (Enter PIN)

❸ 예약 시스템은 예약 관리자에게 비밀번호 확인을 요청한다. (verify PIN)

❹ 예약 관리자는 예약 시스템에게 유효성 확인 결과를 전달한다. (valid)

❺ 예약 시스템은 고객에게 목적지 입력을 요청한다. (Ask for destination)

❻ 고객은 목적지를 입력한다. (Destination)

❼ 예약 시스템은 예약 관리자에게 목적지를 전달한다. (Destination)

❽ 예약 관리자는 목적지에게 항공편을 보여준다. (Show flights)

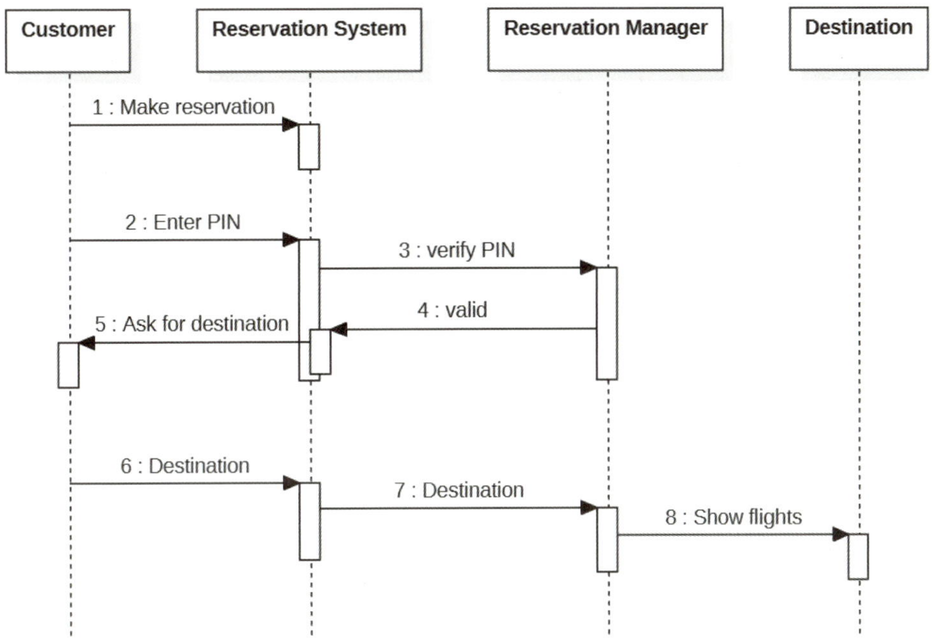

그림 5-16 항공 예약 시스템의 순차 다이어그램

8 계산대

객체 : 캐셔(Cashier), 계산대(Till), 고객(Customer)

❶ 캐셔가 계산대에 바코드를 찍고 수량을 입력한다. (enter Item)

❷ 계산대에 표시된 물품의 가격을 캐셔가 확인한다. (price & description)

❸ 계산대에 표시된 물품의 가격을 고객이 확인한다. (price & description)

❹ 캐셔가 표시된 물품의 가격 확인을 끝낸다. (end of sale)

❺ 계산대에 표시된 물품의 총액을 캐셔가 확인한다. (total to pay)

❻ 계산대에 표시된 물품의 총액을 고객이 확인한다. (total to pay)

❼ 고객이 캐셔에게 가격을 지불한다. (cash)

❽ 캐셔가 받은 금액을 계산대에 입력한다. (enter Payment)

❾ 계산대에 표시된 거스름돈을 캐셔가 확인한다. (change)

❿ 캐셔가 확인한 거스름돈을 고객에게 준다. (change)

⓫ 계산대에서 캐셔가 영수증을 출력한다. (receipt)

⓬ 캐셔가 고객에게 영수증을 준다. (receipt)

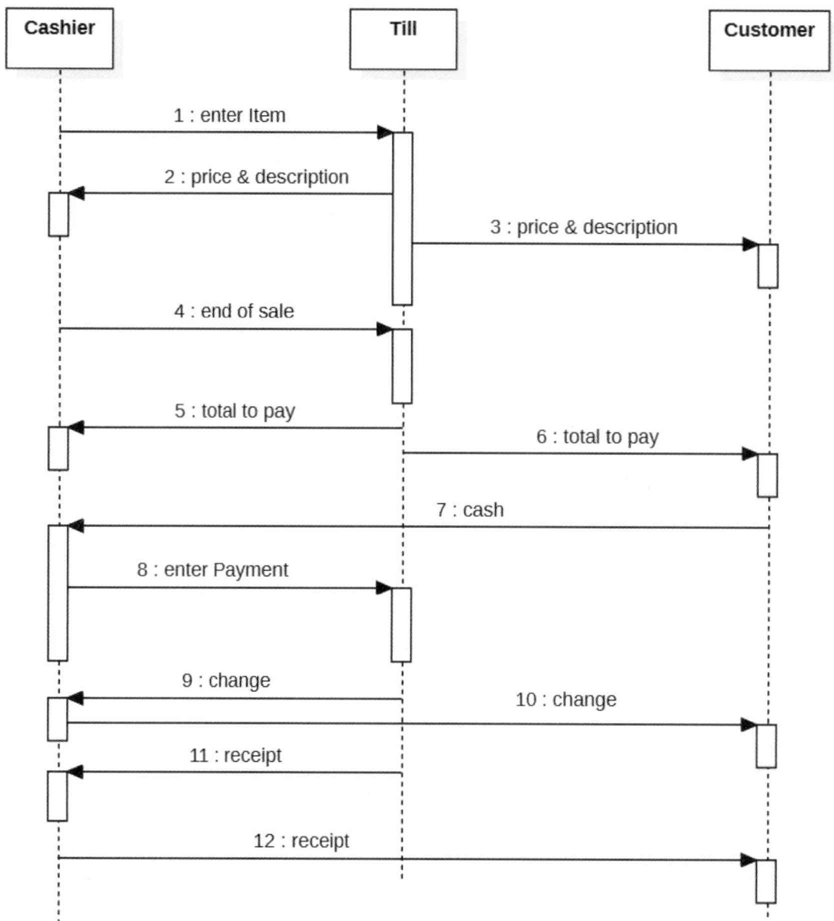

그림 5-17 계산대의 순차 다이어그램

9 영화 예매

객체 : 사용자(User), 매표소(Box Office), 신용카드 회사(Credit Card Service)

❶ 사용자가 매표소에 예매할 영화의 정보를 요구한다. (Request)

❷ 매표소에서 사용자에게 이용 가능한 좌석을 보여준다. (show availability)

❸ 사용자가 좌석을 선택해 매표소에 알려준다. (select)

❹ 매표소에서 사용자에게 결제 금액을 알려준다. (demand payment)

❺ 사용자가 카드를 삽입한다. (insert card)

❻ 매표소에서 결제 금액을 신용카드 회사에 청구한다. (charge)

❼ 신용카드 회사에서 매표소의 거래 요청을 승인한다. (authorized)

❽ 매표소에서 사용자가 결제한 티켓을 출력한다. (print ticket)

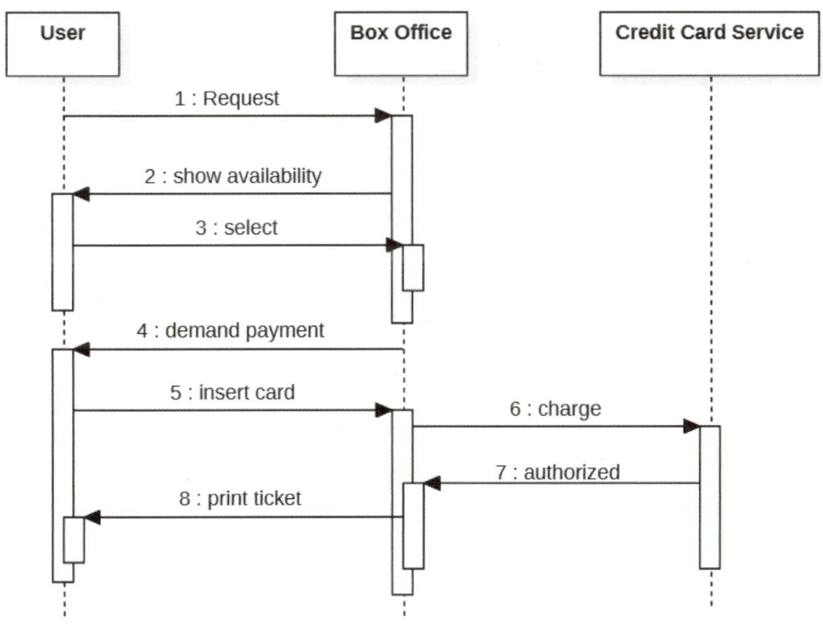

그림 5-18 영화 예매의 순차 다이어그램

10 클라우드

객체 : 사용자(User), 클라우드 인터페이스(Cloud Interface), 서버(Server)

❶ 사용자가 클라우드 인터페이스에서 파일 올리기를 선택한다. (upload file)

❷ 클라우드 인터페이스는 사용자에게 파일 선택을 요구한다. (require file selection)

❸ 사용자가 파일을 선택한다. (select file)

❹ 클라우드 인터페이스는 서버로 파일 데이터를 전송한다. (data transmission)

❺ 서버는 클라우드 인터페이스에 파일을 뷰로 보여준다. (show file in view)

❻ 서버는 클라우드 인터페이스에 전송 완료 메시지를 전달한다. (transfer complete)

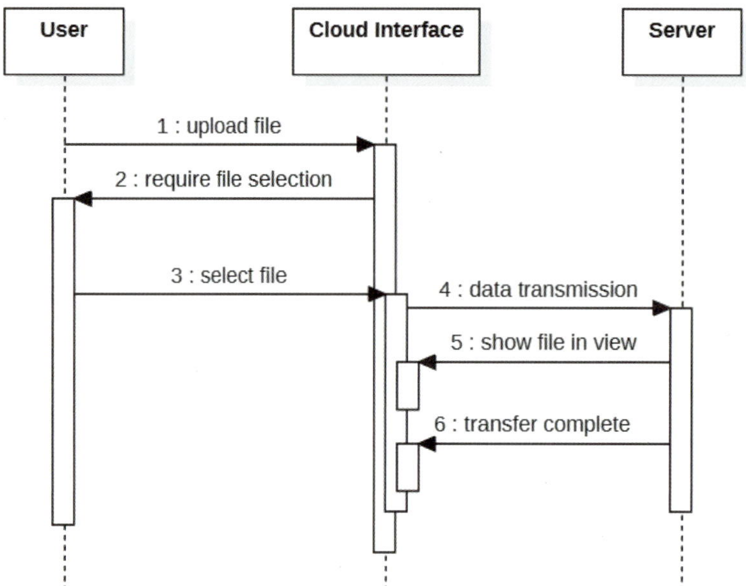

그림 5-19 클라우드 시스템의 순차 다이어그램

11 물품 보관함

객체 : 사용자(User), 물품 보관함(Locker)

❶ 사용자가 사용할 사물함을 선택한다. (select locker)

❷ 물품 보관함이 사용자에게 비밀번호 설정을 요구한다. (require password setting)

❸ 사용자가 비밀번호를 설정한다. (password settings)

❹ 물품 보관함이 사용자에게 결제를 요구한다. (payment request)

❺ 사용자가 결제를 한다. (payment)

❻ 물품 보관함이 결제 완료 메시지를 전달한다. (payment completed)

❼ 사용자가 물품을 보관한다. (storage of goods)

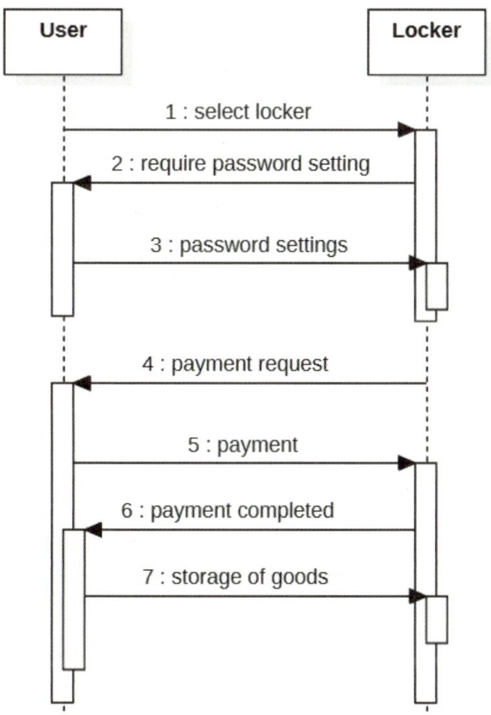

그림 5-20 물품 보관함 사용의 순차 다이어그램

12 보험 판매

객체 : 고객(Customer), 판매자(Salesman)

❶ 판매자가 고객에게 상품을 설명한다. (product description)

❷ 고객이 상품을 선택한다. (product selection)

❸ 판매자가 고객의 가입 조건을 확인한다. (check subscription conditions)

❹ 판매자가 고객에게 요금을 알려준다. (check charge)

❺ 고객이 보험에 가입한다. (take out insurance)

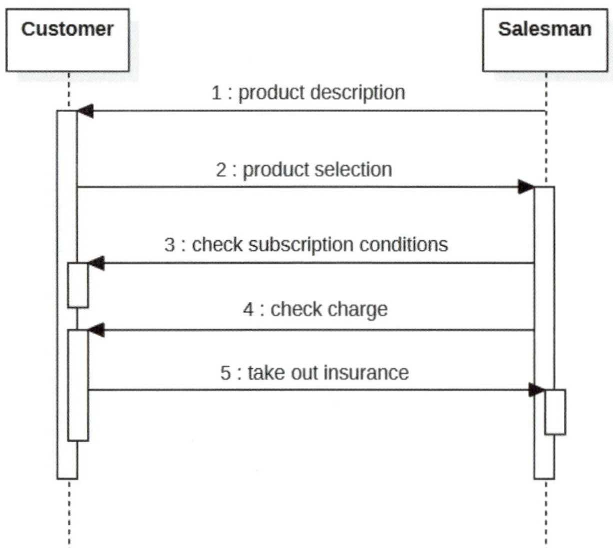

그림 5-21 보험 판매의 순차 다이어그램

13 상품 주문

상품 주문의 클래스 다이어그램은 [그림 5-22]와 같다. 고객은 원하는 상품의 구매 버튼을 누른 후 다음 창에서 주문 정보를 입력한다. 그러면 입력된 주문 정보에 따라 시스템은 이 정보를 저장하고 제품을 발송한다. 고객이 제품 수령 후 만족하여 구매 완료 버튼을 누르면 구매 승인이 이루어지며, 불만족 시에는 구매 승인이 취소되어 제품이 반송된다.

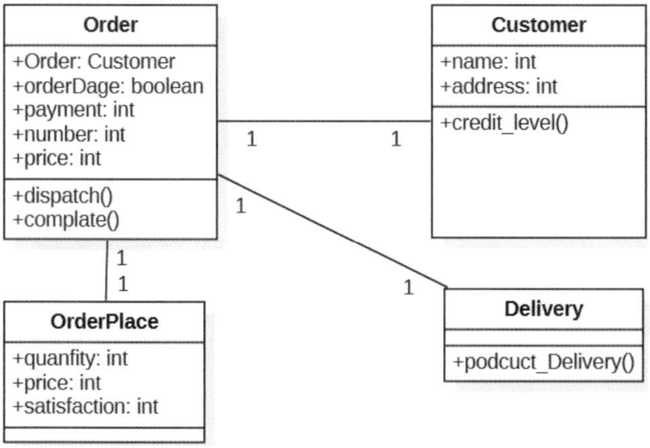

그림 5-22 상품 주문의 클래스 다이어그램

[그림 5-22]의 클래스 다이어그램을 순차 다이어그램으로 표현하면 [그림 5-23]과 같다.

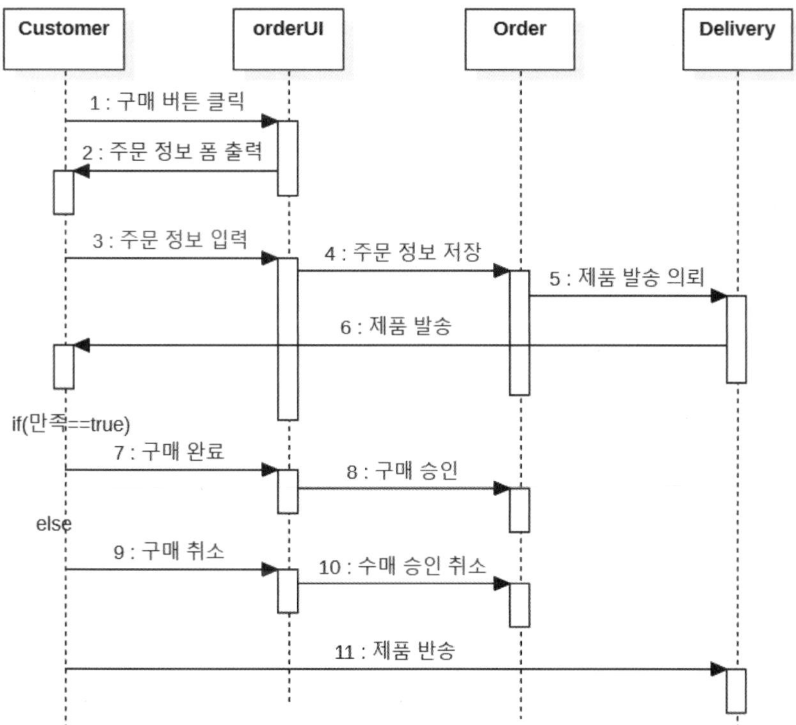

그림 5-23 상품 주문의 순차 다이어그램

14 식당 관리

이번에는 다음 명세서를 토대로 좀 더 난이도가 있는 순차 다이어그램을 그려보자.

- 유스케이스명 : 식당 관리
- 액터명 : 고객(Customer), 직원(Employee)
- 유스케이스 개요 : 식당을 찾은 고객이 최대한 편안함을 느낄 수 있도록 서비스를 하는 데 목적이 있다.
- 사전 조건 : 고객의 예약 유무를 확인한다.
- 이벤트 흐름
  - 요구 사항(기능적)
    ① 고객이 식당에 들어오면 지배인은 고객의 예약 유무를 확인한다.
    ② 지배인은 고객을 테이블까지 안내한다.
    ③ 고객이 테이블에 앉으면 보조 종업원은 물, 빵, 버터를 세팅한다.
    ④ 고객은 종업원에게 음식을 주문하고, 종업원은 고객에게 음식을 추천할 수 있다.
    ⑤ 주문받은 음식을 주방장에게 전달하고, 주방장은 주문받은 음식을 요리한다.
    ⑥ 종업원은 에피타이저를 고객에게 전달하고, 이후 완성된 메인 요리를 전달한다.
    ⑦ 고객의 식사가 끝나면 종업원은 디저트를 준비한다.
    ⑧ 고객은 식사 후 종업원에게 팁을 줄 수 있으며, 카운터에서 계산한 후 나간다.
    ⑨ 보조 종업원은 식사가 끝난 자리를 깔끔히 치운다.
  - 요구 사항(비기능적)
    - 예약을 한 경우
      a. 지배인은 고객을 예약된 테이블로 바로 안내한다.
    - 예약을 하지 않은 경우
      a. 지배인은 고객에게 대기실에서 기다려달라고 말한다.
      b. 자리가 나는 대로 먼저 온 고객을 테이블로 안내한다.
  - 예외 흐름 : 해당 사항 없음

먼저 위 명세서를 바탕으로 [그림 5-24]와 같이 클래스 다이어그램을 그릴 수 있다.

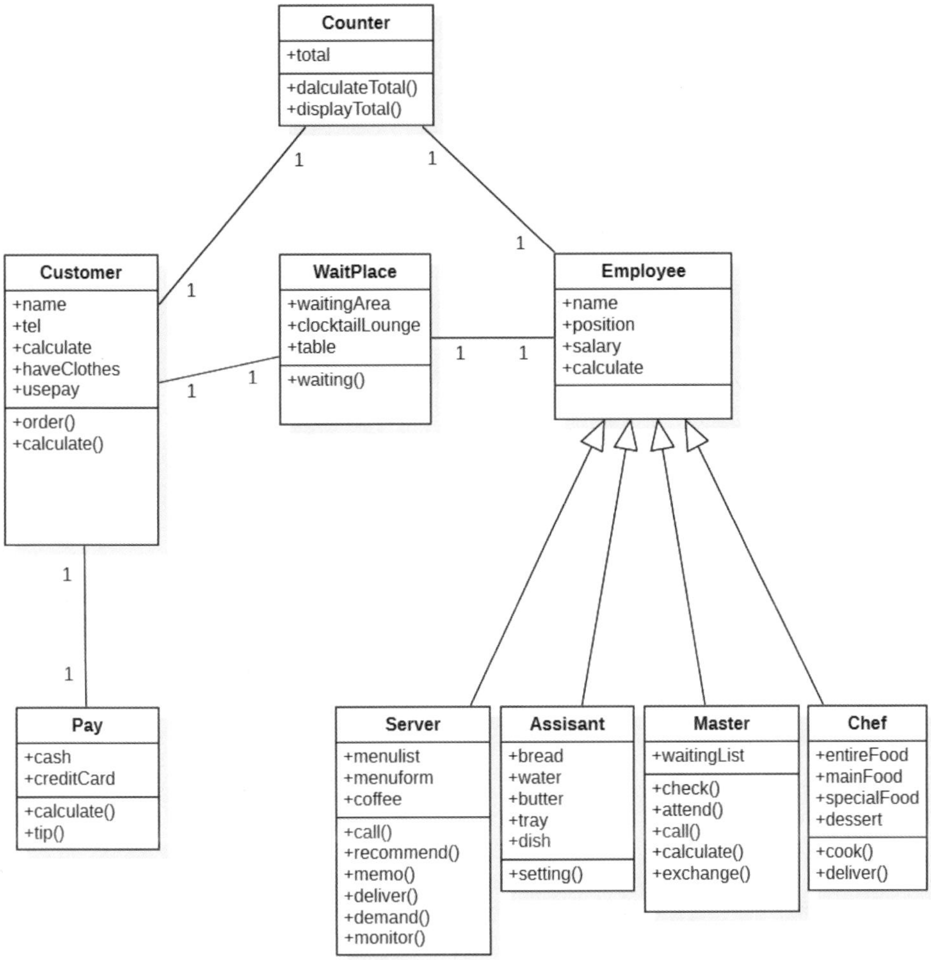

그림 5-24 식당 관리 시스템의 클래스 다이어그램

명세서와 클래스 다이어그램의 객체를 바탕으로 순차 다이어그램을 그려보자. 우선 액터인 고객을 중심으로 카운터, 대기실, 지배인, 테이블, 종업원, 요리사, 보조 종업원 객체 7개를 생성한다. 그리고 연관이 있는 클래스를 잇는다. 액터인 고객을 시작으로 객체 간의 관계를 순차적으로 연결하면 [그림 5-25]와 같은 순차 다이어그램이 만들어진다.

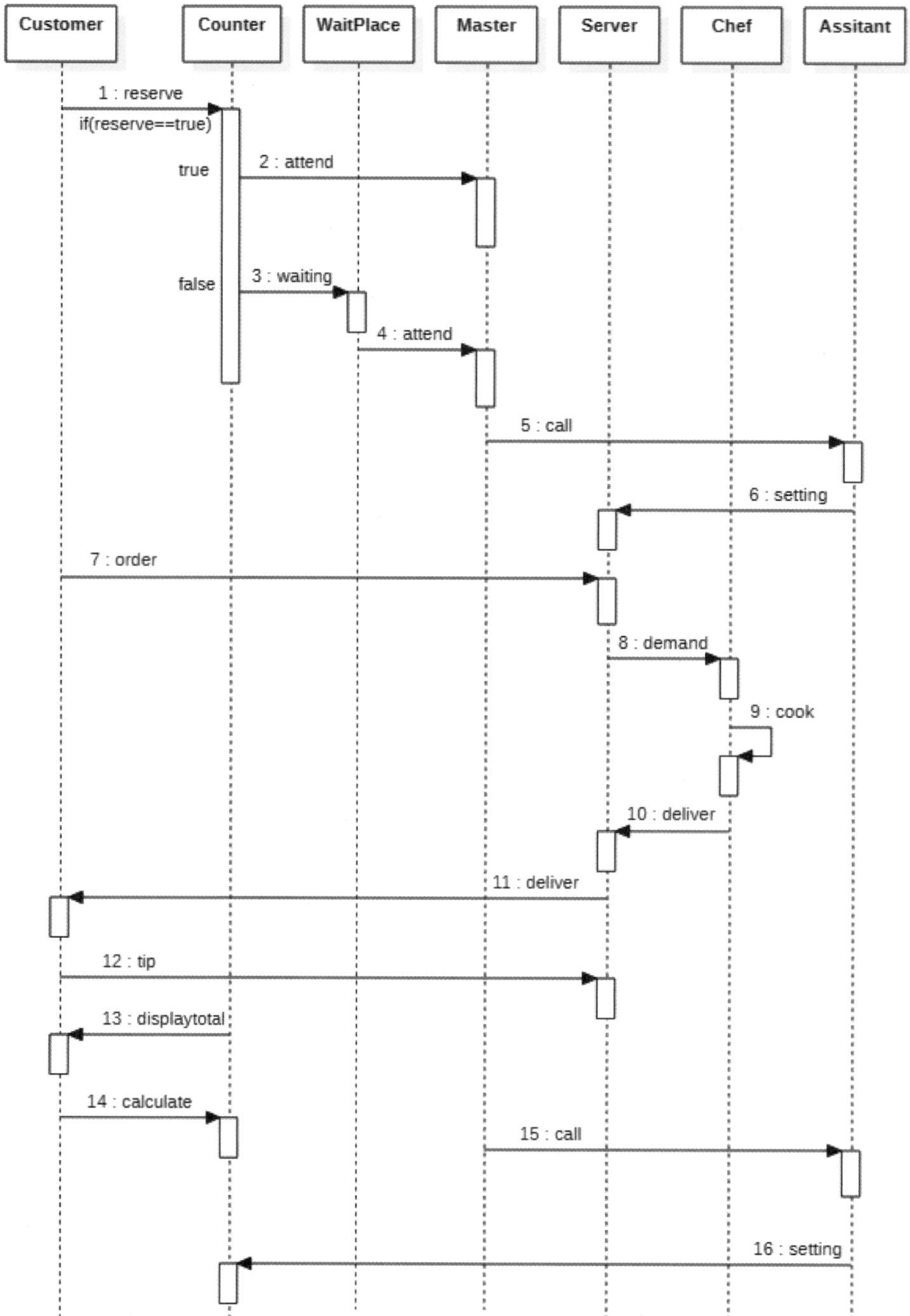

그림 5-25 식당 관리 시스템의 순차 다이어그램

01 UML 순차 다이어그램에 관한 설명으로 잘못된 것은?

① 하나의 유스케이스에 있는 기능을 수행하기 위해 객체들이 어떻게 상호작용하는가를 보여준다.

② 통신 다이어그램과 의미적으로는 동일하다고 할 수 있다.

③ 전체적으로 액티비티 다이어그램과 유사한 형태를 띤다.

④ 4+1 뷰에서 논리 뷰에 속한다.

02 다음 그림에서 명시적으로 표현되지 않은 요소는?

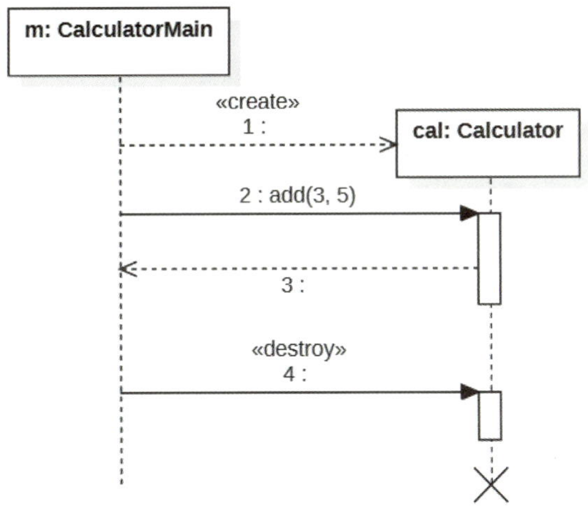

① 참여 객체 ② 동기 메시지

③ 자기 메시지self-massage ④ 생성과 삭제 메시지

03 UML 다이어그램에 대한 설명으로 가장 적절하지 않은 것은?

① 상태 다이어그램은 객체, 컴포넌트 또는 시스템을 대상으로 동적 행위를 상태와 전이로 표현한다.

② 순차 다이어그램은 복수 개의 대상(예를 들어 객체) 간의 상호작용을 그들 간의 구조적 관계(예를 들어 연관)를 중심으로 표현한다.

③ 유스케이스 다이어그램은 시스템의 요구 사항 중에서 기능적인 개별 요구 사항을 표현한다.

④ 타이밍 다이어그램은 여러 대상 간의 상호작용을 시간에 따른 상태 변화 형태로 표현한다.

04 UML 다이어그램에 대한 설명으로 옳지 않은 것은?

① 유스케이스 다이어그램 – 시스템의 기능을 모델링

② 상태 다이어그램 – 클래스 사이의 메시지 교환을 시간 흐름에 따라 표현

③ 클래스 다이어그램 – 시스템의 정적 구조를 나타냄

④ 액티비티 – 시스템의 동적 특징을 나타냄

05 다음 클래스 다이어그램을 보고 순차 다이어그램을 작성하시오.

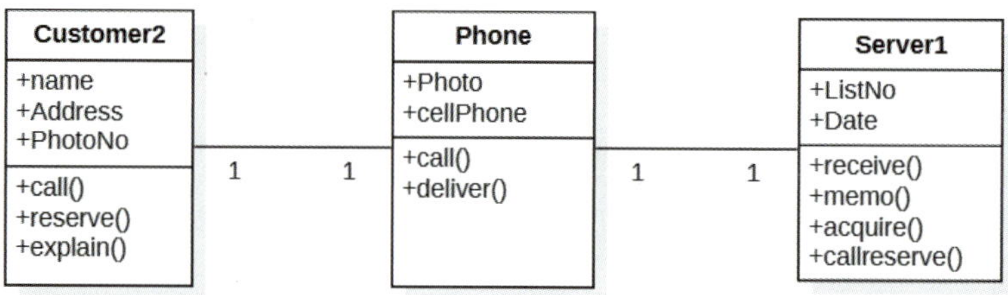

06 다음 클래스 다이어그램을 보고 순차 다이어그램을 작성하시오.

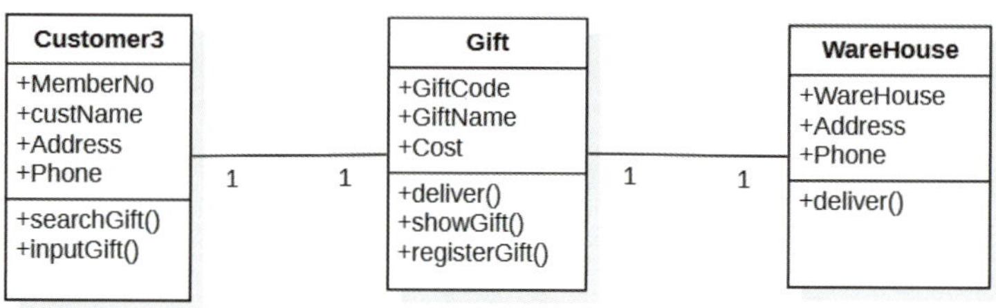

07 다음 주문 관리 시스템 문제 기술서를 보고 순차 다이어그램을 작성하시오.

- 주문 관리 시스템에서는 고객 확인을 통해 시스템에 접속할 수 있다.
- 고객 확인은 회원 가입을 할 때 입력한 비밀번호와 아이디를 입력해 이루어진다.
- 접수 관리 직원은 확보된 상품을 등록한다.
- 상품 확보는 재고 관리 직원이 한다.
- 고객은 등록된 상품을 선택하고 장바구니에 등록한다.
- 장바구니에 등록된 상품을 카드나 계좌 이체를 통해 결제하면, 운송 직원이 상품을 고객에게 배달한다.

CHAPTER 06
통신 다이어그램

학습목표

- 통신 다이어그램의 개념을 이해한다.
- 통신 다이어그램의 UML 표현을 학습한다.
- 다양한 예제를 통해 통신 다이어그램을 모델링하는 연습을 해본다.

01 통신 다이어그램의 구성 요소와 변환

앞 장에서 배운 순차 다이어그램이 메시지에 대한 시간 순서를 표현한다면, 통신 다이어그램은 객체 사이에 주고받는 메시지를 표현한다. 통신 다이어그램은 주어진 문제를 해결하는 데 필요한 객체를 정의하고, 객체 간의 동적인 상호관계를 순서에 따라 정의함으로써 효과적으로 프로그램을 구현하는 모델이다.

1 통신 다이어그램의 구성 요소와 표현

통신 다이어그램은 객체, 링크, 메시지 세 가지로 구성된다. 먼저 객체를 생성하고, 객체들 사이를 링크로 연결한 후 객체 사이에 주고받는 메시지를 표현해 통신 다이어그램을 만든다.

프로젝트 초기에 정의된 유스케이스를 프로그램으로 구현하려면 먼저 통신 다이어그램 등으로 설계해야 한다. 유스케이스별로 통신 다이어그램이 작성되는데, 객체는 유스케이스의 액터와 같은 역할을 함으로써 객체 간의 메시지를 통해 유스케이스의 기능을 실현한다.

1.1 객체

통신 다이어그램의 객체는 메시지를 주고받는 주체로 순차 다이어그램과 마찬가지로 객체로 표시하고 그 표시 방법도 같다. 통신 다이어그램은 클래스 다이어그램에 표기된 클래스명과 매핑이 가능하도록 객체명을 표기해야 한다. 예를 들어 [그림 6-1]에서 (a)는 자동차라는 클래스를, (b)는 직원 클래스의 일반 객체를, (c)는 직원 클래스의 객체 중 이순신이라는 객체를 의미한다.

	형식	예
(a) 클래스	Car	자동차
(b) 임의의 객체	: Item	: 직원
(c) 이름 있는 객체	SampleItem:Item	이순신 : 직원

그림 6-1 통신 다이어그램의 객체

1.2 링크

링크는 통신 다이어그램에서 객체 사이를 연결하는데 [그림 6-2]와 같이 화살표가 없는 실선으로 표현한다. 링크는 객체와 객체 간의 양방향 연관 관계를 의미한다. 메시지는 링크를 따라 이동하므로 객체가 서로 통신하려면 링크로 연결되어 있어야 한다. 링크에는 이름을 붙일 수 있다.

클래스 다이어그램에서 객체는 기술된 연관 관계에서 생성된 인스턴스라고 할 수 있다. 따라서 통신 다이어그램의 링크는 클래스가 아닌 실제 객체 사이의 관계를 직접적으로 보여준다.

그림 6-2 통신 다이어그램의 링크

1.3 메시지

메시지는 링크를 통해서 다른 객체에 전하는 설명으로, 링크 위에 표시한다. 메시지는 상대 객체별로 여러 정의가 가능하며 링크 하나를 통해 여러 개의 메시지가 전달된다. [그림 6-3]은 Team과 Player가 서로 메시지를 전송하는 모습이다. 통신 다이어그램에서는 메시지에 번호를 부여하고 그 번호 순서에 따라 메시지를 해석한다.

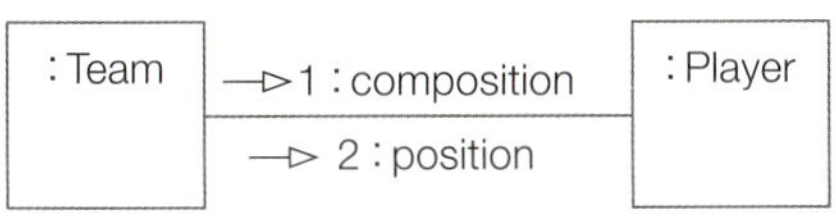

그림 6-3 통신 다이어그램의 메시지

2 통신 다이어그램과 순차 다이어그램 간의 변환

통신 다이어그램은 순차 다이어그램으로 자동 변환해 표현할 수 있다. 즉, 순차 다이어그램으로 표현되는 모든 상황을 통신 다이어그램으로도 표현할 수 있고 그 반대의 경우도 가능하다. CASE 툴에서 두 다이어그램 사이의 전환을 제공하기도 한다.

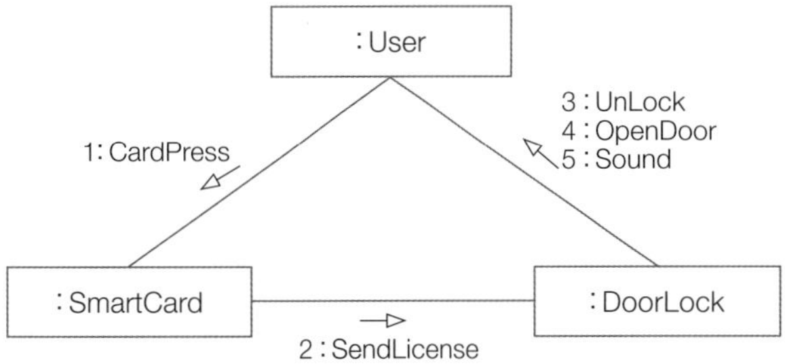

(a) 디지털 도어록의 통신 다이어그램

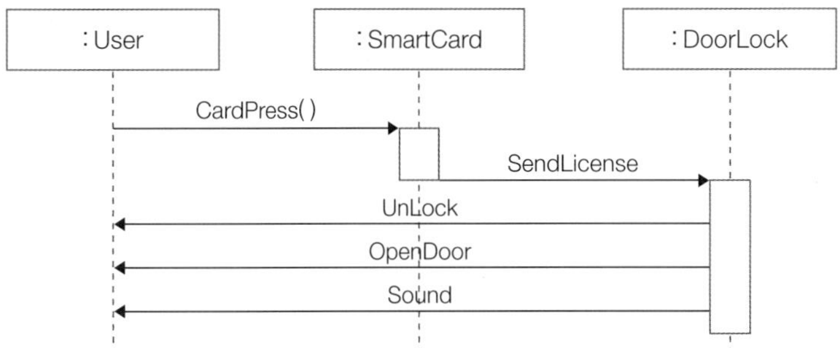

(b) 디지털 도어록의 순차 다이어그램

그림 6-4 디지털 도어록의 통신 다이어그램과 순차 다이어그램

순차 다이어그램은 메시지의 상하 배치 순서가 메시지의 전송 순서를 정의하므로 객체 간 메시지의 순서를 파악할 때 매우 효과적이다. 하지만 메시지를 주고받는 객체 간의 관계(의존, 연관)는 파악할 수 없다. 반면, 통신 다이어그램은 객체 간의 관계가 링크로 표현되므로 메시지를 전달하고 수신하는 객체 간의 관계를 쉽게 파악할 수 있다. 그러나 객체가 통신 다이어그램의 임의의 위치에 배치될 수 있기 때문에 메시지의 위치에 따른 전송 순서를 가정할 수 없다. 그러므로 각 메시지에 메시지 번호를 꼭 지정하여 시간 순서를 표현해야 한다.

02 통신 다이어그램의 단계별 모델링 : 디지털 도어록

이 절에서 구현하는 통신 다이어그램 예는 5장에서 순차 다이어그램으로 구현한 디지털 도어록 예와 동일하다. 하지만 앞서 언급했듯이 통신 다이어그램은 순차 다이어그램과 달리 메시지의 순서보다 객체 간의 관계를 파악하는 데 유용하다. 따라서 세부 순서를 생략하고 관계 중심으로 구현할 것이다.

디지털 도어록은 부착된 감지 시스템에 스마트 카드를 접속하거나 비밀번호를 입력하면 유효성을 확인한 후 사용자에게 결과를 회신한다. 이에 대한 객체 다이어그램은 [그림 6-5]와 같다.

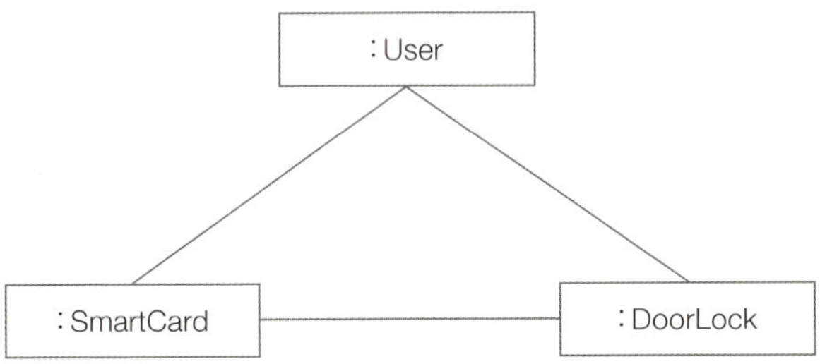

그림 6-5 디지털 도어록의 객체 다이어그램

이후 메시지를 입력해 [그림 6-6]과 같은 통신 다이어그램을 그린다. 이때 같은 방향으로 메시지가 여러 개인 경우 일일이 표시하면 복잡해 보인다. 따라서 그림처럼 화살표 하나에 모두 표시한다. 단, 전혀 다른 종류의 메시지가 두 객체 사이를 오간다면 화살표를 따로 그려야 한다.

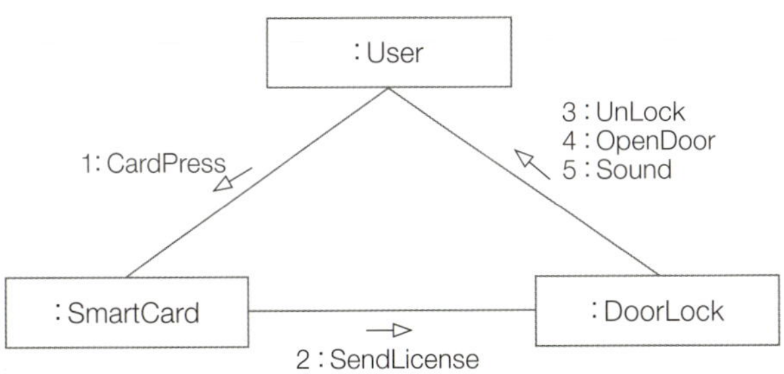

그림 6-6 디지털 도어록의 통신 다이어그램

03 통신 다이어그램 모델링 연습

이 절에서는 다양한 통신 다이어그램 모델링을 연습한다. 단, 5장 순차 다이어그램에서 다룬 예와 동일하더라도 객체 간의 관계 중심으로 파악하기 위해 세부 순서를 생략하고 연습할 것이다.

1 식당 음식 주문

식당에서 음식을 주문할 때 고객이 짜장면이나 짬뽕 메뉴를 선택하고 종업원에게 주문하면, 종업원은 주방장에게 주문서를 전달하고 주방장은 해당 주문을 요리한다. 고객, 종업원, 주방장을 객체로 추출하고, 시나리오에 맞는 메시지를 입력해 [그림 6-7]과 같은 통신 다이어그램을 그릴 수 있다.

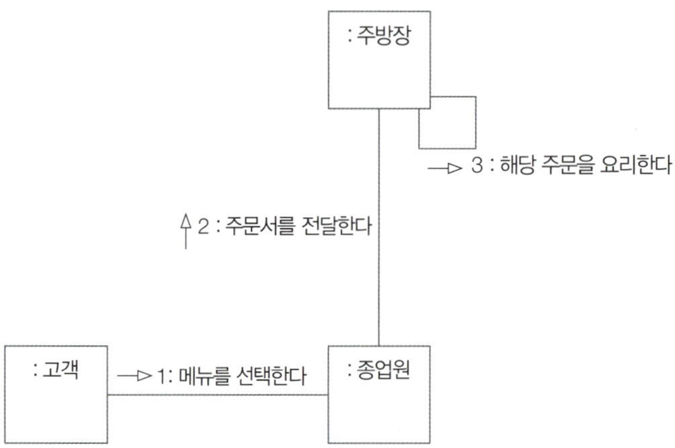

그림 6-7 식당 음식 주문의 통신 다이어그램

2 데이터 전송

데이터 전송 시 사용자가 클라이언트를 통해 데이터를 입력하면 클라이언트는 입력된 데이터를 서버에 전달한다. 서버는 입력된 데이터에 대한 결과 값을 클라이언트에 반환하고, 클라이언트는 이를 사용자에게 결과 메시지로 전달한다. 사용자, 클라이언트, 서버를 객체로 추출하고, 시나리오에 맞는 메시지를 입력해 [그림 6-8]과 같은 통신 다이어그램을 그릴 수 있다.

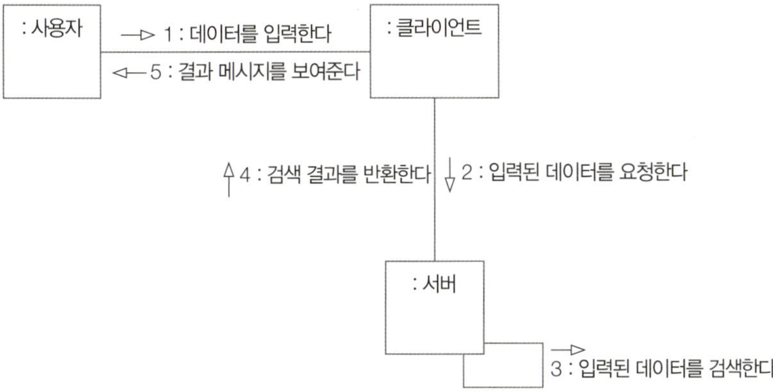

그림 6-8 데이터 전송의 통신 다이어그램

3 전화 통화

전화 통화는 발신자와 수신자가 상호 신호를 교환하며 연락하는 흐름을 나타낸다. 발신자가 수신자와 통화하기 위해 수화기를 들면 전화기의 대기 신호가 전달된다. 발신자가 전화번호를 입력하면 모든 신호가 교환기에 전달되고 발신자의 신호를 받은 교환기에서는 발신자에게 신호음을, 수신자에게 신호벨을 각각 전달한다. 통화가 끝나면 수신자와 발신자는 수화기를 내려놓는다. 발신자, 교환기, 수신자를 객체로 추출하고, 시나리오에 맞는 메시지를 입력해 [그림 6-9]와 같은 통신 다이어그램을 그릴 수 있다.

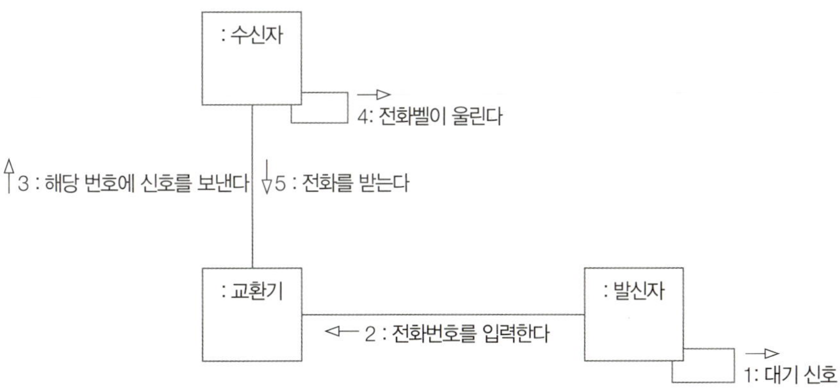

그림 6-9 전화 통화의 통신 다이어그램

4 교육 신청

교육 신청 시스템 시나리오는 다음과 같다.

❶ 직원이 교육을 신청한다.

❷ 교육 요청이 교육 훈련 기관에 교육과정을 주문한다.

❸ 교육 훈련 기관은 교육을 등록한다.

❹ 교육 요청은 직원에게 교육 등록을 확인한다.

❺ 직원은 교육 신청을 완료한다.

시나리오에서 직원, 교육 신청, 교육 훈련 기관을 객체로 추출하고, 객체 간의 동작을 추가해 [그림 6-10]과 같은 통신 다이어그램을 그릴 수 있다.

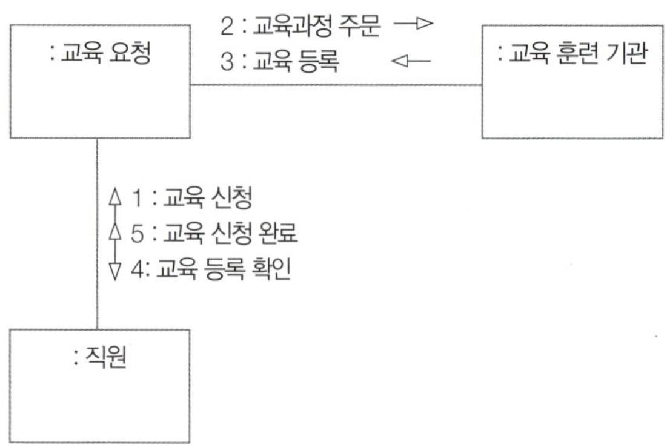

그림 6-10 교육 신청 시스템의 통신 다이어그램

5 영화 예매

영화 예매 시나리오는 다음과 같다.

❶ 사용자가 매표소에 예매할 영화의 정보를 요구한다.

❷ 매표소에서 사용자에게 이용 가능한 좌석을 보여준다.

❸ 사용자가 좌석을 선택해 매표소에 알려준다.

❹ 매표소에서 사용자에게 결제 금액을 알려준다.

❺ 사용자가 카드를 삽입한다.

❻ 매표소에서 결제 금액을 신용카드 회사에 청구한다.

❼ 신용카드 회사에서 매표소의 거래 요청을 승인한다.

❽ 매표소에서 사용자가 결제한 티켓을 출력한다.

시나리오에서 사용자, 매표소, 신용카드 회사를 객체로 추출하고, 객체 간의 동작을 추가해 [그림 6-11]과 같은 통신 다이어그램을 그릴 수 있다.

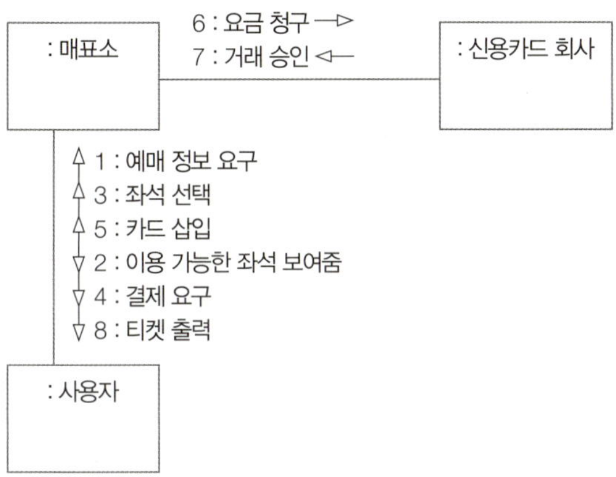

그림 6-11 영화 예매의 통신 다이어그램

6 클라우드

클라우드 시스템 시나리오는 다음과 같다.

❶ 사용자가 클라우드 인터페이스에서 파일 올리기를 선택한다.

❷ 클라우드 인터페이스는 사용자에게 파일 선택을 요구한다.

❸ 사용자가 파일을 선택한다.

❹ 클라우드 인터페이스는 서버로 파일 데이터를 전송한다.

❺ 서버는 클라우드 인터페이스에 파일을 뷰로 보여준다.

❻ 서버는 클라우드 인터페이스에 전송 완료 메시지를 전달한다.

시나리오에서 클라우드 인터페이스, 서버, 사용자를 객체로 추출하고, 객체 간의 동작을 추가해 [그림 6-12]와 같은 통신 다이어그램을 그릴 수 있다.

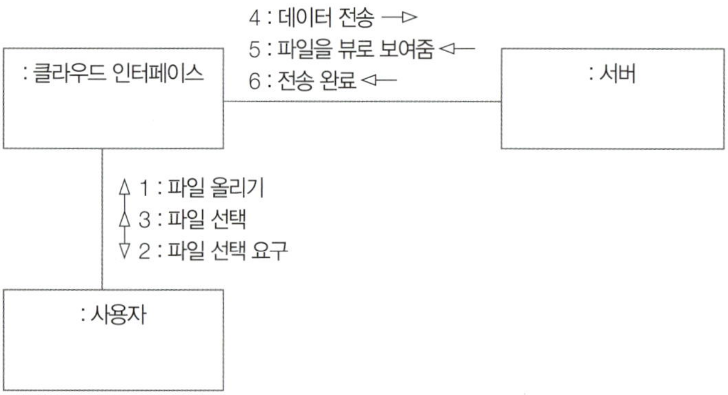

그림 6-13 클라우드 시스템의 통신 다이어그램

7 물품 보관함

물품 보관함 사용 시나리오는 다음과 같다.

❶ 사용자가 사용할 사물함을 선택한다.

❷ 물품 보관함이 사용자에게 비밀번호 설정을 요구한다.

❸ 사용자가 비밀번호를 설정한다.

❹ 물품 보관함이 사용자에게 결제를 요구한다.

❺ 사용자가 결제를 한다.

❻ 물품 보관함이 사용자에게 결제 완료 메시지를 전달한다.

❼ 사용자가 물품을 보관한다.

시나리오에서 사용자와 물품 보관함을 객체로 추출하고, 객체 간의 동작을 추가해 [그림 6-13]과 같은 통신 다이어그램을 그릴 수 있다.

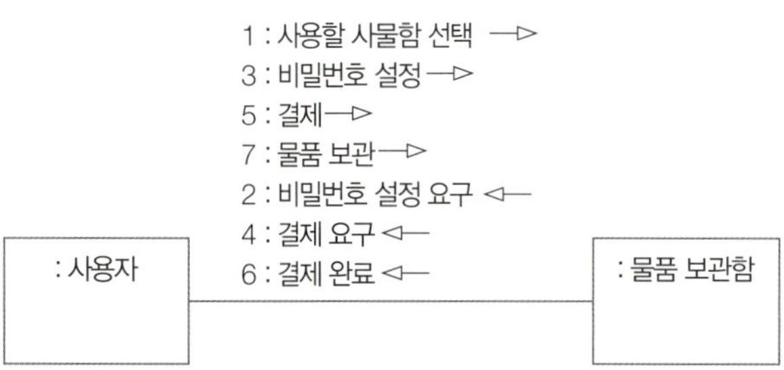

그림 6-13 물품 보관함 사용의 통신 다이어그램

8 보험 판매

보험 판매 시나리오는 다음과 같다.

❶ 판매자가 고객에게 상품을 설명한다.

❷ 고객이 상품을 선택한다.

❸ 판매자가 고객의 가입 조건을 확인한다.

❹ 판매자가 고객에게 요금을 알려준다.

❺ 고객이 보험에 가입한다.

시나리오에서 고객과 판매원을 객체로 추출하고, 객체 간의 동작을 추가해 [그림 6-14]와 같은 통신 다이어그램을 그릴 수 있다.

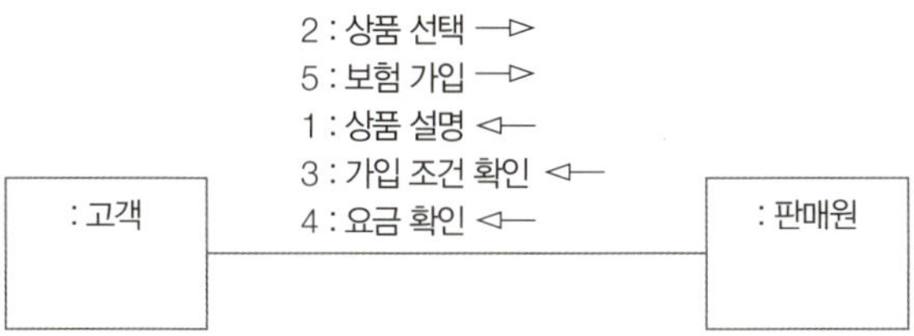

그림 6-14 보험 판매의 통신 다이어그램

9 카카오택시

카카오택시 시나리오는 다음과 같다.

❶ 고객이 카카오택시에 출발지와 도착지를 입력한다.

❷ 카카오택시가 택시 기사를 호출한다.

❸ 택시 기사가 출발지와 도착지를 확인한 후 호출을 수락한다.

❹ 카카오택시가 고객에게 택시 기사의 정보를 전송한다.

시나리오에서 카카오택시 앱, 택시 기사, 고객을 객체로 추출하고, 객체 간의 동작을 추가해 [그림 6-15]와 같은 통신 다이어그램을 그릴 수 있다.

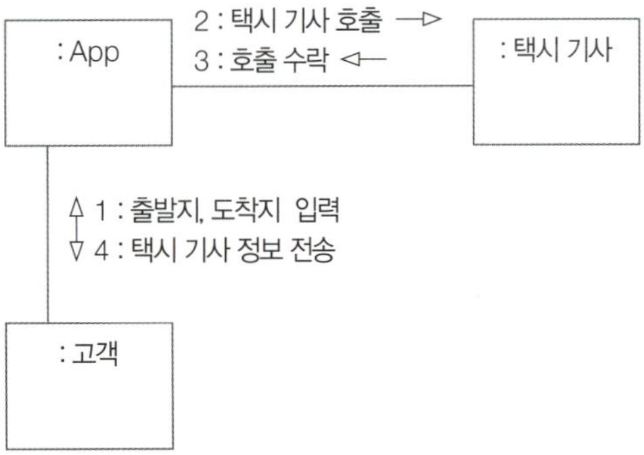

그림 6-15 카카오택시의 통신 다이어그램

10 식당 관리

식당 관리 시나리오는 다음과 같다.

❶ 고객이 식당에 들어오면 지배인은 고객의 예약 유무를 확인한다.

❷ 지배인은 고객을 테이블까지 안내한다. 예약이 없으면 대기실로 안내한다.

❸ 고객이 테이블에 앉으면 보조 종업원은 물, 빵, 버터를 세팅한다.

❹ 고객은 종업원에게 음식을 주문하고, 종업원은 고객에게 음식을 추천할 수 있다.

❺ 주문받은 음식을 주방장에게 전달하고, 주방장은 주문받은 요리를 한다.

❻ 종업원은 전채 요리를 고객에게 전달하고, 이후 완성된 메인 요리를 전달한다.

❼ 고객의 식사가 끝나면 종업원은 디저트를 준비한다.

❽ 고객은 식사 후 종업원에게 팁을 줄 수 있으며, 카운터에서 계산한 후 나간다.

❾ 보조 종업원은 식사가 끝난 자리를 깔끔히 치운다.

시나리오에서 고객, 카운터, 대기실, 지배인, 종업원, 보조 종업원, 주방장을 객체로 추출하고, 객체 간의 동작을 추가해 [그림 6-16]과 같은 통신 다이어그램을 그릴 수 있다.

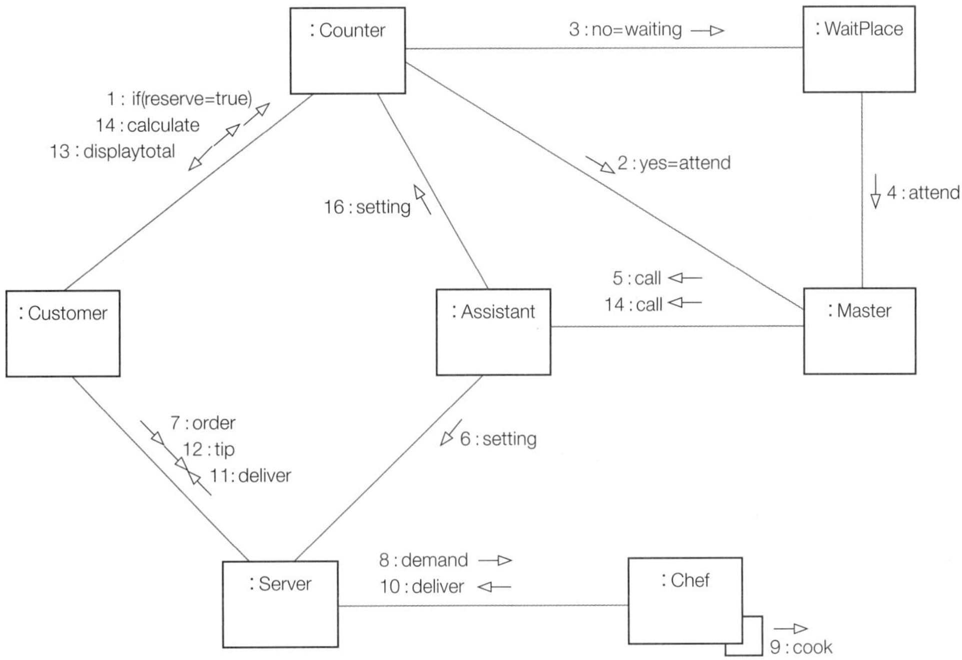

그림 6-16 식당 관리 시스템의 통신 다이어그램

01 순차 다이어그램과 비교하여 통신 다이어그램의 특징을 잘못 설명한 것은?

① 참여 요소들 간의 상호작용 관계를 명확히 할 수 있다.

② 메시지의 실행 순서는 위에서 아래로 진행된다.

③ 참여 객체의 생명선이 표시되지 않는다.

④ 메시지 송수신을 위한 통신 링크가 존재한다.

02 다음 클래스 다이어그램을 보고 통신 다이어그램을 작성하시오.

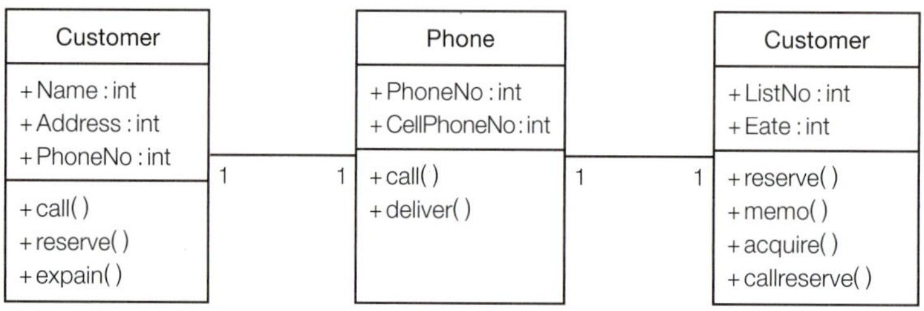

03 상품 주문 관리 시스템 시나리오가 다음과 같을 때 통신 다이어그램을 작성하시오.

❶ 고객은 온라인 카탈로그에 있는 상품을 선택하고 구입 버튼을 누른다.
❷ 그다음 창에서 고객은 배달 정보를 입력한다.
❸ 배달 정보와 함께 가격 정보를 보여준다.
❹ 고객이 상품을 구매하면 시스템은 구매를 승인하고 거래를 확인하는 메시지를 보낸다.
❺ 고객이 거래 내역을 확인한다.

04 도서 관리 시스템 시나리오가 다음과 같을 때 클래스 다이어그램, 순차 다이어그램, 통신 다이어그램을 작성하시오.

❶ 도서 관리 시스템은 등록된 사람들에게 책과 잡지를 빌려준다.
❷ 사서는 새로운 책이 있으면 구입하고 오래된 책과 잡지는 조건을 적용하여 폐기한다.
❸ 구입하거나 폐기한 책은 도서 목록에 추가하거나 도서 목록에서 삭제한다.
❹ 고객은 원하는 책이 도서관에 없을 때 예약할 수 있고, 도서관으로 책이 반납되거나 새로 구매한 경우에 연락을 받아 이용할 수 있다.
❺ 고객이 책을 빌려갔거나 직접 취소를 원할 때는 예약을 취소한다.

CHAPTER 07

활동 다이어그램

01 활동 다이어그램의 표현과 용도

02 활동 다이어그램의 단계별 모델링 : ATM

03 활동 다이어그램 모델링 연습

연습문제

학습목표

- 활동 다이어그램의 개념을 이해한다.
- 활동 다이어그램의 UML 표현을 학습한다.
- 유스케이스 명세서를 활동 다이어그램으로 모델링한다.
- 다양한 예제를 통해 활동 다이어그램을 모델링하는 연습을 해본다.

01 활동 다이어그램의 표현과 용도

1 활동 다이어그램의 표현

활동 다이어그램은 오퍼레이션이나 처리 과정이 수행되는 동안 일어나는 일들을 단계적으로 표현한다. 표현 방법으로는 크게 활동 및 전이, 분기, 동기화 막대, 신호, 구획면 등이 있다.

1.1 활동 및 전이

[그림 7-1]은 시작점, 활동, 종료점, 전이로 구성된 활동 다이어그램의 기본 구조다. 시작점은 활동의 시작을 의미하며 검은색 원으로 나타낸다. 활동 상태는 어떤 일들의 처리와 실행을 의미하고, 모서리가 둥근 사각형으로 나타낸다. 종료점은 처리의 종료를 의미하며, 이중 원으로 나타낸다. 화살표는 전이를 나타낸다. 활동 다이어그램에서 활동 하나가 처리되면 그다음 활동으로 자동으로 옮겨지며, 활동 상태의 시작과 종료는 항상 존재해야 한다(상태 다이어그램에서도 동일하게 표현된다).

[그림 7-2]는 시작점, 종료점, 활동 2개, 전이에 대한 예를 보여준다. 시작 상태에서 조건 없이 'MP3 플레이 버튼을 누른다.'라는 활동으로 전이가 발생하고, 이 활동 상태의 동작이 완료되면 '음악이 흐른다.'라는 다음 활동으로 전이가 발생한다. 그 후 활동이 종료된다.

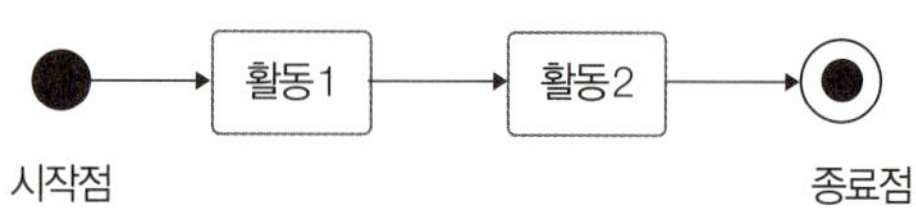

그림 7-1 활동 다이어그램 기본 구조

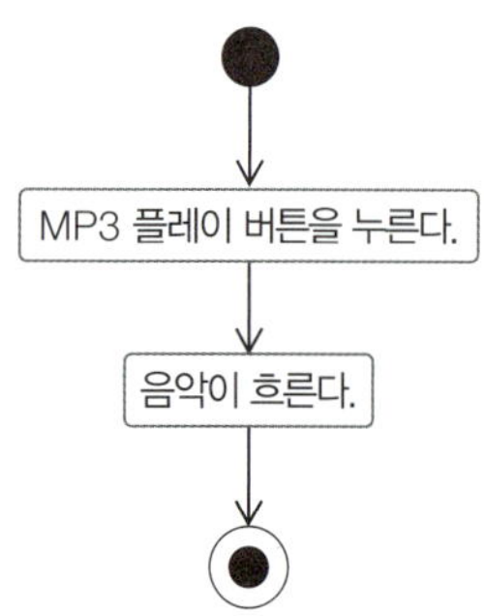

그림 7-2 시작점과 종료점이 있는 활동과 전이 예

1.2 분기

활동 1개에서 여러 활동으로 흐름이 나뉠 때 분기가 된다. 즉, 조건에 따라 처리 경로가 결정된다. [그림 7-3]은 마름모(판단)를 사용해 활동을 나누는 분기를 보여주고 있다. 마름모 옆에 《 》를 이용해 조건문을 써주면 된다.

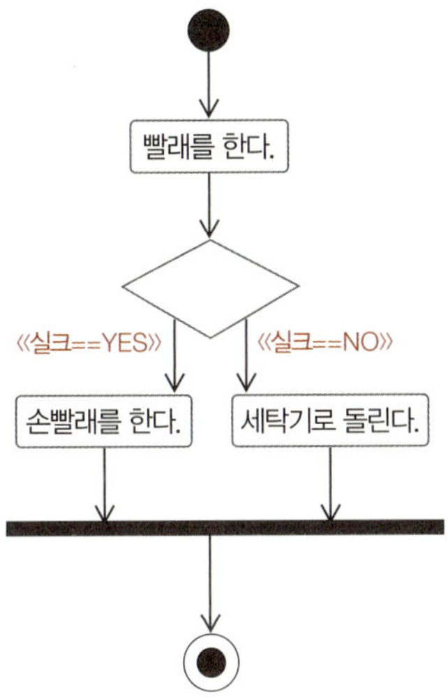

그림 7-3 분기 예

1.3 동기화 막대

활동 다이어그램에서는 여러 활동을 병행하는 경우가 있는데, 이때 동기화 막대Synchronization Bar를 사용한다. 동기화 막대는 동시 처리의 시작과 끝을 보여준다. 음향과 화면이 동시에 나오는 TV에 대한 활동 다이어그램의 동기화 막대는 [그림 7-4]와 같다.

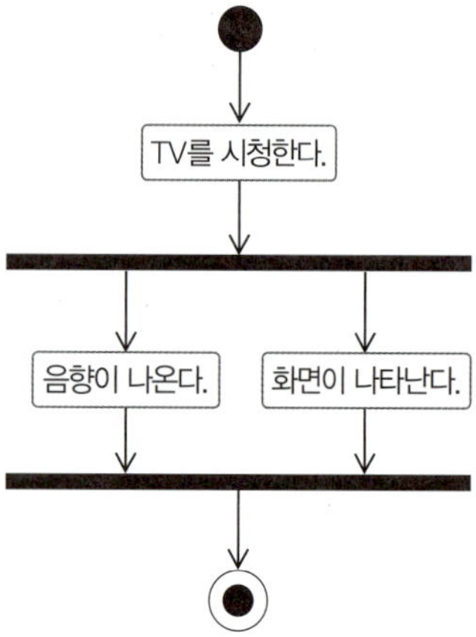

그림 7-4 동기화 막대 예

1.4 신호

신호는 활동이 진행되는 동안 제어 신호를 보내는 방식으로 이루어지는데, 활동 사이에 이루어지는 거래를 말한다. 신호는 ▭> 모양으로 송신 시그널을, >▭ 모양으로 수신 시그널을 나타낸다. 그리고는 시간 시그널을 ⧖ 모양으로 나타낸다.

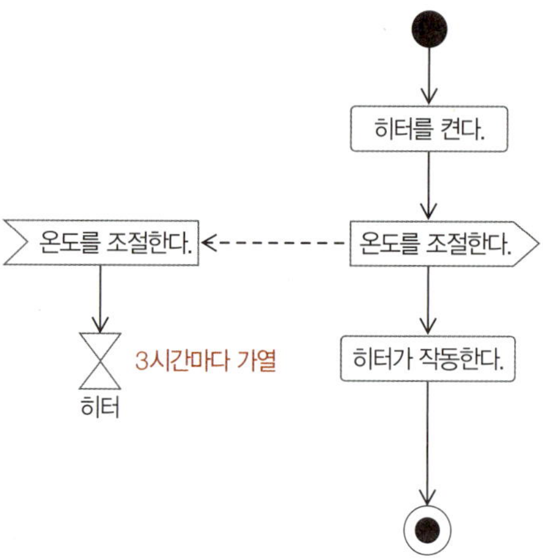

그림 7-5 신호의 전송과 수신 예

1.5 구획면

구획면Swim Lane은 활동 다이어그램에서 가로 혹은 세로 방향으로 그려지는 영역으로 각 활동 상태의 주체를 나타낸다. 구획면은 2개 이상의 사각형으로 표시하고, 구획면에 이름을 기술한다. [그림 7-6]은 회원 가입에 대한 처리 과정을 보여주는 활동 다이어그램이다. (a)는 해석이 불명확하고 주체가 명확하지 않은 반면 (b)와 같이 구획면을 사용해 각 활동의 주체를 나타내면 고객과 시스템의 활동 영역을 구분할 수 있어 이해하기가 쉽다.

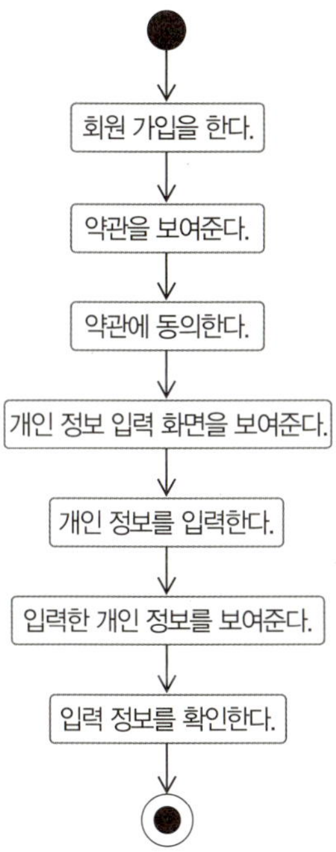

(a) 구획면이 없는 회원 가입 과정

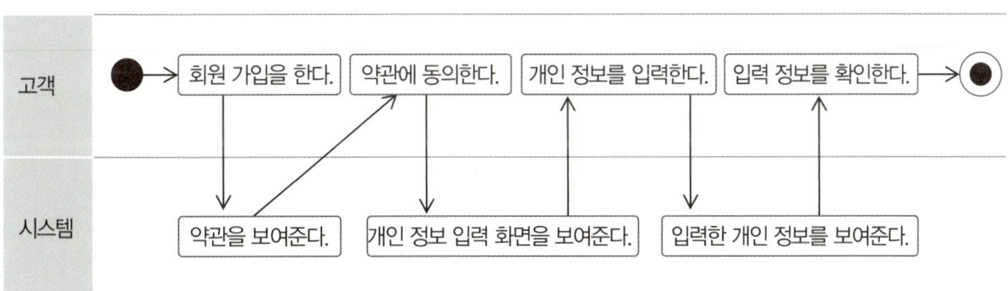

(b) 구획면으로 표현한 회원 가입 과정

그림 7-6 회원 가입에 대한 처리 과정

2 활동 다이어그램의 용도

활동 다이어그램은 주로 유스케이스 수준 이상의 비즈니스 프로세스를 표현하고 분석 단계에서 유스케이스 내부에 대한 구체적인 흐름을 나타내기 위해 사용한다. 또한 설계 단계에서 클래스 내부 오퍼레이션에 대한 알고리즘이나 구체적인 로직을 표현하기 위해 사용한다.

이처럼 활동 다이어그램은 순차 다이어그램이나 통신 다이어그램에서는 나타내기 어려운 상황을 표현할 수 있어, 업무 흐름을 분석하거나 화면 흐름을 표현할 때 유용하다.

활동 다이어그램은 구획면, 분기, 동기화 막대 등을 사용하여 활동의 주체, 조건에 따른 선택적 활동의 수행과 병행 활동 등을 표현하기 쉬우므로 업무 흐름을 표현할 때 가장 효과적으로 사용할 수 있다. 예를 들어 [그림 7-7]의 (a)는 채널 선택 시 홈쇼핑을 선택한 후 각각의 제품을 선택하기 위한 상품 목록으로 이동하고, 상품을 선택한 후 결제, 구매를 완료하는 홈쇼핑 업무 흐름을 나타낸다. 활동 다이어그램은 제공하는 화면들 간의 흐름을 표현할 때도 유용하다. 유스케이스별로 사용자 인터페이스를 위해 사용되는 화면 간의 흐름 관계를 전이로 보여준다. (b)는 홈쇼핑 화면 흐름을 표현하는 활동 다이어그램이다.

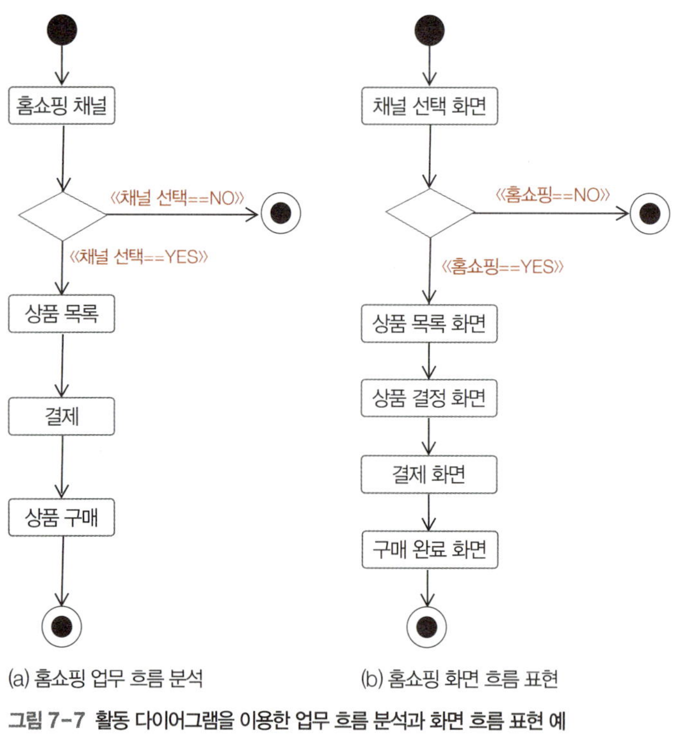

그림 7-7 활동 다이어그램을 이용한 업무 흐름 분석과 화면 흐름 표현 예

02 활동 다이어그램의 단계별 모델링 : ATM

유스케이스 명세서는 목표 달성에 필요한 규칙과 논리적인 흐름이 기술되어 있지만 도식화된 자료에 비해 검증이 어렵다. 이런 단점을 극복하기 위해 논리적 흐름을 시각적으로 표현한 것이 활동 다이어그램이다.

다음과 같은 ATM 계좌 이체 유스케이스 명세서를 활동 다이어그램으로 단계별로 모델링하면서 활동 다이어그램의 유용성을 이해해보자.

- 유스케이스명 : 계좌 이체
- 액터명 : 사용자(고객)
- 유스케이스 개요 : 사용자는 타인에게 계좌 이체를 한다.
- 사전 조건 : 사용자는 통장이나 카드를 소지하고 이를 ATM에 삽입해야 한다.
- 이벤트 흐름
  - 정상 흐름
    ① 고객이 '계좌 이체'를 선택한다.
    ② 시스템이 비밀번호 입력을 요구한다.
    ③ 고객이 비밀번호를 입력한다.(E1)
    ④ 시스템이 이체할 은행과 계좌 번호 입력을 요구한다.
    ⑤ 고객이 이체할 은행과 계좌 번호를 입력한다.
    ⑥ 시스템이 입력된 값이 유효한지 확인한다.(E2)
    ⑦ 시스템이 이체할 은행, 계좌 번호, 상대방 이름을 표시한다.
    ⑧ 고객이 입력한 값을 확인한다.(E3)
    ⑨ '이체 완료' 메시지가 나온다.
  - 선택 흐름
    (E1) 비밀번호가 일치하지 않을 경우
    ▶ "비밀번호가 틀립니다. 총○회 틀렸습니다. 3회 이상일 경우 거래가 종료됩니다."라는 오류 메시지를 화면에 출력하고, 다시 계좌 번호를 입력받는다.

▶ 3회 이상 틀릴 경우 거래가 종료된다.

(E2) 계좌 번호가 일치하지 않을 경우

▶ "계좌 번호가 없습니다."라는 오류 메시지를 화면에 출력하고 다시 계좌 번호를 입력받는다.

(E3) 고객이 정정이나 취소를 누른 경우

▶ 고객이 정정을 누르면 ②번부터 시작한다.

▶ 고객이 취소를 누르면 삽입된 카드와 통장이 나오고 시스템이 초기 화면으로 돌아간다.

□ 유스케이스 종료

유스케이스는 다음의 경우에 종료된다.

– 사용자가 ③, ④, ⑥, ⑧번의 경우에 취소할 경우

□ 사후 조건

– 이체 완료 메시지가 나오면 ATM은 통장에 계좌 이체 결과를 입력한다.

– 통장이나 카드를 배출하고 초기 화면으로 돌아간다.

– 은행 데이터베이스에 결과 정보를 보낸다.

위 명세서를 활동 다이어그램으로 작성하려면 유스케이스가 실행되기 전에 반드시 테스트되어야 하는 사전 조건을 먼저 확인한다. 이 명세서는 시작부터 카드나 통장 삽입, 카드나 통장의 유효성 검사, 화면에서 계좌 이체를 선택하는 과정을 순차적으로 보여준다. 또한 〈선택 흐름〉은 카드나 통장의 유효성 확인에서 실패했을 때 오류 메시지를 출력하고 카드와 통장을 배출한 후 초기 화면으로 되돌아가는 과정을 보여준다. 이 유스케이스 명세서의 사전 조건을 모델링하면 [그림 7-8]과 같다.

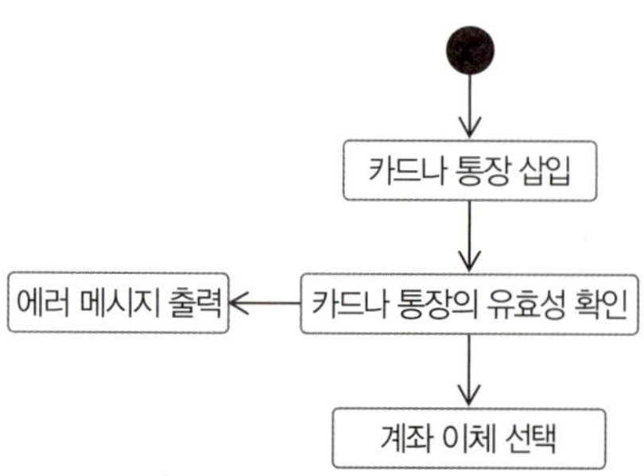

그림 7-8 사전 조건의 모델링

다음으로는 유스케이스 종료와 사후 조건을 살펴보자. 둘은 겹치는 부분이 많기 때문에 함께 작업하는 것이 좋다. 먼저 다음과 같은 경우에 거래를 취소한다.

❶ 비밀번호가 3회 이상 틀렸을 경우

❷ 비밀번호 입력 화면에서 취소 버튼을 누른 경우

❸ 계좌 번호 입력 화면에서 취소 버튼을 누른 경우

❹ 이체할 은행, 계좌 번호, 이름을 확인하는 화면에서 취소 버튼을 누른 경우

유스케이스 종료 시점에서 처리해야 하는 사후 조건은 다음과 같다.

❶ 이체 완료 메시지가 나오면 ATM은 통장에 계좌 이체 결과를 입력한다.

❷ 통장이나 카드를 배출하고 초기 화면으로 돌아간다.

❸ 은행 데이터베이스에 결과 정보를 보낸다.

[그림 7-9]는 거래 취소와 종료에 따른 활동을 나타낸다.

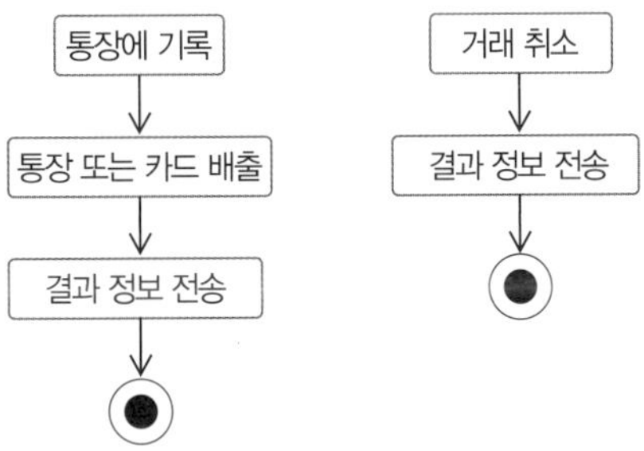

그림 7-9 종료 시 사후 조건의 모델링

다음으로 계좌 이체 처리를 모델링한다. [그림 7-10]과 [그림 7-11]은 선택 흐름에서 각각 비밀번호가 일치하지 않을 경우와 계좌 번호가 일치하지 않을 경우를 모델링한 것이다.

❶ "비밀번호가 틀립니다. 총○회 틀렸습니다. 3회 이상일 경우 거래가 종료됩니다."라는 오류 메시지를 화면에 출력한다.

❷ 비밀번호가 3회 이상 틀렸는지 확인한다.

❸ 3회 이상 틀린 경우가 아니면 비밀번호 입력 화면으로 돌아간다.

❹ 3회 이상 틀린 경우 거래가 종료되어 카드나 통장이 나오고, 다시 계좌 번호를 입력받는다.

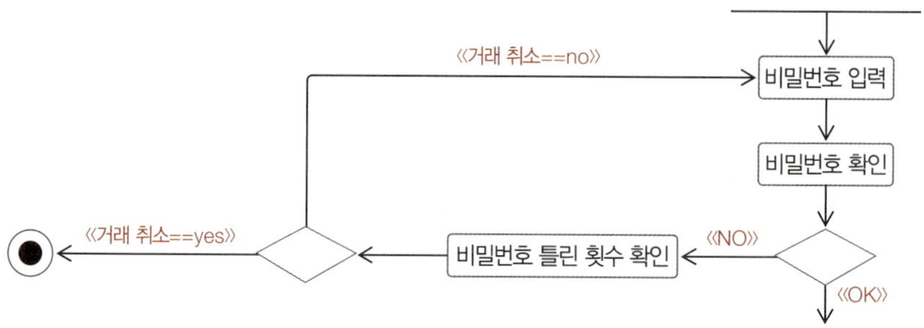

그림 7-10 선택 흐름 : 비밀번호가 일치하지 않을 경우의 모델링

❶ "계좌 번호가 없습니다."라는 오류 메시지를 화면에 출력한다.

❷ 계좌 번호를 다시 입력받는다.

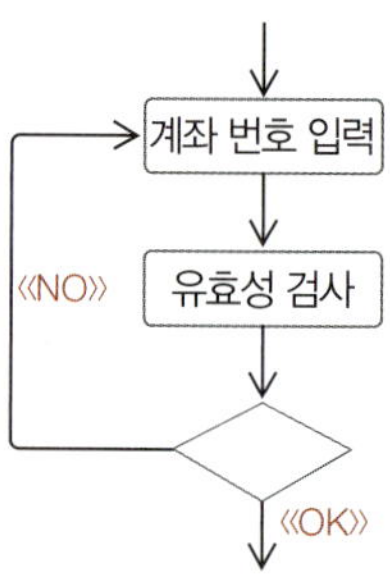

그림 7-11 선택 흐름 : 계좌 번호가 일치하지 않을 경우의 모델링

모델링한 부분 작업을 모두 합쳐 활동 다이어그램을 완성하면 [그림 7-12]와 같다.

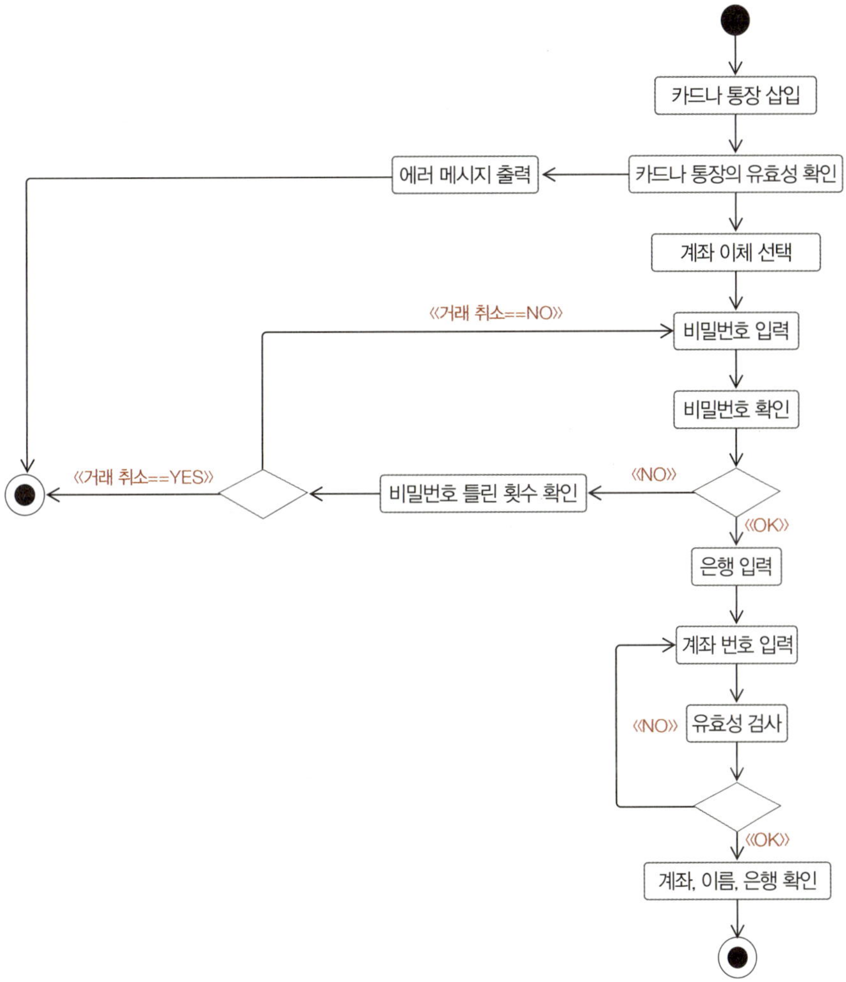

그림 7-12 완성된 계좌 이체 유스케이스에 대한 활동 다이어그램

03 활동 다이어그램 모델링 연습

1 도서 관리

도서 관리 과정은 다음과 같다.

❶ 사서는 구입한 도서를 도서 목록에 추가한다.

❷ 사서는 폐기한 도서를 도서 목록에서 삭제한다.

❸ 이용자는 도서 목록에서 대출이 가능한지 확인한다.

❹ 대출이 가능한 도서는 대출한다.

❺ 대출이 완료된다.

❻ 대출이 불가능한 도서는 예약한다.

❼ 예약이 완료된다.

도서 관리 과정을 활동 다이어그램으로 나타내면 [그림 7-13]과 같다.

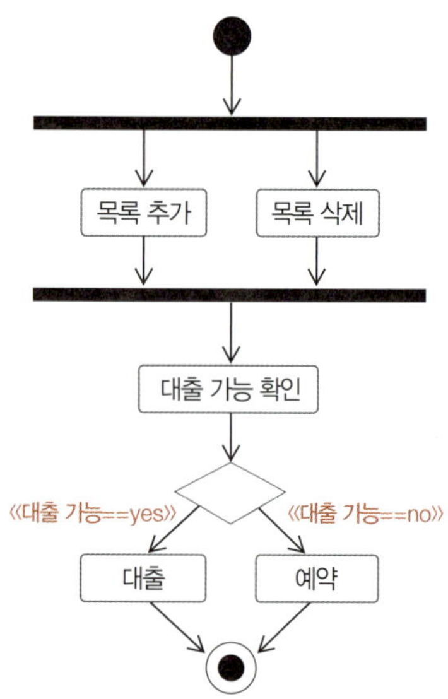

그림 7-13 도서 관리의 활동 다이어그램

2 도서 예약

도서 예약 과정은 다음과 같다.

❶ 이용자가 도서 대출을 신청한다.

❷ 사서는 대출이 가능한지 확인한다.

❸ 대출이 불가능한 도서를 예약한다.

❹ 이용자가 예약을 취소한다.

❺ 취소가 완료된다.

❻ 대출 중인 도서가 반납된다.

❼ 예약 이용자 중 우선순위가 높은 고객을 찾는다.

❽ 대출이 가능하다는 메시지를 보낸다.

❾ 예약 시스템이 완료된다.

도서 예약 과정을 활동 다이어그램으로 나타내면 [그림 7-14]와 같다.

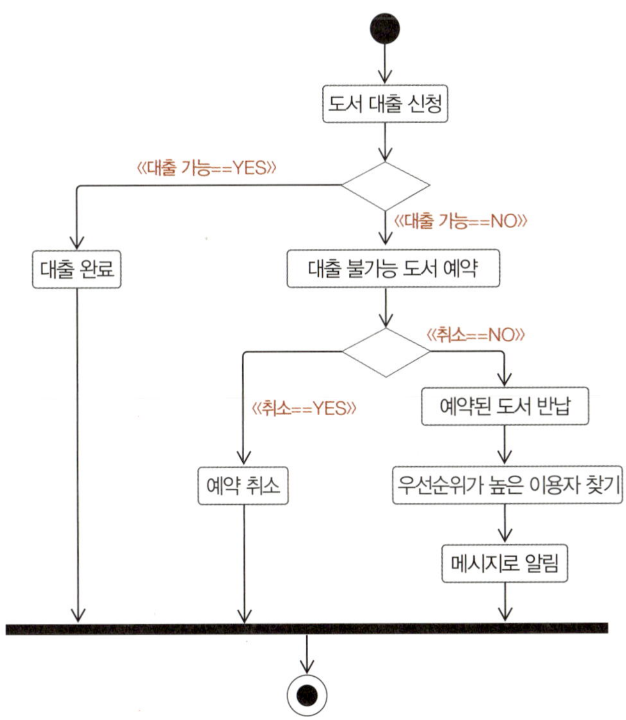

그림 7-14 도서 예약 과정의 활동 다이어그램

구획면을 이용해 각 활동의 주체까지 표현한 활동 다이어그램은 [그림 7-15]와 같다.

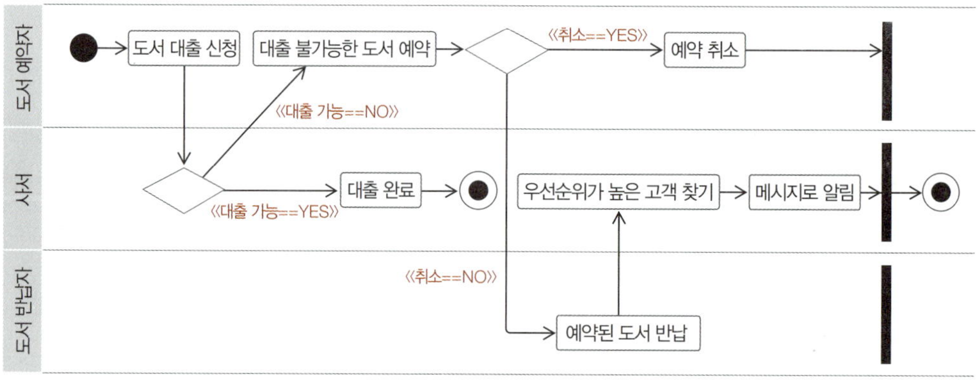

그림 7-15 구획면을 이용한 도서 예약의 활동 다이어그램

3 데이터 전송

데이터 전송 시 사용자가 클라이언트를 통해 데이터를 입력하면 클라이언트는 입력된 데이터를 서버에 전달한다. 서버는 입력된 데이터에 대한 결과 값을 클라이언트에 반환하고, 클라이언트는 이를 사용자에게 결과 메시지로 전달한다.

여기서 inputData데이터 입력, dataDeliver데이터 전달, showMessage결과 메시지 보여주기 등을 활동으로 추출하고, 입력한 데이터가 조건에 부합한가를 분기 조건으로 하여 [그림 7-16]과 같은 활동 다이어그램을 그린다.

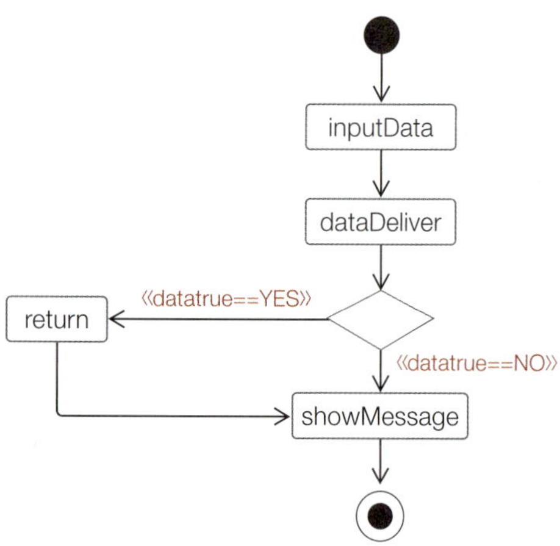

그림 7-16 데이터 전송의 활동 다이어그램

4 식당 예약 관리

식당 예약 시 고객이 종업원에게 전화를 걸고, 종업원이 전화를 받아 대답하면 고객이 이름, 주소, 전화번호를 종업원에게 설명하여 예약한다. 종업원은 이를 메모하고, 예약을 완료한다.

여기서 call전화 걸기 혹은 끊기, answer전화 받기, reserve예약, explain설명, memo메모, acquire예약 완료 등을 활동으로 추출하고, 신호가 전달될 때를 분기로 하여 [그림 7-17]과 같은 활동 다이어그램을 그린다.

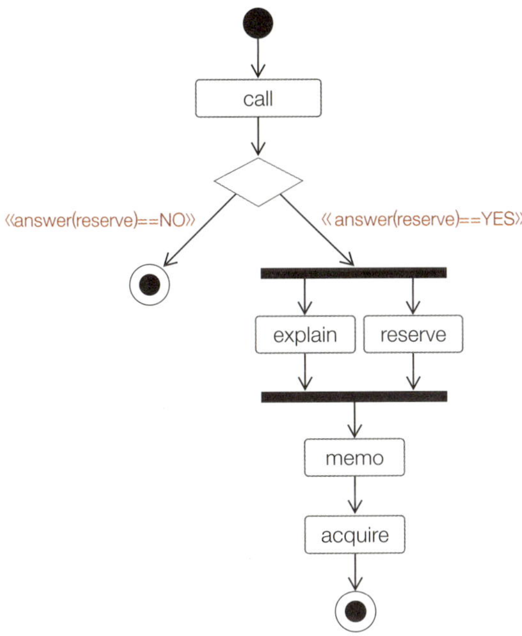

그림 7-17 식당 예약 관리의 활동 다이어그램

5 주문 예약 관리

최초로 로그인한 후 메인 화면에서 원하는 상품을 검색하면, 해당된 상품에 대하여 '찜하기'를 할 수 있으며, 다른 상품을 추가로 검색할 수 있다. 혹은 검색한 상품을 바로 주문할 수 있다. 로그인, 메인 화면, 상품 검색, 상품 정보 보여주기, 찜하기, 주문하기를 활동으로 추출해 [그림 7-18]과 같은 활동 다이어그램을 그릴 수 있다.

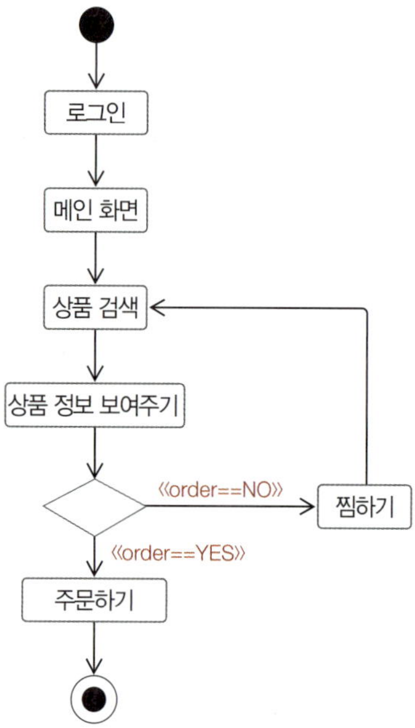

그림 7-18 주문 예약 관리의 활동 다이어그램

6 라디오 주파수 선택

라디오를 켜면, FM · AM 상태를 선택한 후 자신이 원하는 주파수를 선택한다. 라디오 켜기, 라디오 상태 선택(AM · FM), 주파수 탐색, 주파수 선택 등을 활동으로 추출하여 [그림 7-19]와 같은 활동 다이어그램을 그릴 수 있다.

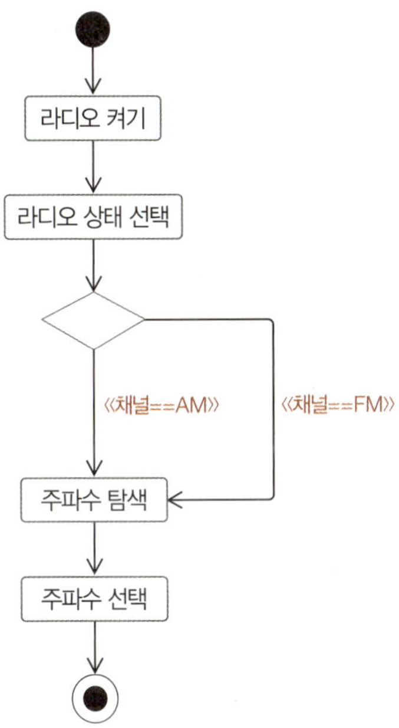

그림 7-19 라디오 주파수 선택의 활동 다이어그램

7 화면 로그인

화면 로그인 시 해당 데이터베이스에서 아이디와 비밀번호를 검색해 결과가 NO이면 에러 메시지를 보내주고 다시 로그인 화면으로 넘어간다. 반면 검색 결과가 YES이면 다음 화면으로 넘어가면서 로그인에 성공한다. 이 과정은 [그림 7-20]과 같은 활동 다이어그램으로 그릴 수 있다.

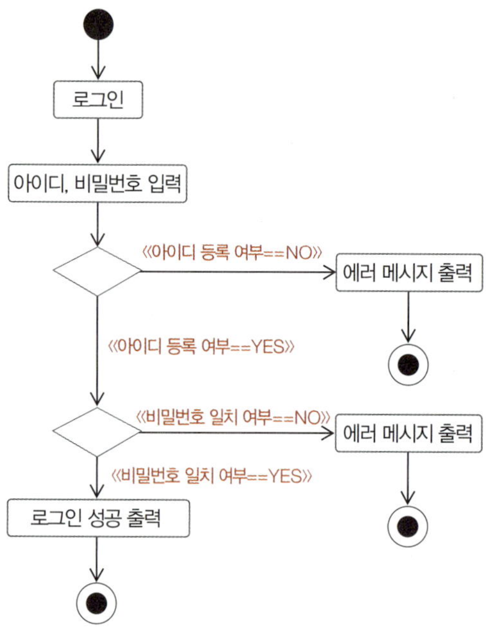

그림 7-20 화면 로그인의 활동 다이어그램

01 활동 다이어그램에 관한 설명으로 잘못된 것은?

① 시스템의 정적인 구조를 표현하는 다이어그램이다.
② 오퍼레이션의 알고리즘을 표현하기 위해 사용할 수 있다.
③ 업무 흐름을 표현하기 위해 사용된다.
④ 4+1 뷰에서 프로세스 뷰에 속한다.

02 활동 다이어그램에 관한 설명으로 잘못된 것은?

① 처리 로직이나 조건에 따른 처리 흐름을 순서에 따라 정의한 모델이다.
② 플로 차트와 유사한 특성이 있어 화면의 흐름을 표현해 준다.
③ 순차나 통신 다이어그램에서 나타내기 어려운 상황을 표현할 수 있다.
④ 요소들을 그룹으로 조직하기 위한 메커니즘이다.

03 UML 모델링을 위해 사용되는 특정 다이어그램의 활용에 대한 설명이다. 해당 다이어그램으로 가장 적절한 것은?

- 유스케이스에서 흐름을 모델링하기 위해 사용된다.
- 객체의 연산에 대한 플로 차트로 활용될 수 있다.
- 비즈니스 프로세스나 작업 흐름을 모델링할 수 있다.

① 순차 다이어그램　　② 활동 다이어그램
③ 상태 다이어그램　　④ 통신 다이어그램

04 UML 다이어그램의 일부다. 그림에 대한 설명으로 가장 거리가 먼 것은?

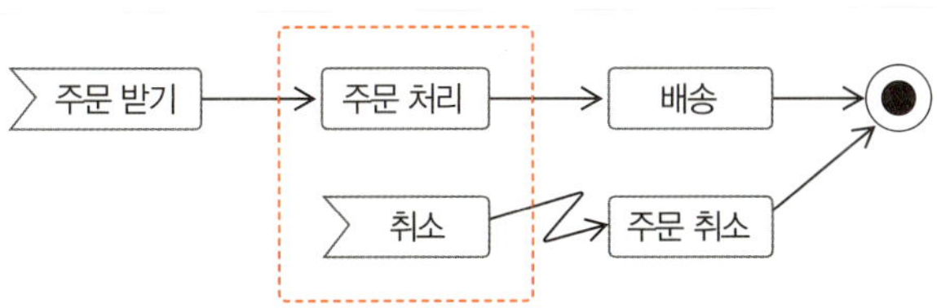

① 주문을 받아야 액티비티가 시작된다.
② 주문 처리 중 인터럽트가 발생할 수 있다.
③ 인터럽트가 발생하면 주문 취소가 실행된다.
④ 배송 중에도 인터럽트가 발생할 수 있다.

05 다음 통신 다이어그램을 보고 활동 다이어그램을 작성하시오.

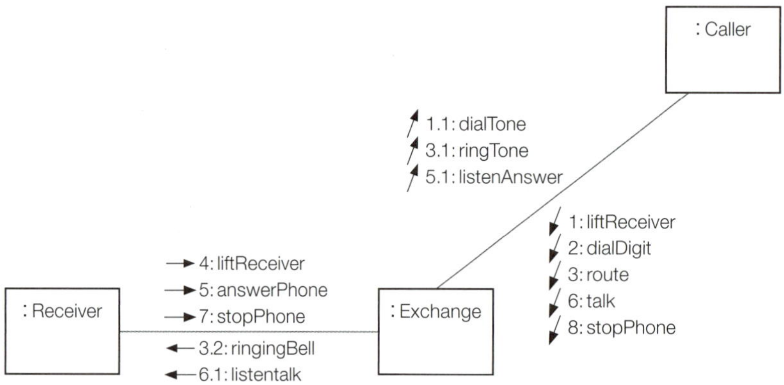

06 다음 도서 대출 관리 시스템의 명세서를 보고 활동 다이어그램을 작성하시오.

- 도서 대출 관리 시스템에 등록된 사람들에게 책을 빌려준다.
- 사서는 새로운 책이 들어오면 도서 목록에 추가하고, 이용자는 원하는 책을 검색한다.
- 검색한 도서는 도서 목록에서 확인할 수 있다. 도서 목록에 있는 책이 예약되어 있다면 책을 반납받는다. 이용자는 원하는 책이 예약된 책이 아니라면 예약한다.

07 다음 식당 관리 시스템의 명세서를 보고 활동 다이어그램을 작성하시오.

- 식당을 찾은 고객은 지배인Master이 안내하는 테이블table에 앉고sit, 지배인이 부른 웨이터Server를 통해 음식을 주문order하거나 웨이터를 통해 음식을 추천받는다.
- 주문 시 메인 요리mainFood를 주문하며, 필요에 따라서 특별 요리speicalFood를 추천받을 수 있다.
- 음식을 주문하면 에피타이저Appetizer가 먼저 나오고, 고객은 이를 먹는다eating. 에피타이저를 먹는 동안 메인 요리가 나온다.
- 에피타이저와 메인 요리를 먹은 후 디저트dessert을 선택choice할 수 있으며, 현금cash이나 신용카드credit card로 계산calculate을 한다.
- 이 밖에 고객은 코트coat나 모자hat를 입었을 시, 지배인을 통해 보관할 수 있으며, 웨이터에게 별도의 팁tip을 줄 수도 있다.

CHAPTER 08
상태 다이어그램

학습목표

- 상태 다이어그램의 개념을 이해한다.
- 상태의 확장 개념을 학습한다.
- 상태 다이어그램 모델링 과정을 학습한다.
- 다양한 예제를 통해 상태 다이어그램을 모델링하는 연습을 해본다.

01 상태 다이어그램의 표현과 용도

상태 다이어그램은 특정 객체 내부의 자세한 동작을 기술하거나 시스템 전체의 자세한 동작을 기술하는 데 이용하는 상호작용 다이어그램이다. 따라서 객체가 가질 수 있는 상태에 대해, 상태별로 수신된 메시지에 대해 어떤 동작을 보일지 기술한다.

1 상태 다이어그램의 표현

상태 다이어그램의 표기법에는 상태, 이벤트와 전이를 나타내는 기본 표기법과 상태와 이벤트를 확장해 표현할 수 있는 확장 표기법이 있다.

1.1 상태

상태는 객체가 존재할 수 있는 조건 중 하나로, 모서리가 둥근 사각형으로 표시하고 안쪽 상단에 상태 이름을 기술한다. [그림 8-1]의 (a)는 세탁기 객체가 가질 수 있는 네 가지 상태이고 (b)는 이들 상태 간의 동작 관계를 표현한 상태 다이어그램이다.

상태에서 중요한 것은 객체가 가질 수 있는 가능한 모든 경우가 상태로 파악되어야 한다는 점이다. 즉, 객체는 파악된 상태 외의 상태는 가질 수 없다. 또 특정 순간에는 오직 한 가지 상태만 존재할 수 있다.

상태 다이어그램에도 활동 다이어그램처럼 시작 상태와 종료 상태가 있으며, 시작 상태와 종료 상태의 표기와 활동은 활동 다이어그램과 같다.

(a) 세탁기 객체가 가질 수 있는 상태

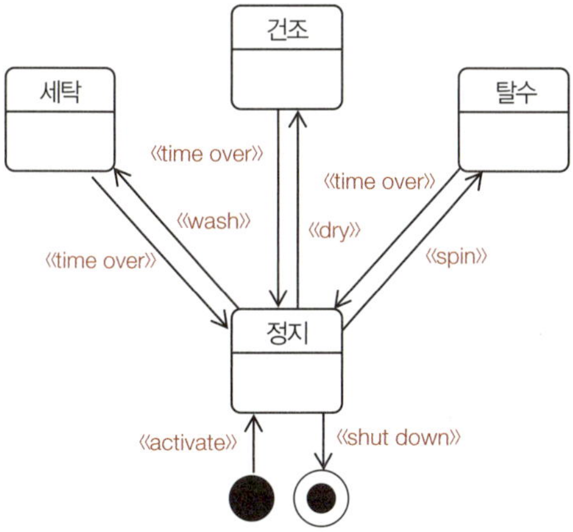

(b) 세탁기 객체의 상태 다이어그램

그림 8-1 세탁기 객체의 상태와 상태 다이어그램

1.2 이벤트와 전이

[그림 8-2]는 이벤트에 의해 전이되는 두 상태를 표현한 것이다. 활동 다이어그램과 비슷하게 외부에서 객체에 자극이 전달된 경우, 이 자극에 의해 객체가 다른 상태로 변경될 수 있다. 이때 객체의 상태가 다른 상태로 변경되는 것을 전이Transition라고 부르며, 객체의 전이를 유발하는 자극을 이벤트event라고 한다.

상태 다이어그램에서 상태 전이는 실선으로 표현하며, 상태의 전이를 유발하는 이벤트는 전이 위에 이름을 표시한다.

그림 8-2 time over 이벤트에 의해 세탁 상태에서 정지 상태로 전이

[그림 8-1]의 세탁기 객체에 대한 이벤트와 전이는 다음과 같은 내용을 표현한 것이다.

- 세탁기는 시작 상태에서 activate 이벤트를 받으면 가동할 수 있는 정지 상태가 된다.
- 세탁기가 정지 상태에서 shut down 이벤트를 받으면 종료 상태가 된다. 즉, 세탁기는 동작하지 않는다.
- 세탁기가 정지 상태에서 wash 이벤트를 받으면 세탁 상태가 된다.
- 일정한 시간이 되면, 즉 time over 이벤트를 수신하면 세탁기는 정지한다.

• 세탁기가 정지 상태에서 dry 이벤트를 받으면 건조 상태가 된다.
• 일정한 시간이 되면, 즉 time over 이벤트를 수신하면 세탁기는 정지한다.
• 세탁기가 정지 상태에서 spin 이벤트를 받으면 탈수 상태가 된다.
• 일정한 시간이 되면, 즉 time over 이벤트를 수신하면 세탁기는 정지한다.

상태 다이어그램은 세탁기처럼 외부에서 발생하는 이벤트에 대해 동적으로 반응해야 하는 시스템에서 중요한 역할을 한다.

1.3 확장 표기법

상태 다이어그램에서는 상태와 이벤트 표기를 확장하여 좀 더 상세하게 표현할 수 있다. 클래스 아이콘처럼 두 영역으로 나누어 정보를 써넣을 수 있는데 이를 상태 아이콘이라 한다. 위쪽에는 상태 이름이, 아래쪽에는 활동이 들어간다. 상태 이름은 필수 사항이고, 활동은 선택 사항이다. [그림 8-3]은 상태 이름과 활동이 있는 상태를 보여준다.

그림 8-3 상태 아이콘의 확장 표현

프린터를 예로 들어보자. 프린터는 컴퓨터로부터 받은 프린트할 데이터를 메모리에 저장하고, 프린트가 끝나면 메모리에 저장된 데이터를 삭제해야 한다. 이때 메모리에 저장 · 삭제하는 save_memory_data와 delete_memory_data, 프린트할 종이가 있는지를 체크하는 check_paper, 프린트할 페이지를 알아내는 amount_pages 등의 상태 변수가 있다.

[그림 8-4]는 stop정지 상태와 print프린트 상태를 가진 프린터의 상태 다이어그램이다.

전이를 나타내는 선 위에도 정보를 추가할 수 있다. 이 정보는 전이가 일어나는 원인을 제공하는 이벤트와 실제로 수행되어 상태 변화를 일으키는 동작으로 표현한다. 이벤트와 동작은 전이선에 가깝게 붙여 쓰며, 슬래시(/)를 사용하여 이벤트와 동작을 구분 짓는다. 연관된 동작 없이 전이를 일으킬 수 있는 이벤트도 있으며, 활동을 종료했기 때문에 일어나는 전이도 있다.

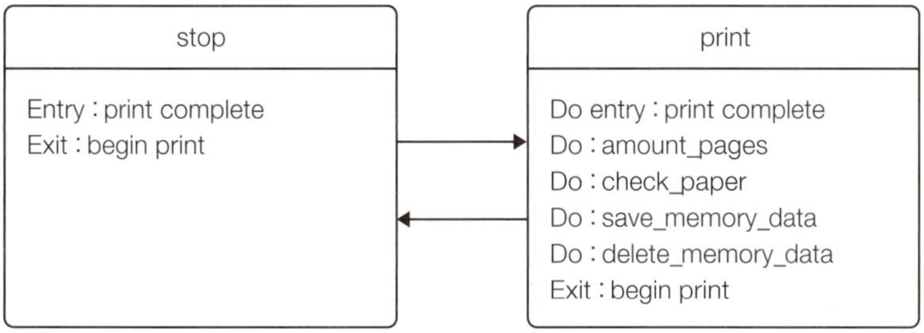

그림 8-4 상태 이름과 활동으로 표현된 프린터의 상태 다이어그램

에어컨 시스템을 예로 들어보자. 에어컨 시스템은 초기화Initializing, 작동 중Working, 끝마무리Finishing 세 가지 상태 중 하나가 될 것이다.

에어컨을 켜면, 에어컨 시스템은 현재 온도를 확인하여 설정 온도보다 높으면 에어컨이 작동되게 한다. 따라서 turn air conditioner on에어컨 켜기은 초기화 상태로 전이되게 하는 이벤트이며, temperature confirmation온도 확인은 이 전이가 수행되는 도중에 일어나는 동작이다.

시작 상태에서 turn air conditioner on/temperature confirmation의 결과로 에어컨 시스템은 초기화 상태로 전이된다. 여기서 turn air conditioner on은 전이가 일어나는 원인을 제공하는 이벤트이고, temperature confirmation은 실제로 수행되어 상태 변화를 일으키는 동작이 된다. 에어컨을 끄면turn off 끝마무리 상태로 전이되게 하는 이벤트가 만들어지고 에어컨이 꺼진다. [그림 8-5]는 이러한 에어컨 시스템의 각 상태와 상태 전이를 보여준다.

그림 8-5 에어컨 시스템의 상태 다이어그램

[그림 8-5]에서 나타낸 에어컨 시스템의 상태 다이어그램은 상태 변화를 단순하게 표현한 것이다. 좀 더 자세히 설계해보자. 에어컨은 초기화 작업을 끝내고 작동하다가 설정된 온도보다 낮을 경우 작동을 멈추고 대기 상태에 들어간다. 대기 상태에서 실내 온도가 설정된 온도보다 높을 경우에 작동한다. 이렇게 대기 상태와 작동 중인 상태가 실내 온도의 변화에 따라 다른 상태로 전이된다. 즉, 에어컨 시스템은 작동 중 상태에서 다른 상태로 전이된다고 말할 수 있다.

[그림 8-6]은 대기 상태와 관련한 전이 조건이 추가된 에어컨 시스템의 상태 다이어그램을 보여준다.

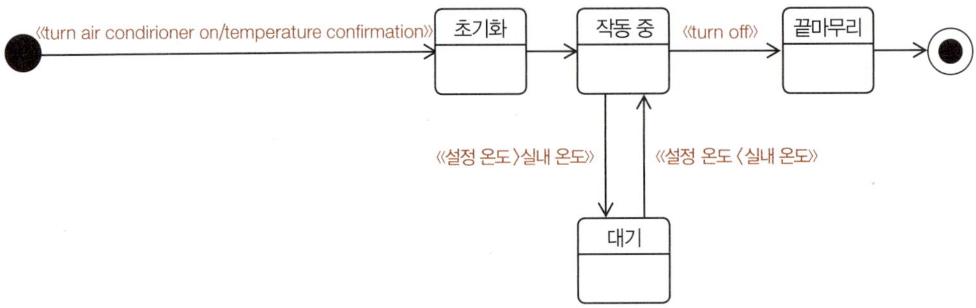

그림 8-6 전이 조건이 추가된 에어컨 시스템의 상태 다이어그램

2 상태 다이어그램의 용도

상태 다이어그램은 일반적으로 다음과 같은 목적으로 사용된다.

■ **객체의 상태 변화를 상세히 분석한다**

상태 다이어그램은 객체 하나를 대상으로 생성-소멸 기간 중 다양하게 가질 수 있는 상태state를 분석하기 위해 작성된다. 객체는 생성되어 소멸될 때까지 간단한 상태를 가지지만 일부는 매우 복잡한 상태로 변화하면서 존재한다. 상태 다이어그램은 객체의 동적 상태 변화를 정의하고 분석하는 목적으로 사용된다.

■ **이벤트에 의한 객체의 반응을 분석한다**

상태 다이어그램은 객체 상태 변화를 유발하는 이벤트를 정의하고 분석하기 위해 작성된다. 객체 상태는 이벤트에 의해 변화된다. 이처럼 객체의 상태 변화를 유발하는 이벤트를 식별·정의한다.

■ **객체의 속성이나 동작을 검증한다**

상태 다이어그램은 객체의 속성과 동작을 검증하기 위해 작성된다. 상태 다이어그램에서 분석 대상인 객체의 상태는 속성 값으로 정의되고, 이벤트는 대부분 객체의 동작으로 정의된다. 따라서 클래스 다이어그램에서 정의된 클래스의 속성과 동작의 적합성을 검증할 수 있다.

02 상태 다이어그램의 단계별 모델링 : 온라인 진료 예약, 재고 관리

1 온라인 진료 예약

A 병원은 향상된 진료 서비스를 제공하고 환자를 효율적으로 관리하기 위해 진료 예약 시스템을 개발하려고 한다. 이 시스템으로 현재 환자의 상태를 파악하고 그 상태에 따라 환자를 관리하려는 것이다. 병원에 방문해 한 번이라도 진료를 받은 환자라면 관심 상태가 된다. 지속적인 통원 진료를 요하는 환자는 진료 상태다. 관심이나 진료 상태에서 의사의 결정에 따라 진료가 종료되면 진료 종료 상태가 된다. 진료 중 상태에서 의사의 결정에 따라 입원이 결정되면 입원 상태가 된다. 입원 상태에서 퇴원이 결정되면 진료나 진료 종료 상태가 된다. 이를 토대로 상태 다이어그램을 단계별로 모델링해보자.

첫 번째 단계는 환자의 초기 상태를 확인하는 것이다. 병원에 방문해 한 번이라도 진료를 받은 환자라면 관심 상태가 된다고 했으므로 시작 상태, 전이, 첫 번째 상태(관심) 세 가지 요소가 필요하다. 그리고 초기 상태에서 발생하는 이벤트는 한 번 이상 병원 방문이므로 visit 〉=1 을 조건으로 둔다.

그림 8-7 환자의 초기 상태 : 관심

다음으로 관심 상태를 다른 상태로 바꾸는 이벤트를 확인한다. 지속적인 통원 진료를 요하는 환자는 진료 상태로 한다고 했으므로 변화의 방향을 나타내는 전이, 변화를 시작하게 만드는 이벤트, 객체가 전이할 새로운 상태를 추가하면 [그림 8-8]과 같다.

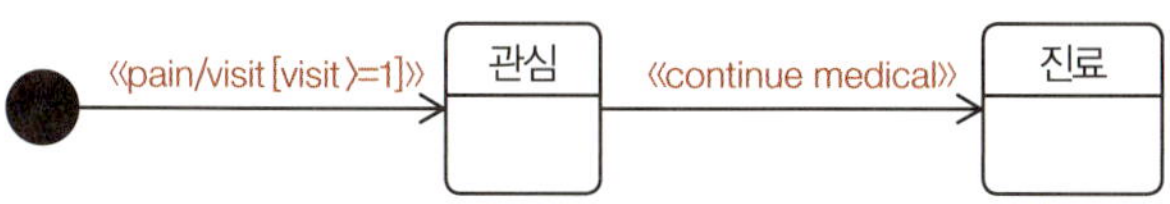

그림 8-8 관심 상태에서 진료 상태로 전이

진료 상태를 다른 상태로 바꾸는 이벤트를 확인한다. 진료 상태에서 의사의 결정에 따라 입원이 결정되면 입원 상태가 된다고 했으므로 입원 결정 이벤트를 추가해 [그림 8-9]와 같이 그린다.

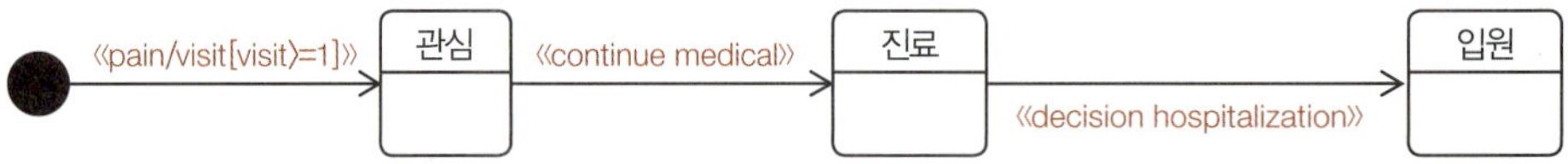

그림 8-9 진료 상태에서 입원 상태로 전이

입원 상태를 다른 상태로 바꾸는 이벤트를 확인한다. 입원 상태에서 퇴원이 결정되면 진료나 진료 종료 상태가 된다고 했으므로 [그림 8-10]과 같이 그린다.

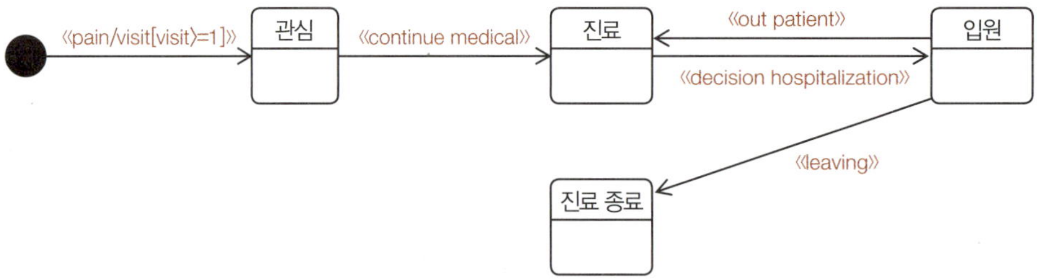

그림 8-10 입원 상태에서 진료 또는 진료 종료 상태로 전이

관심 상태나 진료 상태에서 진료 종료 상태가 되는 이벤트를 확인한다. 관심 상태나 진료 상태에서 의사의 결정에 따라 진료가 종료되면 진료 종료 상태가 된다고 했으므로 [그림 8-11]과 같이 그린다.

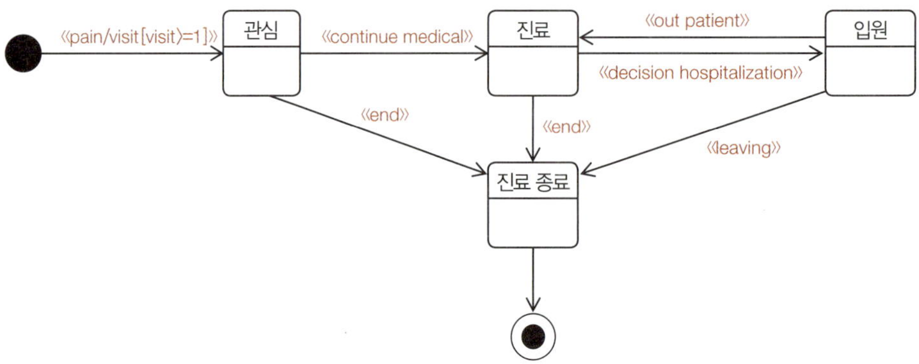

그림 8-11 관심과 진료 상태에서 진료 종료 상태로 전이

2 재고 관리

매입 주문을 통해 물품 정보가 재고 관리 시스템에 처음 입력된다. 각 물품에 대한 원래의 매입 주문 기록을 보관한다. 물품을 접수하면 물품을 보관한 위치를 재고 목록에 반영한 다음 매입 주문 내용을 수정하여 물품이 입고된 사실을 기록한다. 물품을 판매한 경우에도 관련 주문 내용을 보관해야 한다. 운송을 위해 판매된 물품을 포장하고 운송 관련 정보를 기록한다. 포장된 물품을 발송하고, 운송자와 발송 일자를 기록한다. 물품이 반송되는 경우에는 반송된 물품의 정보와 위치를 재고 목록에 다시 반영한다. 이를 토대로 물품 객체에 대한 상태 다이어그램을 단계별로 모델링해보자.

초기 상태는 [그림 8-12]와 같이 매입 처리 중이고 이는 매입 주문을 기록하는 단계다.

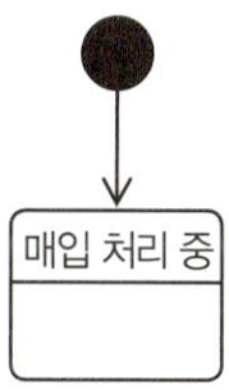

그림 8-12 물품 객체의 초기 생성

[그림 8-13]은 itemreceive물품 접수를 추가해 매입 처리 중 상태에서 재고 반영 상태로 전이되는 과정을 모델링한 것이다. 물품 접수 이벤트는 물품 재고 위치를 수정하는 list(location) 동작을 일으킨다.

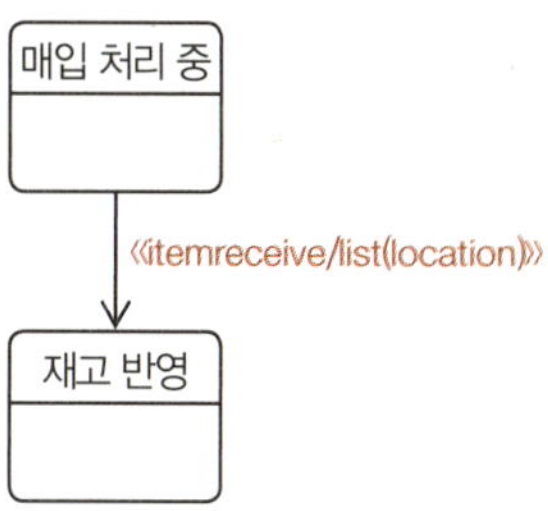

그림 8-13 매입 처리 중 상태에서 재고 반영 상태로 전이

[그림 8-14]는 sell판매 이벤트를 추가해 재고 반영 상태에서 판매 상태로 전이되는 과정을 모델링한 것이다. 판매 이벤트는 재고를 확보한 물품의 정보를 기록하는 sellorder(order) 동작을 일으킨다.

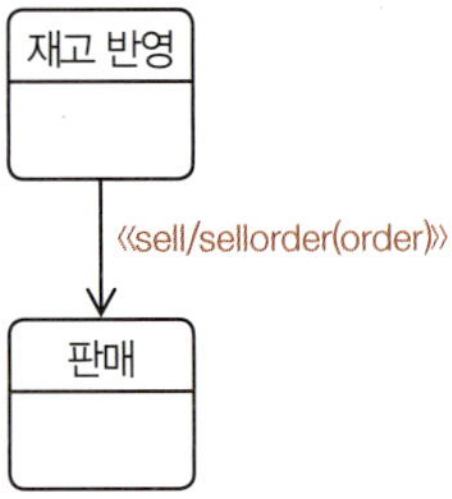

그림 8-14 재고 반영 상태에서 판매 상태로 전이

[그림 8-15]는 packing_item물품 포장 이벤트를 추가해 판매 상태에서 포장 상태로 전이되는 과정을 모델링한 것이다. packing_item 이벤트는 운송 정보를 기록하는 setcarryinfo (carryinfo) 동작을 일으킨다.

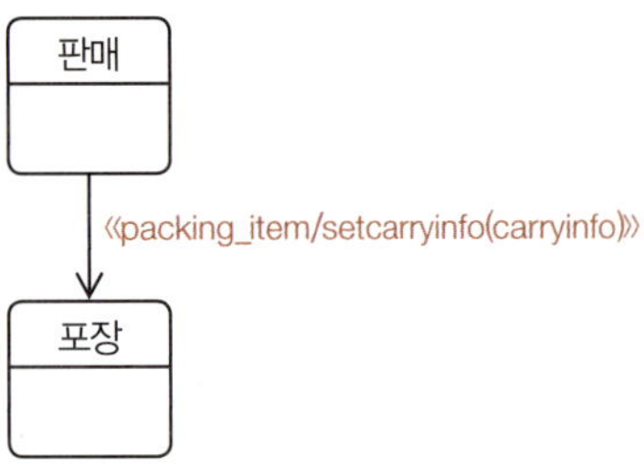

그림 8-15 판매 상태에서 포장 상태로 전이

[그림 8-16]은 carry운송 이벤트를 추가해 포장 상태에서 운송 상태로 전이되는 과정을 모델링한 것이다. 운송 이벤트는 운송자와 발송 일자를 기록하는 setcarry(date, carrier) 동작을 일으킨다.

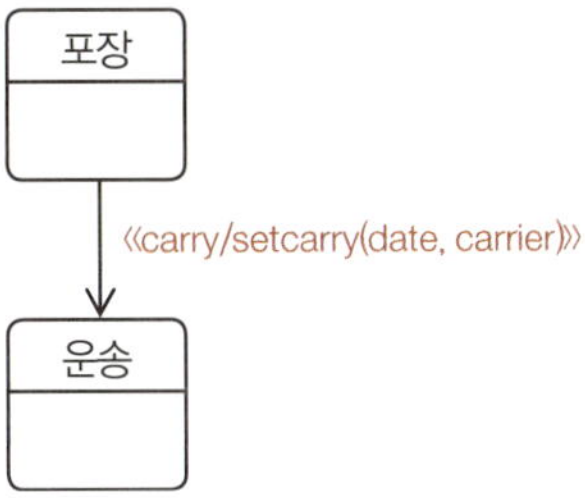

그림 8-16 포장 상태에서 운송 상태로 전이

[그림 8-17]은 물품 객체의 전이를 완성된 상태 다이어그램으로 보여준다. return반송 이벤트가 더 추가된 것을 알 수 있다. 반송 이벤트는 운송 상태에서 재고 반영 상태로 전이를 발생시키고, 물품의 위치를 기록하는 동작이 실행되도록 한다. [그림 8-13]의 itemReceive물품 접수 이벤트 역시 재고 반영 상태로 들어가는 이벤트로 return 이벤트와 동일한 동작을 실행한다. 이와 같이 재고 반영 상태로 들어가는 모든 이벤트가 동일한 동작을 실행하므로 각각의 이벤트에 대한 동작을 하나의 들어가는 동작으로 나타낼 수 있다.

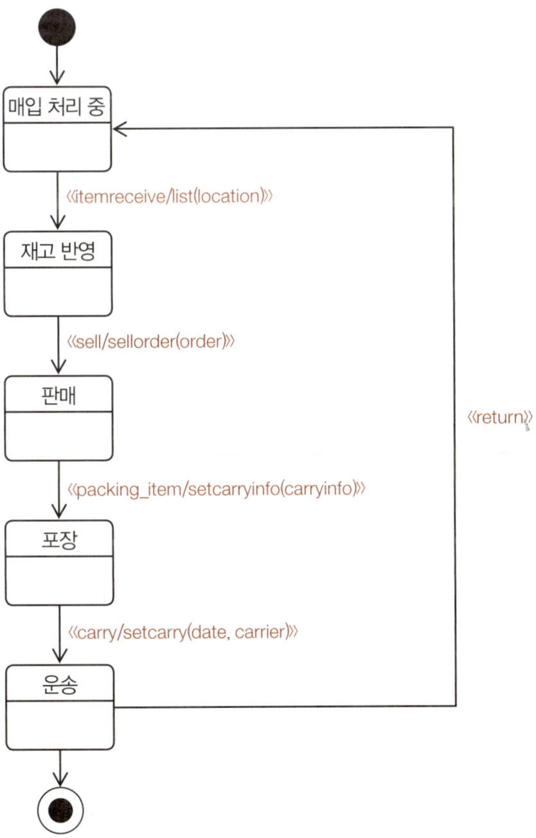

그림 8-17 물품 객체의 상태 다이어그램

03 상태 다이어그램의 슈퍼 상태와 서브 상태

1 슈퍼 상태와 서브 상태

모델링할 때는 전혀 다른 관점으로 문제를 바라봐야 하는 경우가 있다. 상태 다이어그램은 객체의 동작과 상태를 높은 관점과 낮은 관점 두 가지로 볼 수 있는 중첩된 상태의 개념을 지원한다. 높은 관점은 모델을 단순화하고 낮은 관점은 문제의 세세한 부분에 초점을 맞추게 한다. 상태 다이어그램에서는 높은 관점과 낮은 관점을 각각 슈퍼 상태와 서브 상태로 표현한다.

슈퍼 상태는 서브 상태를 포함하는 확장된 상태로 [그림 8-18]과 같다. 모서리가 둥근 사각형의 상태를 확장한 슈퍼 상태에 자세한 정보를 하나 이상의 상태 다이어그램으로 표현한다. 이 상태 다이어그램이 서브 상태다. 슈퍼 상태의 이름은 맨 위에 놓는다. 슈퍼 상태는 복잡한 상황을 높은 관점에서 표현한다. 슈퍼 상태는 세세한 내용보다는 크고 일반적인 문제에 초점을 맞출 수 있도록 한다. 서브 상태는 확장된 슈퍼 상태 내부에 있으며, 상태 안에서 세부 항목을 낮은 관점으로 본다.

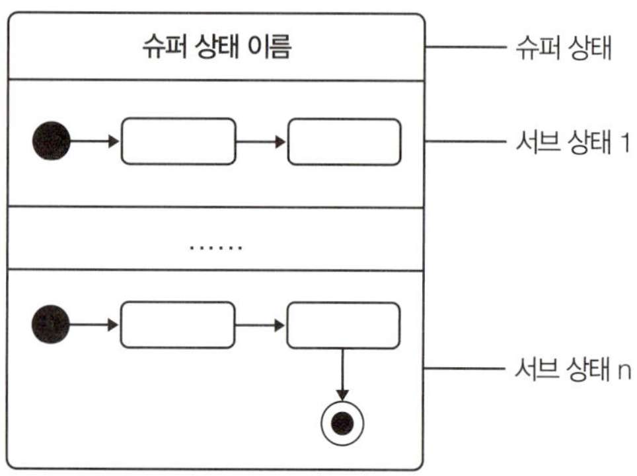

그림 8-18 슈퍼 상태와 서브 상태

자동 온도 조절기 객체를 예로 들어보자. 자동 온도 조절기를 단순화하여 온도계의 역할 중 영하 쪽만 적용해보자. [그림 8-19]는 자동 온도 조절기가 '냉각' 상태에 들어갈 때 두 가지의 서브 상태, 즉 냉각 상태 모니터 상태, 냉각 장치 모니터 상태가 동시에 일어나는 슈퍼 상태인 냉각을 모델링한 것이다. 이 예에서 서브 상태 2개 모두 최초의 상태다.

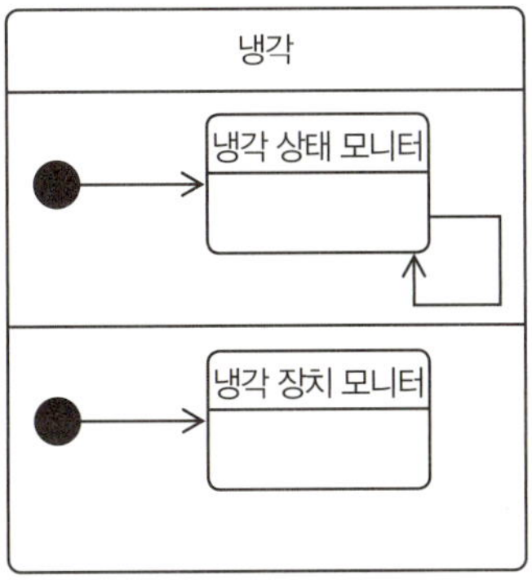

그림 8-19 냉각 상태 모니터와 냉각 장치 모니터라는 서브 상태를 가지는 슈퍼 상태 냉각

2 제어의 분리와 동시성

2.1 제어의 분리

제어의 분리는 하나의 전이에 기초하여 다수의 작업을 진행하는 것이다. 제어의 분리가 일어나면 전이 하나가 여러 상태 또는 서브 상태를 가리키는 다수의 화살표로 나뉜다. 분리는 활동 다이어그램에서 사용한 동기화 막대에 의해 수행된다.

[그림 8-20]은 when temperature receive(temperature)[temperature〉76F]/airconditioner.turnOn() 이벤트에 의해 냉각 상태로 전이된 자동 온도 조절기 객체가 냉각 상태 모니터와 냉각 장치 모니터라는 두 가지 서브 상태로 나뉘어 동시에 수행되는 것을 나타낸다. 제어의 합병 또한 동기화 막대를 가리키는 다수의 전이 화살표로 모델링될 수 있다. [그림 8-20]에 제어의 합병은 나타나 있지 않다.

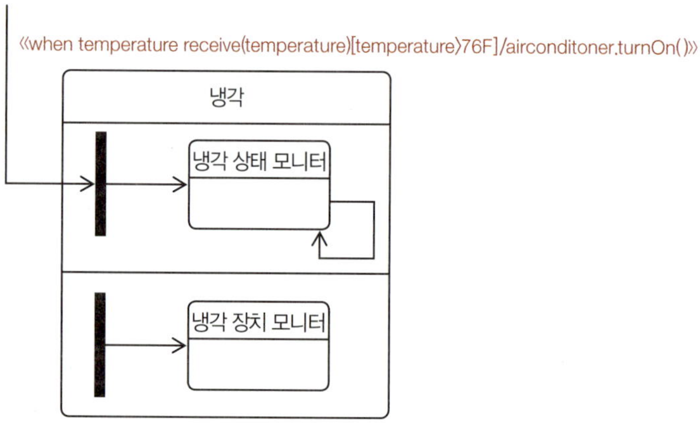

그림 8-20 제어의 분리

2.2 동시성

한 상태에서 상태 다이어그램을 여러 개 허용하기 때문에 UML은 특정 상태에서 동시성Concurrency을 지원한다. 동시성의 모델링은 슈퍼 상태 내부를 필요한 만큼 나누고, 그 분리된 영역에 서브 상태 다이어그램을 그리는 것이다.

자동 온도 조절기 객체 예에서 온도계는 냉각 상태와 냉각 장치를 모니터링하는 두 가지 일을 하고 있다. 따라서 냉각 상태의 내부 전이 영역은 실선을 사용하여 두 부분으로 분리하였다. 즉, 서브 상태 2개로 분리하였다.

이 예에서 각 서브 상태는 슈퍼 상태와 전혀 다른 전이를 제공한다는 것에 주의하자. 냉각 상태 모니터 서브 상태는 when temperature receive(temperature)[temperature〈70F]를 감시하고 있다. 만약 이 이벤트가 발생되면 자동 온도 조절기 객체는 냉각 상태에서 온도를 모니터링하는 '온도 모니터' 상태로 되돌아가게 된다.

그렇다면 다른 서브 상태에는 무슨 일이 일어날까? 서브 상태의 정의를 다시 한 번 생각해보자. 서브 상태는 한 상태 내부에 있는 또 다른 상태다. 여기서는 냉각 상태 내부에 냉각 장치 모니터 상태가 있다. 만약 자동 온도 조절기가 냉각 상태를 떠난다면 정의에 따라서 냉각 장치 모니터 상태도 떠나게 된다. 냉각 장치 모니터 상태가 원하는 이벤트를 받는 경우에도 마찬가지다. [그림 8-21]은 냉각 슈퍼 상태에서 다수의 전이에 따라 온도 모니터 상태로 되돌아가는 모습을 모델링한 것이다.

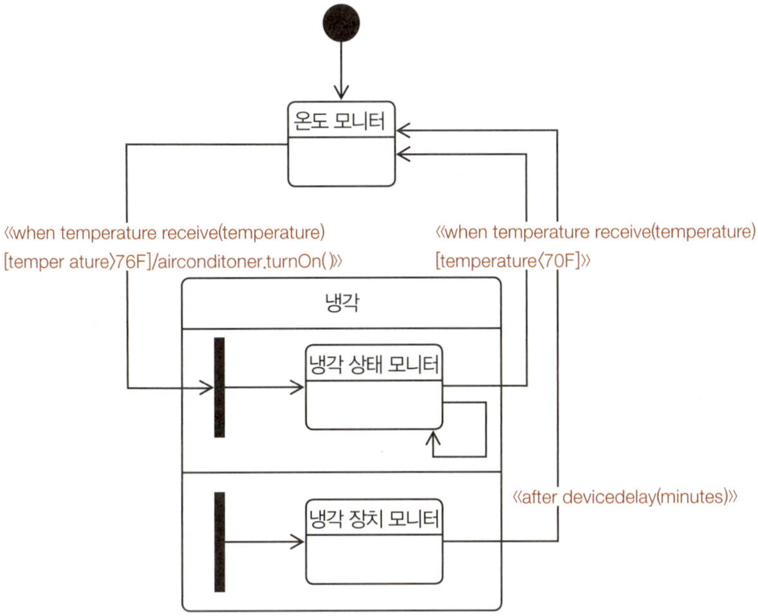

그림 8-21 하나의 슈퍼 상태에서 다수의 서브 상태로 전이되는 경우

04 상태 다이어그램 모델링 연습

1 공기청정기

객체 : 초기화, 작동, 정지, 대기

❶ 공기청정기의 전원을 켠다. 이벤트에 의해 기본 설정으로 초기화 상태가 된다.

❷ 초기화 상태에서 작동 상태로 전이된다.

❸ 작동 상태에서 공기 정화 후 대기 이벤트에 의해 대기 상태로 전이된다.

❹ 대기 상태에서 공기 측정 후 정화 기능 작동 이벤트에 의해 작동 상태로 전이된다.

❺ 작동 상태에서 전원을 끈다. 이벤트에 의해 정지 상태로 전이되고 시스템이 종료된다.

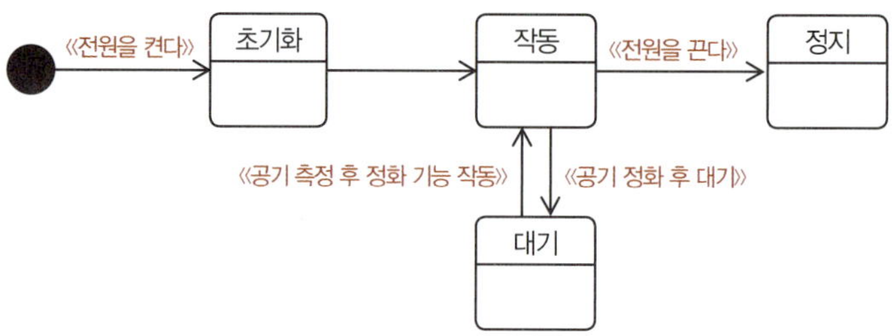

그림 8-22 공기청정기의 상태 다이어그램

❷ 고속버스 예매

객체 : 노선 선택, 배차/좌석 선택, 결제 대기, 결제 승인, 결제 거부, 표 발권, 결제 취소

❶ 예매 이벤트에 의해 출발지와 도착지를 선택하는 노선 선택 상태로 전이된다.

❷ 노선 선택 상태에서 시간/좌석 이벤트에 의해 배차/좌석 선택 상태로 전이된다.

❸ 배차/좌석 선택 상태에서 선택 완료 이벤트에 의해 결제 대기 상태로 전이된다.

❹ 결제 대기 상태에서 승인 이벤트가 발생하면 결제 승인 상태로 전이된다.

❺ 결제 대기 상태에서 거부 이벤트가 발생하면 결제 거부 상태로 전이된다.

❻ 결제 승인 상태에서 예매권 발권 이벤트에 의해 표 발권 상태로 전이되고 시스템이 종료된다.

❼ 결제 거부 상태에서 예매 취소 이벤트가 발생하면 결제 취소 상태로 전이되고 시스템이 종료된다.

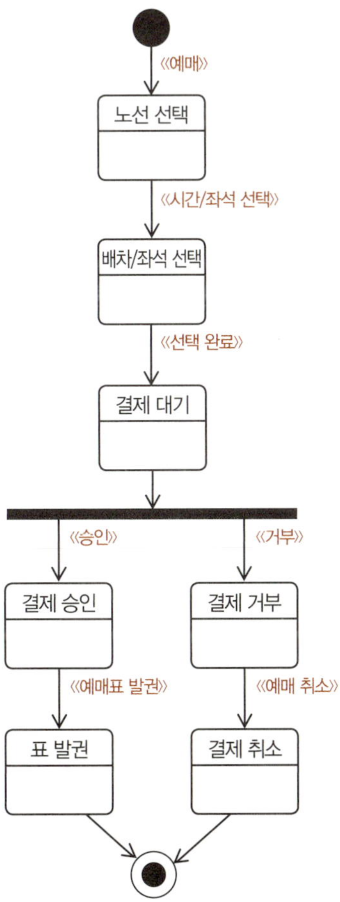

그림 8-23 고속버스 예매의 상태 다이어그램

3 인턴 면접

객체 : 서류 심사 지원, 면접 응시, 결과 발표, 인턴 과정 수료

❶ 이력서 작성 이벤트에 의해 서류 심사 지원 상태로 전이된다.

❷ 서류 심사 지원 상태에서 서류 불합격 이벤트가 발생하면 시스템이 종료된다.

❸ 서류 심사 지원 상태에서 서류 합격 이벤트가 발생하면 면접 응시 상태로 전이된다.

❹ 면접 응시 상태에서 면접 종료 이벤트에 의해 결과 발표 상태로 전이된다.

❺ 결과 발표 상태에서 면접 불합격 이벤트가 발생하면 시스템이 종료된다.

❻ 결과 발표 상태에서 면접 합격 이벤트가 발생하면 인턴 과정 수료 상태로 전이되고 시스템이 종료된다.

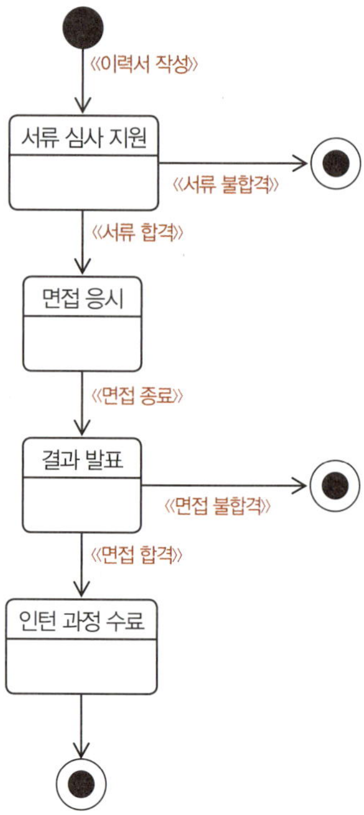

그림 8-24 인턴 면접의 상태 다이어그램

4 알람

객체 : 시간 설정, 대기, 알람, 알람 종료

❶ 알람 시스템을 시작하면 시간 설정 상태가 된다.

❷ 시간 설정 상태에서 설정 완료 이벤트가 발생하면 대기 상태로 전이된다.

❸ 대기 상태에서 설정한 시간이 되면 알람 시간 이벤트가 발생하고 알람 상태로 전이된다.

❹ 알람 상태에서 다시 알림 이벤트가 발생하면 대기 상태로 전이된다.

❺ 알람 상태에서 알람 중지 이벤트가 발생하면 알람 종료 상태로 전이되고 시스템이 종료된다.

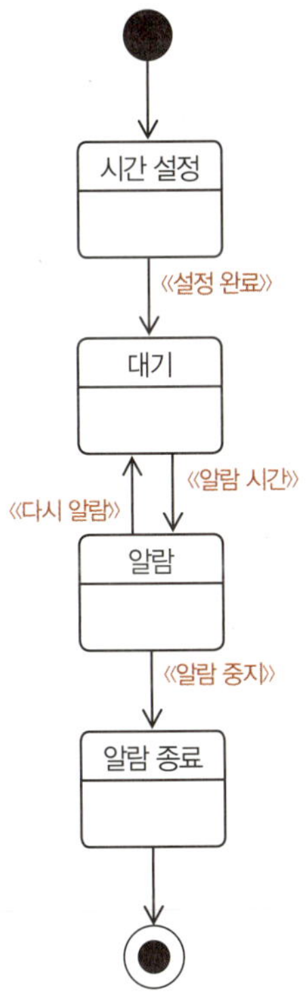

그림 8-25 알람의 상태 다이어그램

5 음성 메모

객체 : 녹음 시작, 녹음, 저장, 대기

❶ 음성 메모 시스템을 시작하면 녹음 시작 상태가 된다.

❷ 녹음 시작 상태에서 상태로 전이된다.

❸ 녹음 상태에서 일시 정지 이벤트가 발생하면 대기 상태로 전이된다.

❹ 대기 상태에서 재녹음 이벤트가 발생하면 녹음 상태로 전이된다.

❺ 녹음 상태에서 녹음 완료 이벤트가 발생하면 저장 상태로 전이되고 시스템이 종료된다.

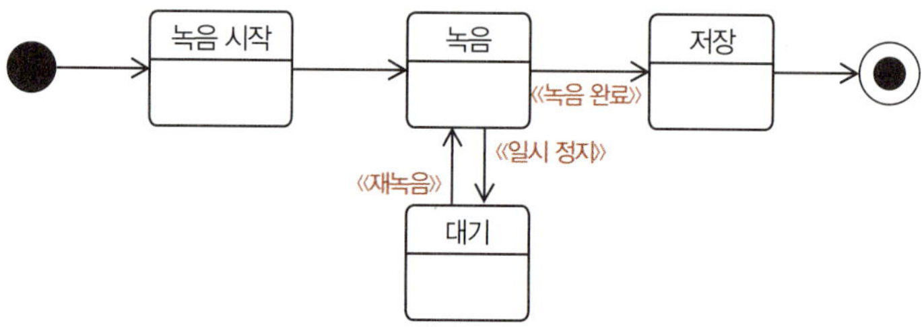

그림 8-26 음성 메모의 상태 다이어그램

6 수강 신청

객체 : 과목 코드 입력, 신청, 신청 완료

❶ 수강 신청 시스템을 시작하면 과목 조회 이벤트가 발생하고 과목 코드 입력 상태로 전이된다.

❷ 과목 코드 입력 상태에서 수강 요청 이벤트가 발생하면 신청 상태로 전이된다.

❸ 신청 상태에서 실패 이벤트가 발생하면 과목 코드 입력 상태로 전이된다.

❹ 신청 상태에서 성공 이벤트가 발생하면 신청 완료 상태로 전이된다.

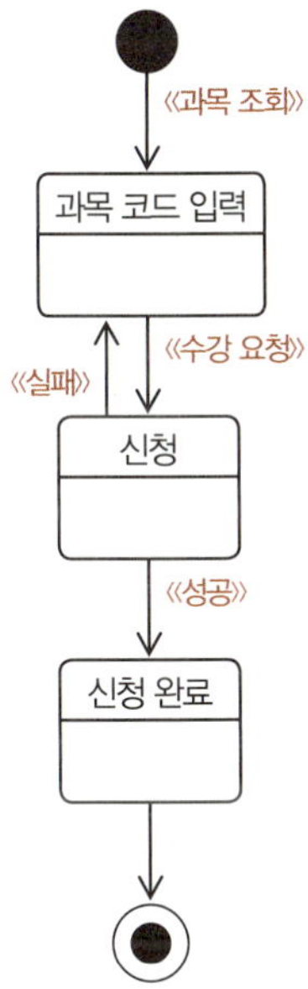

그림 8-27 수강 신청의 상태 다이어그램

7 토스

객체 : 금액 입력, 계좌 입력, 송금, 송금 완료

❶ 토스 시스템을 시작하면 금액 입력 상태가 된다.

❷ 금액 입력 상태에서 보내기 이벤트가 발생하면 계좌 입력 상태로 전이된다.

❸ 계좌 입력 상태에서 계좌 확인 이벤트가 발생하면 송금 상태로 전이된다.

❹ 송금 상태에서 잔액 확인 이벤트가 발생하면 송금 완료 상태로 전이되고 시스템이 종료된다.

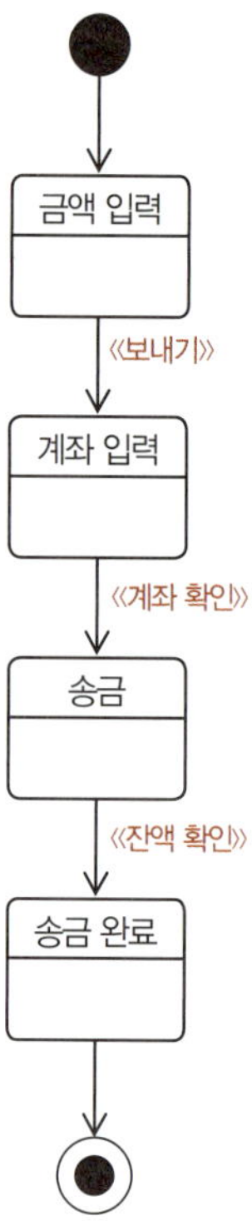

그림 8-28 토스의 상태 다이어그램

8 자격증 취득

객체 : 원서 작성, 접수, 시험 응시, 결과 발표, 자격증 취득

❶ 자격증 취득 과정 시스템을 시작하면 원서 작성 상태가 된다.

❷ 원서 작성 상태에서 작성한 원서로 응시 자격 확인 이벤트가 발생하면 접수 상태로 전이된다.

❸ 접수 상태에서 접수가 완료되면 시험 응시 상태로 전이된다.

❹ 시험 응시 상태에서 시험 응시가 끝나면 결과 발표 상태로 전이된다.

❺ 결과 발표 상태에서 불합격 이벤트가 발생하면 시스템이 종료된다.

❻ 결과 발표 상태에서 합격 이벤트가 발생하면 자격증 취득 상태로 전이되고 시스템이 종료된다.

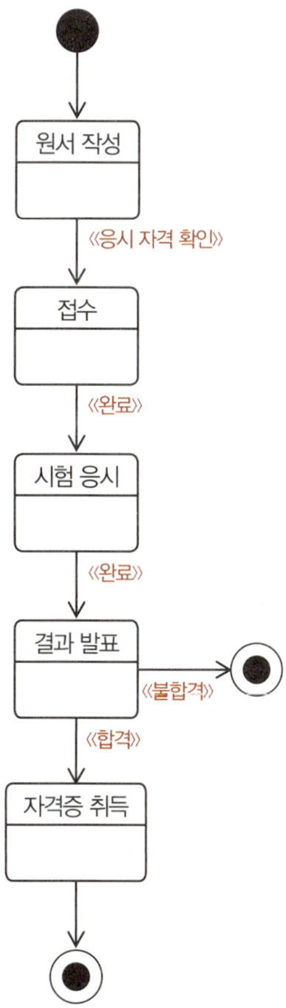

그림 8-29 자격증 취득 과정의 상태 다이어그램

9 영화 예매

객체 : 영화 선택, 극장/날짜/시간 선택, 인원/좌석 선택, 예매, 결제 대기, 예매 취소, 예매 완료

❶ 영화 예매 시스템을 시작하면 영화 선택 상태가 된다.

❷ 영화 선택 상태에서 선택 완료 이벤트가 발생하면 극장/날짜/시간 선택 상태로 전이된다.

❸ 극장/날짜/시간 선택 상태에서 좌석 선택 이벤트가 발생하면 인원/좌석 선택 상태로 전이된다.

❹ 인원/좌석 선택 상태에서 결제 요청 이벤트가 발생하면 결제 대기 상태로 전이된다.

❺ 결제 대기 상태에서 거부 이벤트가 발생하면 예매 취소 상태로 전이되고 영화 선택 상태로 되돌아간다.

❻ 결제 대기 상태에서 승인 이벤트가 발생하면 예매 완료 상태가 되고 시스템이 종료된다.

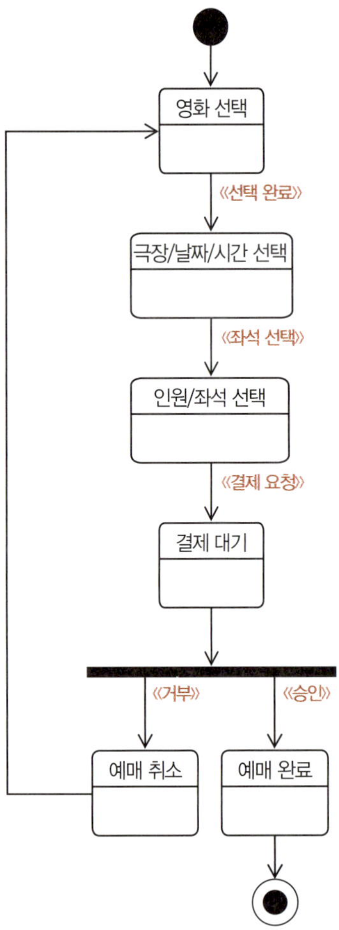

그림 8-30 영화 예매의 상태 다이어그램

10 USB 인식

객체 : USB 연결, 드라이버 검색, 드라이버 로드, 레지스트리 기록, 드라이버 설치 과정 저장

❶ USB 연결 상태에서 연결 알림 이벤트에 의해 드라이버 검색 상태로 전이된다.

❷ 드라이버 검색 상태에서 드라이버 여부 확인 이벤트에 의해 드라이버가 존재하면 해당 장치의 펌웨어로부터 드라이버를 전달받아 드라이버 로드 상태로 전이된다.

❸ 드라이버 로드 상태에서 로드한 드라이버를 레지스트리에 기록하는 레지스트리 기록 상태로 전이된다.

❹ 레지스트리 기록 상태에서 드라이버 설치 과정 저장 상태가 되면서 로그 파일에 저장된다.

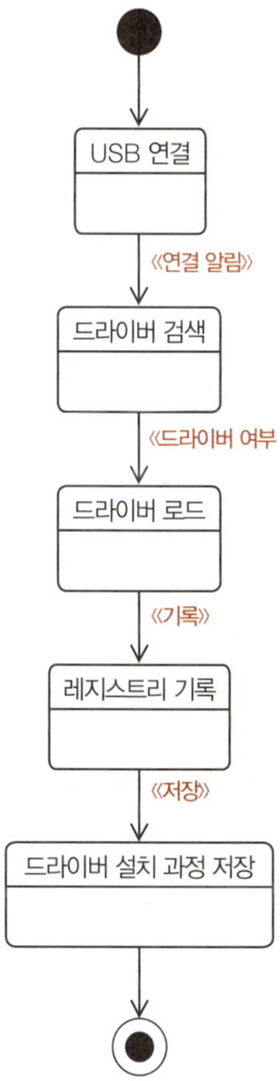

그림 8-31 USB 저장 매체 인식 절차의 상태 다이어그램

11 항공기 예약

고객은 항공기 예약 시스템을 통해 항공기 티켓을 구입한다. 티켓을 예약하기 위해 운항 노선을 선택한 후 원하는 항공사를 선택한다. 고객은 해당 노선과 항공사를 예약할 수 있는지 확인한 후 예약 인원에 맞게 예약한다. 고객은 카드 또는 현금으로 결제한다. 이를 토대로 항공기 예약의 상태 다이어그램을 모델링해보자.

먼저 노선, 항공사, 결제를 상태로 추출한다. 시작점에서 노선 예약 상태까지 여행 장소 선택, 노선 예약 상태에서 항공사 예약 상태까지 항공사 선택, 항공사 예약 상태에서 결제까지 계산 이벤트로 전이된다. 결제는 카드나 현금으로 한다. 완성된 항공기 예약의 상태 다이어그램은 [그림 8-32]와 같다.

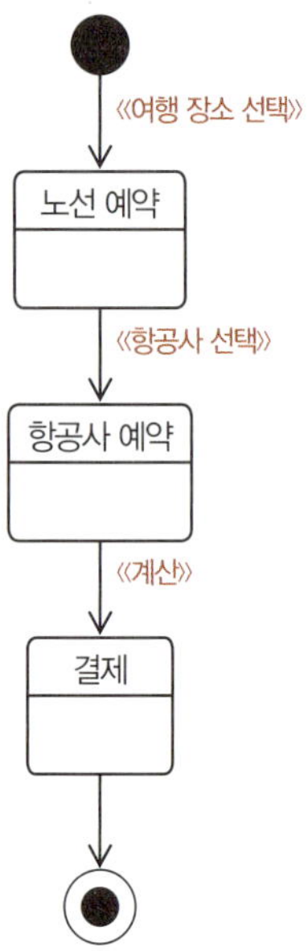

그림 8-32 항공기 예약의 상태 다이어그램

12 주문 관리

주문 관리 시스템의 고객 확인은 회원 가입 시 입력한 아이디와 비밀번호를 통해 이루어진다. 접수 관리 직원은 확보된 상품을 등록한다. 상품 확보는 재고 관리 직원이 한다. 고객은 등록된 상품을 선택하고 장바구니에 등록한다. 장바구니에 등록된 상품을 카드나 현금으로 결제하면 운송 직원이 상품을 고객에게 배달한다. 이를 토대로 주문 관리 시스템의 상태 다이어그램을 모델링해보자.

먼저 회원 가입, 고객 확인, 상품 선택, 결제, 운송을 상태로 추출한다. 시작점에서 회원 가입 상태까지 정보 입력, 회원 가입 상태에서 고객 확인 상태까지 혹은 시작점에서 고객 확인 상태까지 로그인, 고객 확인 상태에서 상품 선택 상태까지 상품 조회, 상품 선택 상태에서 결제 상태까지 계산, 결제 상태에서 운송 상태까지 운반 이벤트로 전이된다. 회원 가입 시에는 아이디와 비밀번호 있어야 하며, 결제는 카드나 현금으로 한다. 완성된 주문 관리의 상태 다이어그램은 [그림 8-33]과 같다.

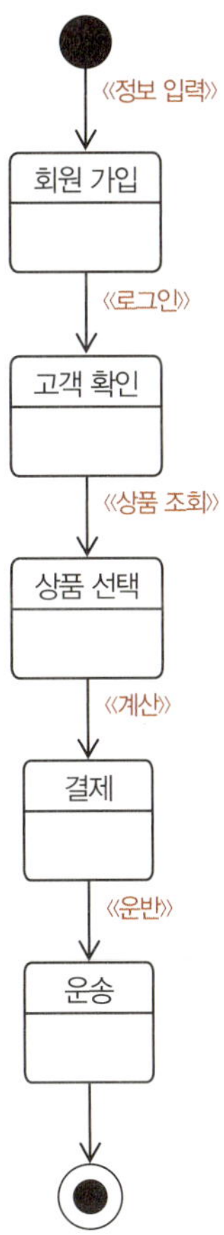

그림 8-33 주문 관리의 상태 다이어그램

13 도서 예약 관리

도서 예약 관리 시스템은 도서를 예약하고 대출 가능 여부를 알려준다. 도서 예약은 대출 가능한 책이 없을 경우에만 할 수 있다. 예약된 책이 도서관으로 반납된 경우 예약한 이용자에게 그 사실을 알려주는데, 이때 가장 먼저 예약한 사람이 우선권을 얻는다. 예약은 일정한 조건에 부합하는 날짜가 지났거나 대출되면 취소된다. 이를 토대로 도서 예약 관리의 상태 다이어그램을 모델링해보자.

먼저 예약, 반납, 대출, 취소를 상태로 추출한다. 시작점에서 예약 상태까지 책 예약, 시작점에서 반납 상태까지 책 반납, 반납 상태에서 예약 상태까지 예약된 책 여부 확인, 예약 여부에 따라 대출 상태까지 책 대출 또는 취소 상태까지 조건, 기한 초과 이벤트로 전이된다. 완성된 도서 예약 관리 상태 다이어그램은 [그림 8-34]와 같다.

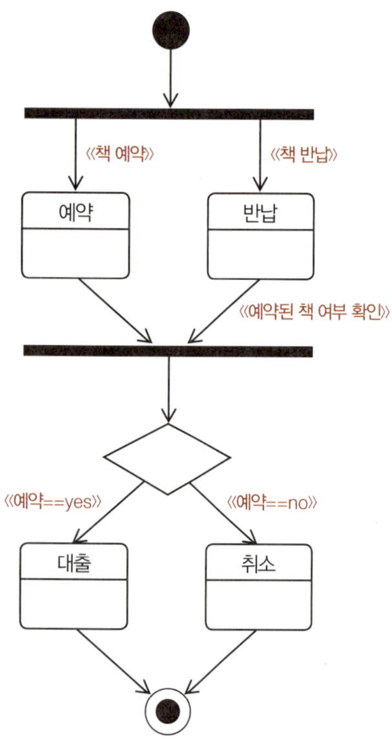

그림 8-34 도서 예약의 상태 다이어그램

01 상태 다이어그램에 관한 설명으로 가장 적당한 것은?

① 비즈니스 프로세스를 모델링할 때 적합하다.

② 객체들 간의 메시지 송수신을 통한 협력을 표현한다.

③ 단일 유스케이스에 대한 시스템 동작을 나타낸다.

④ 단일 객체 관점에서의 동작을 나타낸 것이다.

02 상태 다이어그램에서 상태 전이 선에 추가되는 정보로 올바른 것은?

① 이벤트와 동작

② 시작과 종료

③ 인터페이스

④ 이름, 속성, 오퍼레이션

03 상태 다이어그램의 신호에 대한 설명으로 옳지 않은 것은?

① 메시지를 받은 객체의 상태 다이어그램에서 전이를 촉발시키는 메시지를 의미한다.

② 한 객체가 다른 객체에 전송 즉, 상태 전이를 일으키는 이벤트를 의미한다.

③ 신호 객체라는 속성을 갖고 있다.

④ 신호는 객체이기 때문에 기존 신호를 상속받아 새 신호를 만들 수 있다.

04 상태 다이어그램에 대한 설명으로 옳지 않은 것은?

① 상태 다이어그램을 작성하여 유스케이스 시나리오를 모델링할 수 있다.

② 오브젝트 컨텍스트 외부의 이벤트에 반응하는 이벤트 구동 오브젝트를 모델링할 수 있다.

③ 동일한 상태 머신과 동작의 여러 다른 측면을 표시할 수 있다.

④ 상태 다이어그램의 관계는 모델 요소 간 구조와 동작을 정의하여 모델에 시맨틱을 추가하는 모델 요소의 한 유형이다.

05 상태 다이어그램에서 전이를 위한 이벤트 유형에 대한 설명으로 적절하지 않은 것은?

① 신호 : 객체가 수신할 때 지정된 메시지는 전이를 트리거한다.

② 호출 : 객체는 오퍼레이션 호출 요청을 수신한다.

③ 변경 : 조건에 관계 없이 전이를 트리거한다.

④ 시간 : 전이를 트리거하는 절대 시간 또는 경과해야 하는 지정 기간이다.

06 상태 다이어그램을 사용하는 경우로 적절하지 않은 것은?

① 몇 개의 유스케이스에 걸쳐진 객체의 행동을 설명하는 데 좋다.

② 동작, 관심 있는 행동의 클래스에 대해서만 사용한다.

③ 팀이 일하는 방법에는 유용하지 않을 수도 있다.

④ 순차 로직, 업무 절차, 워크 플로를 기술할 때 사용한다.

07 다음 상태 다이어그램에서는 이벤트 발생에 따라 상태 전이가 일어난다. 다음 중 이벤트에 따른 상태 전이로 가장 적절하지 않은 것은?

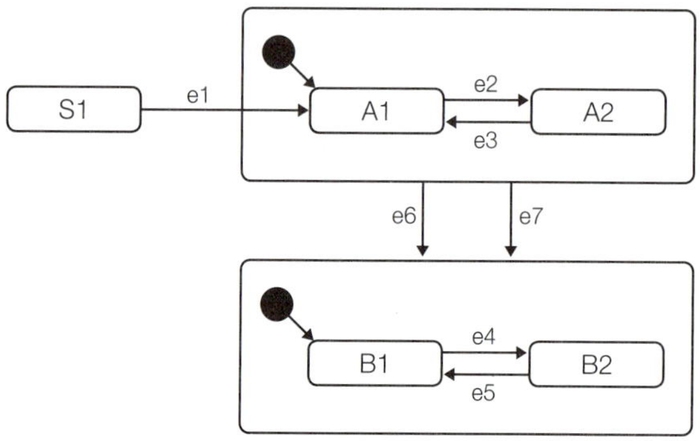

① S1A1A2A1

② A1A2B1B2

③ A2B1B2A2

④ B1A1B1B2

08 다음 상태 다이어그램에서 나타나지 않은 것은?

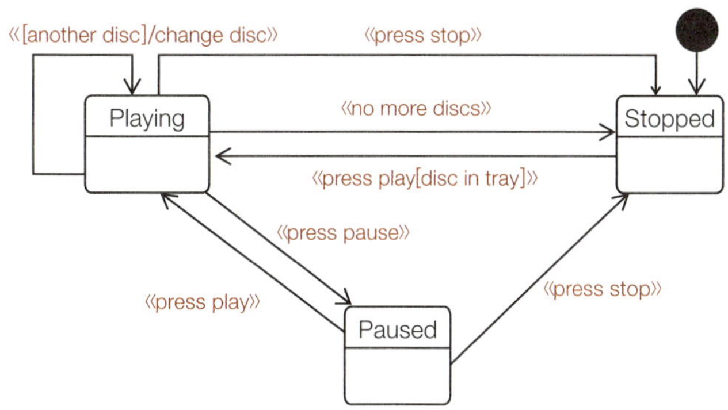

① 상태
② 상태 전이
③ 선택 노드
④ 시작 노드

09 다음 비디오숍 관리 시스템의 요구 명세서를 보고 상태 다이어그램을 작성하시오.

- 회원 가입을 한 회원만 비디오를 대여할 수 있다.
- 회원은 가입 시 입력한 이름과 전화번호를 통해 확인한다.
- 비디오숍 시스템에는 대여, 반납, 연체 확인 기능이 있다.
- 대여 시 고객이 비디오를 선택하면 비디오 코드를 확인하여 시스템에 입력한다.
- 현재 대여 중인 비디오가 있으면 표시하고, 대여 기간이 지났으면 연체료를 계산하여 보여준다.
- 연체 중인 고객은 비디오를 대여할 수 없다.
- 그러나 연체료를 납부하면 대여할 수 있다.
- 비디오가 대여되면 대여 목록에 비디오 코드와 고객명이 등록된다.
- 관리자는 연체 관리 기능을 통해 현재 연체 중인 회원과 연체된 비디오를 확인한다.
- 연체금 표시 기능을 통해 오늘 날짜에 해당하는 연체금을 표시한다.
- 반납 시 반납한 비디오의 코드를 입력하여 대여 목록에서 삭제한다.

10 다음 창고 관리 시스템의 요구 명세서를 보고 상태 다이어그램을 작성하시오.

- 창고 관리 시스템은 크게 두 가지 기능이 있다.
- 첫 번째 입고 기능은 입고 발생 시 입고된 물건의 이름을 확인하여 기존에 등록된 물건인지를 확인한다.
- 등록된 물건이면 입고된 양만큼 추가한다.
- 미등록된 물건이면 물건명, 코드, 기타 정보와 입고량을 새로 등록한다.
- 두 번째 출고 기능은 출고 요청이 발생하면 창고에 요청 물건이 있는지 확인하고 출고를 발생시킨다.
- 이러한 출고와 입고는 재고 현황에 등록되고 관리된다.

11 다음 레스토랑 관리 시스템의 요구 명세서를 보고 상태 다이어그램을 작성하시오.

- 레스토랑 관리 프로그램은 고객이 편안한 식사를 할 수 있도록 하는 데 목적이 있다.
- 고객은 사전에 예약할 수 있다.
- 식당에 들어서면 종업원은 고객에게 주문을 받는다.
- 종업원은 주문받은 것을 주방에 알린다.
- 주문을 받은 주방장은 요리를 하고, 해당 요리를 종업원이 고객에게 서빙한다. 고객은 주문한 음식을 맛있게 먹는다.
- 음식을 다 먹은 후 고객은 계산을 하고, 종업원은 고객이 나간 자리를 깨끗이 치운다.
- 여기서 고객은 종업원에게 팁을 줄 수 있다.

CHAPTER 09

컴포넌트 다이어그램

학습목표

- 컴포넌트의 개념을 이해한다.
- 컴포넌트 간 관계를 학습한다.
- 다양한 예제를 통해 컴포넌트 다이어그램을 모델링하는 연습을 해본다.

01 컴포넌트의 정의와 컴포넌트 다이어그램의 표현

1 컴포넌트 개념

UML에서 컴포넌트는 시스템을 구성하는 물리적인 요소, 즉 가상의 모델을 실제로 구현하여 나타내는 요소다. 여기서 컴포넌트는 객체 지향의 원리에 따라 기능과 관련 데이터를 하나의 단위로 처리한다. 반면 CBDComponent Based Development 관점에서 컴포넌트는 인터페이스에 의해 기능이 정의된, 독립적으로 개발 · 배포 · 조립이 가능한 시스템의 구성 단위로 UML 관점의 컴포넌트와 의미가 약간 다르다. J2EE 플랫폼의 JAR 파일과 닷넷 플랫폼의 DLL 파일이 대표적인 컴포넌트의 예라고 할 수 있다.

[그림 9-1]은 StarUML에서 사용할 수 있는 컴포넌트 다이어그램 기호의 예다. StarUML은 12장에서 따로 다룬다.

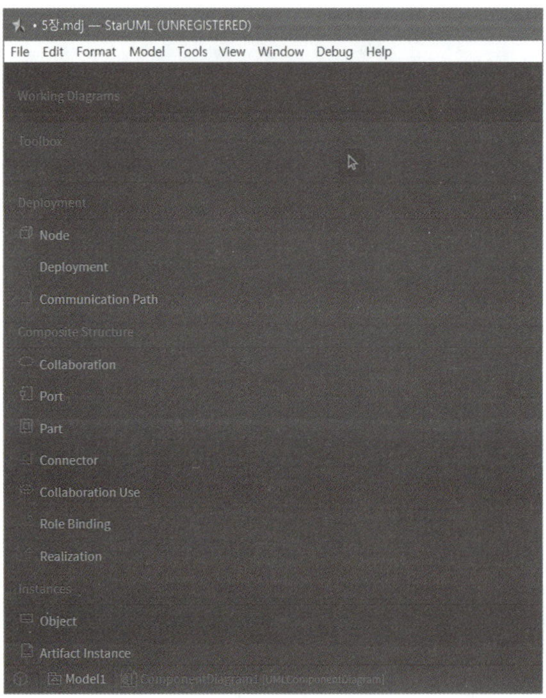

그림 9-1 컴포넌트 다이어그램에 사용하는 기호

[표 9-1]은 컴포넌트 다이어그램의 구성 요소와 의미다.

표 9-1 컴포넌트 다이어그램의 구성 요소

구성 요소	의미
컴포넌트	논리적 요소들이 물리적으로 패키지화
인터페이스	컴포넌트가 실현하고자 하는 여러 오퍼레이션의 모임
의존 관계	컴포넌트와 컴포넌트 간의 관계
실체화 관계	컴포넌트와 인터페이스 간의 관계

예를 들어 [그림 9-2]의 음악 플레이어를 구성하는 클래스 파일(play.class)과 서블릿 소스(play.java), music_player.exe 등이 UML에서는 모두 컴포넌트이지만, CBD에서는 인터페이스와 연결된 music_player.exe만 컴포넌트다. CBD의 관점에서 클래스 파일, 자바 소스 등은 컴포넌트가 아니다. 컴포넌트 다이어그램은 그림과 같이 《component》로 표현된다.

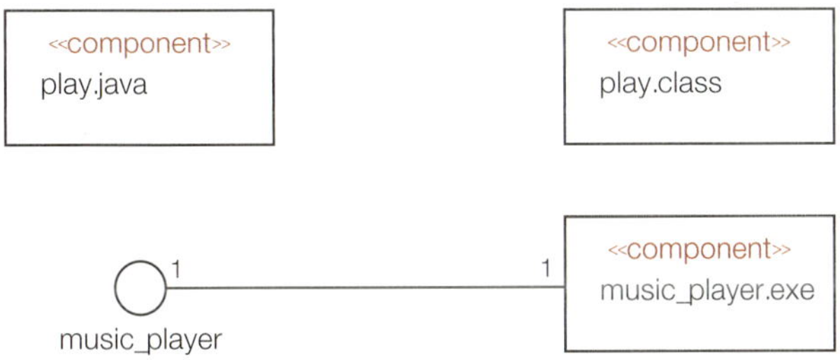

그림 9-2 음악 플레이어를 구성하는 파일 예

2 컴포넌트 다이어그램의 표현

컴포넌트 다이어그램은 소프트웨어를 물리적으로 어떻게 구현할 것인지를 정의하고 모델링하는 것이다. 즉, 시스템을 구성하는 물리적인 컴포넌트와 그들 사이의 의존 관계를 나타내고 컴포넌트, 인터페이스, 의존 관계로 표현한다. 컴포넌트 다이어그램은 ❶ 컴포넌트 대상 정의 ❷ 컴포넌트 식별 ❸ 컴포넌트 배치 ❹ 의존 관계 정의 순으로 작성된다.

2.1 컴포넌트

컴포넌트는 탭이 달린 직사각형으로 표현하며, 모든 컴포넌트에는 반드시 이름이 있어야 한다. 컴포넌트가 패키지에 포함되어 있다면 컴포넌트 이름 앞에 패키지 이름을 붙일 수 있으며, 클래스처럼 컴포넌트에 꼬리표 값을 달아주거나 컴포넌트 내부의 동작을 보여줄 수도 있다. [그림 9-3]은 컴포넌트의 다양한 표현 방법을 보여준다.

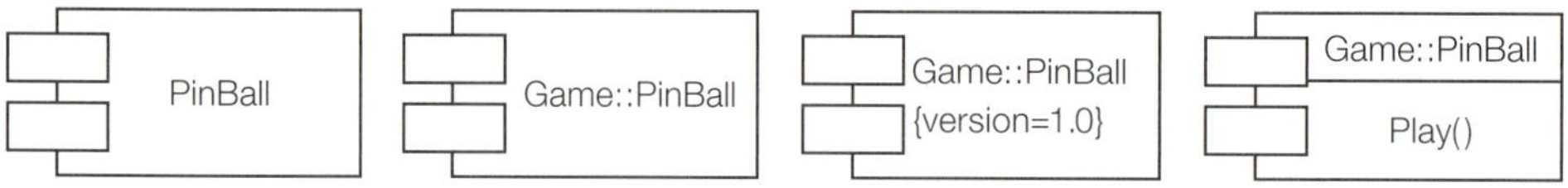

그림 9-3 컴포넌트의 표현 방법 예

2.2 인터페이스

컴포넌트 인터페이스는 두 가지 방식으로 표현된다. 하나는 [그림 9-4]의 (a)와 같이 컴포넌트, 인터페이스, 이를 연결하는 의존 관계로 나타낼 수 있다. 다른 방법은 (b)와 같이 실제로 동작하는 컴포넌트에 인터페이스를 적용하는 것이다. 이를 두고 인터페이스를 실체화한다고 말한다.

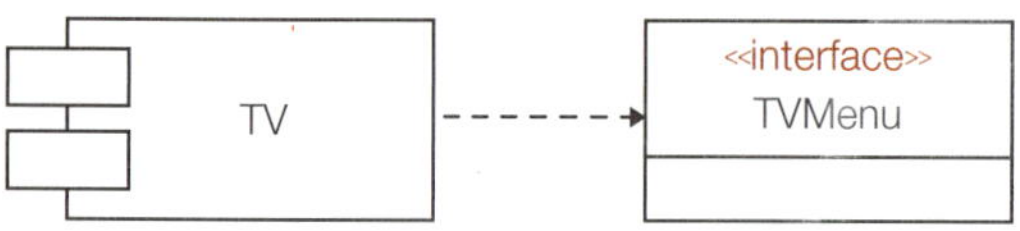

(a) 컴포넌트와 인터페이스의 의존 관계 표현

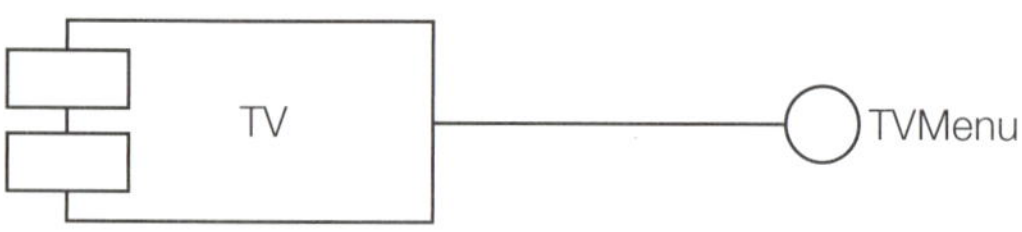

(b) 인터페이스 실체화 표현

그림 9-4 인터페이스의 표현 방법

[그림 9-4]에서도 알 수 있듯이, 컴포넌트 다이어그램은 실체화 관계뿐 아니라 의존 관계도 나타낼 수 있다. 의존 관계는 컴포넌트와 필수 인터페이스 사이에 설정된다. [그림 9-5]의 (a)는 컴포넌트와 인터페이스의 실체화와 의존 관계를 함께 나타낸 것이다. 그리고 (b)는 이를 인터페이스 실체화로 간략하게 표현한 경우다. 참고로 인터페이스에는 제공 인터페이스provided interface와 필수 인터페이스required interface가 있다.

(a) 컴포넌트와 인터페이스의 실체화와 의존 관계 표현

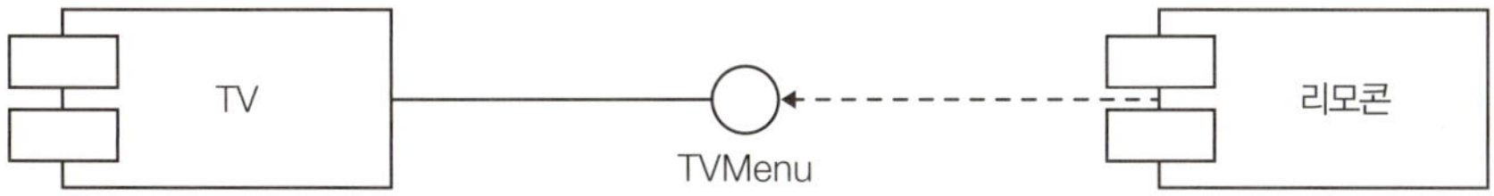

(b) 인터페이스 실체화 표현

그림 9-5 컴포넌트와 인터페이스의 실체화와 의존 관계 표현 예

2.3 의존 관계

앞서 언급했듯이 컴포넌트 다이어그램은 각 컴포넌트 간의 의존 관계를 표현할 수 있다. [그림 9-6]은 컴포넌트 B에 어떤 변경이 발생했을 때 그 변경으로 인해 컴포넌트 A도 영향받음을 의미한다. 컴포넌트 사이의 의존 관계는 한 컴포넌트에 변경이 발생한 경우, 그 변경의 범위를 추적해서 파악하고 싶을 때 매우 유용하다.

그림 9-6 컴포넌트 간의 의존 관계

[그림 9-7]은 [그림 9-2]에 의존 관계를 추가한 것이다. play.class에서 play.java로 향하는 의존 관계는 클래스 파일이 play.java의 소스 파일을 컴파일함으로써 얻어진다는 것을 나타낸다. 그리고 play.java 컴포넌트에서 music_player 인터페이스로 향하는 의존 관계는 music_player.exe 컴포넌트가 인터페이스를 통하여 이용되는 것을 의미한다.

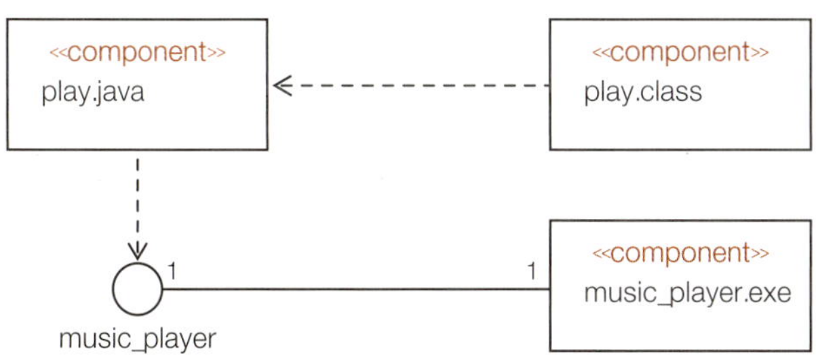

그림 9-7 컴포넌트 간의 의존 관계 예

3 컴포넌트와 클래스

컴포넌트는 많은 점에서 클래스와 유사하다. 둘 다 이름이 있고 정해진 인터페이스를 실현할 수 있으며, 의존성이 있고 일반화가 가능하다. 연관 관계와 교류에 참여할 수 있고 중첩이 가능하며 인스턴스를 가질 수 있다. 그러나 컴포넌트와 클래스는 다음과 같은 몇 가지 중요한 차이점이 있다.

첫째, 클래스는 논리적인 추상화이지만 컴포넌트는 물리적인 요소다. 즉, 컴포넌트는 노드(또는 프로세서)에 존재할 수 있지만 클래스는 그렇지 않다. 이 차이가 시스템을 모델링할 때 클래스나 컴포넌트 중 어느 것을 사용할지 간단히 결정해준다. 모델링하는 것이 노드에 직접 존재한다면 컴포넌트를 사용하고, 그렇지 않으면 클래스를 사용한다.

둘째, 컴포넌트는 클래스나 통신과 같은 서로 다른 논리적 요소들을 물리적으로 패키지화한 것이다. [그림 9-8]과 같이 컴포넌트가 구현하는 클래스와 컴포넌트의 관계는 의존 관계를 사용해서 명시적으로 나타낼 수 있다. 그러나 대부분의 경우에 이러한 관계를 시각화할 필요는 없다. 그보다는 컴포넌트 명세서의 한 부분으로 나타내면 된다.

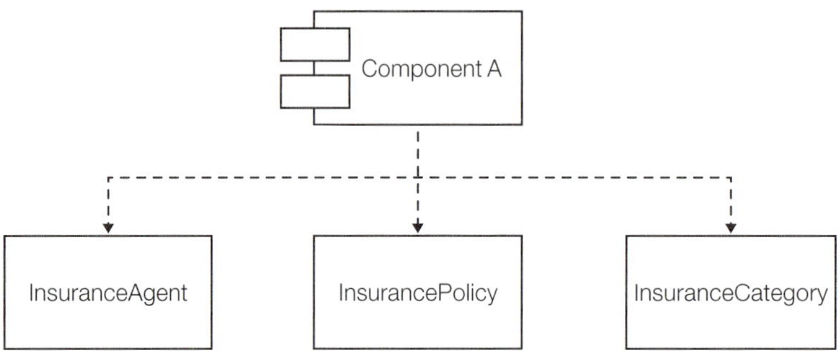

그림 9-8 컴포넌트와 클래스의 관계

셋째, 클래스는 속성과 오퍼레이션을 직접 가질 수 있지만, 일반적으로 컴포넌트는 자신의 인터페이스를 통해서 접근할 수 있는 오퍼레이션들만 갖는다. 컴포넌트와 클래스는 둘 다 인터페이스를 실현할 수 있지만 컴포넌트에 속한 서비스는 항상 자신의 인터페이스를 통해서만 접근할 수 있다.

02 컴포넌트 다이어그램의 단계별 모델링 : 재고 조회

지금까지 배운 컴포넌트 다이어그램의 표기법을 사용해 응용 프로그램의 컴포넌트 다이어그램을 만들어보자. 창고의 재고 조회 업무를 처리하는 응용 프로그램의 컴포넌트 다이어그램을 작성하고자 한다. 자동차 공장의 자재 창고에 있는 부품의 종류와 양을 알아보는 시스템을 생각하면 이해가 빠를 것이다.

1 재고 조회 응용 프로그램의 구성

재고 조회 응용 프로그램은 실행 컴포넌트 3개, 라이브러리 컴포넌트 1개, 공유 인터페이스 2개로 구성된다.

■ 실행 컴포넌트

❶ user_interface.exe 컴포넌트 : 사용자 인터페이스를 처리한다.

❷ item_search.exe 컴포넌트 : 부품을 검색한다.

❸ item_database.tbl 컴포넌트 : 데이터베이스를 관리한다.

■ 라이브러리 컴포넌트

❹ item.dll : 부품의 종류를 관리한다.

■ 공유 인터페이스

❺ Interface_search : 사용자 인터페이스와 부품 검색 컴포넌트를 연결한다. 즉, user_interface.exe 컴포넌트가 item_search.exe 컴포넌트에 접근하려면 반드시 Interface_serch 인터페이스를 거치도록 한다.

❻ Interface_data : 부품 검색 컴포넌트와 데이터베이스 관리 컴포넌트를 연결한다. 즉, item_search.exe 컴포넌트가 item_database.tbl 컴포넌트에 접근하려면 반드시 Interface_data 인터페이스를 거치도록 한다.

2 컴포넌트 다이어그램 모델링

부품을 검색하는 item_search.exe 컴포넌트를 작성한다. [그림 9-9]와 같이 〈〈executable〉〉 스테레오타입을 사용하여 실행 컴포넌트임을 나타낸다.

그림 9-9 item_search.exe 컴포넌트 추가(❷)

데이터베이스를 관리하는 item_database.tbl 컴포넌트를 작성한다. [그림 9-10]과 같이 〈〈table〉〉 스테레오타입을 사용하여 실행 코드가 참조하는 데이터베이스 컴포넌트임을 나타낸다.

그림 9-10 item_database.tbl 컴포넌트 추가(❸)

[그림 9-11]과 같이 item_database.tbl 컴포넌트에 부품의 종류를 관리하는 item.dll 컴포넌트를 추가한다. item.dll 컴포넌트는 〈〈library〉〉 스테레오타입을 사용하여 실행 코드가 참조하는 라이브러리의 집합임을 나타낸다. item_database.tbl 컴포넌트가 item.dll 컴포넌트를 참조하므로 item_database.tbl 컴포넌트에서 item.dll 컴포넌트 쪽으로 화살표를 그려 의존 관계를 표시한다. 이는 item_database.tbl 컴포넌트가 item.dll 컴포넌트를 이용한다는 의미다.

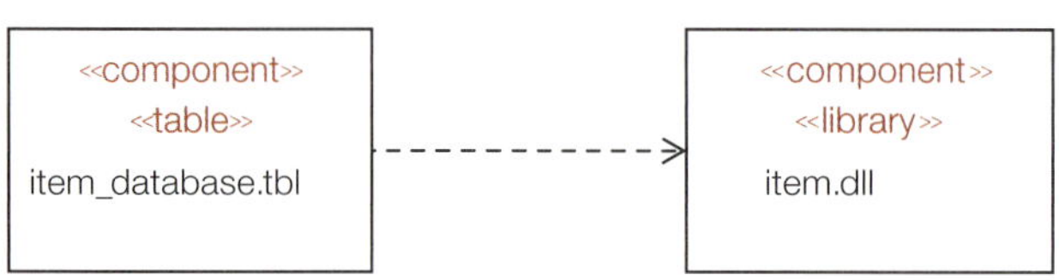

그림 9-11 item.dll 컴포넌트 추가(❹)

[그림 9-12]와 같이 item_search.exe 컴포넌트가 item_database.tbl 컴포넌트에 접근할 수 있도록 item_database.tbl 컴포넌트에 Interface_data 인터페이스를 추가한다. 그리고 item_search.exe 컴포넌트에서 Interface_data 인터페이스 쪽으로 화살표를 추가한다. 이는 item_search.exe 컴포넌트는 반드시 Interface_data 인터페이스를 거쳐 item_database.tbl 컴포넌트를 이용한다는 의미다.

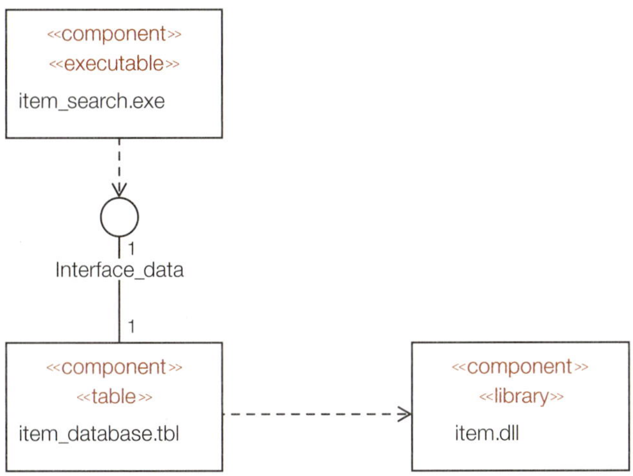

그림 9-12 Interface_data 인터페이스 추가(❻)

[그림 9-13]과 같이 사용자 인터페이스를 처리하는 user_interface.exe 컴포넌트를 추가한다. 또한 사용자 인터페이스에 접근하기 위해 Interface_search 인터페이스도 추가한다.

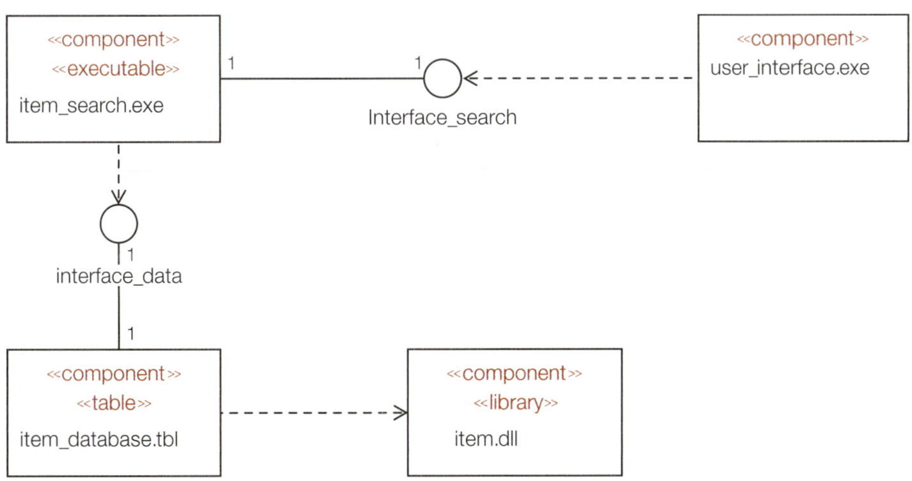

그림 9-13 user_interface.exe 컴포넌트(❶)와 Interface_search 인터페이스(❺) 추가

3 클래스 기반의 컴포넌트 다이어그램 생성

클래스로부터 컴포넌트를 구성할 때는 클래스 중에서 서로 연관되어 분류가 가능한 것들을 컴포넌트에 포함시킬 수 있다. 컴포넌트에 포함되는 클래스들의 인터페이스가 컴포넌트의 인터페이스가 된다. [그림 9-14]는 클래스를 기반으로 생성된 item_database.tbl 컴포넌트다. 이 컴포넌트는 입고 클래스, 출고 클래스, 현황 관리 클래스로 구성되며, 이들의 연관 관계가 정의되어 있다.

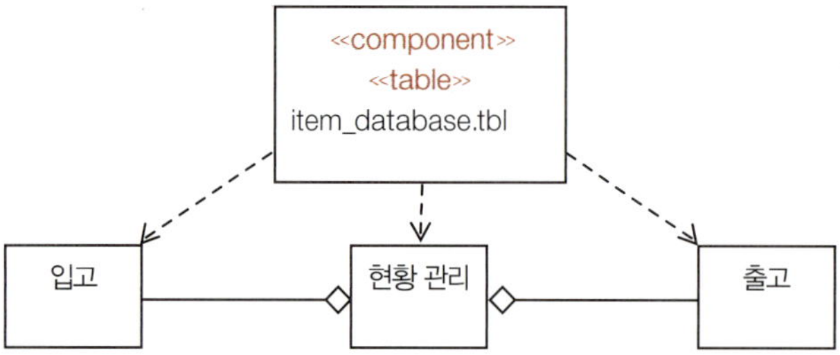

그림 9-14 클래스를 기반으로 생성된 컴포넌트

응용 프로그램의 중요한 역할은 클래스의 전체 또는 일부를 구현하는 것이다. 예를 들어 [그림 9-15]의 《executable》 컴포넌트를 생성하려면 여러 클래스를 묶어서 하나의 실행 파일로 컴파일해야 한다.

그러나 실행 파일, 라이브러리, 테이블, 문서처럼 단일 클래스로 구성되는 컴포넌트도 있다. [그림 9-16]에서 present_state.exe 컴포넌트는 여러 개의 클래스를 하나의 컴포넌트로 컴파일하지 않고 각 클래스를 개별적으로 컴파일한 라이브러리 컴포넌트를 참조한다. 사용자 인터페이스는 하나의 DLL 컴포넌트로 구성한다.

컴포넌트 다이어그램도 패키지로 만들 수 있다. 관련 컴포넌트를 패키지로 묶어두면 응용 프로그램을 배포하고 관리하는 데 많은 도움이 된다.

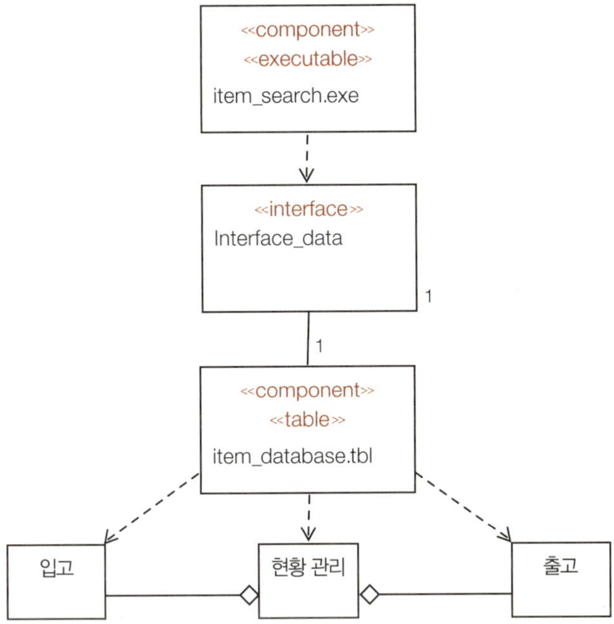

그림 9-15 클래스로부터 생성한 item_database.exe 컴포넌트

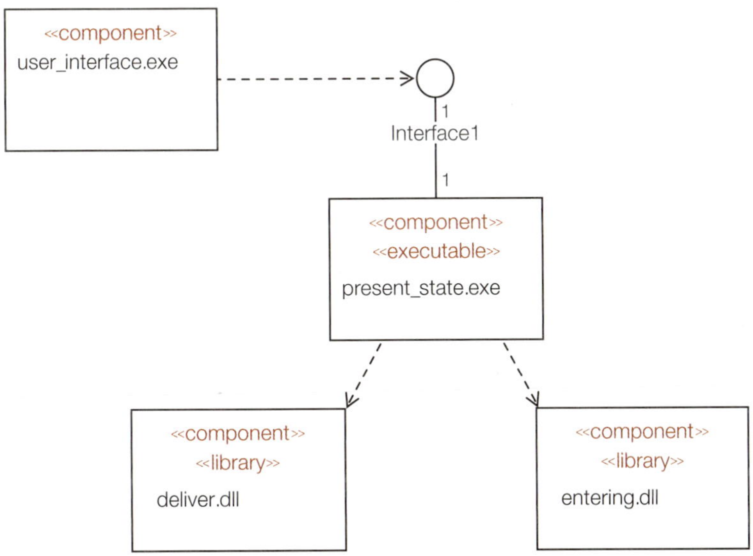

그림 9-16 하나의 클래스로 구성된 컴포넌트

03 컴포넌트 다이어그램 모델링 연습

1 축구 경기

축구 경기는 선수와 심판으로 구성되어 있다. 각 선수는 고유의 포지션에서 경기를 한다. [그림 9-17]의 축구 경기 컴포넌트 다이어그램에서 컴포넌트는 player선수와 referee심판이고 인터페이스는 game게임과 position포지션이다.

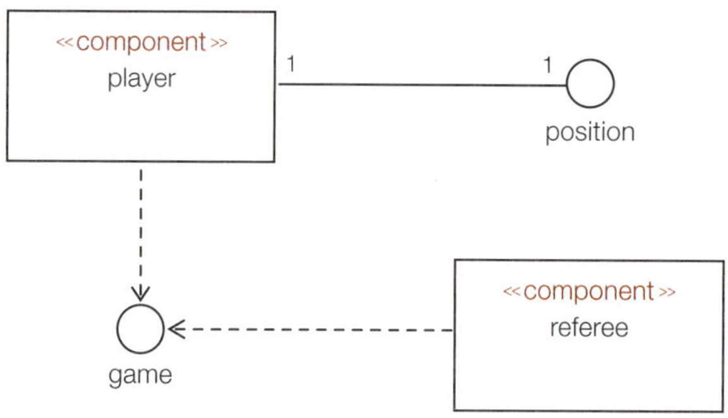

그림 9-17 축구 경기의 컴포넌트 다이어그램

2 텔레비전 채널 선택

텔레비전에는 다양한 채널이 있으며 리모콘을 통해 채널 신호를 입력받는다. [그림 9-18]의 텔레비전 채널 선택 컴포넌트 다이어그램에서 컴포넌트는 텔레비전과 리모콘이며, 인터페이스는 채널 선택이다.

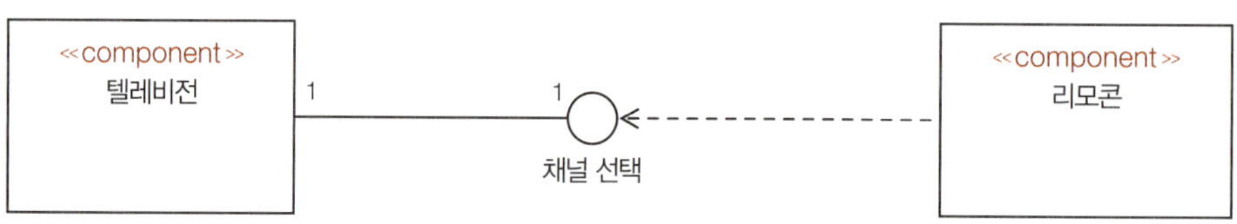

그림 9-18 텔레비전 채널 선택의 컴포넌트 다이어그램

3 상품 관리

고객이 상점에 들어오면 상품을 선택하고 선택한 상품을 주문한다. 점원은 고객이 주문한 상품의 주문명을 확인한 후 그 결과를 보여준다. [그림 9-19]의 상점 관리 컴포넌트 다이어그램에서 컴포넌트는 고객, 주문, 결과이며 인터페이스는 Account, OrderEntry다.

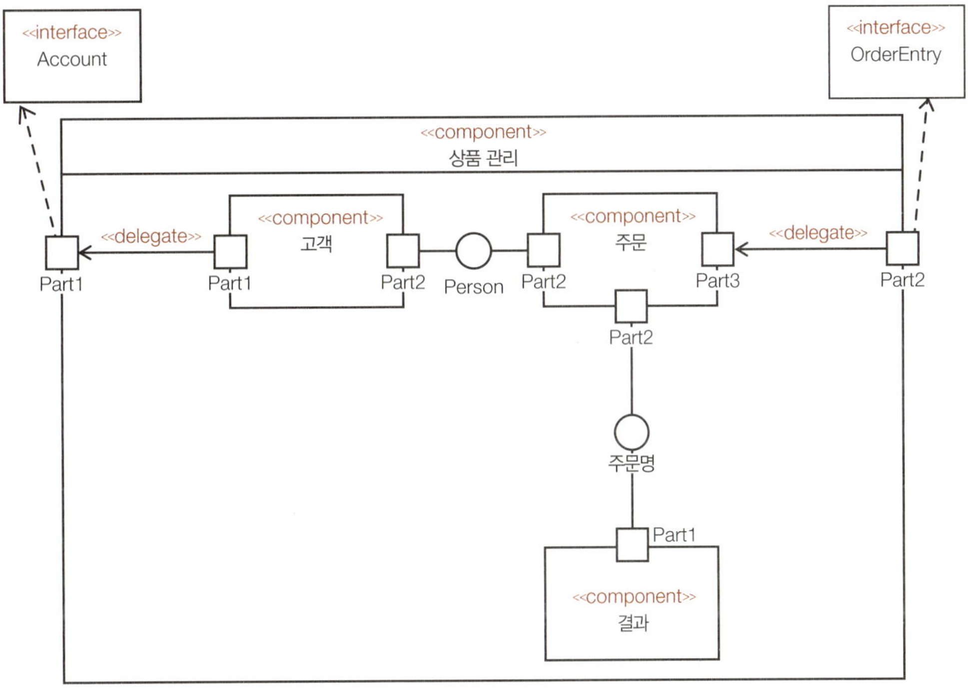

그림 9-19 상점 관리의 컴포넌트 다이어그램

4 서버와 데이터베이스

서버는 데이터베이스를 바탕으로 한다. 그리고 관리자를 통해 서버와 데이터베이스가 관리된다. [그림 9-20]의 서버와 데이터베이스 컴포넌트 다이어그램에서 컴포넌트는 Server서버와 Database데이터베이스이며, 인터페이스는 관리자 화면이다.

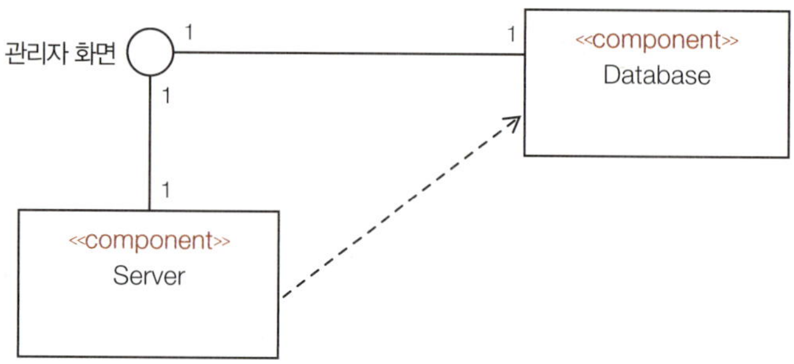

그림 9-20 서버와 데이터베이스의 컴포넌트 다이어그램

5 회계

❶ 계산이 이루어지면 계산에 대한 메시지가 시스템을 통해 서버로 이동한다.

❷ 서버에서는 처리자의 내용과 회계사 간의 내용이 처리된다.

❸ 처리된 내용은 회계 시스템에 입력된다.

❹ 판매가 이루어지며 해당 판매 메시지가 판매 서버로 전송되고 해당 서버에서 거래가 이루어진다. 회계사가 해당 거래를 처리하고 회계 시스템의 컴포넌트로 내용이 넘어간다.

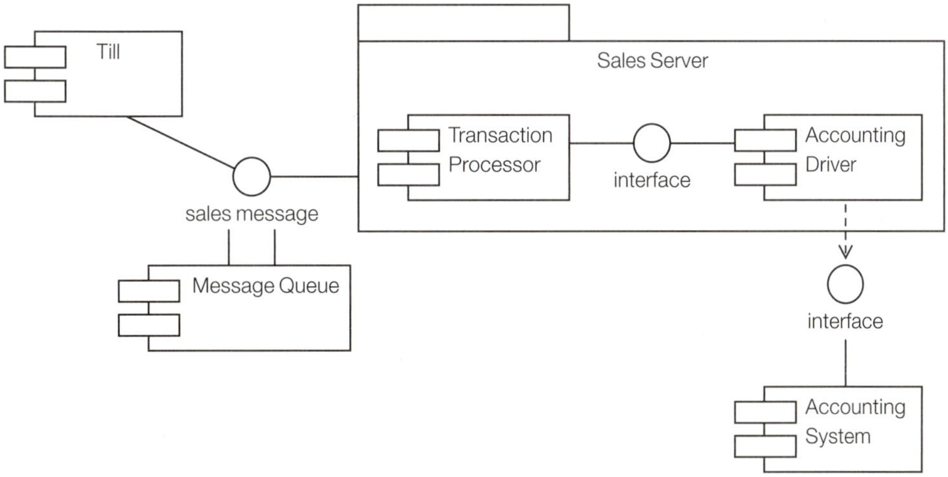

그림 9-21 회계 시스템의 컴포넌트 다이어그램

6 예약

❶ 사용자가 GUI를 통해 값을 입력한다.

❷ 업데이트된 계획을 예약한다.

❸ 일정을 예약한다.

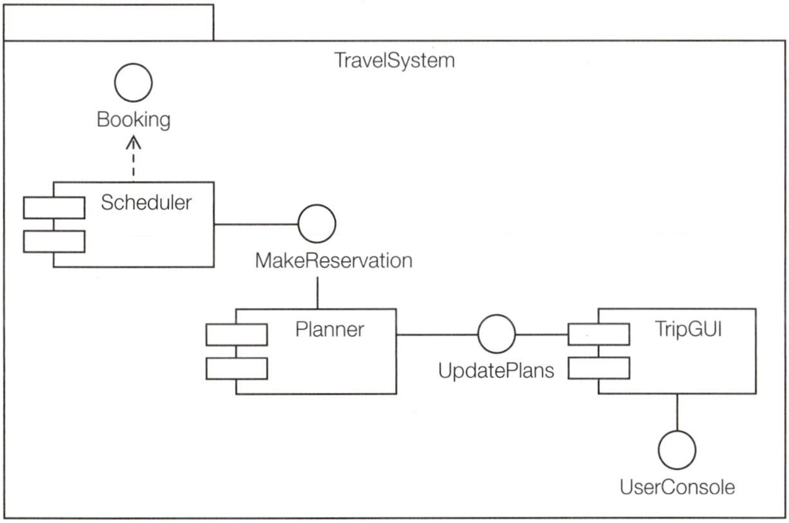

그림 9-22 예약 시스템의 컴포넌트 다이어그램

7 도서 관리

❶ 대출자 웹을 통해 도서 대출을 관리한다.

❷ 도서관 웹을 통해 도서 주문을 관리한다.

❸ 대출자 웹, 도서관 웹 출판 관리를 통해 게시판을 관리한다.

❹ 공통적으로 컴포넌트를 관리한다.

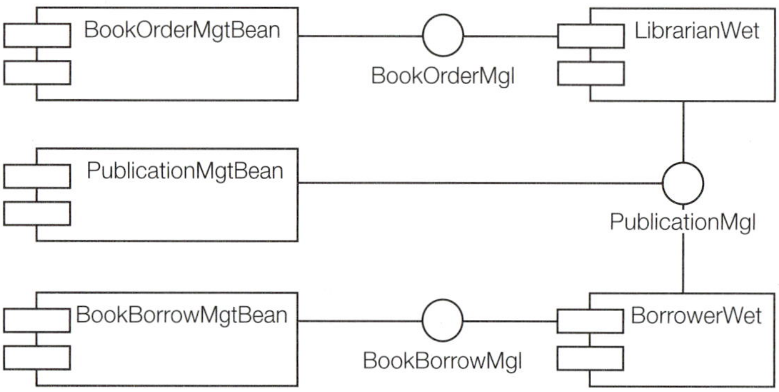

그림 9-23 도서 관리의 컴포넌트 다이어그램

연습문제

01 소프트웨어 재사용과 관련하여 객체들의 모임, 대규모 재사용 단위로 정의되는 것은?

① Sheet ② Component
③ Framework ④ Cell

02 컴포넌트 다이어그램에 대한 설명으로 옳지 않은 것은?

① 컴포넌트 내에 어떤 클래스를 포함할지, 컴포넌트 간의 이용 관계가 어떻게 되는지를 그림으로써 컴포넌트 구성요소를 설계할 때 사용한다.
② 컴포넌트 간의 의존 관계를 이용하여 설치 순서를 검토 시 사용한다.
③ 부하 분산을 위한 분산 시스템 검토 시 컴포넌트의 적절한 배치를 위해 사용한다.
④ 실제 소프트웨어의 설계 혹은 구현을 위한 용도로 사용된다.

03 컴포넌트에 대한 설명으로 옳지 않은 것은?

① 제공하는 서비스와 사용하는 서비스를 인터페이스로 정의해야 한다.
② 클래스와 유사한 개념으로 바이너리 레벨이 아닌 소스 레벨에서의 재사용을 위한 것이다.
③ 컴포넌트 라이브러리 개발은 개발 조직의 자산으로 여기고 투자해야 한다.
④ 다른 소프트웨어와 연결되어 동작할 수 있는 방법을 제공해야 한다.

04 다음 그림에 관한 설명으로 옳지 않은 것은?

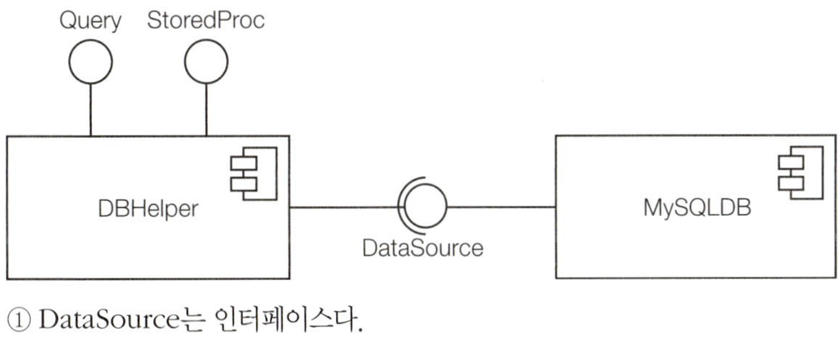

① DataSource는 인터페이스다.
② DBHelper는 DataSource의 사용자다.
③ MySQLDB는 DataSource의 제공자다.
④ Query와 StoredProc은 DBHelper의 요구 인터페이스다.

05 컴포넌트 다이어그램의 모델 요소에 대한 설명으로 옳지 않은 것은?

① 컴포넌트 인스턴스는 시스템의 실제 엔티티를 나타낸다.

② 컴포넌트 액터는 사용자가 시스템에 대해 수행하는 역할을 의미하며, 시스템과 상호 작용하는 사람이나 사물을 의미한다.

③ 인터페이스는 클래스와 같은 기타 모델 요소 또는 컴포넌트가 구현해야 하는 오퍼레이션을 정의한다.

④ UML 관계는 모델 요소 간 구조와 동작을 정의하여 모델에 시맨틱을 추가한다.

06 다음 주문 관리 시스템의 명세서를 보고 컴포넌트 다이어그램을 작성하시오.

- 고객이 주문 시스템에서 상품을 검색하면 재고 시스템에서 해당 상품을 검색한 결과를 고객에게 보여준다.
- 고객은 검색된 상품의 결과를 장바구니에 저장한 후 구매한다.

07 다음 로그인 시스템의 명세서를 보고 컴포넌트 다이어그램을 작성하시오.

- 사용자는 사용자 인터페이스 컴포넌트를 통하여 로그인 정보를 입력한다.
- 입력된 로그인 정보를 처리 컴포넌트를 통하여 데이터베이스 컴포넌트로 보내면 데이터베이스 컴포넌트에서 해당 시스템의 로그인 테이블에 접근한다.
- 이후 사용자 인터페이스 컴포넌트에 처리 결과를 보여준다.

CHAPTER 10
배치 다이어그램

학습목표

- 배치 다이어그램의 개념을 이해한다.
- 노드와 커넥션의 UML 표현을 학습한다.
- 다양한 예제를 통해 배치 다이어그램을 모델링하는 연습을 해본다.

01 배치 다이어그램의 표현과 용도

배치 다이어그램Deployment Diagram은 네트워크, 하드웨어 또는 소프트웨어들을 실행 파일 수준의 컴포넌트와 함께 표현한 것이다. 즉 노드와 노드 간의 커넥션을 나타낸다. 노드에는 프로세서나 디바이스들에 대한 사항을 표현하고, 커넥션에는 네트워크 특성이나 프로토콜 등을 표현한다. 이때 노드에 표현하는 정도는 관심사에 따라 다르지만 대체로 세부적으로 표현하지는 않는다. 컴포넌트 다이어그램에는 파일 수준에서 표현하고, 배치 다이어그램에는 네트워크와 하드웨어에 대한 관계만 표현할 수도 있다. 다음은 전체 시스템 구성을 배치 다이어그램으로 표현한 것이다.

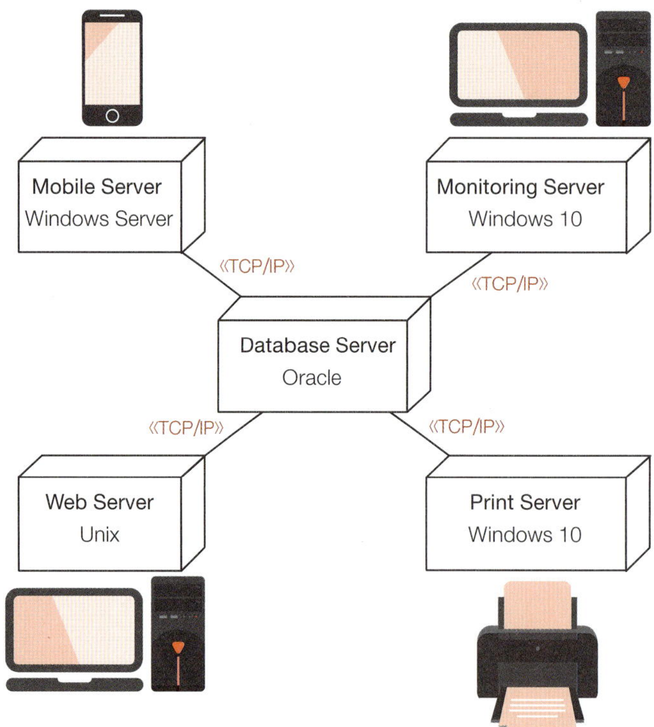

그림 10-1 전체 시스템 구성을 배치 다이어그램으로 표현한 예

배치 다이어그램도 컴포넌트 다이어그램과 마찬가지로 모델링하는 데 큰 노력이 들지는 않는다. 이런 형태의 다이어그램은 일반 개발자에게 별다른 의미가 없을 수도 있지만, 운영 환경을 가장 중요하게 생각하는 경우라면 많은 유스케이스 기술서나 클래스 다이어그램들보다 더 중요한 문서가 될 수도 있다.

1 배치 다이어그램의 표현

배치 다이어그램은 노드와 커넥션이라는 두 가지 구성 요소를 사용해 시스템을 구성하는 처리 장치와 그들 간의 통신 경로를 표현한다.

1.1 노드

노드는 처리 능력을 지닌 장치이며 직육면체로 표시한다. 클라이언트-서버 시스템이면서 서버의 기능을 이용하는 분산 시스템이라면 시스템을 구성하는 물리적인 응용 프로그램을 각 노드에 배치한다. 예를 들어 [그림 10-1]의 배치 다이어그램은 여러 대의 컴퓨터가 프린터나 팩스를 공유하는 시스템이다. 프린터 서버와 팩스 서버를 여러 개의 클라이언트가 나누어 사용하는 것이다.

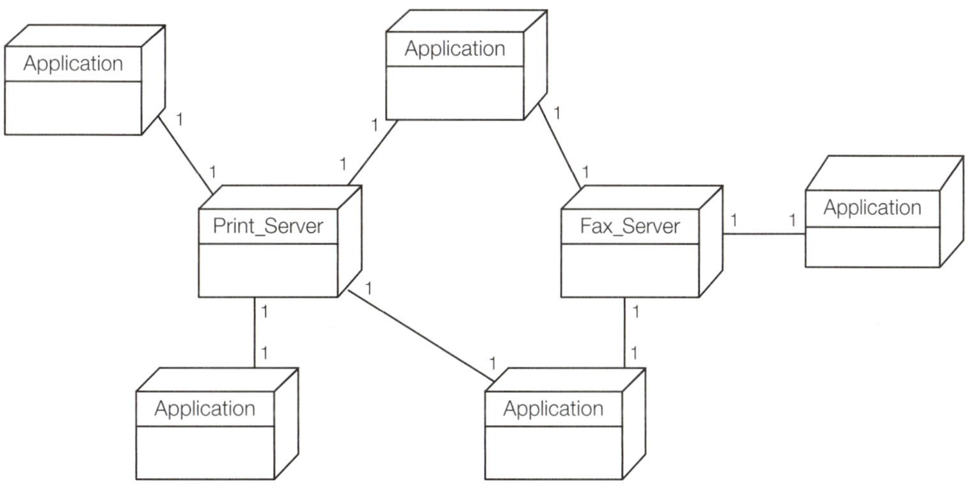

그림 10-2 배치 다이어그램의 노드

노드는 클래스, 유스케이스, 컴포넌트처럼 속성을 가질 수 있다. [그림 10-3]은 배치 다이어그램을 객체 수준에서 표현한 것이다. 윗부분의 이름 영역에는 노드의 이름과 유형, 선택적인 스테레오타입을 나타낸다. 중간에 있는 속성 영역에는 노드의 특성이 들어간다. 아래쪽의 오퍼레이션 영역에는 그 노드에서 실행되는 컴포넌트를 정의한다.

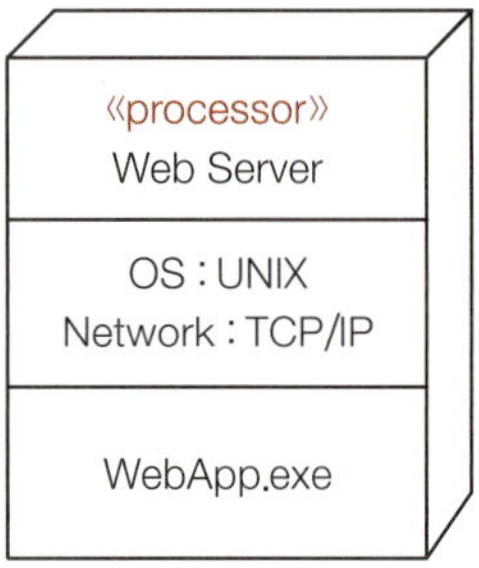

그림 10-3 객체 수준에서 본 배치 다이어그램

1.2 커넥션

커넥션Connection은 노드 사이의 연결을 의미하며, 해당 노드들의 통신 방식을 표현한다. [그림 10-4]의 배치 다이어그램은 각 노드 간의 다양한 통신 방식을 나타내고 있다. 프린트 서버와 응용 프로그램 서버는 TCP/IP 방식으로 통신하며, 응용 프로그램 서버와 웹 서버는 RPC 방식을 이용한다. 그리고 웹 서버와 인터넷, LAN은 HTTP 방식을 이용한다.

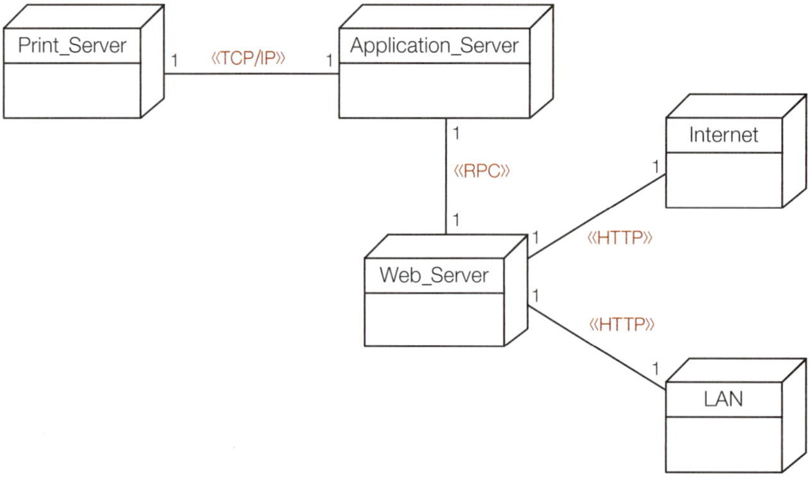

그림 10-4 배치 다이어그램의 커넥션

커넥션은 다중성도 표현할 수 있다. 각 커넥션 끝에 노드 수를 정의하면 된다. 예를 들어 [그림 10-5]는 각 서버가 하나 이상의 클라이언트와 연결되어 있으며, 각 클라이언트는 서버와 정확히 하나씩 연결되어 있음을 나타낸다.

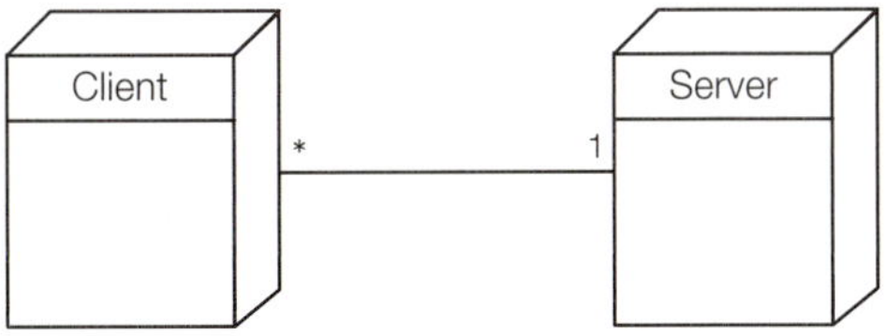

그림 10-5 다중성의 표현

커넥션에 이름을 붙여 관심 있는 문제를 표시한다. 모든 커넥션이 물리적인 연결이기 때문에 '~에 연결'과 같이 동일한 이름으로 끝나며 커넥션의 유형을 설명하기 위해서 스테레오타입을 사용할 수 있다. [그림 10-6]은 스테레오타입 《HTTP》를 사용하여 서버 노드와 클라이언트 노드가 HTTP로 연결되어 있음을 표현하고 있다.

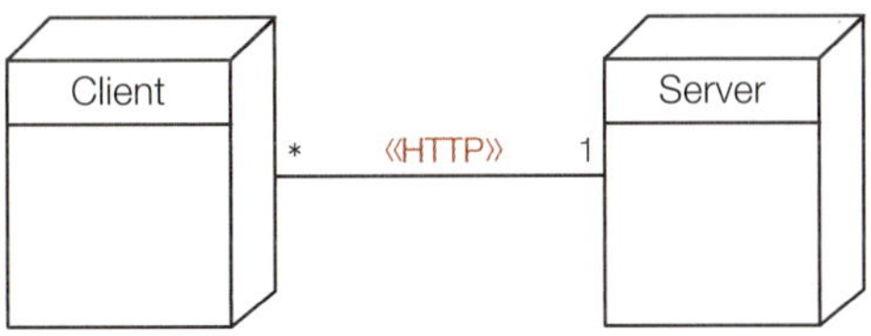

그림 10-6 커넥션의 스테레오타입 표현

일반적으로 컴포넌트 다이어그램과 배치 다이어그램이라는 두 가지 물리적인 다이어그램을 결합해 표현한다. 노드 내용을 보여주기 위해 확장된 노드 안에 컴포넌트 아이콘을 모델링하며, 컴포넌트 사이에 논리적인 통신을 나타내기 위해 컴포넌트 다이어그램에서 사용했던 점선 형식의 의존 관계를 이용한다. [그림 10-7]은 메신저 시스템의 서버와 클라이언트 간의 접근 방법을 배치 다이어그램으로 표현한 것이다. 사용자는 클라이언트의 Messenger 컴포넌트를 이용하여 서버의 ChattingServer 컴포넌트에 접근하며, HTTP는 메신저와 메신저 서버 사이의 프로토콜을 정의한다.

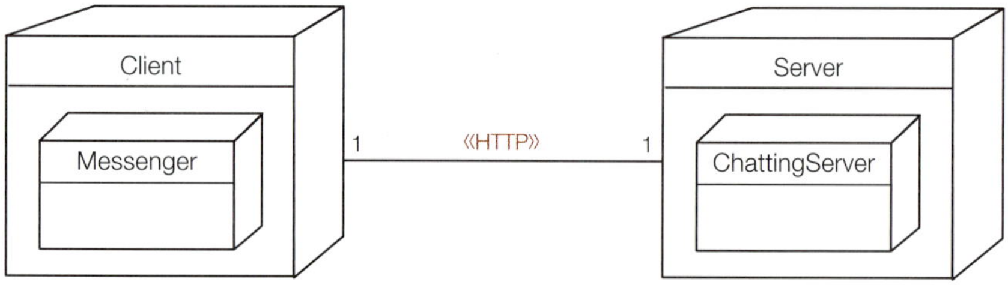

그림 10-7 컴포넌트 다이어그램과 배치 다이어그램이 결합된 메신저 시스템

2 배치 다이어그램의 용도

배치 다이어그램은 다음과 같은 목적을 위해 사용된다.

❶ 배치 다이어그램은 소프트웨어가 배치되고 실행될 하드웨어 자원을 정의한다. 즉, 다른 다이어그램과 달리 하드웨어 자원들을 명시적으로 정의하는 용도로 작성된다.

❷ 배치 다이어그램은 실행 컴포넌트를 어떤 분산 하드웨어 자원에 배치하여 원하는 성능과 효율을 낼지 정의하기 위해 작성된다.

❸ 소프트웨어 컴포넌트가 탑재된 하드웨어 자원은 적절한 성능을 내기 위해 물리적인 연결을 가지고 있어야 한다. 배치 다이어그램은 어떤 하드웨어 자원 간에 연결이 있는지, 그 연결은 어떠한 성능을 지닌 연결인지 정의한다.

02 배치 다이어그램의 단계별 모델링 : 재고 조회

9장에서 예로 든 재고 조회 응용 프로그램을 배치 다이어그램을 함께 사용하여 다시 구축해 보자.

하드웨어는 Client, Search Server, Database 3개로 구성되므로 [그림 10-8]과 같은 노드로 표현할 수 있다.

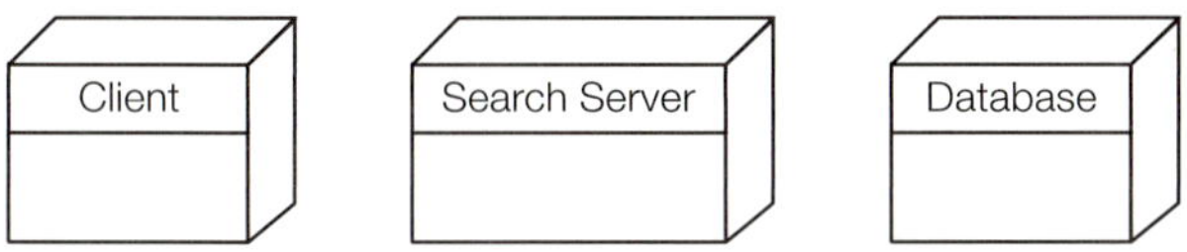

그림 10-8 3개의 노드 모델링

Client는 부품 검색을 위해 사용자 인터페이스를 처리하는 User_Interface.exe 컴포넌트를 포함한다. Search Server는 부품을 검색하는 Item_Search.exe를 사용하여 데이터베이스에 접근한다.

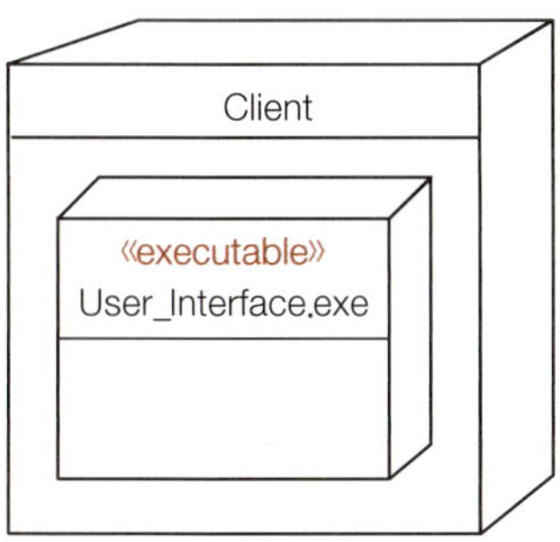

그림 10-9 Client 노드

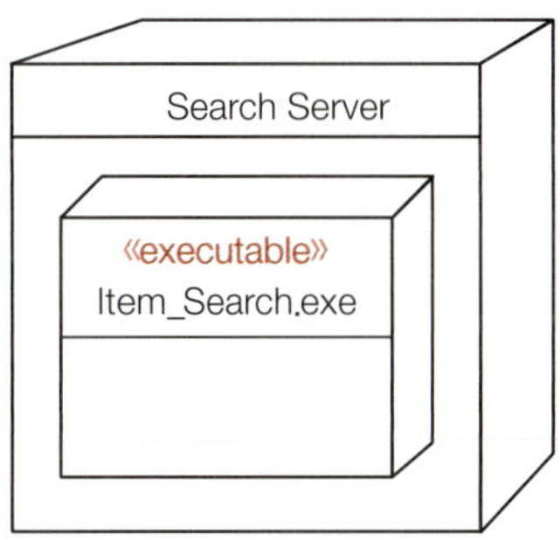

그림 10-10 Search Server 노드

Database는 데이터베이스를 관리하는 Item_Database.tbl 컴포넌트와 부품 종류를 관리하는 Item.dll 부품 라이브러리를 실행한다.

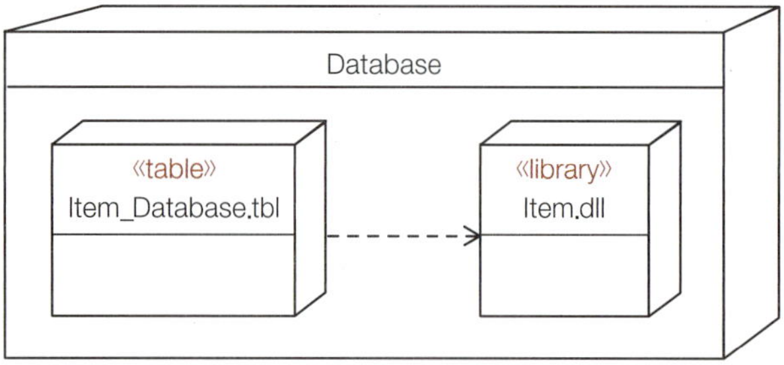

그림 10-11 Database 노드

다수의 Client가 하나의 Search Server에 연결되는 것을 나타내기 위해 다중성을 표현하고, 통신 방식도 나타내야 한다. [그림 10-12]는 무선 LAN을 사용하여 다수의 Client를 Search Server 하나에 연결하고, Search Server와 Database는 유선 LAN을 사용해 1:1로 연결한 것이다. 이처럼 Client 노드는 무선 LAN과 유선 LAN을 지나 Database에 연결된다.

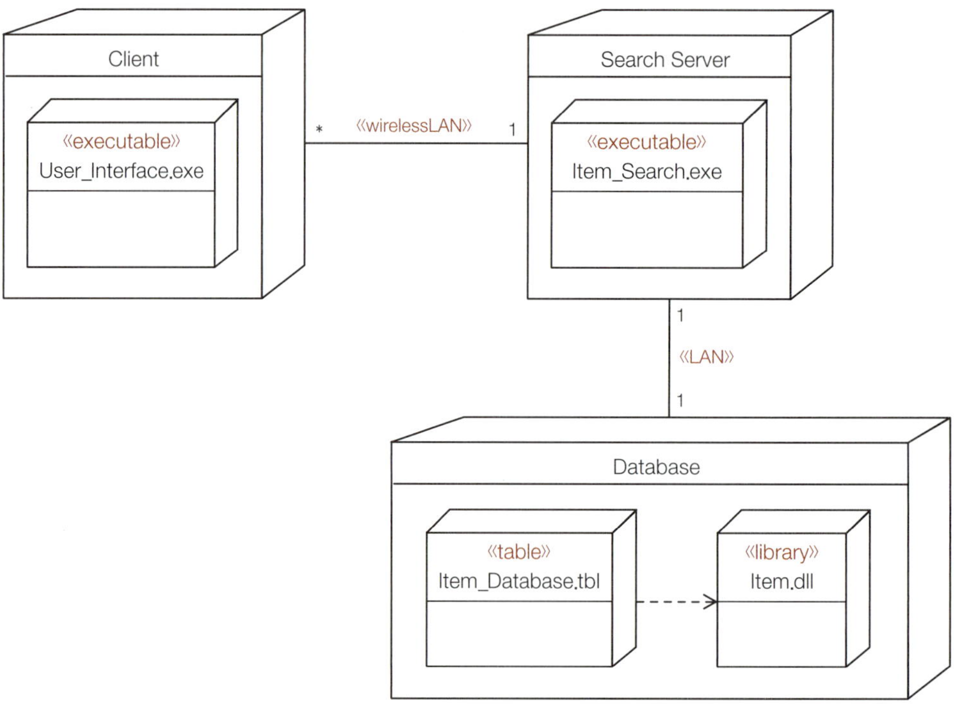

그림 10-12 노드 간의 커넥션

Client의 User_Interface.exe는 Search Server에 있는 Item_Search.exe의 도움을 받아야 한다. 그러므로 [그림 10-13]과 같이 Client의 User_Interface.exe에서 Search Server의 Item_Search.exe로 의존 관계를 추가한다.

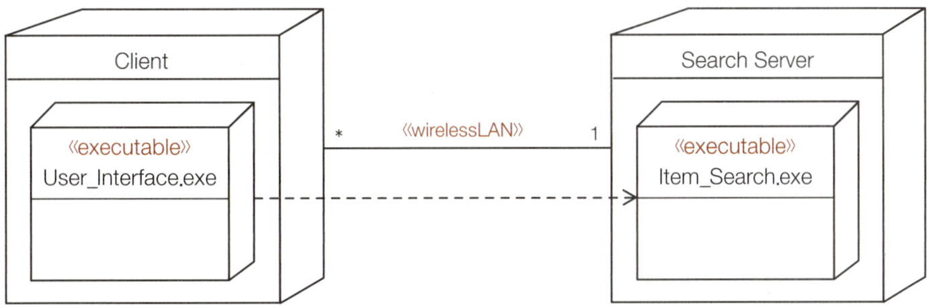

그림 10-13 User_Interface.exe에서 Item_Search.exe로 향하는 의존 관계

Search Server의 Item_Search.exe 컴포넌트는 Database에 있는 Item_Database.tbl의 도움이 필요하다. 그러므로 [그림 10-14]와 같이 Item_Search.exe 컴포넌트에서 Item_Database.tbl 컴포넌트로 의존 관계를 추가한다.

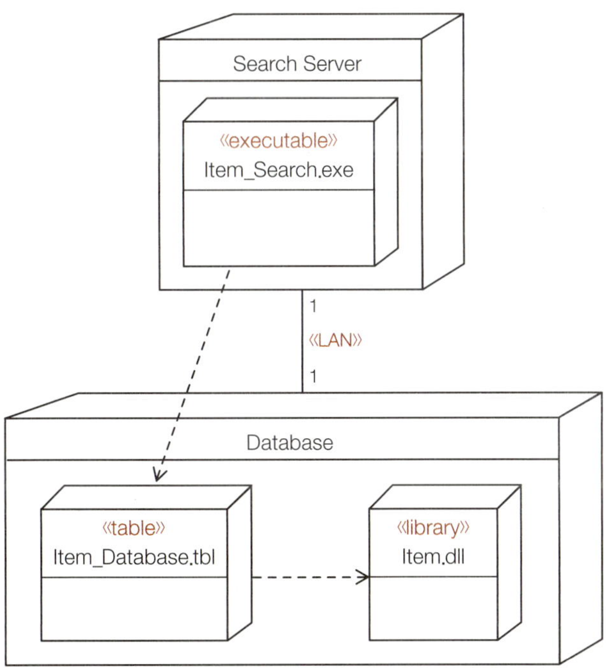

그림 10-14 Item_Search.exe 컴포넌트에서 Item_Database.tbl 컴포넌트로 향하는 의존 관계

최종적으로 완성된 배치 다이어그램은 [그림 10-15]와 같다.

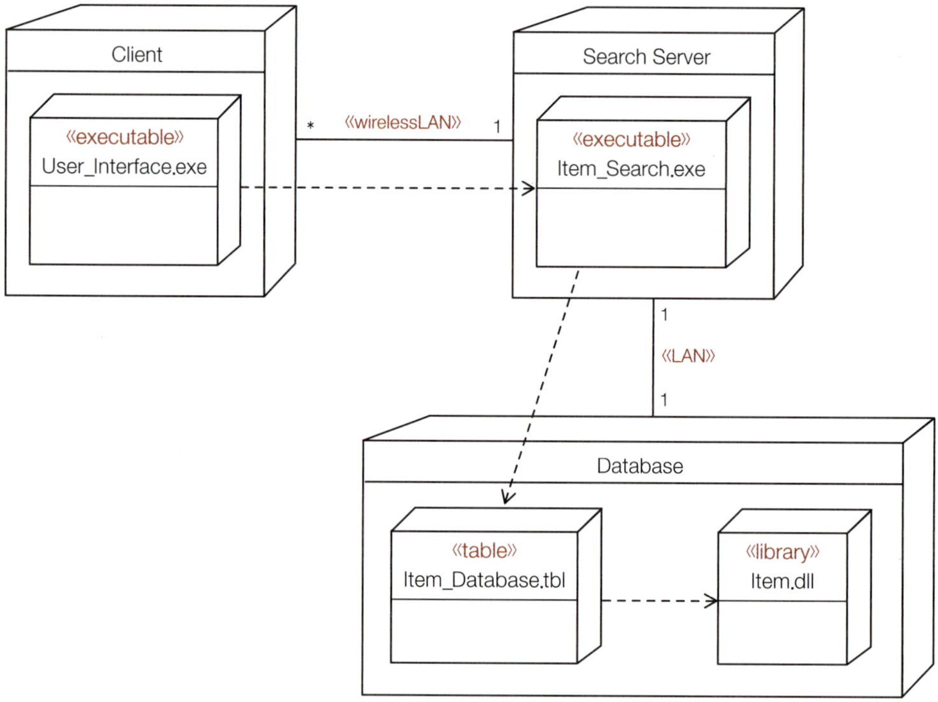

그림 10-15 재고 조회 응용 프로그램의 배치 다이어그램

03 배치 다이어그램 모델링 연습

1 WWW

WWW 서비스는 이메일, 네트워크, 뉴스, FTP 등 인터넷에서 제공하는 기본 서비스를 통합된 형태로 제공할 뿐 아니라 그림, 동영상, 음성, 문자 등의 멀티미디어 정보 및 하이퍼텍스트 기능을 제공한다. WWW의 기능은 URLUniform Resource Locator, HTTPHypertext Transfer Protocol, HTMLHyperText MarkupLanguage, CGICommon Gateway Interface 등에 의해 형성된다.

WWW는 서버와 클라이언트로 구성되는데, 서버로 접속하기 위한 클라이언트는 플랫폼을 가리지 않는다. 윈도우즈, 유닉스, 매킨토시 등 어떤 컴퓨터 환경에서도 사용할 수 있는 WWW 클라이언트용 브라우저가 개발되어 있기 때문이다. [그림 10-16]은 간단한 WWW의 배치 다이어그램이다.

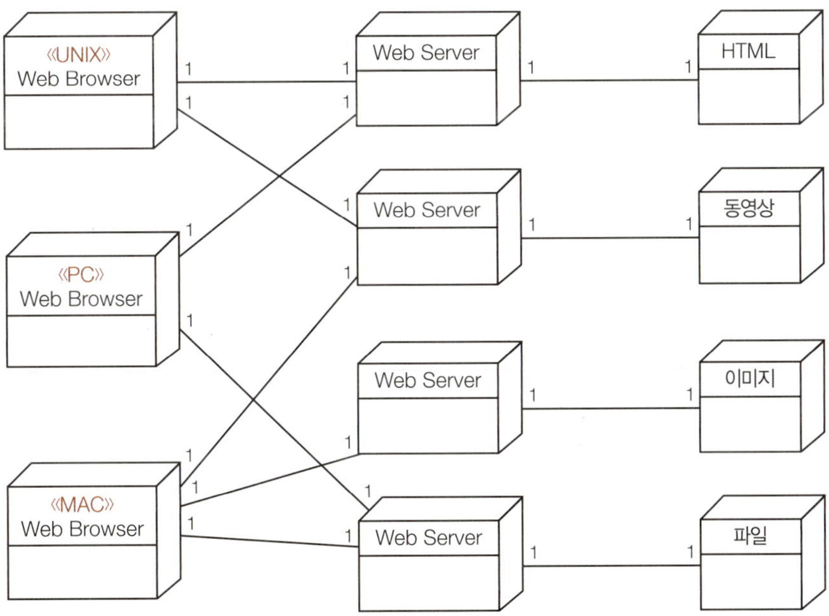

그림 10-16 WWW의 배치 다이어그램

❷ 근거리 통신망

근거리 통신망LAN : Local Area Network은 많이 사용하는 네트워크 형태다. 라우터를 이용하여 건물이나 학교 등의 공간에서 외부 인터넷을 연결한다. LAN은 중간 노드의 교환 없이 점-대-점Point-To-Point 방식의 물리적 매체를 이용하여 통신한다. [그림 10-17]은 근거리 통신망의 배치 다이어그램이다.

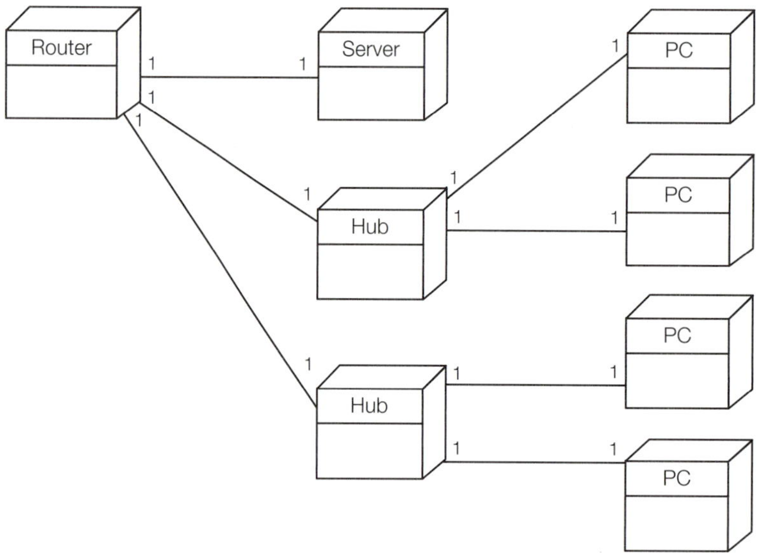

그림 10-17 근거리 통신망의 배치 다이어그램

3 컴퓨터 구성

컴퓨터는 기본적으로 PC와 그 주변 기기인 모니터, 스피커, 프린터 등의 장치로 구성되어 있다. [그림 10-18]은 이렇게 구성된 컴퓨터의 배치 다이어그램이다.

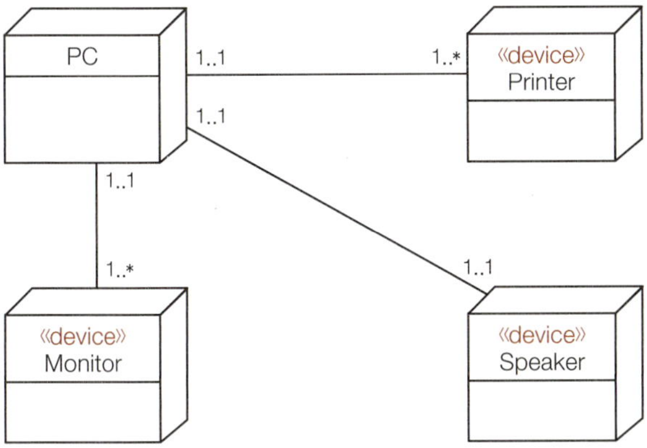

그림 10-18 컴퓨터 구성의 배치 다이어그램

4 발주 시스템

[그림 10-19]는 발주 시스템의 배치 다이어그램이다. 발주 시스템에는 도매점과 소매점이 있고, 이들을 연결하는 물류 센터가 있다. 물류 센터는 해당 관리자가 관리하여, 도매와 소매의 물류량을 조절해준다.

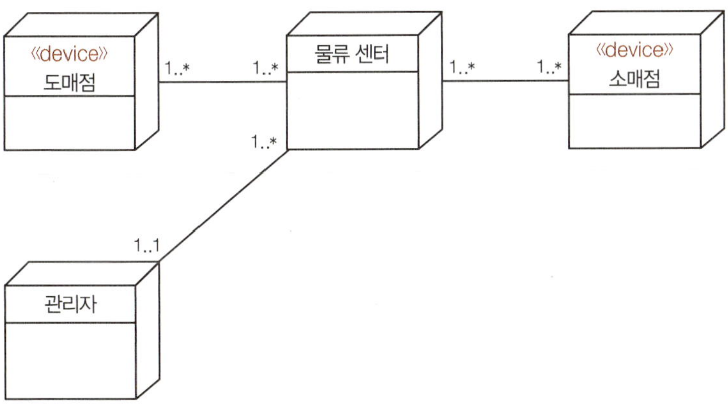

그림 10-19 발주 시스템의 배치 다이어그램

5 식당 관리

[그림 10-20]은 식당 관리의 배치 다이어그램이다. 식당은 기본적으로 종업원이 관리한다. 고객이 식당을 찾으면 종업원이 맞이하여 고객의 주문과 편의를 처리한다.

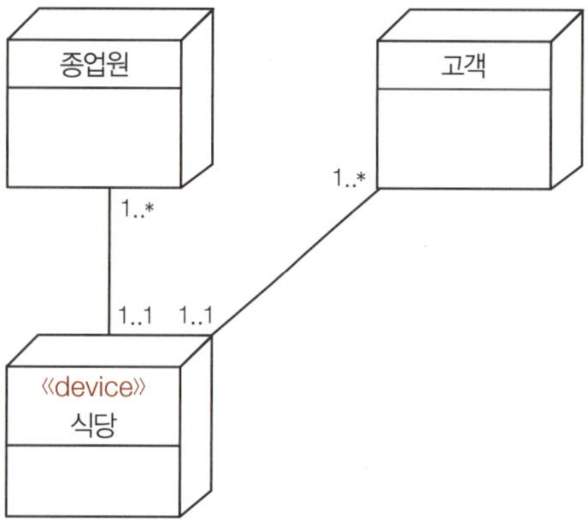

그림 10-20 식당 관리의 배치 다이어그램

6 통신

[그림 10-21]은 통신 원리의 배치 다이어그램이다. 통신은 송신의 주체인 Tx에서 데이터를 신호로 변환하여 기지국에 보내고, 기지국에서는 해당 데이터의 신호를 변환하여 수신의 주체인 Rx에 데이터화하여 보내는 원리로 이루어진다.

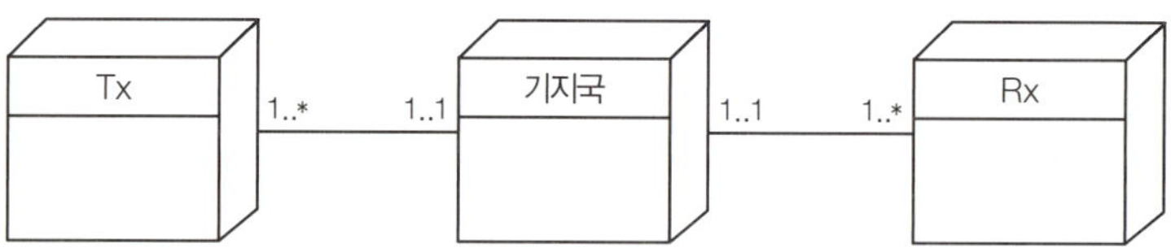

그림 10-21 통신의 배치 다이어그램

7 오류 체크

[그림 10-22]는 오류 체크에 대한 배치 다이어그램이다. Server에서 관리자 제어와 해당 Server 오류 체크의 오류 수정 제어를 거쳐 Server 오류 체크의 오류 수정기를 거친 다음 오류 표시기에 표시한 후 이를 Client에 전송한다.

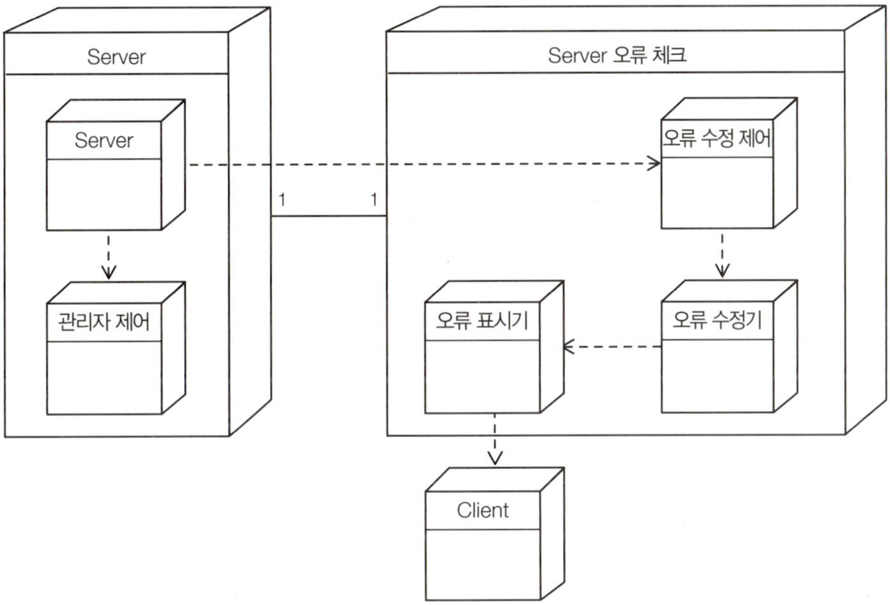

그림 10-22 오류 체크의 배치 다이어그램

8 방송 무선 네트워크 통신망

방송 무선 네트워크 통신망의 배치 다이어그램은 [그림 10-23]과 같다. 무선기로 데이터를 송신하면 무선 네트워크를 통해 각 파트별 관리자의 PC에 전송되며, 데이터를 전송받은 각 파트의 관리자 PC는 해당 데이터를 처리한다.

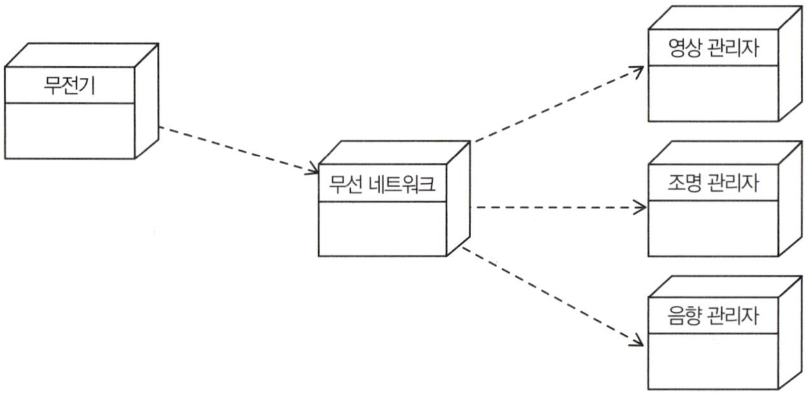

그림 10-23 방송 무선 네트워크 통신망의 배치 다이어그램

9 프로젝트 관리 서비스

프로젝트 관리 서비스의 배치 다이어그램은 [그림 10-24]와 같다. Client에 있는 User_Interface와 ASP 파일을 통해 데이터를 요청하며, PAS_System에 있는 IIS_Server를 통해 Database에서 해당 데이터를 처리하는 형태로 이루어진다.

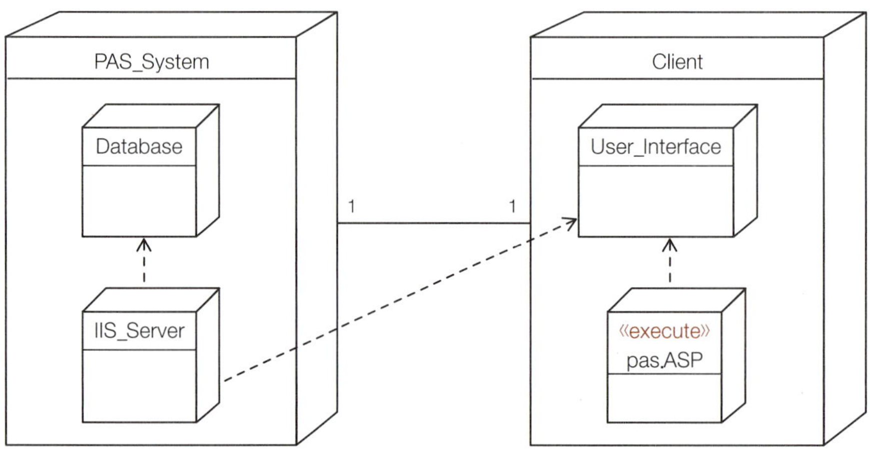

그림 10-24 프로젝트 관리 서비스의 배치 다이어그램

01 분산 환경에서 시스템을 구성하는 하드웨어와 소프트웨어 요소들이 물리적으로 어떻게 배치되는지를 보여주는 UML 다이어그램은?

① 컴포넌트 다이어그램
② 패키지 다이어그램
③ 클래스 다이어그램
④ 배치 다이어그램

02 동적 모델링에 사용하는 UML 다이어그램이라 할 수 없는 것은?

① 배치 다이어그램
② 상태 다이어그램
③ 순서 다이어그램
④ 통신 다이어그램

03 배치 다이어그램을 사용해 시각화하거나 문서화하는 데 효과적이지 않은 시스템은?

① 온도 차이로 제어되는 표시 화면처럼 외부 자극으로 제어되는 하드웨어를 사용하는 임베디드 시스템
② 서비스와 기능 및 그와 관련한 외부 요소를 사용자 관점에서 보여주는 시스템
③ 시스템의 지속 데이터 및 사용자 인터페이스를 구별하는 클라이언트-서버 시스템
④ 서버가 여러 대 있고 소프트웨어 작업물의 여러 버전을 호스트할 수 있으며 일부는 한 노드에서 다른 노드로 이주까지 가능한 분산 시스템

04 배치 다이어그램의 요소에 대한 설명으로 적절하지 않은 것은?

① 노드 인스턴스는 노드의 실제 발생 또는 인스턴스화를 나타낸다.
② 배치 스펙은 본래 작업물이 노드에 배치되는 방식을 정의하는 XML 문서나 텍스트 파일과 같은 구성 파일이다.
③ 장치는 응용 프로그램 서버와 같은 시스템의 물리적 계산 자원을 나타내는 일종의 노드다.
④ 확장 관계와 포함 관계는 조건에 따라 실행해야 하는 경우와 무조건 실행해야 하는 경우의 관계를 갖고 있다.

05 배치 다이어그램의 구성 요소를 설명하시오.

06 배치 다이어그램에서 노드의 정의와 노드 간의 연결 표현 방법을 서술하시오.

07 다음 버스 안내 시스템의 명세서를 보고 배치 다이어그램을 작성하시오.

> 휴대폰이나 인터넷으로 원하는 목적지를 입력하면, 버스 안내를 하는 광역 버스 노선 안내BIS server 시스템에서 입력된 데이터를 처리하여 사용자에게 전달한다. 또한 각 정류장의 LED 모니터를 통해 광역 버스 노선 안내 시스템에서 전달하는 버스의 현재 위치와 예상 도착 시간을 파악할 수 있다.

08 다음 원격 관리 시스템의 명세서를 보고 배치 다이어그램을 작성하시오.

> 원격 관리 시스템에서는 TCP/IP를 통해 하나의 클라이언트가 다른 클라이언트를 제어한다. 해당 클라이언트는 원격으로 관리하려는 클라이언트의 IP주소를 입력하여 해당 주소를 가지고 있는 원격 클라이언트에 접속한다.

CHAPTER 11
패키지 다이어그램

학습목표

- 패키지 다이어그램의 개념을 이해한다.
- 중첩된 패키지를 이해한다.
- 다양한 예제를 통해 패키지 다이어그램을 모델링하는 연습을 해본다.

01 패키지 다이어그램의 표현과 사용

1 패키지 다이어그램의 표현

패키지는 다이어그램의 요소(클래스나 유스케이스)들을 그룹화한 것이다. 그룹화할 요소는 탭이 달린 폴더 아이콘으로 나타낸다. 패키지 다이어그램은 이 패키지와 관계라는 두 가지 요소로 표현한다.

1.1 패키지

패키지는 요소들을 그룹으로 조직하기 위한 범용 메커니즘으로, 탭이 달린 폴더로 표현한다. 패키지 표기법에는 아이콘 안에 패키지 이름만 표기한 단순 표기법과 패키지에 포함된 내부 패키지나 클래스까지 표현한 확장 표기법이 있다. [그림 11-1]은 패키지 이름만 표기한 단순 표기법의 예다.

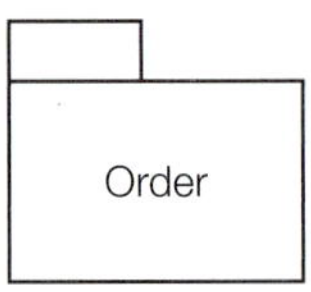

그림 11-1 패키지의 단순 표기법 예

[그림 11-2]는 패키지의 확장 표기법 예다. (a)는 패키지와 함께 그 속에 있는 클래스를 모두 나타냈다. (b)는 패키지 안에 있는 클래스를 이름만 나타내고, 이름 앞에 가시성Visibility을 표시했다. (c)와 (d)는 패키지 안에 패키지가 있을 경우로, (c)는 패키지의 경로를 표현했고 (d)는 포함 관계를 표현했다.

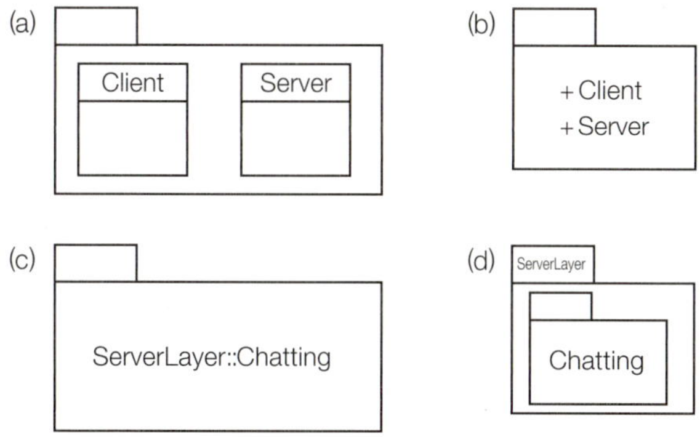

그림 11-2 패키지의 확장 표기법 예

패키지에는 스테레오타입을 적용할 수 있는데, 이 중 대표적인 표준 스테레오타입은 다음 5가지다.

- 《facade》 : 다른 패키지에 뷰를 제공해주는 패키지
- 《framework》 : 주로 패턴으로 구성된 패키지
- 《stub》 : 다른 패키지의 공용 내용물에 대한 대리자 역할을 수행하는 패키지
- 《subsystem》 : 전체 시스템의 독립된 일부분을 나타내는 패키지
- 《system》 : 전체 시스템을 나타내는 패키지

1.2 관계

패키지 사이에는 의존 관계가 있다. 의존 관계는 한쪽이 익스포트export한 것을 다른 한쪽의 패키지 요소가 임포트import하는 관계다.

의존 관계에서는 한 패키지에서 다른 패키지에 있는 클래스를 최소한 하나 사용해야 한다. 예를 들어 [그림 11-3]은 주문에서 계산까지 점선 화살표로 의존성을 보여주고 있다. 이는 Ordering 패키지에 있는 상품 클래스(Ordering::Item)가 상품을 구매하려면 Pricing 패키지에 있는 계산 주문 클래스(Pricing::Calculator)의 상세 내용을 얻을 필요가 있음을 의미한다.

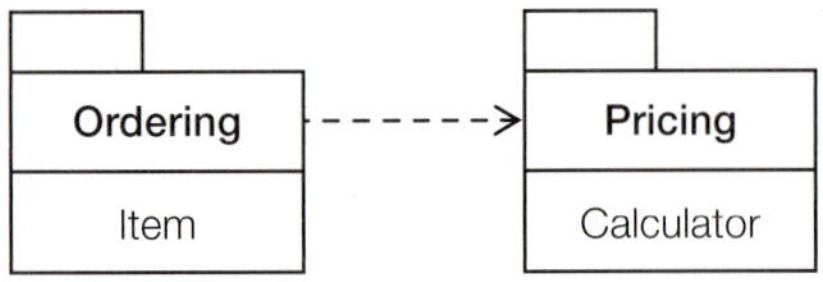

그림 11-3 패키지 간의 의존 관계

양방향 점선 화살표를 이용해 양방향 의존 관계를 표현할 수도 있다. [그림 11-4]에서 운송 패키지는 주문 처리 패키지에 있는 주문을 수정해야 하고 주문 처리 패키지는 주문 패키지에 포함된 물품의 출고 상태를 확인해야 한다.

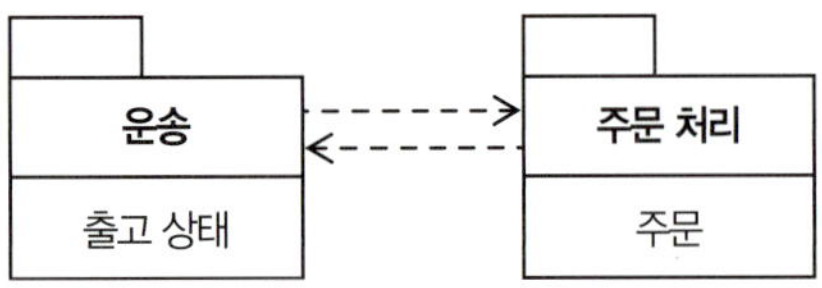

그림 11-4 패키지 간의 양방향 의존 관계

UML에서는 패키지의 의존성을 나타내기 위해 《import》와 《access》라는 두 가지 스테레오타입을 정의한다.

《import》 스테레오타입으로 표현하는 임포트 관계는 한 패키지에 속한 요소가 다른 패키지의 요소에 단방향으로 접근하는 것을 허용한다는 의미다. 예를 들어 [그림 11-5]의 《import》는 소스 패키지의 이름을 나타내지 않고 클래스에 대한 내부 참조를 허용함으로써, 실행 시간 동안 Ordering 패키지가 Products 패키지 내 매입 주문 클래스를 자신에게 추가함을 의미한다.

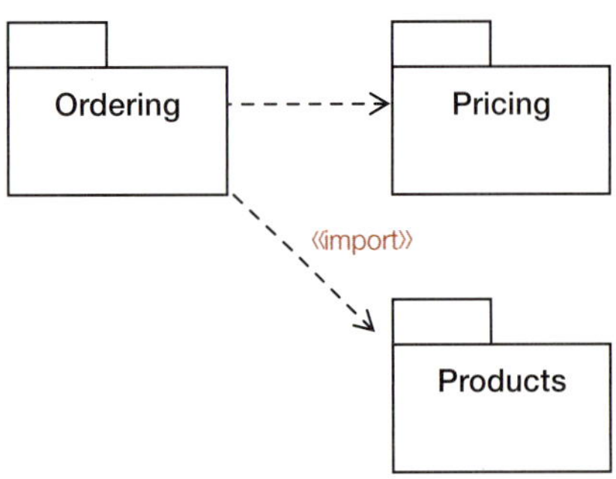

그림 11-5 의존 관계의 《import》 스테레오타입

[그림 11-6]의 《access》 스테레오타입은 Delivery 서브시스템이 Requisition 서브시스템과 통신하기를 원하지만 실제로 실행 시간 동안 Requisition에서 Delivery로 클래스를 가져오지는 않는다. 실행 시간 동안 Requisition 서브시스템의 인터페이스를 호출하는 객체를 Delivery 서브시스템에서 볼 수 있다고 추측할 수 있다.

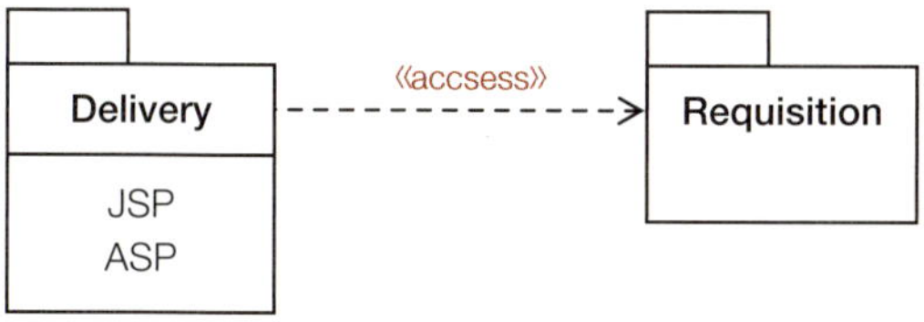

그림 11-6 의존 관계의 《access》 스테레오타입

2 패키지 다이어그램의 사용

패키지의 가장 일반적인 사용법은 다이어그램을 별도로 가지는 것이다. 대부분의 모델링 툴에서 패키지가 다른 것을 포함하는 구조를 갖는데 이때 다이어그램을 포함한다.

2.1 중첩 패키지

패키지는 패키지를 포함할 수 있다. [그림 11-7]은 패키지 내부에 패키지를 포함하는 내용을 보여준다. 패키지 내부 요소를 참조하려면 'OS::Linux'처럼 '패키지 이름::패키지 요소'로 표현한다.

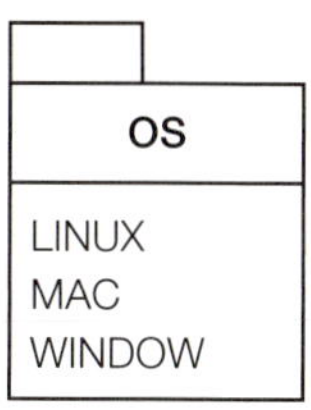

그림 11-7 중첩된 패키지 표현

2.2 클래스 다이어그램을 포함하는 패키지

패키지는 클래스 다이어그램을 포함할 수 있다. 개념적으로 클래스 다이어그램은 [그림 11-8]에서 보듯이 패키지 내에 존재한다. 그러나 툴은 [그림 11-8]과 같은 방법으로 표현하지 않는다. 실제로 모델링 툴에서 이것을 표현하는 일반적인 방법은 하나의 패키지를 만들고 새로운 윈도우나 캔버스에 다이어그램을 그리는 것이다.

또한 [그림 11-8]은 임포트 관계에 대한 예를 보여준다. Speaker와 Keyboard 클래스는 '패키지::요소' 표기법을 사용한다. 이 표기법은 2개의 클래스가 지정된 패키지로부터 온다는 것을 말한다. 즉 Speaker는 OutputDevice 패키지로부터 임포트되고, Keyboard는 InputDevice 패키지로부터 임포트된다. 이것은 다른 패키지에서 정의된 클래스가 단지 이 패키지에서만 참조된다는 사실을 분명하게 확인하는 것이다.

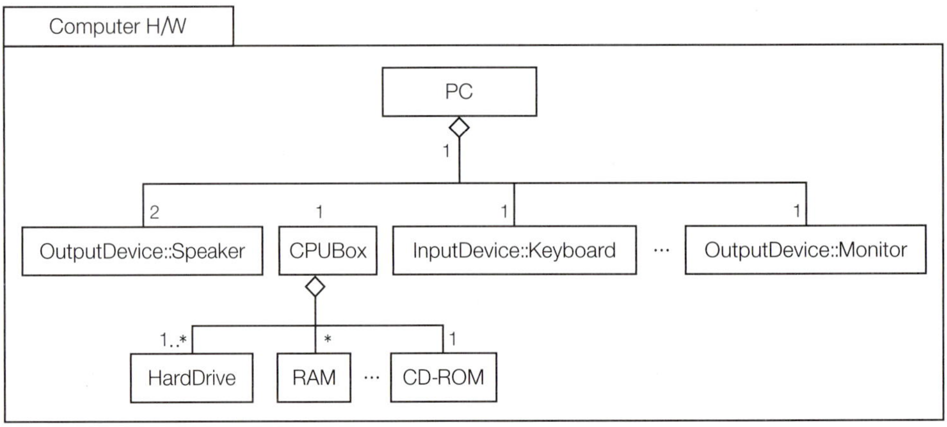

그림 11-8 클래스 다이어그램을 포함하는 패키지

2.3 합병 패키지

패키지를 다른 패키지와 합병할 수도 있다. 합병 관계는 합병하는 패키지Source Package와 합병되는 패키지Target Package 사이에 이루어지는 일종의 의존 관계다. 합병 결과로 원래의 패키지Source Package가 변형된다.

예를 들어 인터넷 서점 패키지와 인터넷 의류 패키지, 영화 예매 패키지가 있다고 가정해보자. 쇼핑몰은 이 셋을 합병한 패키지다. 인터넷 서점과 인터넷 의류 패키지가 합병되는 패키지이고, 쇼핑몰이 합병하는 패키지다. [그림 11-9]는 이와 같은 패키지의 합병을 보여준다.

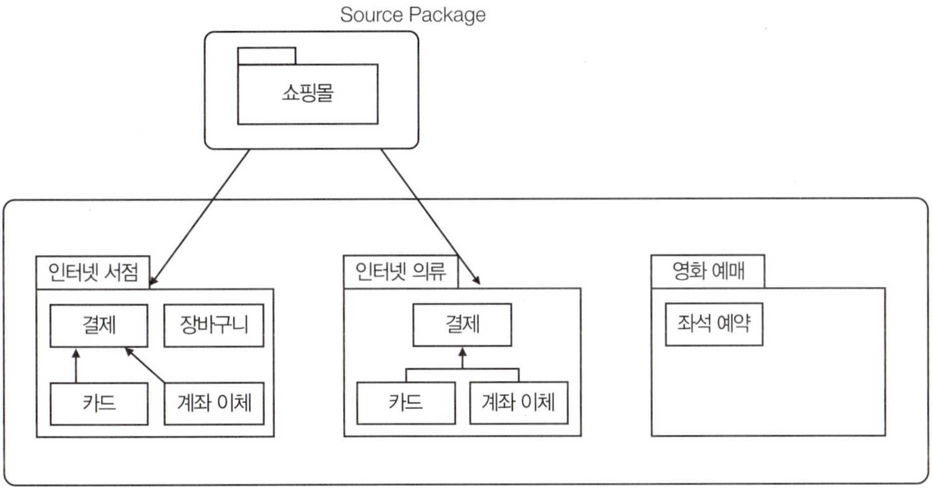

그림 11-9 패키지 합병의 예

합병은 쇼핑몰 패키지를 [그림 11-10]과 같이 변형시킨다. 합병되는 세 패키지의 모든 클래스가 포함되어 있다. 경로명으로 표기된 패키지명을 보자. 패키지명에 의하면 장바구니와 좌석 예약의 상속 관계가 합병되는 패키지에서 비롯됨을 알 수 있다.

결제의 상속 관계는 합병에서 매우 중요한 부분이다. 패키지들이 합병될 때 서로 같은 이름의 클래스를 가지고 있었다면, 변형된 패키지(Source Package)의 클래스는 같은 이름의 클래스들이 가지고 있던 모든 속성과 오퍼레이션을 갖는다. 쇼핑몰의 결제 패키지는 각각 합병되는 패키지의 결제로부터 상속받았다. 그 결과 쇼핑몰::결제는 카드와 계좌 이체 중 하나를 이용할 수 있음을 나타낸다. [그림 11-10]은 기존의 인터넷 서점, 인터넷 의류, 영화 예매 패키지의 특정 클래스를 소스 패키지인 쇼핑몰 패키지에서 상속받아 사용하는 내용이다.

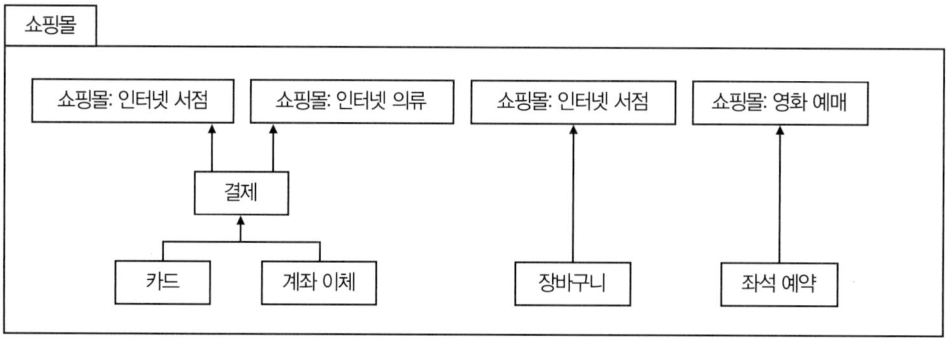

그림 11-10 패키지 합병 후 쇼핑몰 패키지의 변형

02 패키지 다이어그램의 단계별 모델링 : 좌석 예약

지금까지 파악한 패키지 다이어그램의 표기법을 사용하여 패키지 다이어그램을 만들어보자. 패키지 아이콘의 사용법, 패키지 스테레오타입, 의존성, 의존성 스테레오타입 등을 이용하여 좌석 예약 시스템의 요소들을 패키지로 구성해보자.

좌석 예약 시스템은 다음 5개의 서브시스템으로 구성된다.

- 주문 서브시스템
- 가격 서브시스템
- 예약 선택 서브시스템
- 카드 서비스 서브시스템
- 좌석 DB 서브시스템

주문 서브시스템을 표현하기 위한 패키지를 추가하고 《subsystem》 스테레오타입을 추가한다.

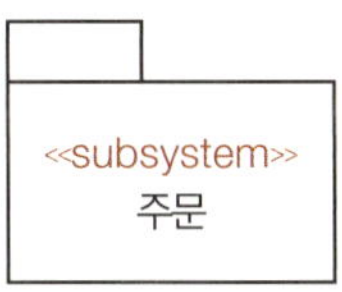

그림 11-11 주문 패키지 작성

가격 서브시스템과 예약 선택 서브시스템을 위한 패키지를 추가하고 《subsystem》 스테레오타입을 추가한다.

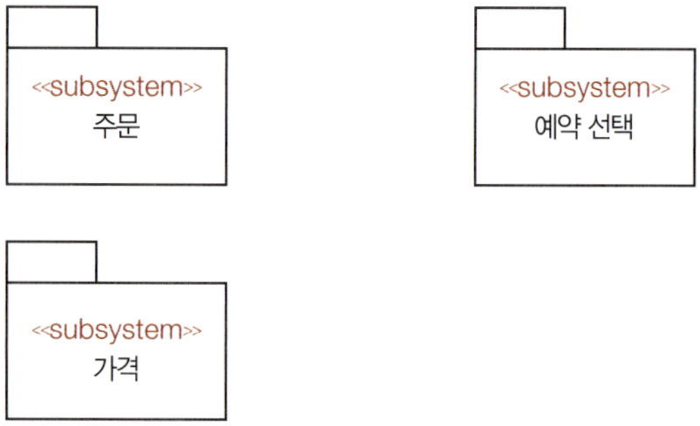

그림 11-12 가격, 예약 선택 패키지 작성

주문 패키지가 예약 선택 패키지에서 예약 정보를 전달받아 주문을 처리한다. 따라서 주문 패키지는 예약 선택 패키지의 도움이 필요하다는 것을 나타내기 위해 주문 패키지와 예약 선택 패키지 사이의 의존 관계를 점선 화살표로 표시한다.

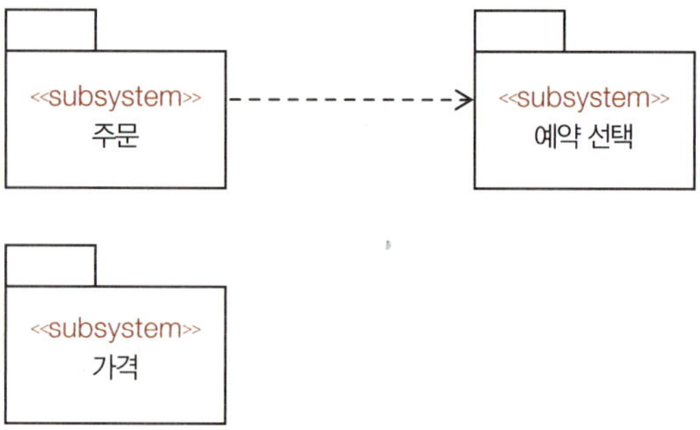

그림 11-13 주문 패키지와 예약 선택 패키지 간의 의존 관계 표시

주문 패키지가 예약 선택 패키지에 있는 클래스를 참조한다는 것을 나타내기 위해 주문과 예약 선택 사이에 《import》 스테레오타입을 추가한다.

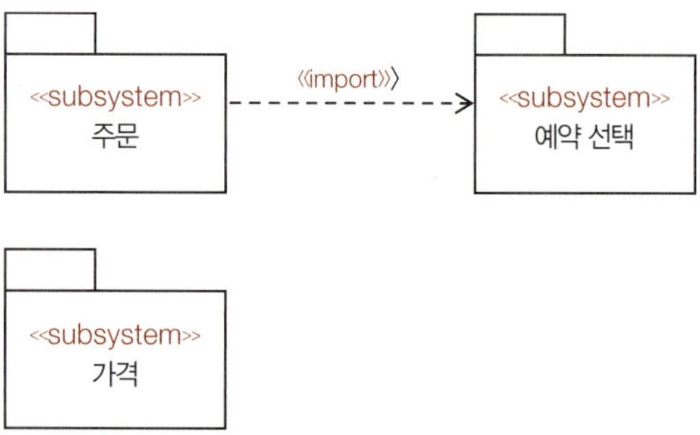

그림 11-14 주문 패키지와 예약 선택 패키지의 의존 관계에 《import》 추가

같은 방법으로 주문 패키지와 가격 패키지 간의 의존 관계를 표시하고 《import》 스테레오타입을 추가한다.

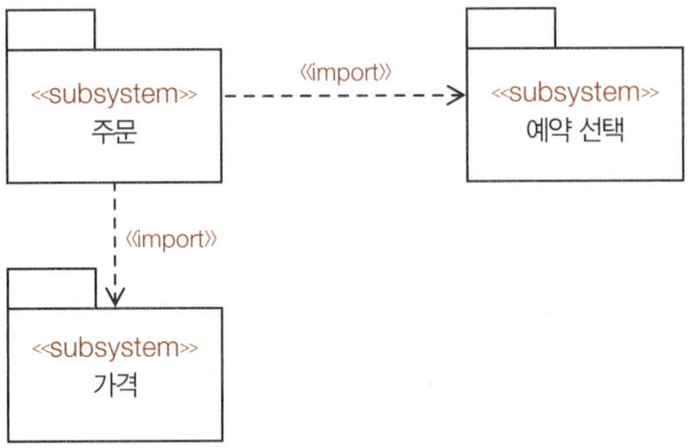

그림 11-15 주문 패키지와 가격 패키지의 의존 관계에 《import》 추가

카드 서비스 패키지와 좌석 DB 패키지를 추가하고, 서브시스템으로 인식될 수 있도록 《subsystem》 스테레오타입을 추가한다. 이어서 주문 패키지와 카드 서비스 패키지 사이에 의존 관계를 표시하고 《import》 스테레오타입을 추가한다.

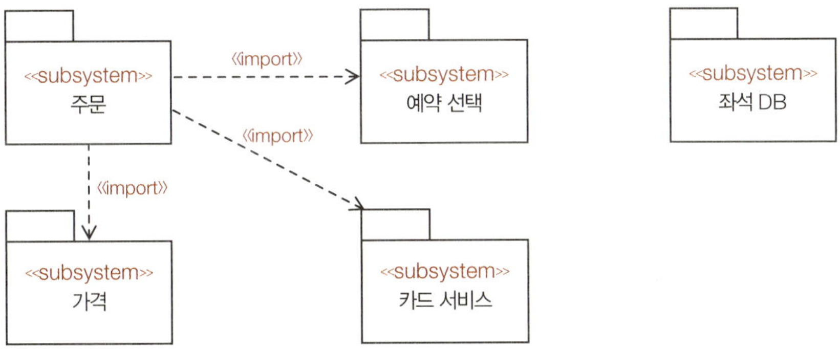

그림 11-16 카드, 좌석 DB 패키지 작성 및 주문 패키지와 카드 서비스 패키지의 의존 관계에 《import》 추가

예약 선택 패키지와 좌석 DB 패키지 사이의 의존 관계를 표시하고 그 위에 《access》 스테레오타입을 추가한다.

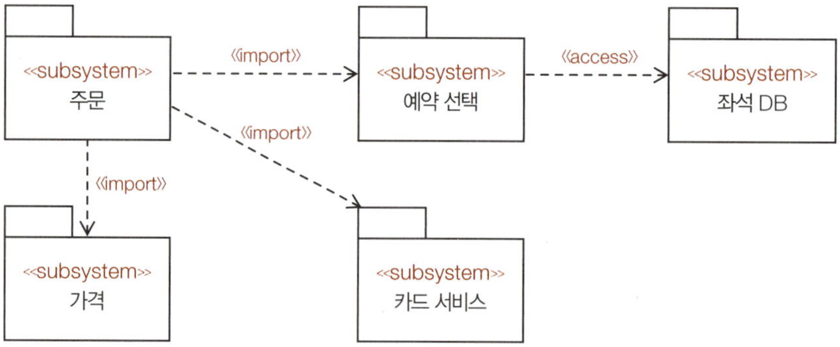

그림 11-17 예약 선택 패키지와 좌석 DB 패키지의 의존 관계에 《access》 추가

03 패키지 다이어그램 모델링 연습

1 도서 관리

저자가 출판사에 완성된 원고를 보내면 해당 출판사는 원고를 접수하고 편집 작업을 거친 후 책을 출판한다. 고객은 출판된 책을 온라인이나 오프라인 서점에서 구매한다. 이를 패키지 다이어그램으로 그리면 [그림 11-18]과 같다.

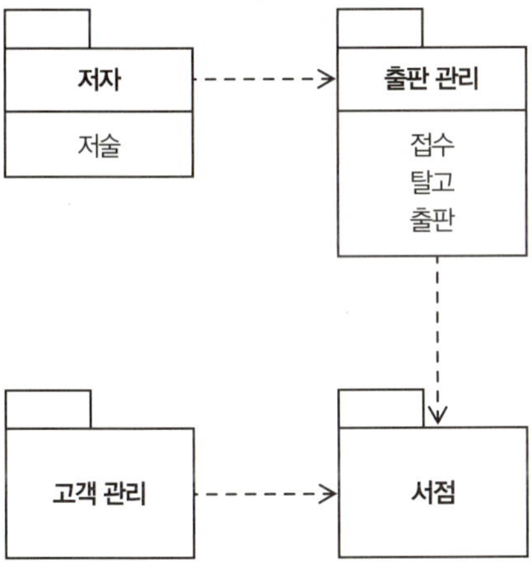

그림 11-18 도서 관리의 패키지 다이어그램

2 식당 관리

종업원은 식당을 관리하고, 식당을 이용하는 고객은 종업원에게 메뉴를 주문한다. 요리사는 주문받은 메뉴를 요리하고, 고객은 식당에 마련된 테이블에서 식사를 한다. 이를 패키지 다이어그램으로 그리면 [그림 11-19]와 같다.

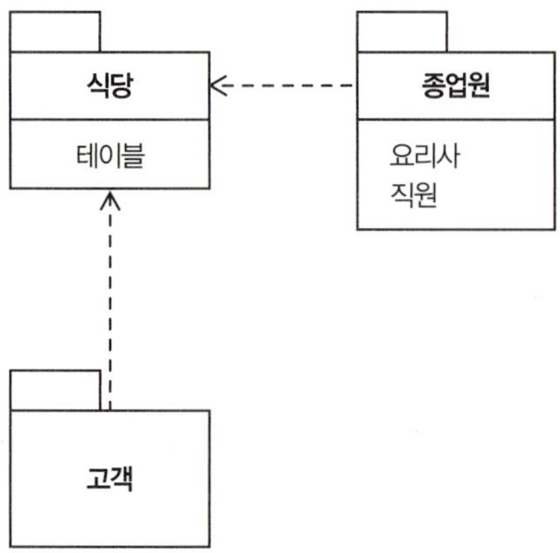

그림 11-19 식당 관리의 패키지 다이어그램

3 물류 유통

도매점에서 출하한 물품이 Center에 입고되면 관리자가 물품을 관리하고 소매점에 발주한다. 소매점에서는 물품을 입하하고 이를 판매한다. 이를 패키지 다이어그램으로 그리면 [그림 11-20]과 같다.

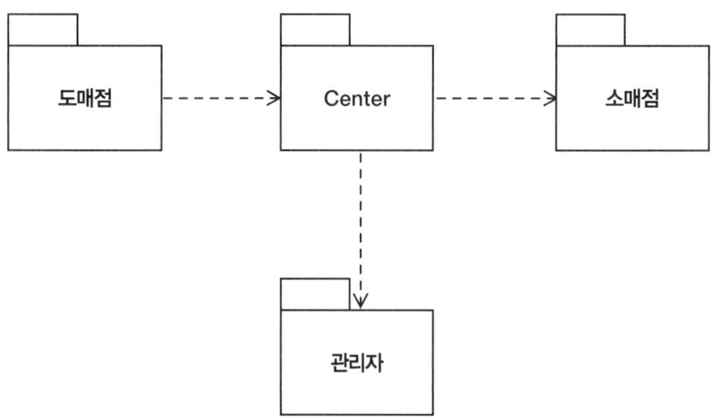

그림 11-20 물류 유통의 패키지 다이어그램

4 프로젝트 관리 서비스

프로젝트 관리 서비스에서는 Client를 통해 작품을 입력 · 수정할 수 있으며 PAS_System에 있는 Database에서 데이터를 관리한다. 이를 패키지 다이어그램으로 그리면 [그림 11-21]과 같다.

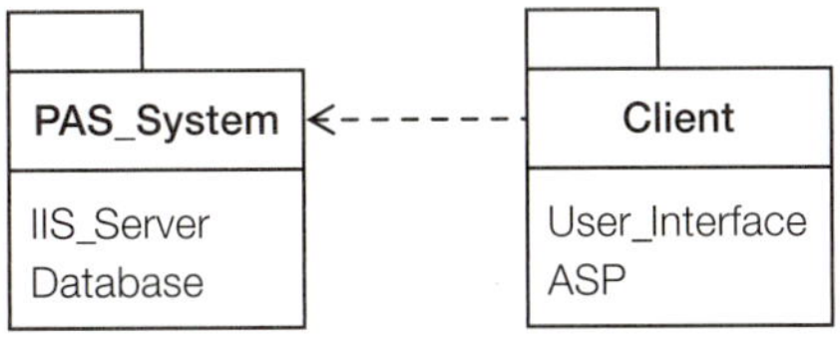

그림 11-21 프로젝트 관리 서비스의 패키지 다이어그램

5 방송 무선 네트워크 통신망

방송 무선 네트워크 통신망에서는 무선기를 통해 파트별 책임자에게 무선으로 통신한다. 무선기를 통해 전달되는 데이터는 무선 네트워크를 통해 각 파트별 관리자에게 전달되며, 해당 책임자가 데이터를 바탕으로 일을 진행한다. 이를 패키지 다이어그램으로 그리면 [그림 11-22]와 같다.

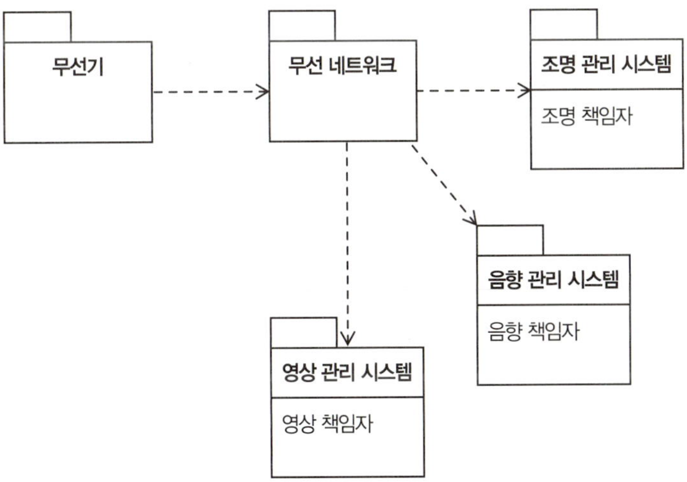

그림 11-22 방송 무선 네트워크 통신망의 패키지 다이어그램

01 다음과 같은 UML 다이어그램을 가리키는 용어는?

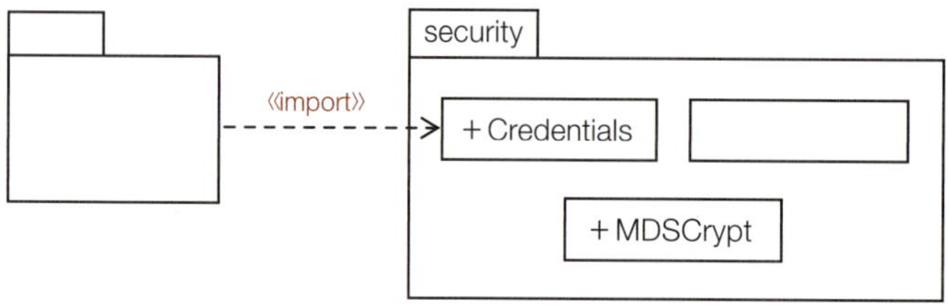

① 패키지 다이어그램

② 클래스 다이어그램

③ 컴포넌트 다이어그램

④ 배포 다이어그램

02 패키지 스테레오타입의 정의와 표기법을 서술하시오.

03 패키지 스테레오타입을 표기하는 목적을 예를 들어 서술하시오.

04 다음 통신 원리의 명세서를 보고 패키지 다이어그램을 작성하시오.

> 통신 원리에서는 데이터를 송신$_{Tx}$하면 데이터를 신호로 변조한다. 변조된 신호를 멀티플렉서$_{MultiPlexer}$를 통해 기지국에 전달하고, 이 신호는 수신 쪽 디멀티플렉스$_{DeMultiPlexer}$를 통해 유입된다. 이를 데이터로 복조한 후 수신$_{Rx}$한다.

05 다음 버스 안내 시스템의 명세서를 보고 패키지 다이어그램을 작성하시오.

> 휴대폰이나 인터넷으로 원하는 목적지를 입력하면, 버스 안내를 하는 광역 버스 노선 안내$_{BIS\ server}$ 시스템에서 입력된 데이터를 처리하여 사용자에게 전달한다. 또한 각 정류장의 LED 모니터를 통해 광역 버스 노선 안내 시스템에서 전달하는 버스의 현재 위치와 예상 도착 시간을 파악할 수 있다.

CHAPTER 12

StarUML을 이용한 프로젝트 설계

학습목표

- StarUML을 설치하고 사용하는 방법을 익힌다.
- StarUML로 기본 UML 다이어그램의 작성 방법을 익힌다.
- StarUML로 다양한 시스템을 설계해 본다.

01 StarUML 사용법

1 StarUML 소개

StarUML은 다양한 다이어그램을 쉽고 빠르게 생성할 수 있도록 간편한 사용자 인터페이스를 이용해 편리한 기능을 제공하는 UML 모델링 툴이다. StarUML은 클래스 다이어그램, 유스케이스 다이어그램, 순차 다이어그램, 활동 다이어그램, 컴포넌트 다이어그램, 배치 다이어그램 등을 지원한다.

StarUML 공식 사이트(http://staruml.io)에 들어가면 최신 버전 평가판을 무료로 다운로드하여 사용할 수 있다. 이외에도 구버전인 5.0을 http://staruml.sourceforge.net/docs/user-guide(ko)/toc.html에서 구할 수 있다. 이 책에서는 최신 버전의 StarUML을 사용한다. 어떤 버전의 StarUML을 쓰든 기본 사용법은 유사하므로 StarUML 5.0 한글 사용자 가이드(http://staruml.sourceforge.net/docs/user-guide(ko)/toc.html)를 함께 참고하면 활용하는 데 도움이 될 것이다.

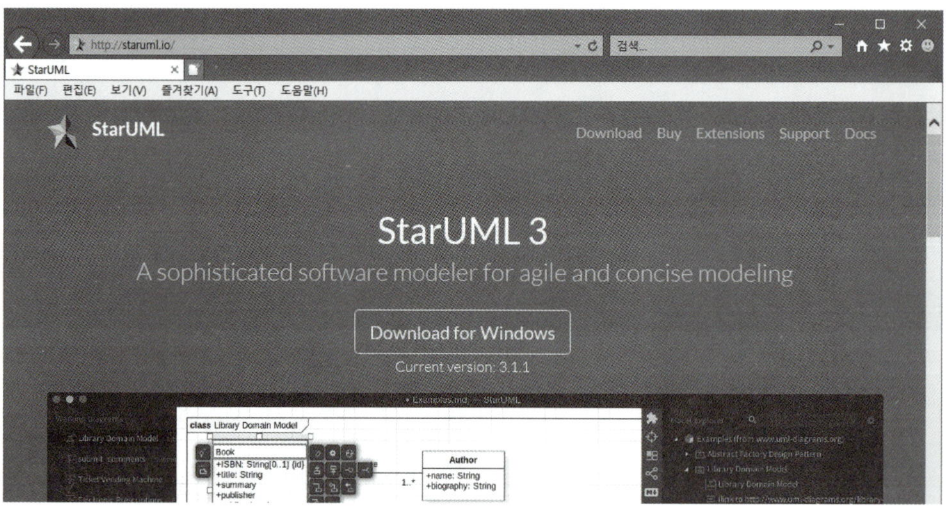

그림 12-1 StarUML 다운로드 사이트

2 StarUML 설치와 화면 소개

StarUML 최신 버전은 http://staruml.io에서 구할 수 있다. 설치 방법은 단순하다. 기본 설정대로 두고 그대로 설치하면 된다.

StarUML을 실행하면 다음과 같은 화면이 나타난다. 크게 메인 화면과 도구모음, 모델 요소를 계층적으로 보여주는 브라우저 영역, 다이어그램을 실제로 편집할 수 있는 다이어그램 영역, 속성을 편집하기 위한 편집기, 각 다이어그램의 요소를 생성할 수 있는 툴박스 영역으로 구분할 수 있다.

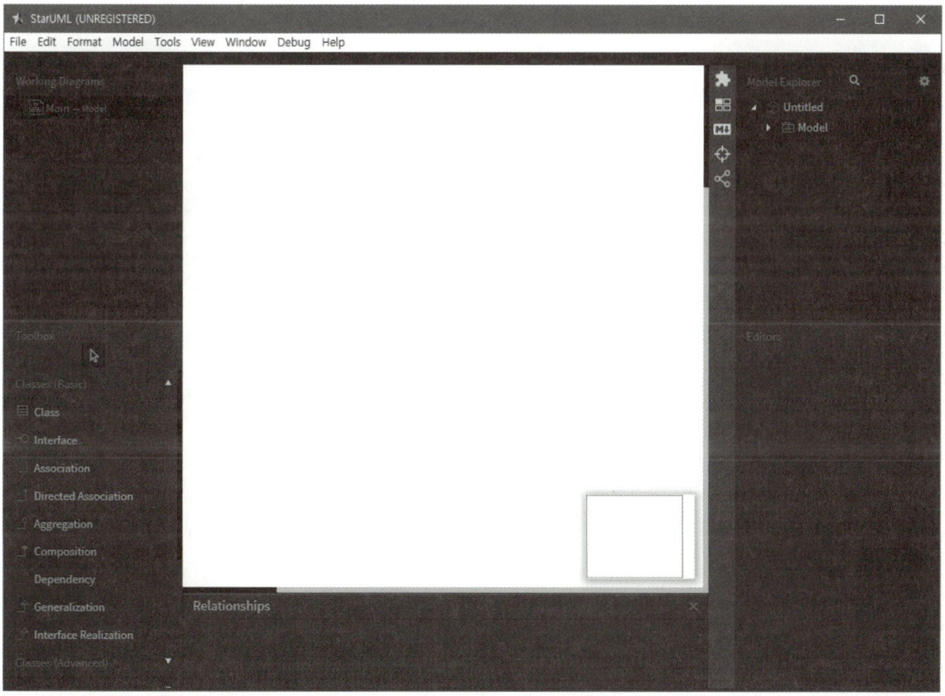

그림 12-2 StarUML 실행 화면

02 UML 기본 작성법

1 새 프로젝트 생성

StarUML을 실행하면 기본적으로 새 프로젝트가 만들어지고 [New] 메뉴를 이용해 새 프로젝트를 생성할 수 있다.

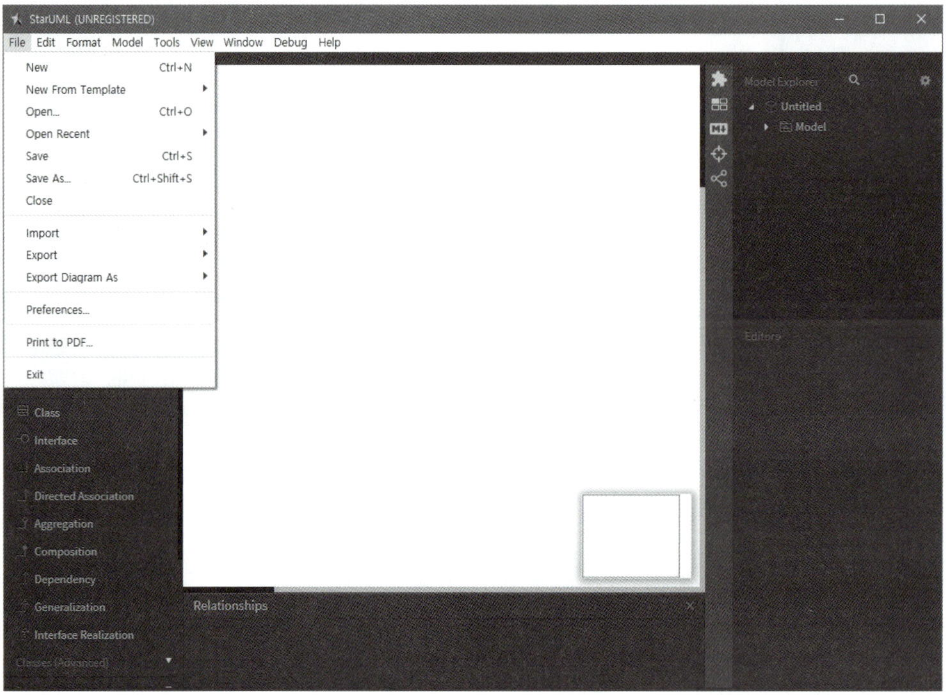

그림 12-3 새 프로젝트 생성

2 새 다이어그램 작성

Model Explorer에서 마우스 오른쪽 버튼을 누른 다음 [Add Diagram] 메뉴에서 원하는 다이어그램을 선택한다. 그러면 툴박스가 다이어그램의 종류에 맞게 생성된다.

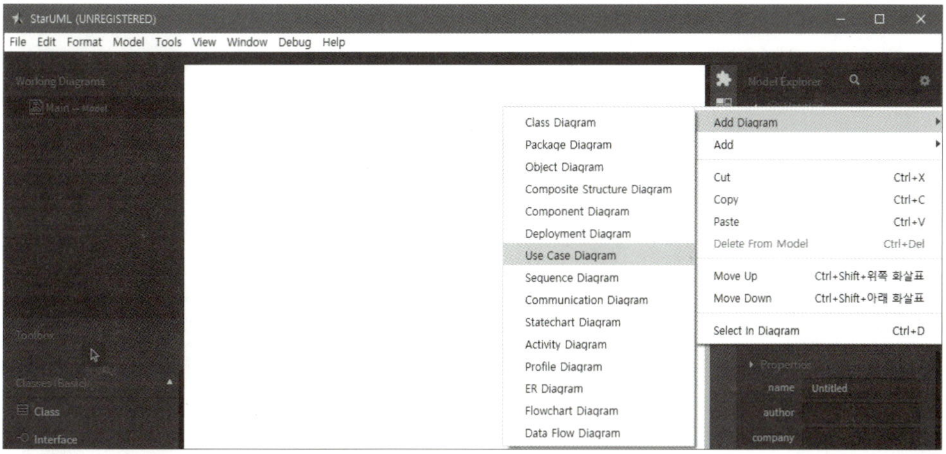

그림 12-4 새 다이어그램 생성

3 유스케이스 다이어그램 작성

Model Explorer에서 마우스 오른쪽 버튼을 누른 다음 [Add Diagram]–[Use Case Diagram] 메뉴를 선택한다. 그러면 툴박스가 다음과 같은 요소로 구성된다.

표 12-1 유스케이스 다이어그램 툴박스

툴	기능
Package	모델 요소들을 논리적으로 그룹화할 때 사용함
UseCase Subject	시스템과 외부 시스템의 경계를 생성함
UseCase	시스템이 제공하는 기능을 의미함
Actor	시스템을 사용하는 사용자나 외부 시스템을 의미함
Association	유스케이스와 액터 간의 연관 관계를 나타냄
DirectedAssociation	유스케이스와 액터 간의 연관 관계가 있을 때 포함을 표시할 수 있음
Generalization	일반적인 요소와 더 구체적인 요소 간의 관계를 나타냄, 객체 지향의 상속과 같은 의미
Dependency	다른 요소가 요구되는 의존 관계를 나타냄
Include	유스케이스를 수행할 때 반드시 수행해야 하는 유스케이스를 나타낼 경우에 사용함
Extend	한 유스케이스가 특정 시점에 여러 형태로 분류될 경우에 사용함

툴박스에서 [Actor]를 선택하고 메인 화면을 클릭해 액터를 생성한다. 이름을 Messenger로 지정하고 드래그 앤 드롭으로 자유롭게 이동하거나 크기를 조정한다.

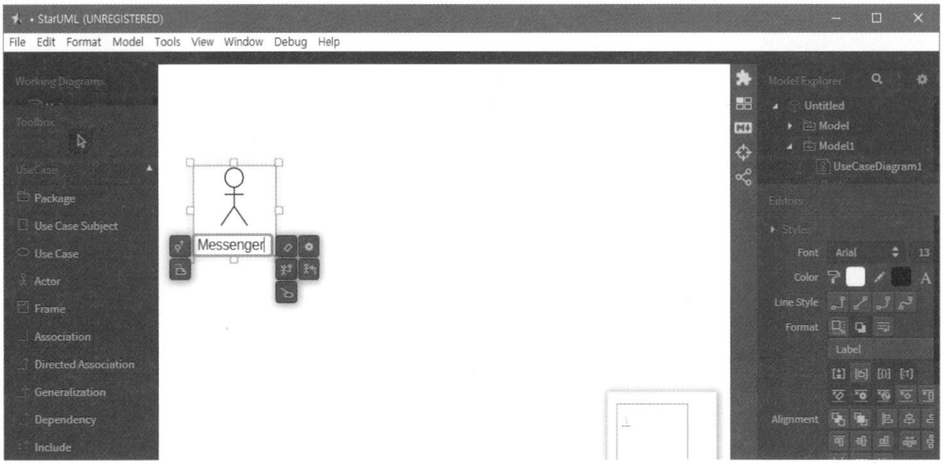

그림 12-5 액터 생성

툴박스에서 [Use Case Subject]를 선택하고 윈도 영역을 클릭해 시스템 경계를 생성하고 이름을 Subject1로 지정한다.

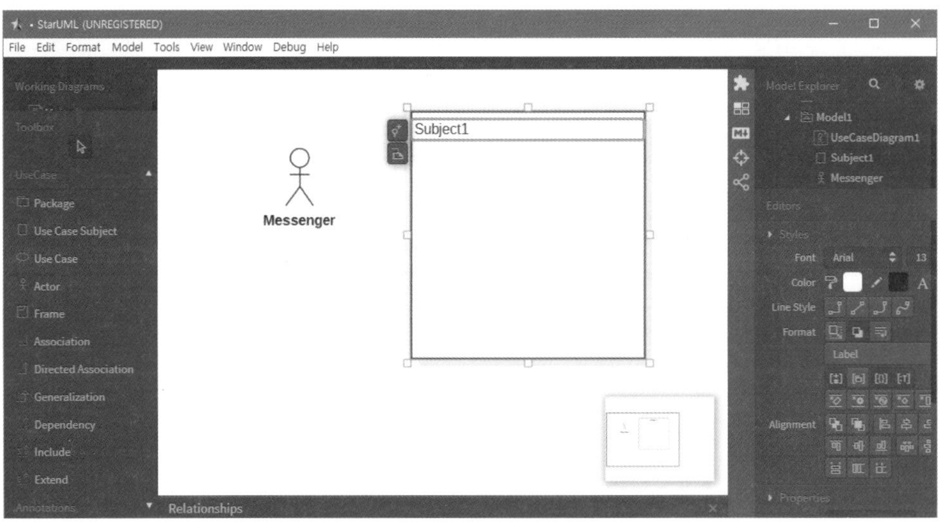

그림 12-6 시스템 경계 생성

툴박스에서 [Use Case]를 선택하고 윈도 영역을 클릭해 유스케이스 3개를 생성한다. 각각 Input, Output, Description으로 이름을 지정한다.

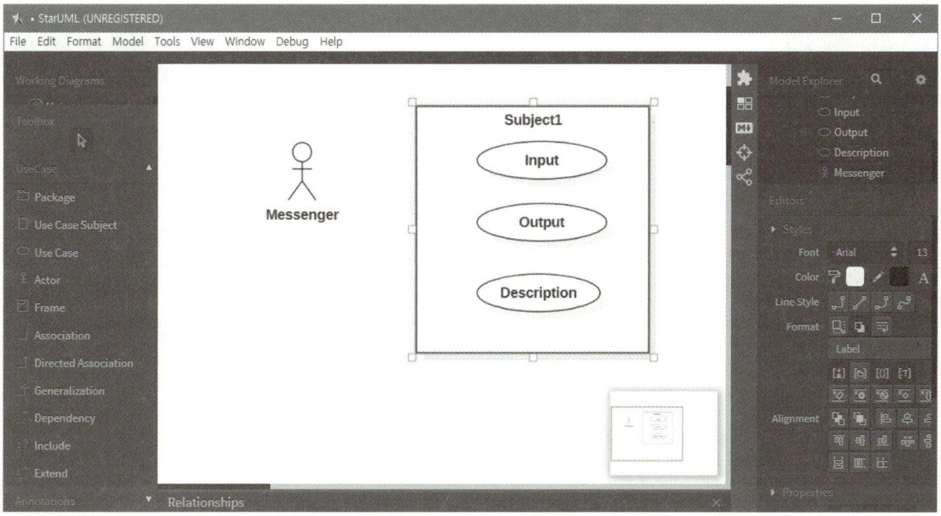

그림 12-7 유스케이스 생성

툴박스의 [Association]을 사용해 그림과 같이 액터와 유스케이스의 연관 관계를 지정한다. 그리고 [Properties] 창을 이용해 다중성을 표현한다.

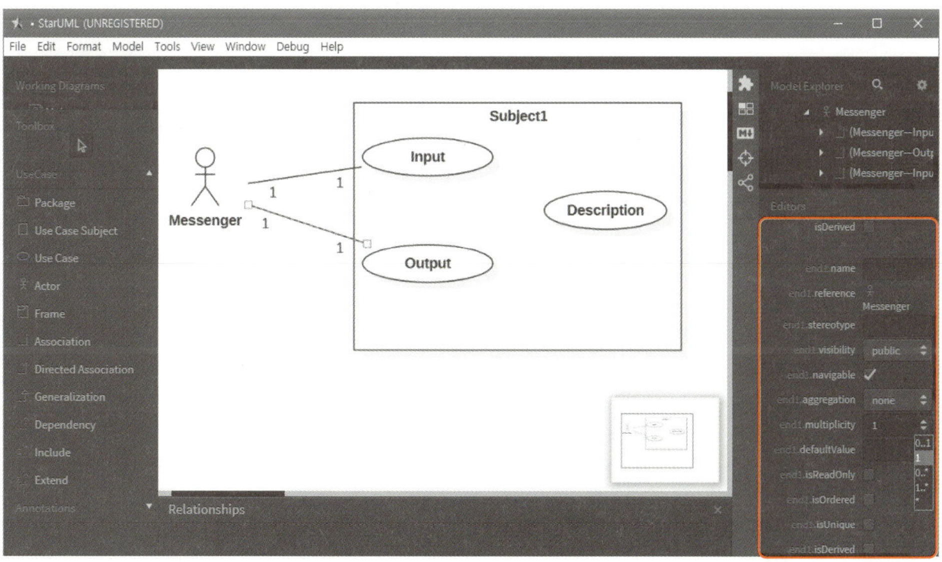

그림 12-8 액터와 유스케이스의 연관 관계

툴박스의 [Include]를 사용해 그림과 같이 유스케이스 간 포함 관계를 지정한다.

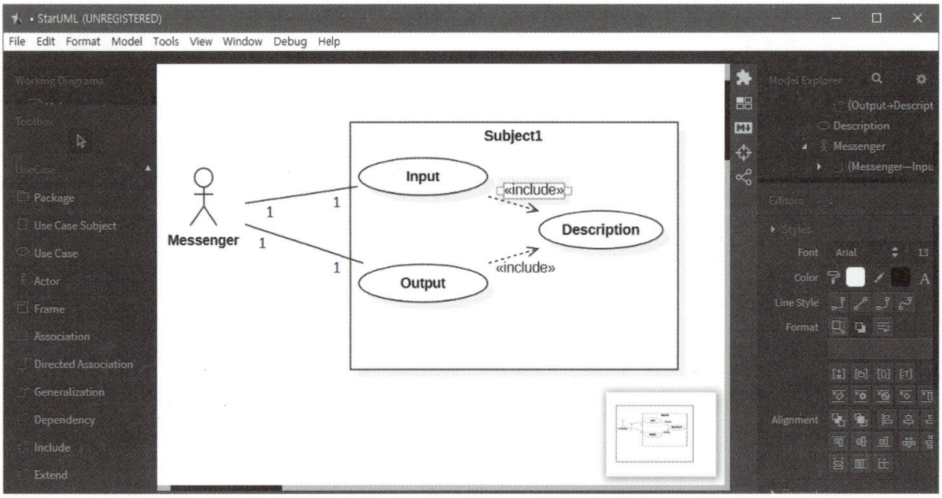

그림 12-9 유스케이스 간 포함 관계

4 클래스 다이어그램 작성

Model Explorer에서 마우스 오른쪽 버튼을 누른 다음 [Add Diagram]–[Class Diagram] 메뉴를 선택한다. 그러면 툴박스가 다음과 같은 요소로 구성된다.

표 12-2 클래스 다이어그램 툴박스

툴	기능
Class	객체의 속성과 메서드를 모델링한 것
Interface	클래스에서 메서드 선언 부분만 모델링한 것
Association	클래스 사이의 연관 관계를 나타냄(Qualifier는 사용 가능)
DirectedAssociation	한 클래스와 다른 클래스가 연관 관계가 있을 때 사용함(Qualifier는 사용할 수 없음)
Aggregation	클래스 사이의 포함 관계를 나타냄
Composition	클래스 사이의 종속 관계를 나타냄
Dependency	한 클래스의 변화가 다른 클래스의 변화에 영향을 주는 관계를 나타냄
Generalization	클래스 사이의 일반화(상속) 관계를 나타냄
Interface Realization	인터페이스와 클래스를 연결할 때 사용함

툴박스의 [Class]를 이용해 Item, Input, Description, Output 네 가지의 클래스 다이어그램을 생성한다.

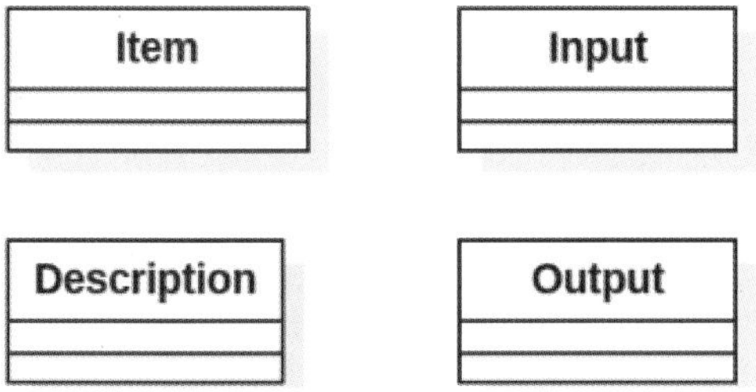

그림 12-10 클래스 생성

클래스의 속성과 오퍼레이션을 생성해보자. 클래스에서 마우스 오른쪽 버튼을 누른 다음 [Add]-[Attribute] 메뉴로 속성을, [Add]-[Operation] 메뉴로 오퍼레이션을 생성할 수 있다.

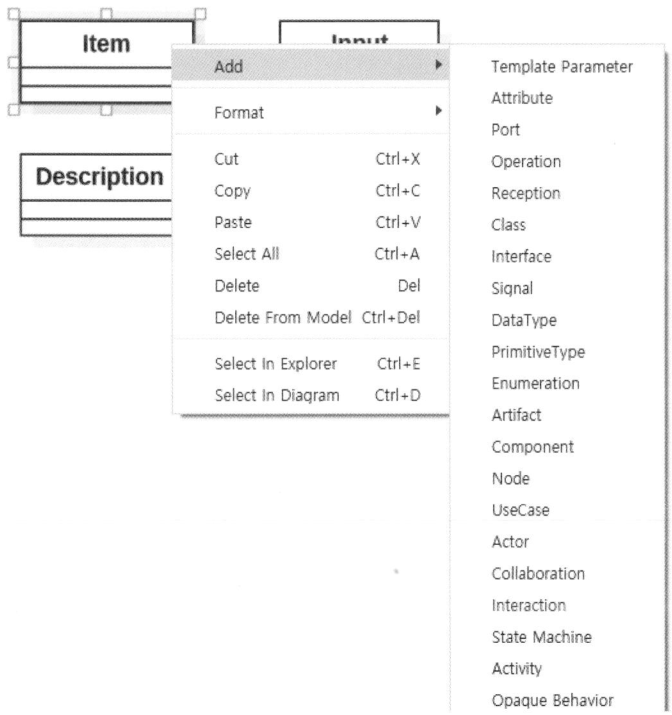

그림 12-11 클래스의 속성과 오퍼레이션 생성 메뉴

각 클래스에 속성과 오퍼레이션을 그림과 같이 생성한다. 이어서 툴박스의 [Association]을 사용해 Input과 Description, Output과 Description 사이의 연관 관계를 지정한다. 그런 다음 툴박스의 [Generalization]을 사용해 Item과 Description, Input과 Output 사이에 일반화 관계를 지정한다(일반화 관계는 상속 관계이기도 하다).

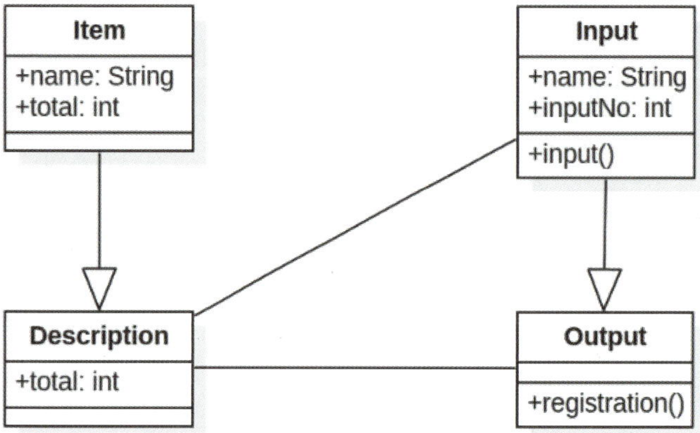

그림 12-12 클래스의 속성, 오퍼레이션, 관계 생성

5 순차 다이어그램 작성

Model Explorer에서 마우스 오른쪽 버튼을 누른 다음 [Add Diagram]-[Sequence Diagram] 메뉴를 선택한다. 그러면 순차 다이어그램을 위한 영역과 툴박스 요소로 구성된다. 이 책에서 사용하는 요소만 간단히 살펴보자.

표 12-3 순차 다이어그램 툴박스

툴	기능
Lifeline	클래스로부터 생성된 객체
Message	두 객체 간에 메시지를 전송함
SelfMessage	자기 자신에게 메시지를 전송함

툴박스의 [Lifeline]를 이용해 Messenger, Input, Output, Description 객체를 생성한다.

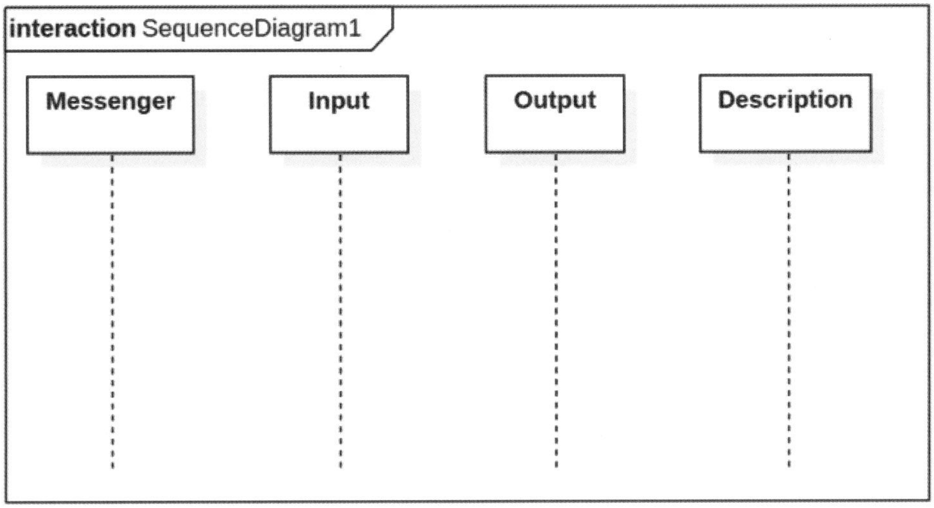

그림 12-13 객체 생성

메시지를 전송하는 순서를 나타내보자. 툴박스의 [Message]를 이용해 그림과 같이 Messenger에서 Input으로, Input에서 Description으로, Messenger에서 Output으로, Output에서 Description으로 메시지 순서를 지정한다.

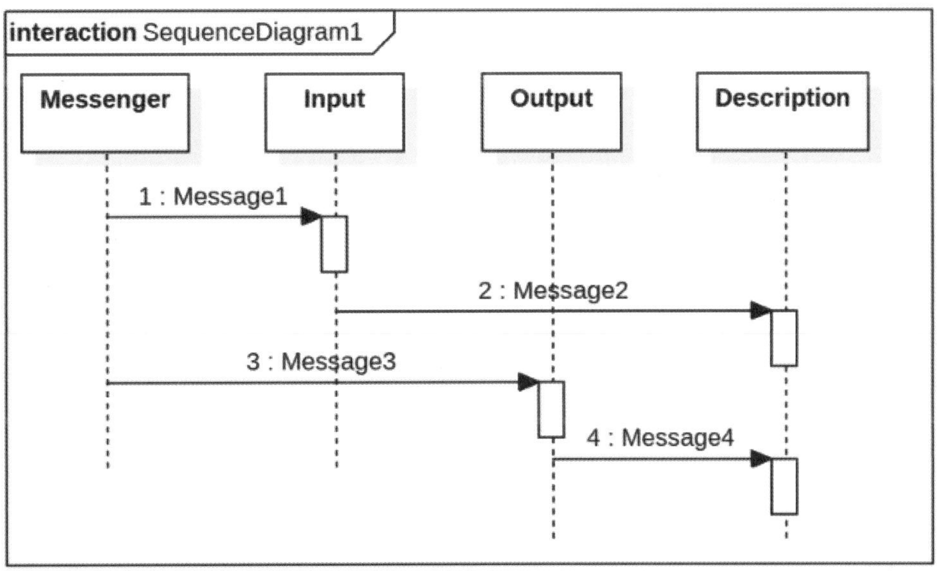

그림 12-14 객체 간의 메시지 전송

6 활동 다이어그램 작성

Model Explorer에서 마우스 오른쪽 버튼을 누른 다음 [Add Diagram]–[Activity Diagram] 메뉴를 선택한다. 그러면 활동 다이어그램을 위한 영역과 툴박스 요소로 구성된다. 이 책에서 사용하는 요소만 간단히 살펴보자.

표 12-4 활동 다이어그램 툴박스

툴	기능
Action	객체가 가질 수 있는 조건이나 상황
Initial	객체의 활동이 시작됨
Final	객체의 활동이 종료됨
Decision	조건에 따른 분기점을 표시함
Control Folow	제어 흐름

툴박스의 [Initial]을 이용해 시작 요소를 생성한다. [Action]을 이용해 Input, Description, ItemAdd, ItemRegistration이라는 활동을 생성한다. 그리고 [Final]을 이용해 종료 요소를 생성한다.

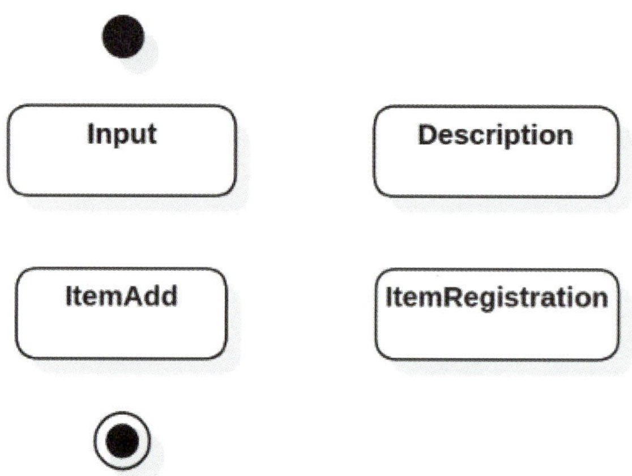

그림 12-15 활동 생성

그림과 같이 위치를 조정한 후 툴박스의 [Decision]를 이용해 Description과 ItemAdd, ItemRegistration 사이에 분기점을 넣는다. 그리고 툴박스의 [Control Folow]를 이용해 그림과 같이 연결해준다.

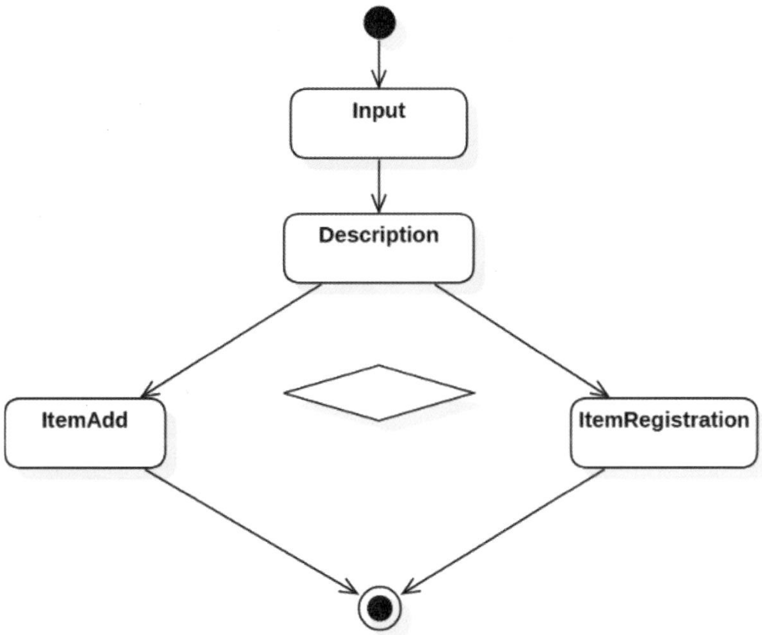

그림 12-16 활동 다이어그램 완성

03 자판기 시스템

❶ 프로젝트 생성

제품명이 VendingMachine인 작은 자판기 시스템을 개발하고자 한다. StarUML을 실행하고 [Save AS] 메뉴를 이용해 프로젝트를 VendingMachine으로 저장한다.

그림 12-17 VendingMachine 프로젝트 생성

❷ 유스케이스 다이어그램 작성

시스템 상황을 분석하여 다음과 같이 문제 기술서를 작성한다.

❶ 자판기 시스템은 사용자가 동전이나 지폐를 투입하면 시스템이 실행된다.

❷ 음료수 가격은 500원, 600원, 700원 세 종류다.

❸ 각각 기준 가격 이상의 돈이 투입되면 자동으로 각 음료수 선택 버튼에 불이 들어온다.

❹ 음료수를 선택하고 남은 잔액은 잔액 표시 화면에 표시된다.

❺ 사용자가 잔액 반환 버튼을 누르면 잔액이 반환된다.

❻ 잔액이 음료수 가격 미만이면 음료수 선택 버튼 불이 꺼진다.

2절의 유스케이스 다이어그램 작성법을 참고하여 다음과 같은 유스케이스 다이어그램을 작성한다.

- 액터 : User(사용자)
- 유스케이스 : Input(투입구), Choice(음료수 선택), ReturnMoney(잔액 반환), DisplayMoney(잔액 표시 화면)
- 관계 : User와 Input, User와 Choice, User와 ReturnMoney는 연관 관계/Input과 DisplayMoney, Choice와 DisplayMoney, ReturnMoney와 DisplayMoney는 포함 관계
- 시스템 경계 : Vending Machine System

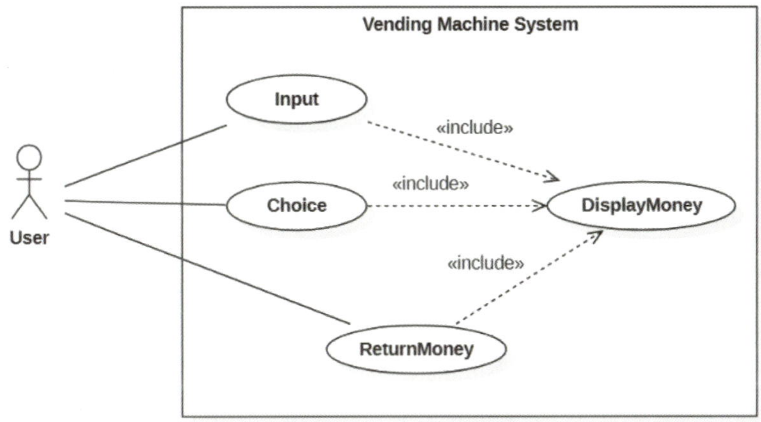

그림 12-18 유스케이스 다이어그램 작성

3 패키지 다이어그램 작성

이후에 만들 소스나 다이어그램을 쉽게 관리할 수 있도록 VendingMachine, Data, UserInterface 패키지를 추가한다.

그림 12-19 패키지 다이어그램 작성

4 클래스 다이어그램 작성

Model Explorer의 VendingMachine 패키지에서 마우스 오른쪽 버튼을 누른 다음 [Add Diagram]–[Class Diagram] 메뉴를 선택한다. 그리고 Choice, ChoiceItem, ItemExplain 클래스를 추가한다.

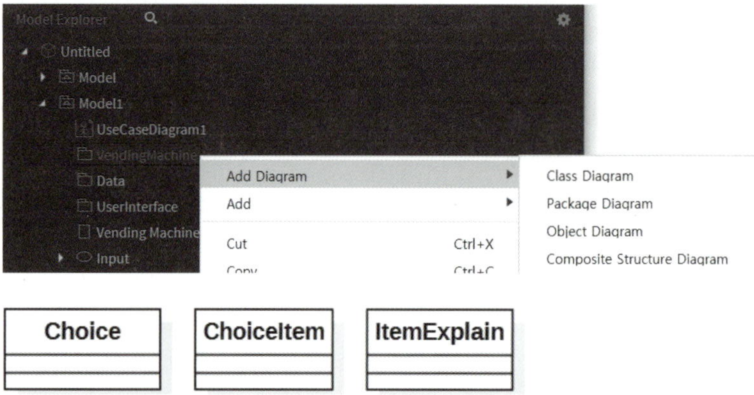

그림 12-20 VendingMachine 패키지에 클래스 다이어그램 추가

각 클래스들을 좀 더 상세하게 채워보자. Choice 클래스에 총 합계를 저장하기 위한 private total 속성과 총 합계를 계산하기 위한 public calcTotal() 오퍼레이션을 추가한다. 그리고 상품 및 가격을 등록하기 위한 private cashRegister 속성과 잔액을 계산하기 위한 public calcTax() 오퍼레이션을 추가한다. ChoiceItem 클래스에는 private myExplain 속성을 추가한다.

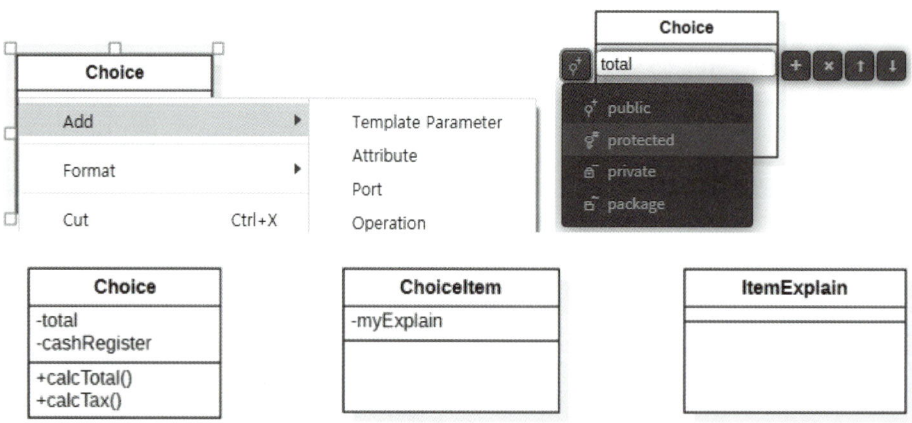

그림 12-21 클래스에 속성과 오퍼레이션 추가

툴박스의 [Directed Association]를 이용해 클래스 간의 연관 관계를 그림과 같이 설정한다.

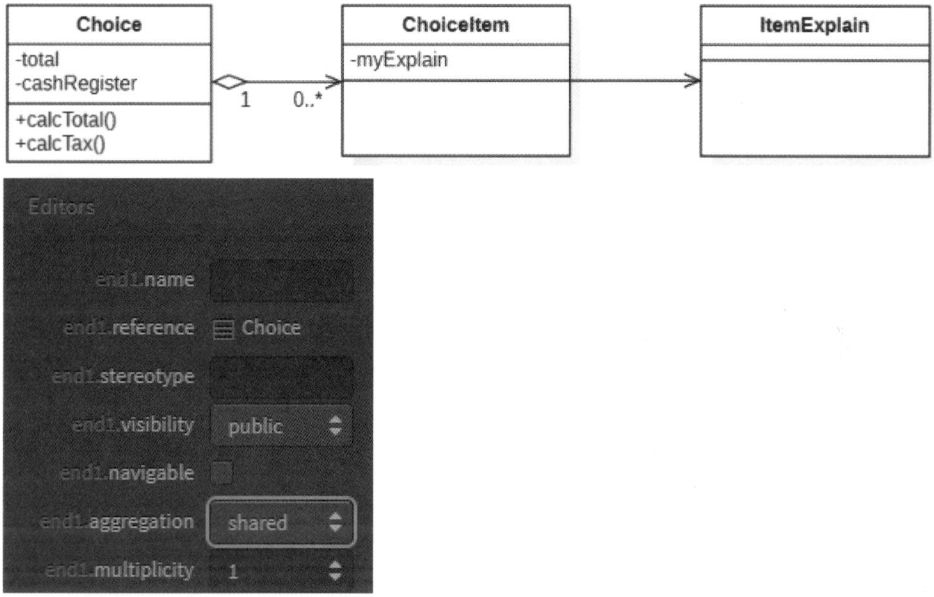

그림 12-22 클래스 생성

Choice 클래스, ChoiceItem 클래스, ItemExplain 클래스에 생성자를 추가해보자. Choice 클래스에 기본 생성자를 추가한다. 그리고 ChoiceItem 클래스에는 기본 생성자, 매개변수가 ItemExplain인 생성자, 매개변수가 quantity인 생성자를 추가한다. 같은 방법으로 ItemExplain 클래스에는 매개변수가 name인 생성자와 매개변수가 name, price인 생성자를 추가한다. 그리고 그림과 같이 속성과 countMoney 클래스를 추가한다.

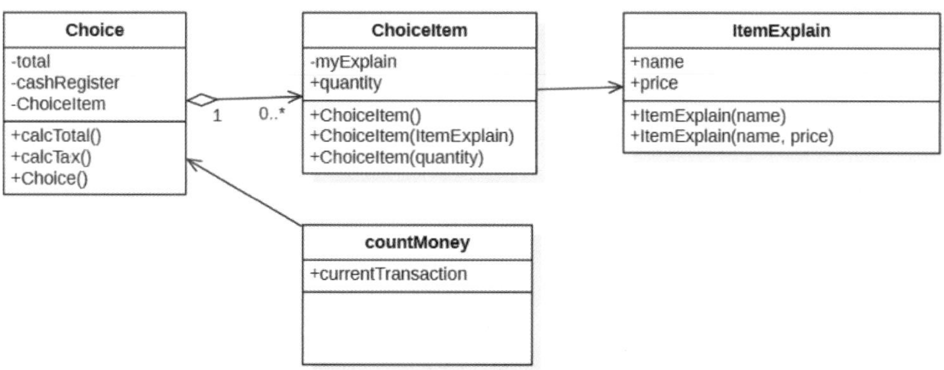

그림 12-23 클래스 다이어그램 작성

5 순차 다이어그램 작성

VendingMachine 패키지에서 클래스 사이의 상호관계를 표현하고 다른 클래스를 새로 추가하겠다. 순차 다이어그램을 추가하고 이름을 startVendingMachine으로 지정한다.

aCustomer, inputMoney, currentTransaction, anItem 객체를 추가한다. inputMoney 객체는 countMoney 클래스, currentTransaction 객체는 Choice 클래스, anItem 객체는 ChoiceItem 클래스를 선택한다.

aCustomer 객체에서 inputMoney 객체로 보내는 메시지를 1개 생성한다. 같은 방법으로 inputMoney 객체에서 currentTransaction 객체로 보내는 메시지를 2개 생성하는데 2번 메시지는 inputMoney 객체의 활성바에서 시작한다. 같은 방법으로 currentTransaction 객체에서 anItem 객체로 보내는 메시지도 생성한다.

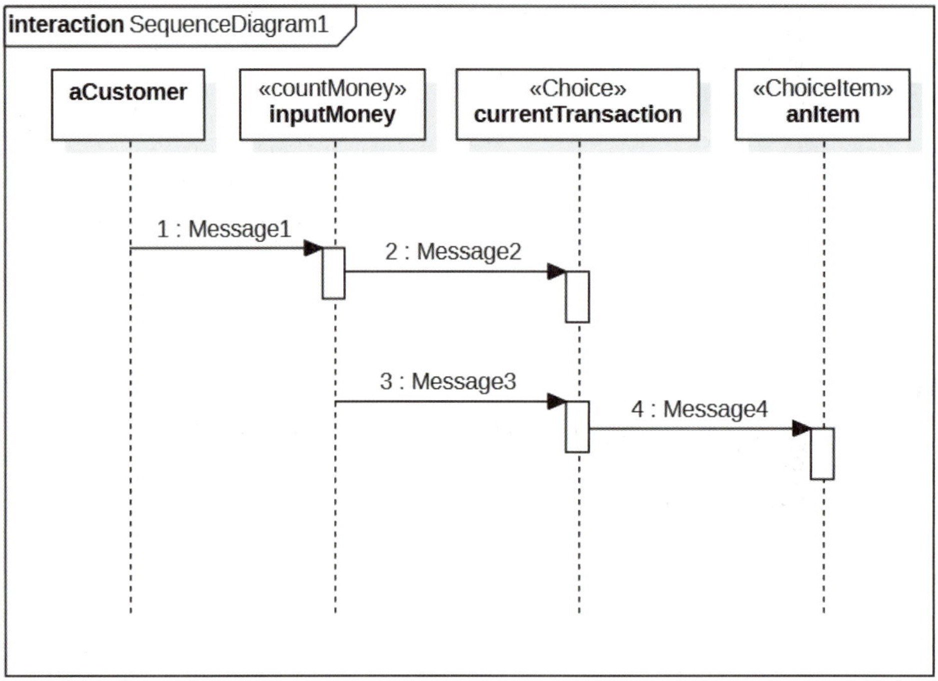

그림 12-24 순차 다이어그램 작성

6 자바 코드로 변환

StarUML에서는 생성한 다이어그램을 소스 코드로 변환할 수 있으나 이를 위해서는 추가 플러그인을 설치해야 한다. 예를 들어 자바 코드로 변환하는 경우를 살펴보자.

먼저 StarUML의 [Tools]-[Extension Manager] 메뉴를 선택한다. JAVA를 검색한 다음 [Install]를 눌러 설치한다.

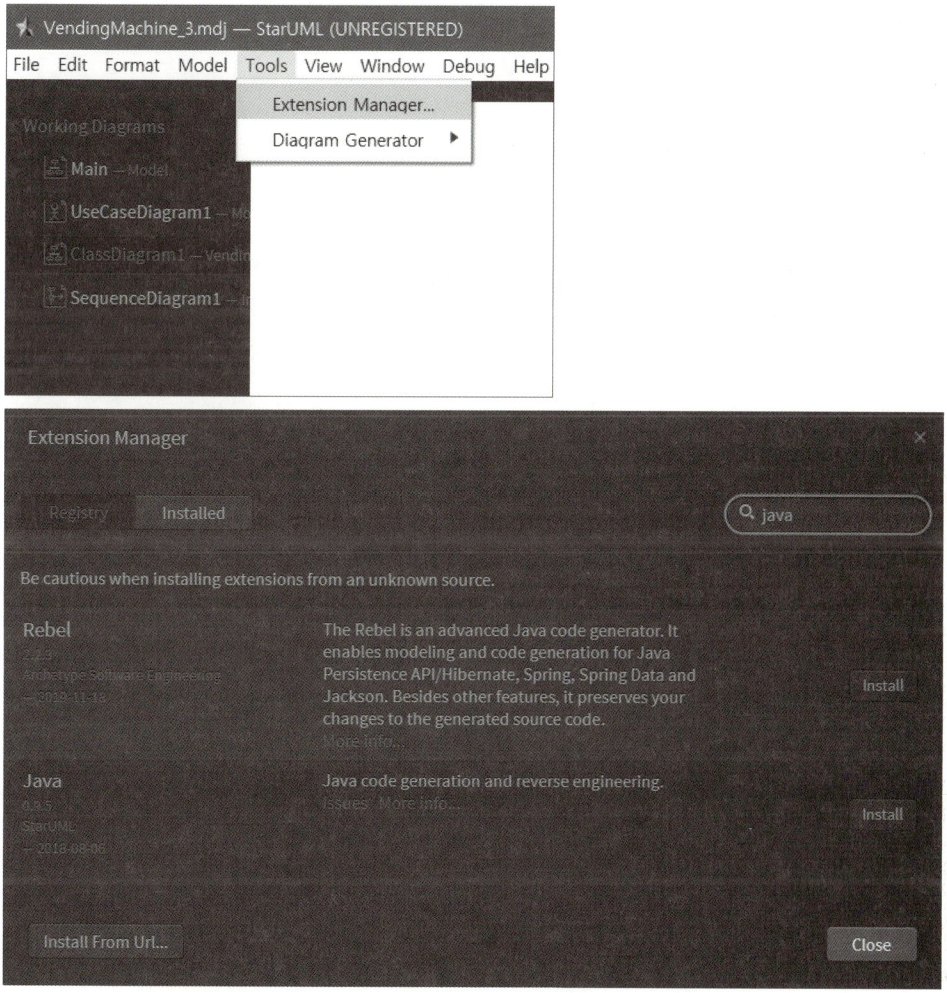

그림 12-25 자바 플러그인 설치

StarUML을 다시 실행하면 [Tools]에 [Java] 메뉴가 추가된 것을 확인할 수 있다. 이 메뉴를 이용해 자바 코드로 변환할 수 있다. UML 다이어램에서 변환된 코드는 실제 구현과는 맞지 않을 수 있다. 따라서 완벽한 다이어그램을 만들기보다는 프로그램의 기틀을 다지는 데 활용하면 유용하다.

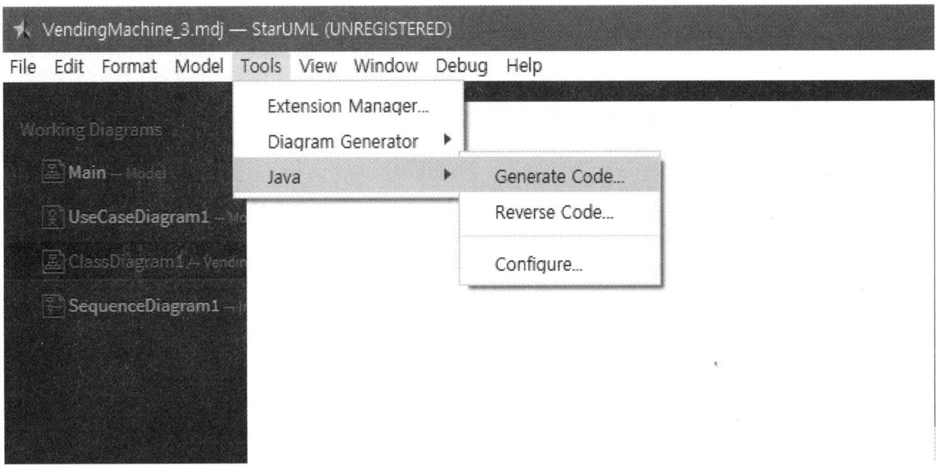

그림 12-26 자바 코드 변환

04 상품 관리 시스템

1 프로젝트 생성

제품명이 SaveItem인 상품 관리 시스템을 개발하고자 한다. StarUML을 실행하고 [Save AS] 메뉴를 이용해 프로젝트를 SaveItem으로 저장한다.

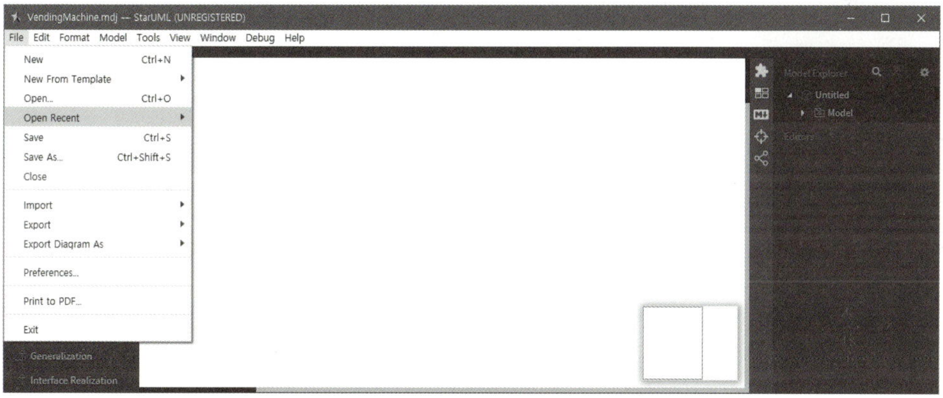

그림 12-27 SaveItem 프로젝트 생성

2 유스케이스 다이어그램 작성

시스템 상황을 분석하여 다음과 같이 문제 기술서를 작성한다.

❶ 상품 관리 시스템에는 크게 입고와 출고 두 가지 기능이 있다.

❷ 첫 번째 입고 기능은 입고가 발생했을 때 입고된 물건의 이름을 확인하여 이미 등록된 물건인지를 확인한다. 등록된 물건이면 입고된 양만큼 추가한다.

❸ 미등록된 물건이면 물건명, 코드, 기타 정보와 입고량을 새로 등록한다.

❹ 두 번째 출고 기능은 출고 요청이 발생했을 때 창고에 요청 물건이 있는지 확인하고 출고한다.

❺ 입고와 출고는 재고 현황에 등록되고 관리된다.

다음과 같은 유스케이스 다이어그램을 작성한다.

- 액터 : Customer(사용자)
- 유스케이스 : InputItem(상품 입고), Deliver(상품 출고), ItemDescription(상품 현황)
- 관계 : Customer와 InputItem, Customer와 Deliver는 연관 관계/InputItem과 ItemDescription, Deliver와 ItemDescription은 포함 관계
- 시스템 경계 : EDSystem

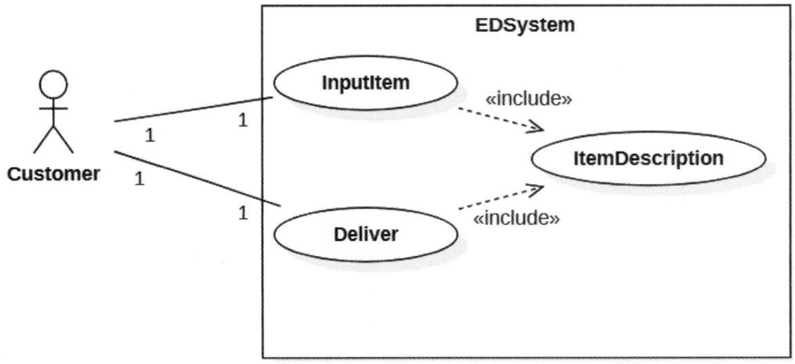

그림 12-28 유스케이스 다이어그램 작성

3 패키지 다이어그램 작성

이후에 만들 소스나 다이어그램을 쉽게 관리할 수 있도록 AdminSystem, Data, UserInterface 패키지를 추가한다.

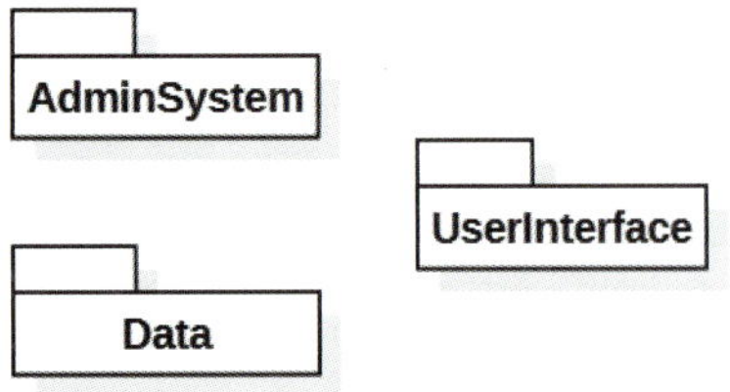

그림 12-29 패키지 다이어그램 작성

4 클래스 다이어그램 작성

Model Explorer의 AdminSystem 패키지에서 마우스 오른쪽 버튼을 누른 다음 [Add Diagram]-[Class Diagram] 메뉴를 선택한다. 그리고 InputItem, ItemDescription, OutputItem, TotalItem 클래스 4개를 만든다.

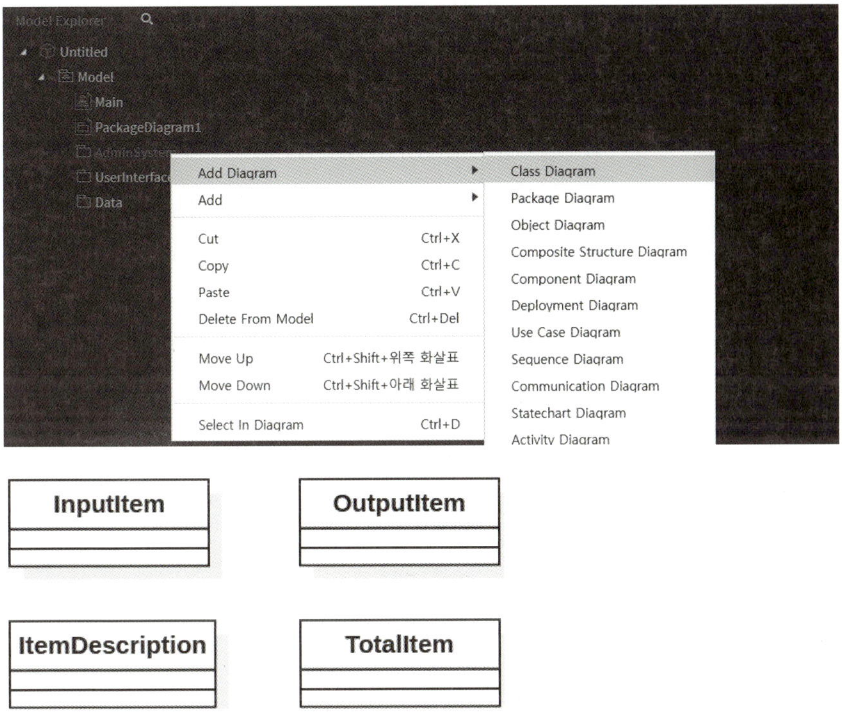

그림 12-30 AdminSystem 패키지에 클래스 다이어그램 추가

InputItem 클래스에 total, name 속성과 countTotal(), calcTotal() 오퍼레이션을 생성한다. ItemDescription 클래스에 OutputItemdesc, quantity 속성을 추가하고 기본 생성자, 매개변수가 OutputItemdesc인 생성자, 매개변수가 quantity인 생성자를 만든다. OutputItem 클래스에 name, price 속성을 추가하고 매개변수가 name인 생성자, 매개변수가 price인 생성자를 만든다. TotalItem 클래스에는 currentTransaction 속성을 추가한다. ItemDescription 클래스와 OutputItem 클래스, InputItem 클래스와 ItemDescription 클래스 사이에 그림과 같이 연관 관계를 생성한다. 생성자는 매개변수 값의 타입과 수에 의해 여러 개 만들 수 있다.

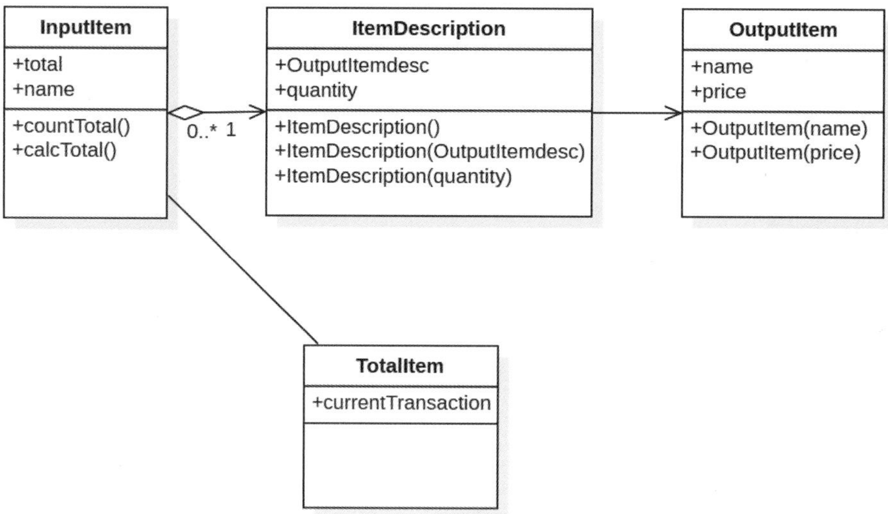

그림 12-31 클래스 다이어그램 작성

5 순차 다이어그램 작성

AdminSystem 패키지에서 클래스 사이의 상호관계를 표현하고 다른 클래스를 새로 추가하겠다. 순차 다이어그램을 추가하고 이름을 startSaveItem으로 지정한다.

Customer, input, currentTransaction, output 객체를 추가한다. input 객체는 TotalItem 클래스, currentTransaction 객체는 InputItem 클래스, output 객체는 ItemDescription 클래스를 선택한다.

Customer 객체에서 input 객체로 보내는 메시지를 1개 생성한다. 같은 방법으로 input 객체에서 currentTransaction 객체로 보내는 메시지를 생성하는데 input 객체의 활성바에서 시작한다. 같은 방법으로 currentTransaction 객체에서 output 객체로 보내는 메시지도 생성한다.

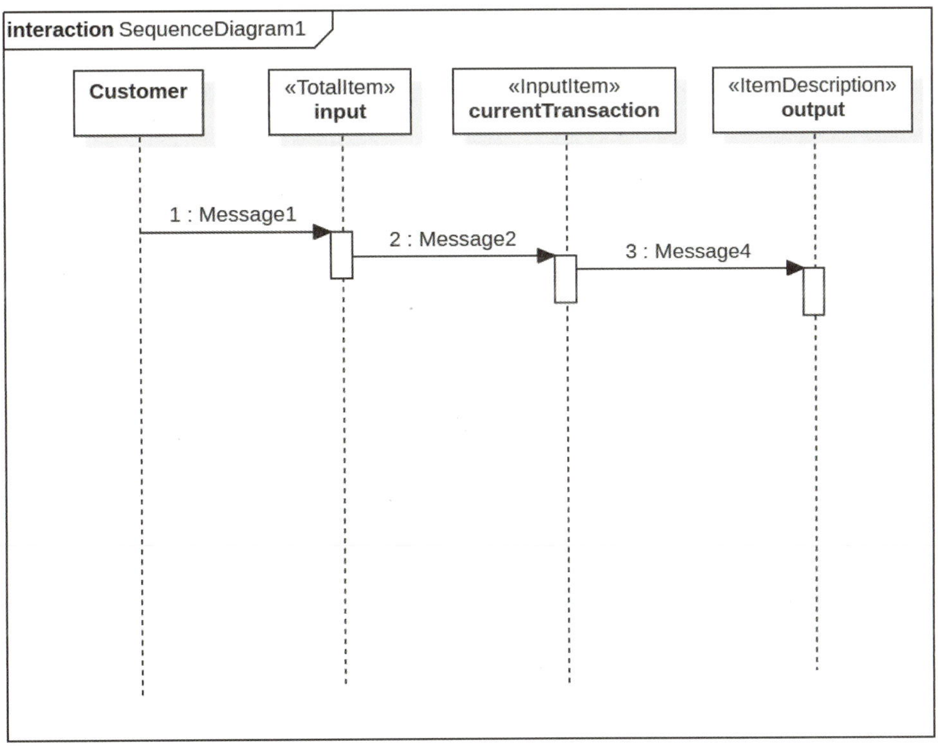

그림 12-32 순차 다이어그램 작성

6 클래스 간의 관계와 인터페이스 추가

TotalItem 클래스에 addItem(), calculateTotal(), startInput() 오퍼레이션을 추가한다. Isave 인터페이스와 Save 클래스를 추가한 뒤 그림과 같이 연관 관계를 설정한다.

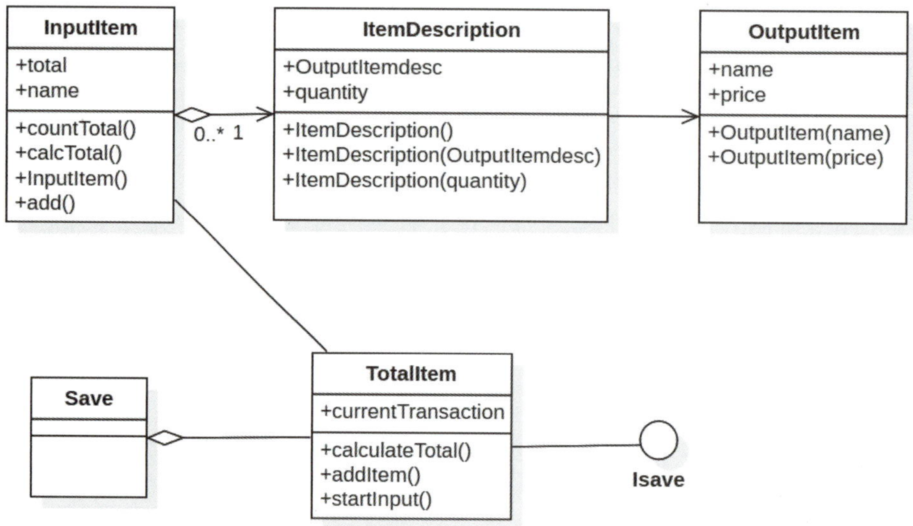

그림 12-33 클래스 다이어그램 확장

05 항공기 예약 시스템

1 프로젝트 생성

제품명이 Airline인 상품 관리 시스템을 개발하고자 한다. StarUML을 실행하고 [Save AS] 메뉴를 이용해 프로젝트를 Airline으로 저장한다.

그림 12-34 Airline 프로젝트 생성

2 유스케이스 다이어그램 작성

시스템 상황을 분석하여 다음과 같이 문제 기술서를 작성한다.

❶ 항공기 예약 시스템을 이용해 고객은 원하는 목적지와 시간대로 항공권을 예약할 수 있다.

❷ 고객은 이용하고자 하는 항공사를 선택할 수 있으며, 목적지와 날짜, 출발 시간, 도착 시간을 확인하고 여유 좌석을 체크할 수 있다.

❸ 고객은 일반석이나 일등석을 선택할 수 있으며, 원하는 조건에 맞으면 항공권을 예약하고 구매한다.

❹ 항공사는 고객이 원하는 조건으로 예약할 수 있는지 여유 좌석을 체크하고, 예약하는 고객의 이름과 목적지를 확인한다.

❺ 항공사는 고객이 예약한 항공권 금액을 계산한다.

다음과 같은 유스케이스 다이어그램을 작성한다.

- 액터 : Passenger(고객), Agent(항공사)
- 유스케이스 : Make a Reservation(예약하기), Check Availability(여유 좌석 체크), Buy a Ticket(티켓 구매), calcPrice(금액 계산)
- 관계 : Passenger와 Make a Reservation, Passenger와 Check Availability, Passenger와 Buy a Ticket, Agent와 Check Availability, Agent와 calcPrice의 연관 관계
- 시스템 경계 : Airline Reservation System

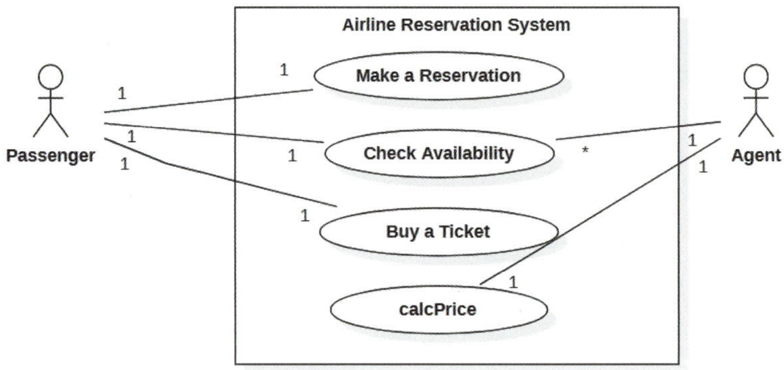

그림 12-35 유스케이스 다이어그램 작성

3 클래스 다이어그램 작성

FlightDescription(항공 현황), Flight(항공), Agent(항공사), Rservation(항공권 예약), Ticket(항공권) 클래스를 만든다. FlightDescription 클래스에 departureTime, arrivedTime, origin, destination, capacity 속성을 생성한다. Flight 클래스에 date 속성을 생성하고, makeReservation()과 numberOfTicket() 오퍼레이션을 생성한다. Reservation 클래스에 ticketPurchased()와 calcPrice() 오퍼레이션을 생성한다. Agent 클래스에 name 속성과 makeReservation() 오퍼레이션을 생성한다. Ticket 클래스에

name 속성과 calcPrice() 오퍼레이션을 생성한다. Ticket 클래스를 상속 받는 Economy 클래스와 FirstClass 클래스를 생성한다. 이때 Ticket 클래스를 추상화 클래스로 만들고 각각 calcPrice() 오퍼레이션을 재정의하여 사용하도록 한다. 따라서 Ticket 클래스와 각각 일반화Generalization 관계를 생성한다. 클래스들의 관계를 그림과 같이 생성한다.

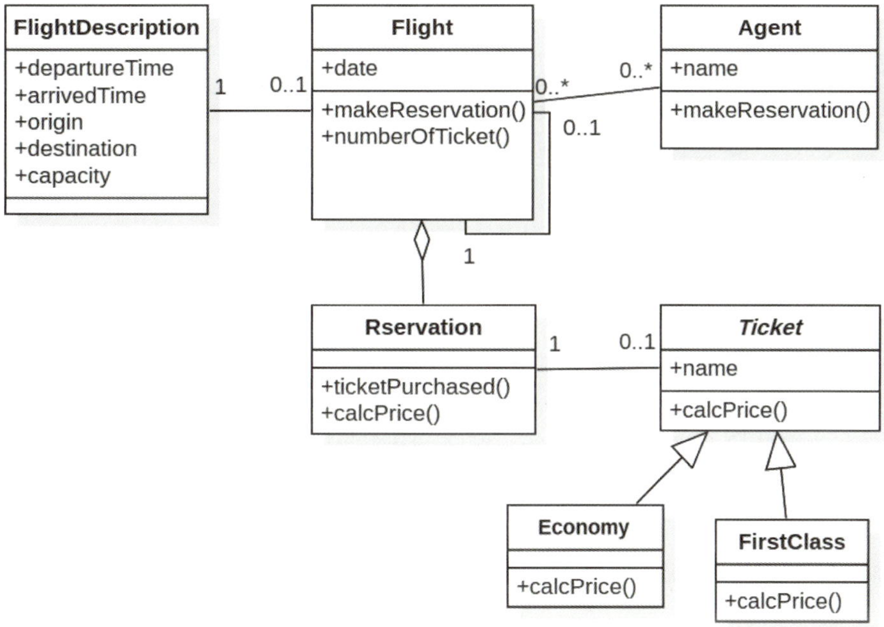

그림 12-36 클래스 다이어그램 작성

4 순차 다이어그램 작성

순차 다이어그램을 추가하고 이름을 StartAirline으로 지정한다.

Passenger, Flight, FlightDescription, Reservation, Ticket, Economy, FirstClass 객체를 만든다. Flight 객체는 Flight 클래스를, FlightDescription 객체는 FlightDescription 클래스를, Reservation 객체는 Reservation 클래스를, Ticket 객체는 Ticket 클래스를, Economy 객체는 Economy 클래스를, FirstClass 객체는 FirstClass 클래스를 선택한다.

Passenger 객체에서 Flight 객체로 보내는 메시지를 1개 생성한다. Flight 객체 자신에게 보내는 메시지를 생성한다. Flight 객체에서 FilghtDescription 객체로 보내는 메시지를 생성한다. Flight 객체에서 Reservation 객체로 보내는 메시지를 생성한 후 Reservation 객체에서 자신에게 보내는 메시지를 생성한다. 같은 방법으로 그림과 같이 순차 다이어그램을 작성한다.

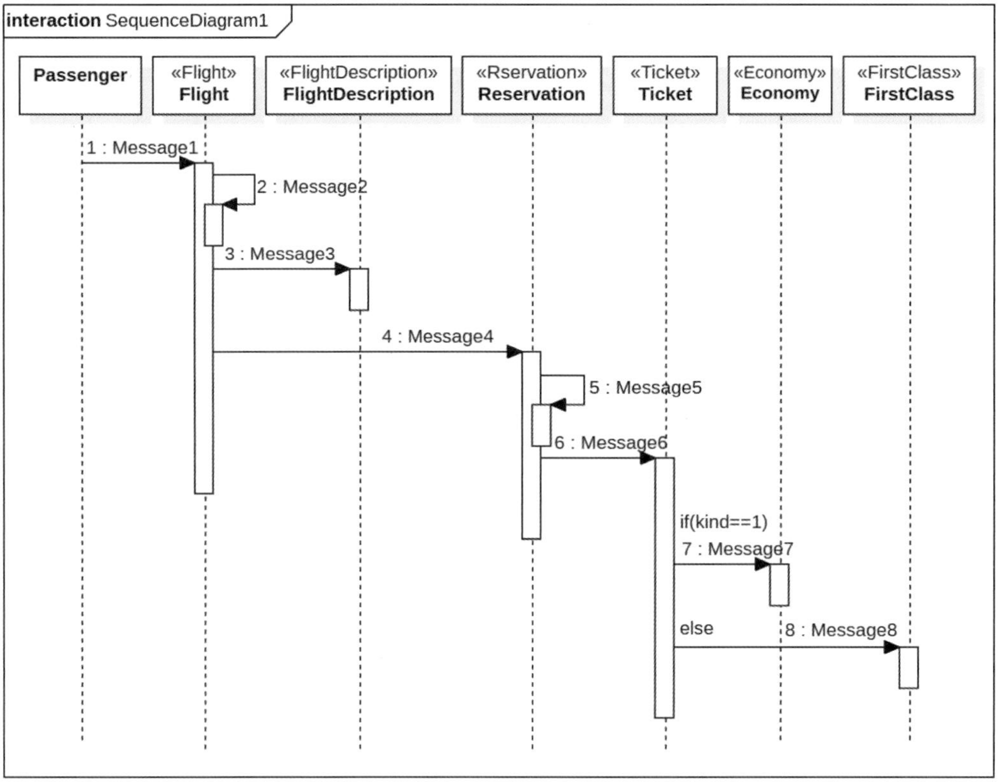

그림 12-37 순차 다이어그램 작성

찾아보기